汽车底盘故障诊断与修复

（第2版）

中国交通教育研究会职业教育分会　组织编写
上海景格科技股份有限公司　技术支持
侯红宾　缑庆伟　主　编
李曙辉　悦中原　李　卓　副主编

人民交通出版社
北京

内 容 提 要

本书是“十四五”职业教育国家规划教材。其主要内容包括：离合器故障诊断与修复、手动变速器故障诊断与修复、自动变速器故障诊断与修复、万向传动装置故障诊断与修复、驱动桥故障诊断与修复、行驶系统故障诊断与修复、电控悬架系统故障诊断与修复、转向系统故障诊断与修复、电控动力转向系统故障诊断与修复、制动系统故障诊断与修复、车辆稳定控制系统故障诊断与修复、巡航控制系统故障诊断与修复。

本书可作为高等职业学校汽车检测与维修技术等专业核心课程教材，也可作为汽车服务人员在职培训及汽车爱好者的自学指导书。

图书在版编目(CIP)数据

汽车底盘故障诊断与修复/侯红宾，缑庆伟主编.
2 版. —北京：人民交通出版社股份有限公司，2025.
3. —ISBN 978-7-114-19793-2

Ⅰ. U472.41

中国国家版本馆 CIP 数据核字第 2024GD0256 号

Qiche Dipan Guzhang Zhenduan yu Xiufu

书　　名：**汽车底盘故障诊断与修复**(第 2 版)
著 作 者：侯红宾　缑庆伟
责任编辑：张一梅
责任校对：赵媛媛　刘　璇
责任印制：张　凯
出版发行：人民交通出版社
地　　址：(100011)北京市朝阳区安定门外外馆斜街 3 号
网　　址：http://www.ccpcl.com.cn
销售电话：(010)85285911
总 经 销：人民交通出版社发行部
经　　销：各地新华书店
印　　刷：北京市密东印刷有限公司
开　　本：787×1092　1/16
印　　张：20.25
字　　数：457 千
版　　次：2018 年 7 月　第 1 版
2025 年 3 月　第 2 版
印　　次：2025 年 3 月　第 2 版　第 1 次印刷　累计第 5 次印刷
书　　号：ISBN 978-7-114-19793-2
定　　价：58.00 元

高职汽车检测与维修技术专业立体化教材
编　委　会

qianyan

第 2 版前言

为贯彻落实全国职业教育大会精神，推动现代职业教育高质量发展，中共中央办公厅、国务院办公厅印发《关于推动现代职业教育高质量发展的意见》。深化教育教学改革是其中重要一环，改进教学内容与教材，需要及时更新教学标准，将新技术、新工艺、新规范、典型生产案例及时纳入教学内容。在此背景下，修订《汽车底盘故障诊断与修复》教材非常必要。

本套教材以中国交通教育研究会职业教育分会汽车运用工程专业委员会制订的汽车检测与维修技术专业人才培养方案和课程标准为依据，以行业典型工作任务为课程内容参照点，以完整任务为单元组织内容，以任务实施为主要学习方式，满足高职汽车检测与维修技术专业培养技能人才的教学需求，具有以下特点：

1. 思政元素融入化。为落实“立德树人”的根本任务，在教材编写中融入思政元素，着重于学生的实践能力培养，突出敬业精神、工匠精神及责任意识的培养。

2. 学习任务工作化。以任务驱动为导向，按照典型工作任务、完整过程和工作情境设计教学内容。从岗位需求出发，实现教学内容融合工作任务，通过任务实施巩固学习过程，为学生提供全面的学习和培养。

3. 教学内容专业化。在中国交通教育研究会职业教育分会汽车运用工程专业委员会的指导下，组织教育专家设计、行业专家指导、技术专家和职业院校教学专家团队合作编写，保证了教材内容的专业性以及教学理念的先进性。

4. 教材形式立体化。以“高职汽车检测与维修技术专业资源库”为支撑，资源库中含有丰富的动画、视频、优秀图书、论文、知识拓展等素材资源，教材中的相关知识点附近配有二维码，扫码可观看动画或视频资源，并配套了全面的考核项目和海量题库，使课程更加形象化、情景化、动态化、生活化。

5. 课程内容全面化。课程全面覆盖各层次学生学习需求，不仅涵盖重要知识内容和关键操作步骤，而且配套资源库中推荐众多优秀图书、论文、知识拓展链接，为各层次学生精选、设计匹配学习方法，丰富学习渠道，满足学生多种场景学习要求。

6. 教学形式信息化。课程采用教材与网络资源库同步呈现模式，实现网络云端数据访问，实现教学全过程信息化管理，有效把控教学效果。

本套教材是中国交通教育研究会职业教育分会汽车运用工程专业委员会组织，四川交通职业技术学院、广西交通职业技术学院、天津交通职业学院、广东交通职业技术学院、湖北交通职业技术学院、江西交通职业技术学院、陕西交通职业技术学院、北京交通运输职业学院、河南交通职业技术学院（院校排名不分先后）及上海景格科技股份有限公司深度合作，在行业专家、教学专家的指导下共同开发的“汽车类专业教学资源库”配套教材。希望通过本套教材的使用，使学生能够学到扎实的基础知识、练就娴熟的专业技能、掌握实践操作经验，让学生决胜于职场，创造出一个美好的未来。

《汽车底盘故障诊断与修复》是本套教材中的一本，教材第1版入选“十四五”职业教育国家规划教材。与传统同类教材相比，本教材以汽车服务从业人员所需掌握的底盘知识为内容，深入剖析汽车底盘新技术和典型工作任务，在传统底盘内容的基础上增加了电控动力转向系统、车辆稳定控制系统、巡航控制系统等新内容。全书共计十二个项目，兼顾汽车底盘知识的系统性和实用性，特别注重汽车底盘的故障诊断方法与修复技术的讲解，充分体现“工学结合”的教学模式和理念。

教材第2版于2024年2月启动修订。编写分工为：北京交通运输职业学院的悦中原编写项目一和项目二，李曙辉编写项目三，张利编写项目四和项目五，侯红宾编写项目六、项目七、项目十二，李卓编写项目八和项目九，张新敏编写项目十，高燕编写项目十一。全书由侯红宾、缑庆伟担任主编，李曙辉、悦中原、李卓担任副主编。

在本书的编写过程中，作者参阅了大量国内外文献，引述文献已尽量予以标注，但难免存在疏漏，在此对这些文献作者一并致谢！

由于作者水平有限，加上时间仓促，书中疏漏与不妥之处在所难免，敬请有关专家和读者批评指正。

作　者

2024年10月

本教材配套数字资源列表

序号	资源名称	所在页码	序号	资源名称	所在页码
1	传动系统的传递过程	3	30	球叉式万向节结构	109
2	离合器的作用	3	31	检查传动轴总成	111
3	螺旋弹簧式离合器结构	4	32	驱动轴的作用	113
4	膜片弹簧式离合器结构	4	33	驱动轴防尘套更换	115
5	离合器工作原理	5	34	差速器工作原理	125
6	拆卸和安装离合器总成	7	35	差速器的检查与调整	127
7	检查离合器	10	36	悬架的结构	137
8	离合器操纵机构类型	13	37	双筒液压减振器工作原理	138
9	检查离合器踏板自由行程	17	38	充气减振器工作原理	139
10	调整离合器踏板自由行程	18	39	悬架的分类	141
11	变速器功用	23	40	钢板弹簧式非独立悬架	142
12	手动变速器变速与变矩原理	24	41	螺旋弹簧式非独立悬架	142
13	锁环式惯性同步器工作原理	31	42	减振器的拆卸与安装	145
14	变速器分解与装配	32	43	车轮和轮胎功用	148
15	手动变速器齿轮传动机构检修	35	44	轮胎的结构	149
16	自动变速器组成	46	45	更换轮胎	154
17	液力变矩器结构	49	46	车轮不平衡原理	156
18	液力变矩器的原理	50	47	车轮平衡工作原理	156
19	锁止离合器工作过程	52	48	轮胎动平衡	157
20	单排行星齿轮机构工作原理	55	49	主销后倾原理	161
21	自动变速器离合器工作原理	58	50	主销内倾基本原理	162
22	主调压阀工作原理	69	51	前轮外倾原理	163
23	调速阀结构	71	52	四轮定位	164
24	调速阀工作原理	72	53	循环球式转向器工作原理	198
25	失速试验	76	54	齿轮齿条式转向器工作原理	199
26	迟滞试验	78	55	轿车转向传动机构工作原理	200
27	自动变速器传感器检测	85	56	常流式机械液压助力转向系统原理	206
28	等速万向节类型	108	57	光电式转角传感器	220
29	球笼式等速万向节结构	109	58	转子式油泵工作原理	221

续上表

mulu

目录

项目一　离合器故障诊断与修复

项目概述

采用手动变速器车辆的动力传递系统，需要使用离合器来配合驾驶人完成换挡操作。作为一个重要的动力传递部件，离合器在汽车的使用过程中被驾驶人频繁地踩下、松开，从而导致离合器总成的磨损甚至损坏。离合器总成磨损或损坏后，离合器可能出现打滑、分离不彻底、起步时发抖、异响等故障现象，需要对磨损部位进行检查，必要时，需要更换从动盘、压盘、分离轴承等部件。此外，使用机械式操纵机构的离合器，必要时还需调整离合器自由行程。

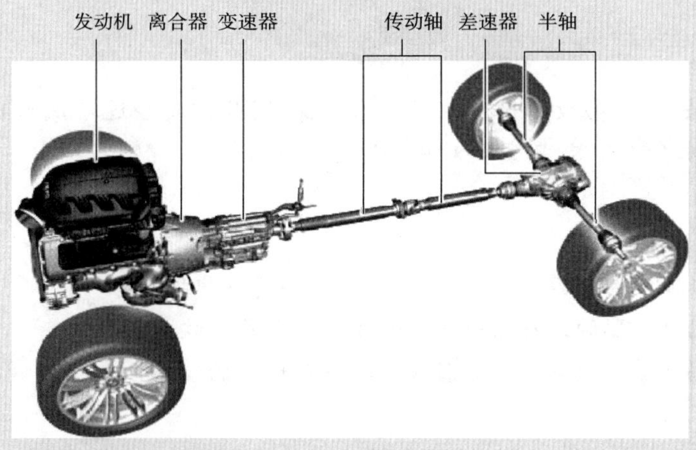

主要学习任务

1. 离合器总成检修
2. 离合器操纵机构检修

任务1　离合器总成检修

任务描述

客户李先生反映自己的一辆速腾2.0手动挡轿车,行驶里程140000km,最近出现汽车挂一挡起步时车辆抖动现象,完全松开离合器后行驶正常,而且抖动情况越来越严重,需要对车辆进行检查。

起步时车辆发抖,一般故障出现在离合器本身,因此需要经过路试后确认车主的描述。若判断出故障基本在离合器,则需要对离合器进行拆检。

知识目标

(1)能够正确描述离合器基本功用、结构组成和工作原理。

(2)能够根据离合器的工作原理分析造成离合器各种故障的原因。

(3)能够根据所学知识制订离合器接合时抖动故障的检查方案。

技能目标

(1)能够依据维修手册要求,正确选用工具量具对离合器总成进行检查。

(2)能够通过查阅维修手册或资料中的技术标准,对离合器的检查结果进行判断,并确定维修方案。

(3)能够正确选用工具设备,依据维修标准完成离合器从动盘的更换。

(4)工作期间能够遵循企业5S管理要求和安全生产规范。

素质目标

(1)能与本组成员密切合作,规范安全地完成学习活动。

(2)培养良好的劳动意识和劳动能力,树立正确的劳动观念。

建议学时:10学时。

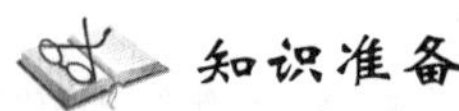

知识准备

一、汽车动力传递路线

如图 1-1 所示，使用手动变速器的汽车，其动力从发动机经离合器、变速器、传动轴、驱动桥（主减速器、差速器、半轴），最后传给驱动车轮。对于发动机前置前轮驱动的汽车，传动系统中无中间的传动轴。

二、离合器的功用

传动系统的传递过程

离合器安装在发动机与变速器之间，其主要功用如下：

（1）使发动机与传动系统逐渐接合，保证汽车平稳起步；

（2）暂时切断发动机的动力传递，保证变速器换挡平顺；

（3）限制所传递的转矩，防止传动系统过载。

离合器总成安装在发动机飞轮上，图 1-2 所示为离合器在车上的安装位置。

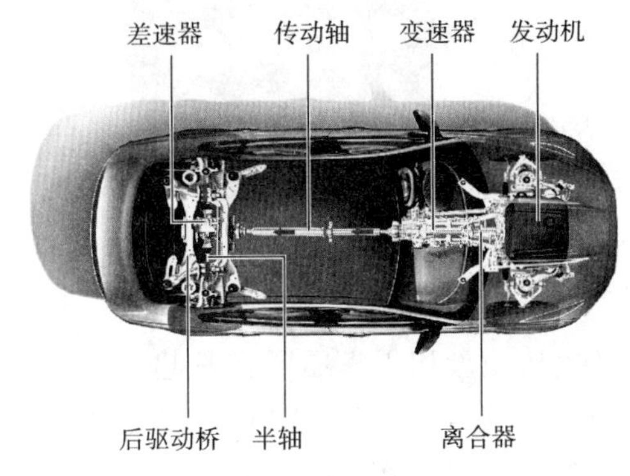

图 1-1　汽车动力传递路线

图 1-2　离合器在车上的安装位置

三、离合器的种类

离合器的作用

汽车上应用的离合器主要有以下三种形式。

（1）摩擦离合器。摩擦离合器是指利用主、从动部分的摩擦作用来传递转矩的离合器，在汽车上被广泛采用。

（2）液力耦合器。液力耦合器是指利用液体作为传动介质的离合器，多用于自动变速器。

（3）电磁离合器。电磁离合器是指利用磁力传动的离合器，如空调压缩机使用这种离合器。

此外，使用直接换挡的变速器还会采用双离合器。

四、离合器的结构

离合器的基本结构如图 1-3 所示，离合器主要由主动部分、从动部分、压紧装置和操纵

图1-3　离合器基本结构图

机构四部分组成。

主动部分包括飞轮、离合器盖和压盘。离合器盖用螺栓固定在飞轮上,压盘后端圆周上的凸台伸入离合器盖的窗口中,并可沿窗口移动。这样,当发动机转动时,动力经飞轮、离合器盖传到压盘,飞轮、离合器盖、压盘一起转动。离合器压盘总成结构如图1-4所示。

从动部分包括从动盘和从动轴。从动盘带有两面的摩擦衬片,离合器正常接合时分别与飞轮和压盘相接触;从动盘通过花键毂装在从动轴的花键上,从动轴是手动变速器的输入轴(一轴),其前端通过轴承支承在曲轴后端的中心孔中,后端支承在变速器壳体上。从动盘总成结构如图1-5所示。

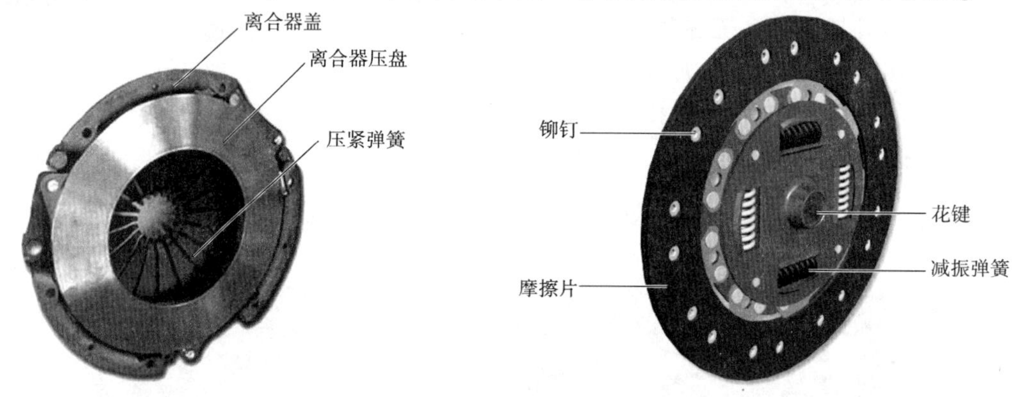

图1-4　离合器压盘总成结构　　图1-5　从动盘总成结构

压紧装置将压盘和从动盘压向飞轮,使飞轮、从动盘和压盘压紧在一起。发动机转矩靠飞轮与从动盘接触面之间的摩擦作用而传递到从动盘上,从动盘中心有内花键与从动轴的外花键连接,把动力传递给从动轴,再经过从动轴传给变速器。压紧装置一般分为膜片弹簧式(图1-4)和螺旋弹簧式(图1-6),其中膜片弹簧式离合器应用较为广泛。

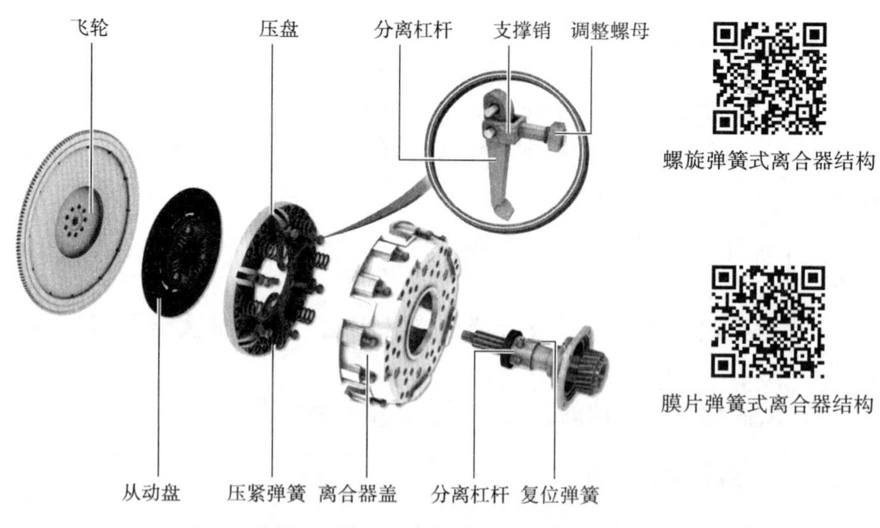

图1-6　螺旋弹簧式离合器结构

五、离合器工作原理

图 1-7 所示为离合器、发动机、手动变速器三者的安装关系。离合器摩擦片位于压盘和发动机飞轮之间，压盘总成与发动机飞轮用螺栓固定连接。安装离合器后再安装变速器，且变速器输入轴花键与离合器压盘的花键槽配合，这样在汽车正常行驶时，压盘就能够将发动机动力输入给变速器。

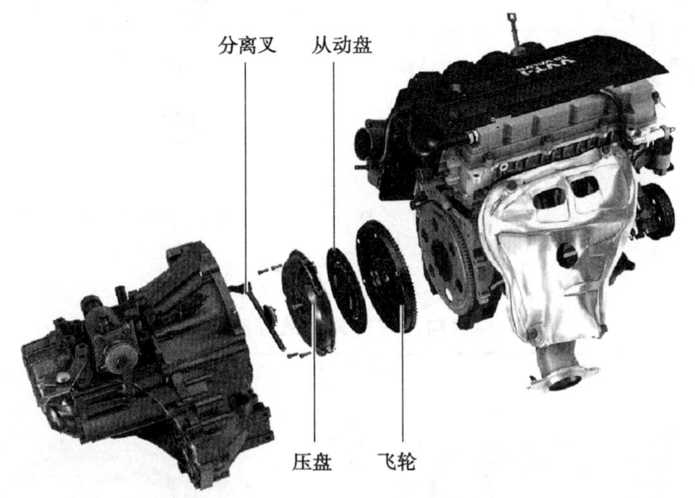

离合器工作原理

图 1-7 离合器的装配关系

如图 1-8a）所示，离合器处于接合状态时，踏板处于最高位置，分离杠杆与分离轴承之间存在间隔，压盘在压紧弹簧的作用下压紧从动盘，发动机的转矩经飞轮及压盘传给从动盘，再由从动盘传给变速器第一轴。离合器所传递的最大转矩取决于从动盘摩擦表面的最大静摩擦力。它与摩擦表面间的压紧力大小、摩擦面积的大小以及摩擦材料的性质有关。对一定结构的离合器而言，其最大静摩擦力是一个定值，若传动系传递的转矩超过这一定值，离合器就会打滑，从而起到了过载保护的作用。

如图 1-8b）所示，离合器分离时，需踩下离合器踏板，通过拉杆、分离拨叉、分离套筒消除间隙后，使分离杠杆外端拉动压盘克服压紧弹簧的压力向后移动，压盘与从动盘之间产生间隙，摩擦力矩消失，离合器主、从动部分分离，中断动力传递。

当需要动力传递时，缓慢抬起离合器踏板，在压紧弹簧的作用下，压盘向前移动并逐渐压紧从动盘，摩擦力矩也渐渐增大。压盘与从动盘刚接触时，其摩擦力矩比较小，离合器主、从动部分可以不同步旋转，即离合器处于打滑状态。随着压紧力的逐步加大，离合器主、从动部分的转速也渐趋于相等，直至完全接合而停止打滑。

六、离合器总成常见的故障形式

离合器总成常见的故障有摩擦片过度磨损、摩擦片浸油、摩擦片减振弹簧损坏、摩擦片断裂损坏、离合器压盘过度磨损或烧蚀、离合器压盘断裂、膜片弹簧过度磨损或损坏等，见表 1-1。

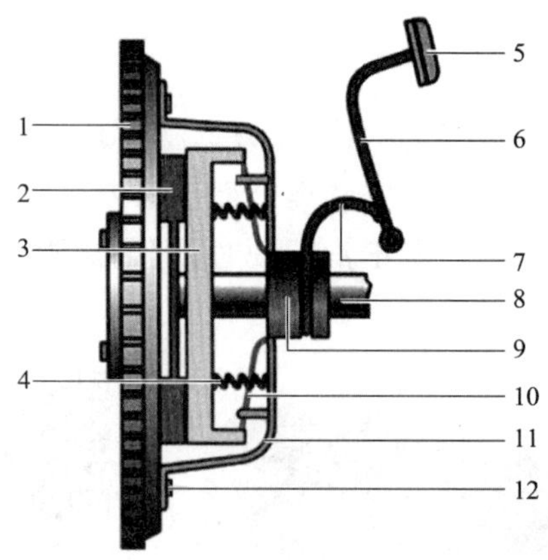

a)离合器接合

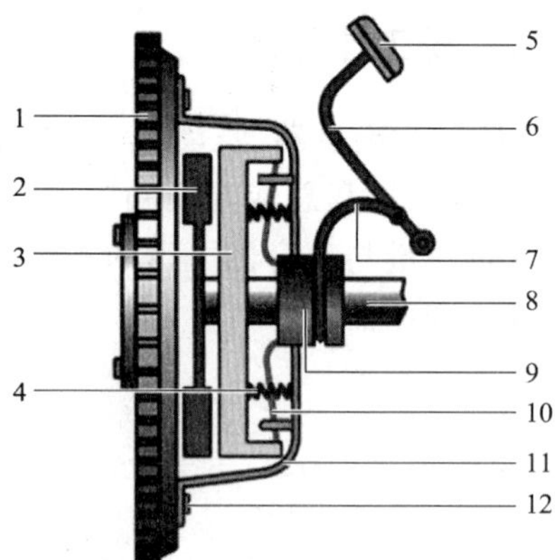

b)离合器分离

1-飞轮;2-从动盘;3-压盘;4-复位弹簧;5-离合器踏板;6-拉杆;7-分离叉;8-变速器输入轴;9-分离轴承;10-分离杠杆;11-离合器盖;12-紧固螺栓

图1-8 离合器工作原理

离合器总成常见的故障形式 表1-1

 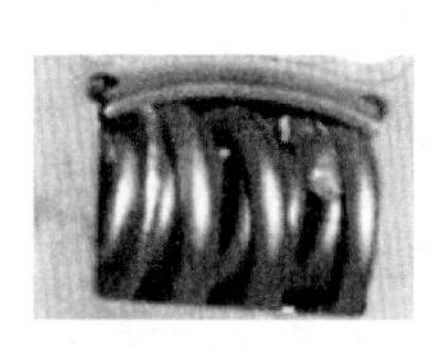 (1)从动盘减振弹簧损坏并已脱落	 (2)摩擦片浸油,离合器打滑
 (3)离合器从动盘、花键槽严重磨损	 (4)从动盘的摩擦片断裂损坏
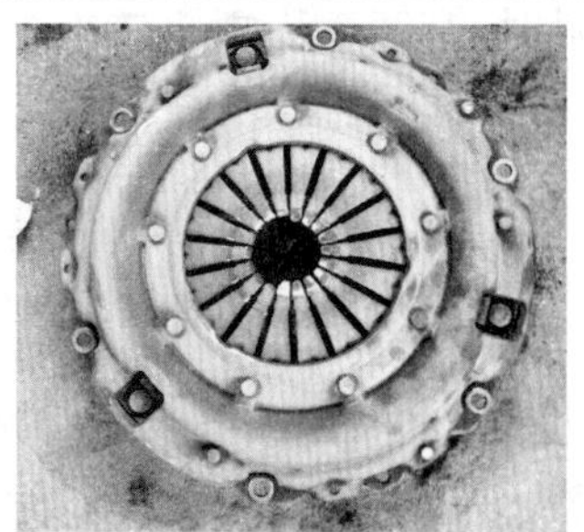 (5)膜片弹簧末端磨损严重,个别出现翘曲	 (6)膜片弹簧折断

续上表

 (7)离合器从动盘烧焦	 (8)离合器压盘烧蚀,异常磨损
 (9)离合器压盘断裂损坏	 (10)飞轮严重磨损

操作指引

1. 组织方式

(1)场地设施:举升机4个,工作台4张,发动机/变速器液压举升工作托盘,变速器悬吊装置。

(2)设备设施:手动挡轿车4辆。

(3)工量具:常用工具4套,扭力扳手4把,游标卡尺4把,刀口尺及塞尺各4把。

(4)耗材:黄油1盒。

(5)学习方式:学生自主学习与小组合作学习相结合,以小组为单位进行查阅维修资料制定工作计划并开展任务实施。

2. 操作要求

(1)注意人身防护,工作期间穿工作服、工作鞋,戴手套。

(2)遵守场地安全规定,注意车辆及设备使用安全。

(3)正确使用举升机及液压举升托盘。

(4)严格按照维修手册完成离合器摩擦片的更换。

拆卸和安装离合器总成

任务实施

1. 拆卸离合器

在进行离合器总成的检查及离合器摩擦片更换时,因车型差异,操作过程会有差异,需要依据具体车型维修手册进行操作。

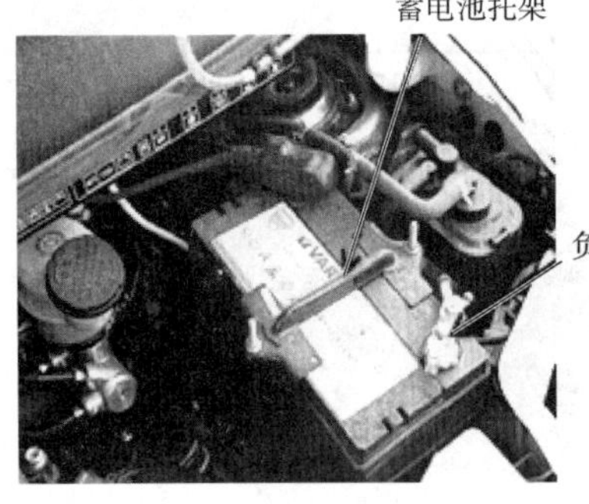

图1-9　断开蓄电池负极

(1)拆下蓄电池负极导线及托架,断开蓄电池供电,如图1-9所示。

(2)将换挡拉线的防松垫片(箭头1)从变速器换挡连杆(A)上拆下;将选挡拉线的防松垫片(箭头2)从换向杆(B)上拆下;将防松垫片(箭头3)从换向杆(B)上拔出,然后拆下换向杆;拆下变速器换挡连杆(A),为此需拧下螺母(箭头4),如图1-10所示。

(3)将支架B从变速器上拆下,然后将其从组合管A上拔下,如图1-11所示。

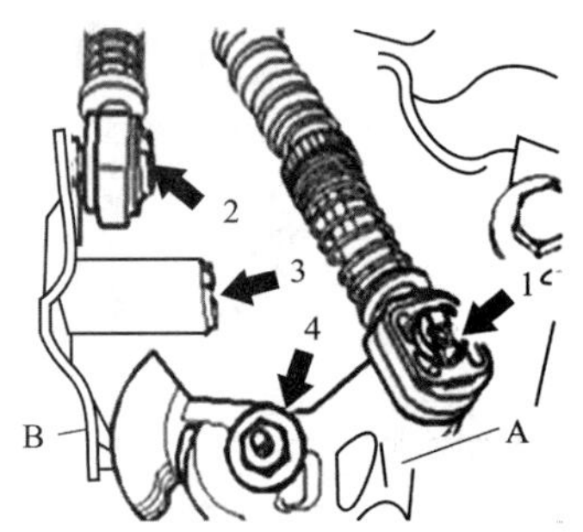

图1-10　拆卸变速器换挡杆

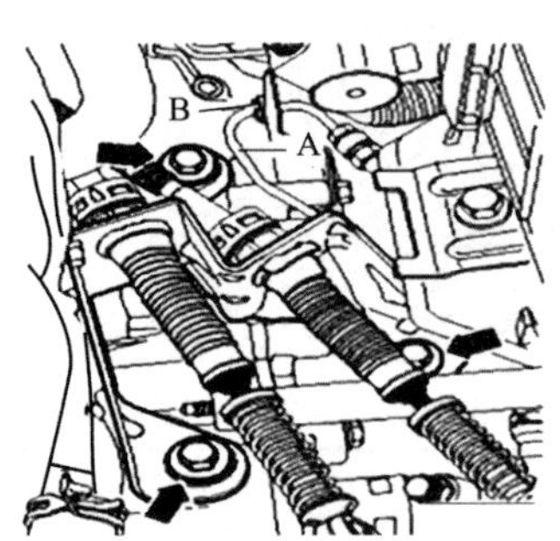

图1-11　拆卸换挡杆支架

(4)拆下变速器支撑(箭头A);将螺栓(B)旋出,拆卸从动缸;将从动缸放置在侧面并用金属丝将其固定,同时不得打开管道防止传动油液泄漏,如图1-12所示。

(5)拔出倒车灯插头(箭头1);从起动机上拔下插头(箭头2);从起动机上拆下导线(箭头3);然后拆下起动机上的固定螺栓;断开车速传感器插接器,拆下发动机和变速器上部连接螺栓,如图1-13所示。

注意:上述工作步骤的目的是断开变速器与车体的所有连接,不同的车型其变速器换挡操纵机构差异较大,要结合具体车型维修手册进行操作。

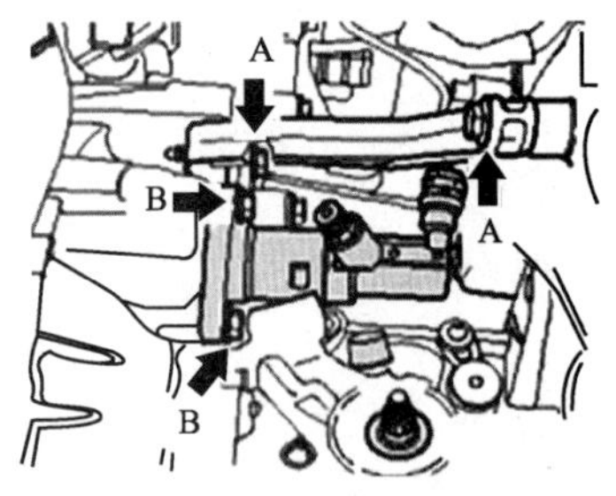

图1-12　拆卸离合器从动缸

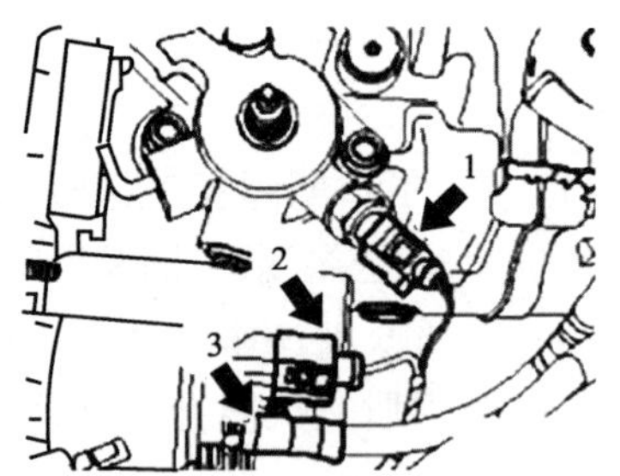

图1-13　断开变速器上所有导线连接

(6)拆卸车轮,泄放变速器齿轮油。拆卸两侧减振器、转向横拉杆、摆臂等部件与转向节总成的连接螺栓。拆卸半轴与变速器的连接,如图1-14所示。

(7)使用液压举升托盘支撑变速器。要注意托盘与变速器油底壳完全接触,保证支撑有效,如图1-15所示。

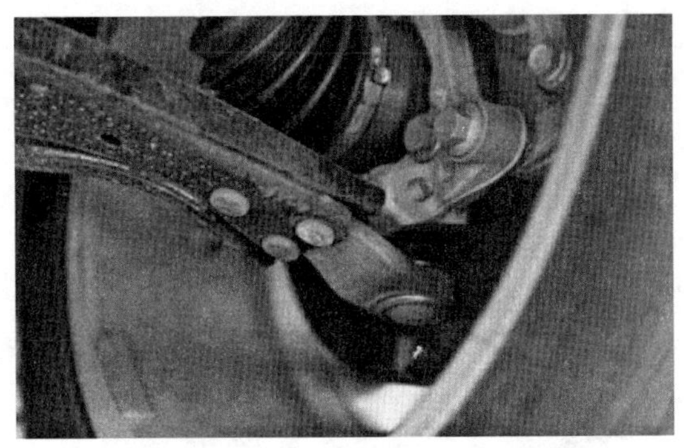
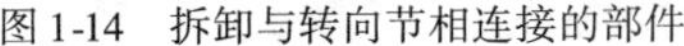

图 1-14 拆卸与转向节相连接的部件

图 1-15 使用液压举升托盘支撑变速器

(8)拆卸变速器与发动机的所有连接螺栓。晃动变速器总成,在合适的位置小心取下变速器,如图 1-16 所示。

(9)拆下变速器总成并妥善放置后,检查离合器总成外观是否有损坏,如图 1-17 所示。

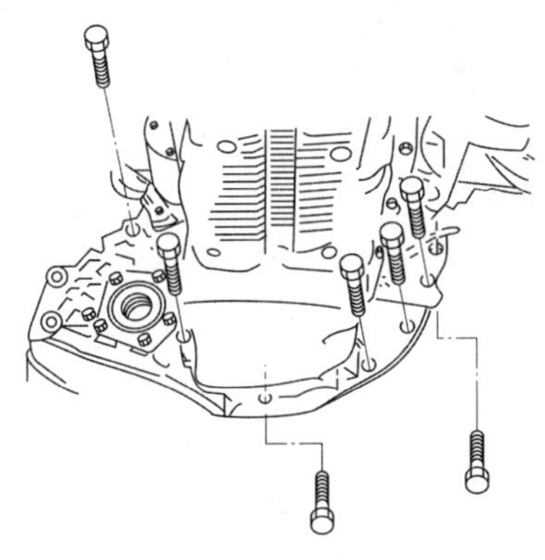

图 1-16 拆卸变速器与发动机连接螺栓

图 1-17 离合器外观检查

(10)安装离合器定位专用工具,防止拆卸过程中摩擦片脱落造成损伤或人身伤害,如图 1-18 所示。

(11)对角松开并拆下离合器盖与飞轮连接的紧固螺栓,如图 1-19 所示。

图 1-18 安装离合器定位工具

图 1-19 拆卸离合器总成

(12)拆下压盘和离合器盖总成,完成离合器的车上拆卸工作,如图 1-20 所示。

图1-20　拆卸离合器压盘

2. 检查离合器总成

拆下离合器总成后要按照如下项目进行检查,并结合具体车型的维修手册数据来判断其是否可以继续使用。

(1)检查膜片弹簧末端的磨损,不得超过标准厚度的50%,否则应予以更换,如图1-21所示。

(2)检查压盘总成弹簧连接和铆钉连接是否牢固,检查压盘和离合器盖之间的弹簧连接是否有裂纹,如图1-22所示。

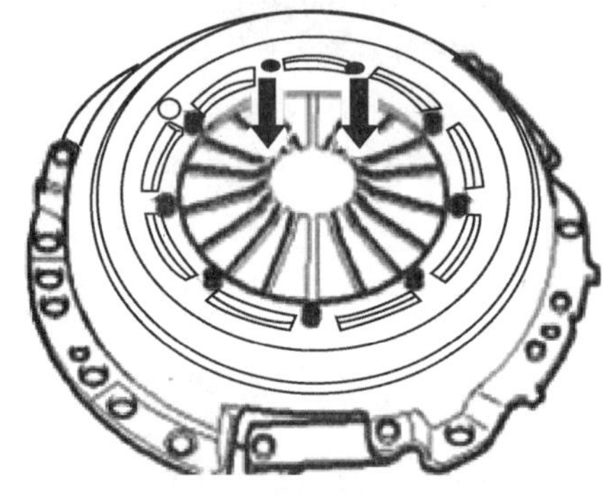

图1-21　检查离合器膜片弹簧末端磨损

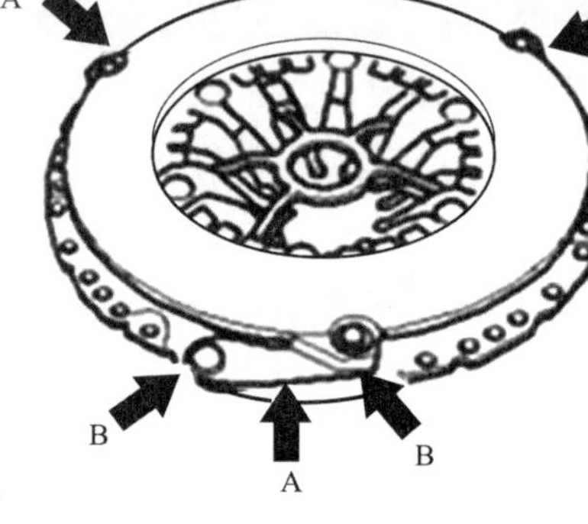

图1-22　检查压盘弹簧和铆钉

检查离合器

(3)膜片弹簧内端面磨损的检查。膜片与分离轴承接合处磨损深度应不大于0.60mm、宽度应不大于0.50mm,否则更换压盘总成,如图1-23所示。

(4)检查铆钉头深度。摩擦片表面铆钉深度若小于0.2mm应更换,如图1-24所示。

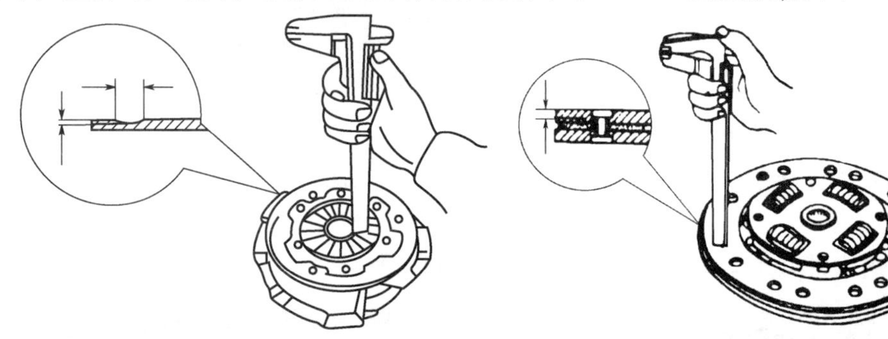

图1-23　弹簧与分离轴承接合处磨损检查　　图1-24　摩擦片铆钉深度检查

(5)检查压盘平面度是否合格。一般车型离合器压盘平面不平度应小于0.3mm,如图1-25所示。

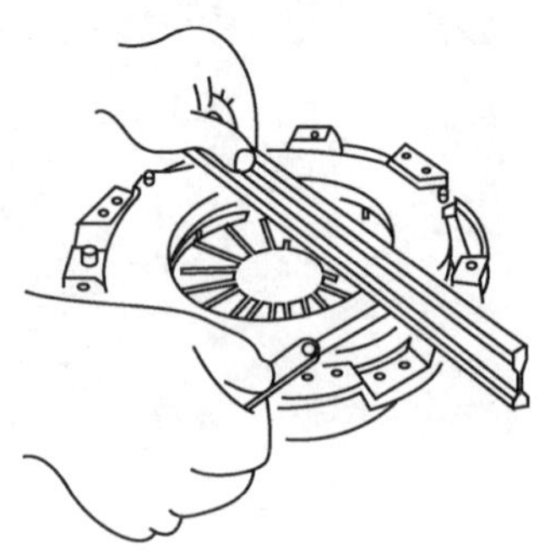

图1-25　压盘平面度检查

3. 安装离合器

(1)清洁并检查飞轮。在更换离合器前,必须彻底清洁离合器罩以及飞轮摩擦表面,如图1-26所示。

(2)润滑从动盘花键及花键轴。清洁变速器输入轴花键,在花键上涂抹一层离合器从动盘花键润滑脂,然后将离合器从动盘在花键轴上往复移动,直到轮毂在轴上活动自如,如

图 1-27 所示。

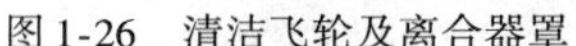

图 1-26 清洁飞轮及离合器罩

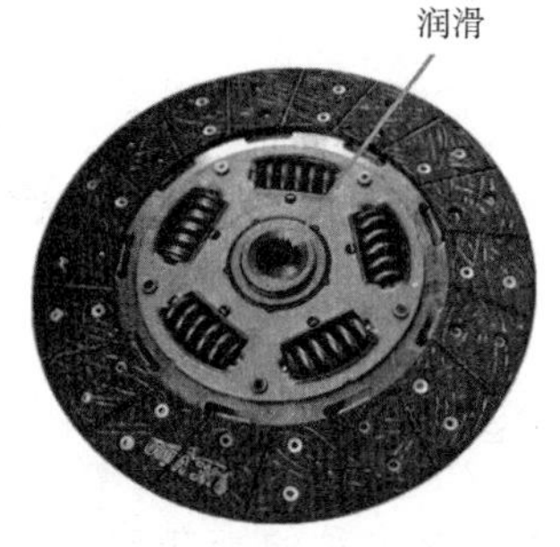

图 1-27 润滑从动盘花键及花键轴

(3)将摩擦片定位专用工具销安装在飞轮上,安装从动盘,如图 1-28 所示。

(4)安装离合器压盘,对正压盘和飞轮之间的所有螺栓孔,安装全部螺栓。按照维修手册的要求按照对角的方式紧固所有螺栓至标准力矩,如图 1-29 所示。

图 1-28 安装摩擦盘定位工具

图 1-29 安装离合器压盘

安装离合器总成后,接下来安装变速器总成,按照与拆卸相反的顺序安装分离轴承、拨叉、动力缸或拉杆,变速器总成及操纵机构杆件等。进行路试检查,必要时,调整离合器踏板自由行程。

任务小结

(1)离合器用来接通或切断发动机与变速器之间的动力传递,限制所传递的转矩,防止传动系统过载。

(2)离合器主要由主动部分、从动部分、压紧装置和操纵机构四部分组成。主动部分包括飞轮、离合器盖和压盘。从动部分包括从动盘和从动轴。压紧装置将压盘和从动盘压向飞轮,使飞轮、从动盘和压盘压紧在一起。

(3)离合器总成常见的故障有摩擦片过度磨损、摩擦片浸油、摩擦片减振弹簧损坏、摩擦片断裂损坏、离合器压盘过度磨损或烧蚀、离合器压盘断裂、膜片弹簧过度磨损或损坏等。

(4)离合器的检测项目包括离合器膜片弹簧变形、磨损、损伤,膜片弹簧铆钉,摩擦片厚度,压盘平面度等项目。

(5)更换离合器摩擦片需要拆卸变速器及离合器,为此要严格按照车型的维修流程进行操作。安装离合器摩擦片时需要使用专用的定位工具,确保离合器摩擦片正确定位,以保证变速器能够顺利装入。

任务2　离合器操纵机构检修

任务描述

客户李先生反映自己的一辆速腾2.0手动挡轿车,行驶里程140000km,最近出现完全踩下离合器踏板后,正常挂挡或换挡非常困难,且伴随挂挡过程有打齿噪声,需要对车辆进行检查。

完全踩下离合器后,正常挂挡或换挡困难,且伴随挂挡过程有打齿噪声,可以初步判断为完全踩下离合器踏板时离合器未能完全分离,因变速器输入轴一直处于转动状态导致换挡困难。首先,应检查离合器的操纵机构。

知识目标

(1)能够正确描述离合器操纵机构基本功用、类型、工作原理。

(2)能够正确分析离合器自由行程不当可能造成的故障现象。

(3)能够根据所学知识制订离合器自由行程的检查和调整方案。

技能目标

(1)能够正确选用工具量具,完成离合器自由行程的测量和调整。

(2)能够按照企业5S管理要求和安全生产规范进行操作。

素质目标

(1)能站在客户角度看待问题,培养良好的服务意识。

(2)增强"四个自信",努力成为德才兼备的高素质人才。

建议学时:2学时。

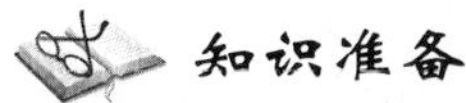

知识准备

一、离合器操纵机构的类型及主要部件

离合器操纵机构用来控制离合器接合与分离，按照控制方式可分为机械式和液压式两种类型。

1. 机械式操纵机构

离合器机械式操纵机构主要由离合器踏板、拉索或拉杆、分离拨叉和分离轴承等组成。拉索式传动结构如图1-30所示，拉索的一端和离合器分离拨叉相连，其另一端则与离合器踏板上端连接，踩下离合器踏板时，通过拉索可使分离拨叉联动，使离合器分离。

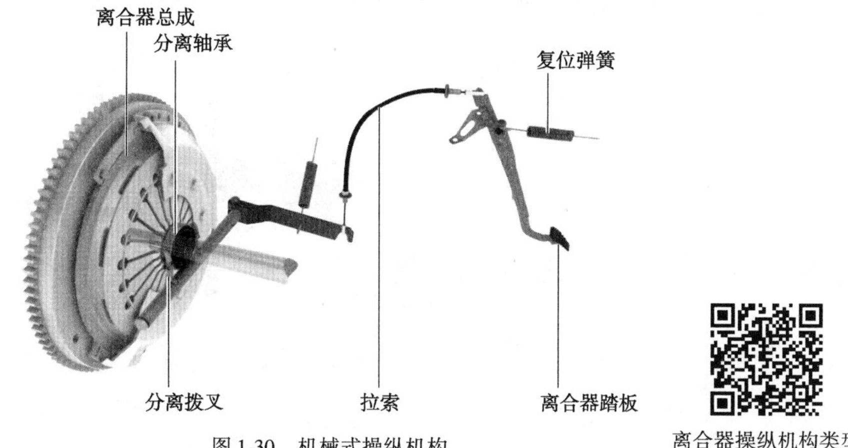

图1-30　机械式操纵机构

离合器操纵机构类型

2. 液压式操纵机构

离合器液压操纵机构主要由主缸、液压软管、液压油、金属管、工作缸、分离拨叉、分离轴承等组成。离合器液压式操纵机构通过主缸、液压管路和工作缸来传递踏板力，最终通过分离轴承使离合器分离或接合。其结构组成如图1-31所示。

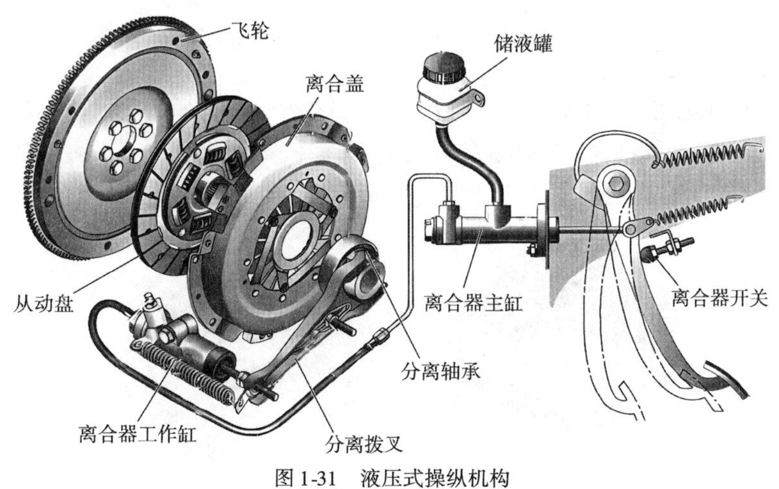

图1-31　液压式操纵机构

1)离合器主缸

如图1-32所示,主缸主要由主、副杯形油封(也称为皮碗)和双活塞等组成。主油封密封活塞左侧的压力腔,而副油封提供活塞外部的密封。离合器分离时,主、副油封之间的油腔通过补偿孔与储液罐相连接;离合器接合时,压力腔与储液罐之间可以通过补偿孔进行容积补偿。踩下离合器踏板,只要活塞向左移动越过补偿孔,压力腔则开始建立液压力,并传递给工作缸。

2)离合器工作缸

如图1-32所示,工作缸接受主缸传递过来的液压油,推动活塞向左移动,传递给挺杆、分离拨叉、分离轴承,实现离合器分离。松开离合器踏板,膜片弹簧内端通过分离轴承、分离拨叉等推动工作缸和主缸活塞返回到原始位置。液压式操纵机构有利于离合器踏板与离合器之间的远距离布置,可以增加传递的踏板力,实现了力的无损失传递。

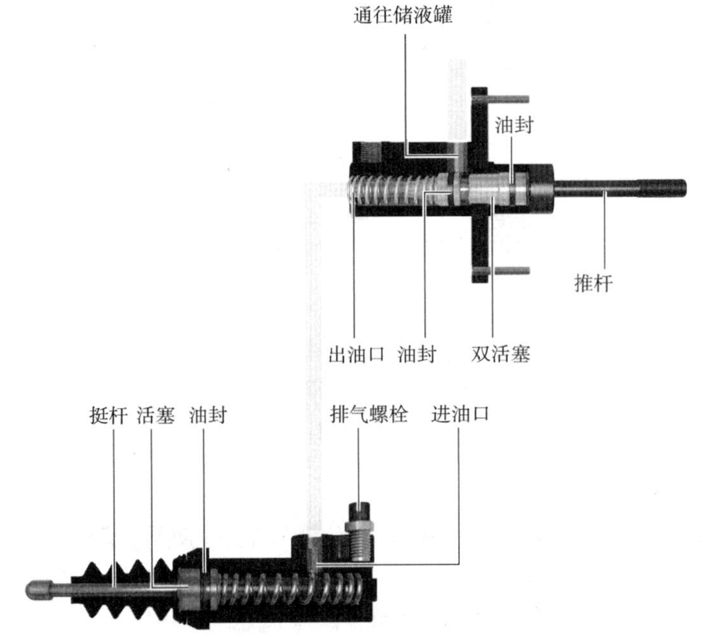

图1-32 离合器主缸和工作缸

3)分离轴承

分离轴承主要由轴承、分离套管等组成。图1-33所示为分离轴承的外观图。分离轴承一般采用两端密封的滚珠轴承,并通过分离套管安装在变速器输入轴上。在预紧弹簧弹力作用下,分离轴承的后端始终抵住分离拨叉,工作时,前端与膜片弹簧或分离杠杆接触。

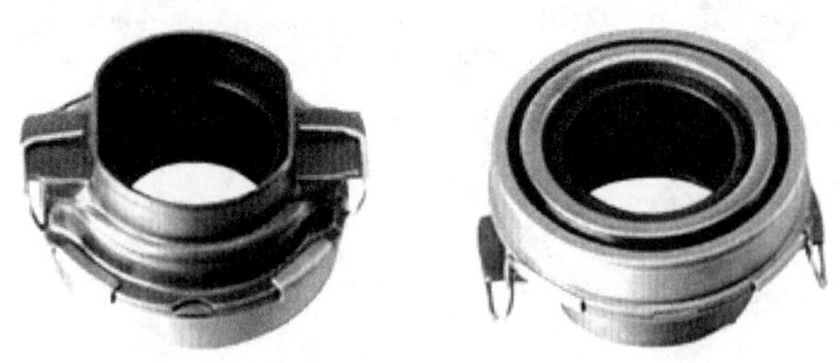

图1-33 分离轴承外观

分离轴承可以使分离杠杆或膜片弹簧内端一边旋转一边沿变速器输入轴轴向移动,从而保证离合器在旋转过程中的接合与分离,并保证接合平顺,分离柔和,如图 1-34 所示。

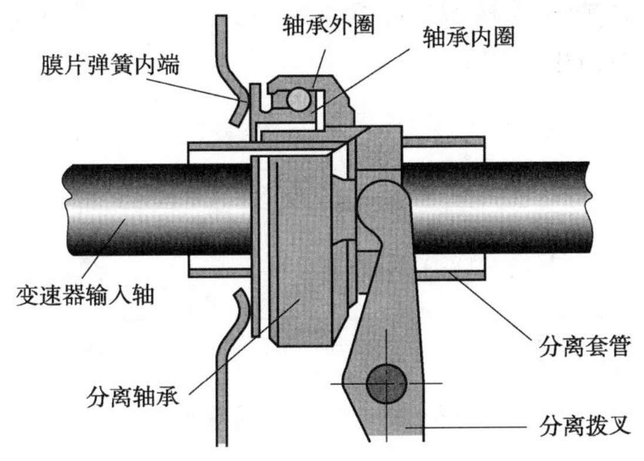

图 1-34　分离轴承结构图

二、离合器操纵机构的工作原理

以液压式操纵结构为例,如图 1-35 所示。当驾驶人踩下离合器踏板后,主缸建立油压,并通过管路将液压力送至离合器工作缸,离合器工作缸推杆推动分离拨叉下端向前移动,分离拨叉推动分离轴承向前移动。分离轴承推动离合器分离杠杆下端向前移动,分离杠杆上端拉动压盘向后移动,最终使飞轮、离合器压盘、摩擦片三者分离。

如图 1-36 所示,当需要恢复动力的传递时,驾驶人缓慢地抬起离合器踏板,在离合器压紧弹簧的弹力作用下,压盘逐渐压紧摩擦片,此时离合器开始传递动力,由于此时未完全压紧,因此离合器压盘和摩擦片存在一定的转速差而导致摩擦片存在打滑现象。当压紧力进一步增加,打滑现象将消失,最终飞轮、离合器压盘、摩擦片三者完全接合,发动机动力经过飞轮到达离合器摩擦片,并通过花键传递给变速器输入轴。

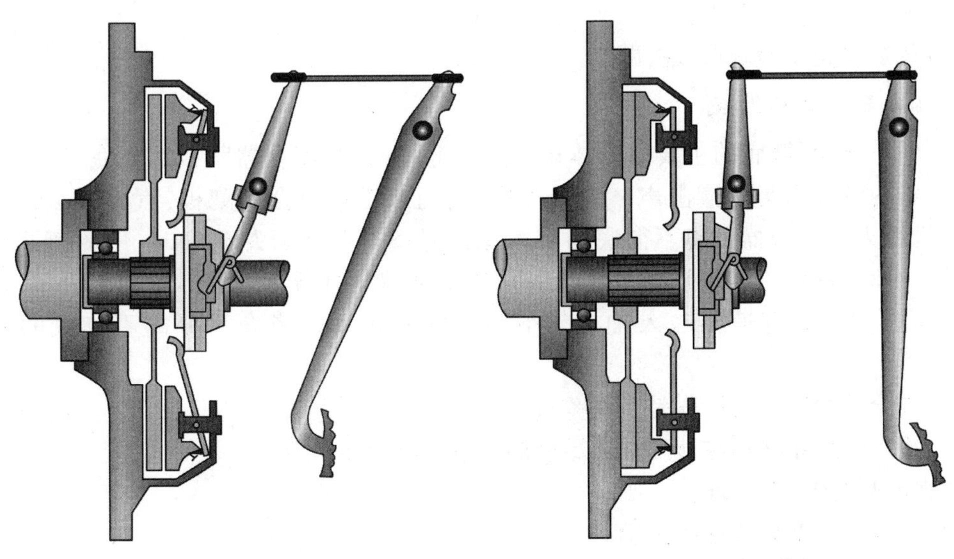

图 1-35　离合器分离　　图 1-36　离合器接合

三、离合器系统常见故障

离合器总成或离合器操纵机构出现故障均可能导致离合器不正常工作。下面对离合器常见的故障现象进行分析(图1-37)。

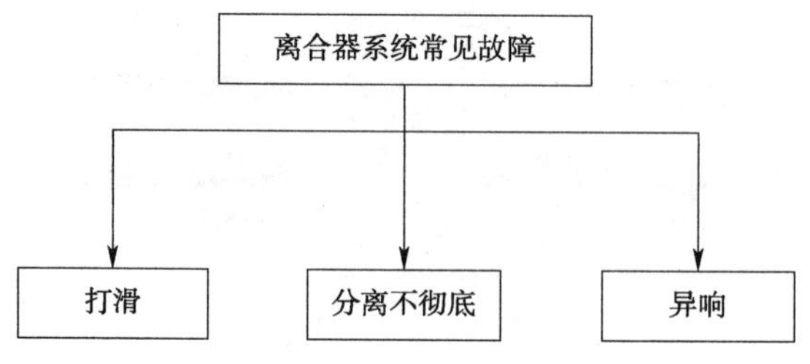

图1-37 离合器故障现象

1. 离合器打滑

离合器打滑主要体现在当驾驶人松开离合器踏板时,发动机动力不能完全传给驱动轮,出现汽车不动或勉强起步,且发动机转速越高汽车越不能起步;行驶中急加速时,汽车速度不提高或提高不明显;汽车重载爬坡无力,且有时伴有离合器烧焦的气味。根本原因是压盘不能牢固地压紧从动盘摩擦片,或摩擦片的摩擦系数过小。离合器打滑的可能原因有:

(1)离合器自由行程过小或没有自由行程;

(2)离合器从动盘摩擦片磨损过薄、硬化、沾有油污、铆钉外漏、烧蚀或破碎;

(3)离合器压盘过薄或压盘飞轮变形;

(4)离合器压盘弹簧过软或折断,分离轴承常压在分离杠杆上,使压盘处于半分离状态;

(5)离合器盖与飞轮连接螺栓松动;

(6)离合器分离杠杆调整过高;

(7)液压分离装置卡滞;

(8)压紧弹簧弹力减弱或折断。

2. 离合器分离不彻底

离合器分离不彻底的主要故障体现在汽车起步时,将离合器踏板踩到底,仍然挂挡困难,变速器内常伴有齿轮撞击声。强行挂挡后,尚未松开离合器踏板,汽车就会猛向前窜或发动机熄火。离合器分离不彻底的根本原因是离合器踏板踩到底时,压盘离开从动盘的移动量过小,或部件的变形导致压盘与从动盘摩擦片有所接触而不能彻底分离,此时由于摩擦片继续带动变速器输入轴旋转而导致挂挡困难。离合器分离不彻底的可能原因有:

(1)离合器踏板自由行程是否调整过大;

(2)液压操纵系统存在液压油不足、漏油、系统内有空气等;

(3)操纵机构存在卡滞;

(4)摩擦片有变形或铆钉松动;

(5)从动盘或压盘出现翘曲变形;

(6)从动盘毂的花键与变速器输入轴存在卡滞;
(7)膜片弹簧断裂或膜片弹簧不在同一平面内;
(8)摩擦片正反装错。

3. 离合器异响

造成离合器异响的根本原因在于离合器的部分零件严重磨损及主、从动部件或传动部件的松动。离合器异响的基本检修范围有:

(1)踏板自由行程是否调整过小;
(2)踏板复位弹簧是否过软、脱落或折断;
(3)分离轴承是否缺油或损坏;
(4)分离轴承与膜片弹簧的间隙是否过小;
(5)分离轴承复位弹簧是否折断;
(6)膜片弹簧是否断裂;
(7)摩擦片铆钉是否外露;
(8)从动盘减振器弹簧是否折断等。

操作指引

1. 组织方式

(1)场地设施:举升机4个,工作台4张。
(2)设备设施:手动挡轿车4辆。
(3)工量具:常用工具4套,扭力扳手4把,直尺4把。
(4)学习方式:学生自主学习与小组合作学习相结合,以小组为单位进行查阅维修资料制定工作计划并开展任务实施。

2. 操作要求

检查离合器踏板自由行程

(1)做好人身防护,穿工作服、工作鞋,戴手套。
(2)遵守场地安全规定,注意用电安全。
(3)正确使用举升机,做好车辆防护。
(4)严格按照维修手册完成离合器踏板自由行程的调整。

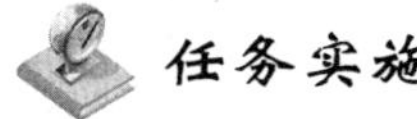

任务实施

一、离合器踏板自由行程的测量

踩下离合器踏板后,要消除分离轴承和分离杠杆内端之间留有的间隙和机械杆件之间的机械配合间隙,然后才能开始分离离合器,为消除这些间隙所需的离合器踏板行程,称为离合器踏板自由行程。

如图1-38所示,用手按下离合器踏板直至感到有明显的阻力,此时测量离合器踏板所移动的距离,即为离合器踏板的自由行程。在测量时要注意直尺尽可能与踏板垂直。不同车型的离合器踏板自由行程范围有所差异,要依据维修手册的标准判断是否在合理范围内。

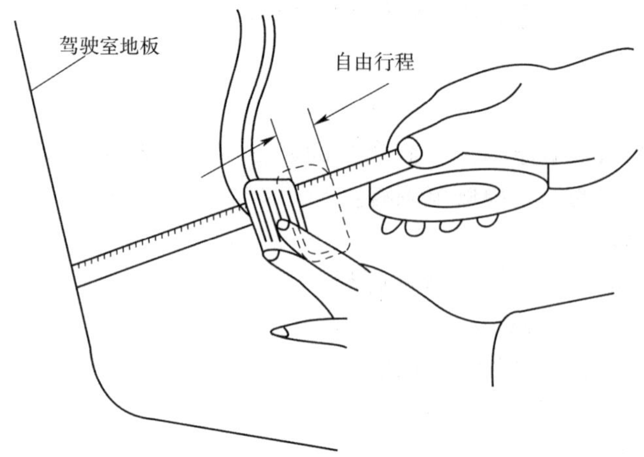

图 1-38　离合器踏板自由行程的测量

调整离合器踏板自由行程

二、离合器踏板自由行程的调整

1. 使用机械式操纵机构的离合器踏板自由行程调整

机械式操纵机构一般是通过调节拉索外套上的调整螺母改变拉索工作长度,来调整离合器踏板的自由行程。如图 1-39 所示,拉索伸长则自由行程增大,反之减小。

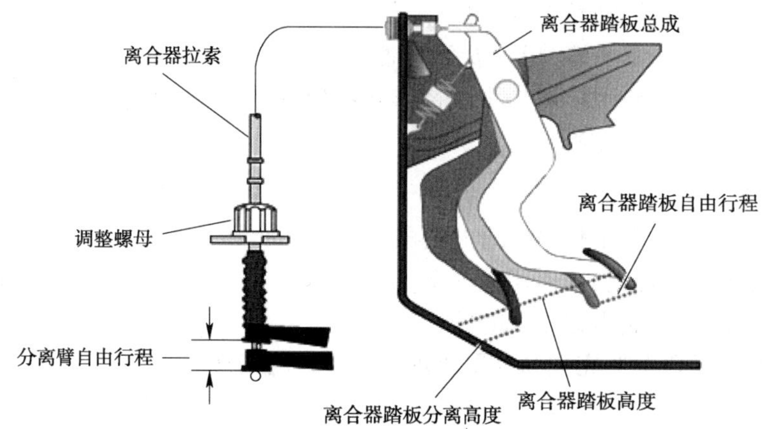

图 1-39　机械式操纵机构的离合器踏板自由行程

2. 使用液压式操纵机构的离合器踏板自由行程调整

液压式操纵机构踏板自由行程一般是主缸活塞与其推杆之间、分离杠杆内端与分离轴承之间两部分间隙之和在踏板上的反映。通常情况液压操纵结构可以自动调整自由行程。因传动件过度磨损导致的自由行程不符合要求,在调整时先旋松液压系统主缸前端推杆的锁紧螺母,调整推杆长度来改变自由行程。如图 1-40 所示,当自由行程过小时,应通过调整锁紧螺母缩短推杆的有效长度;当自由行程过大时,应增加推杆的有效长度,调整至合适的范围内后紧固锁紧螺母。

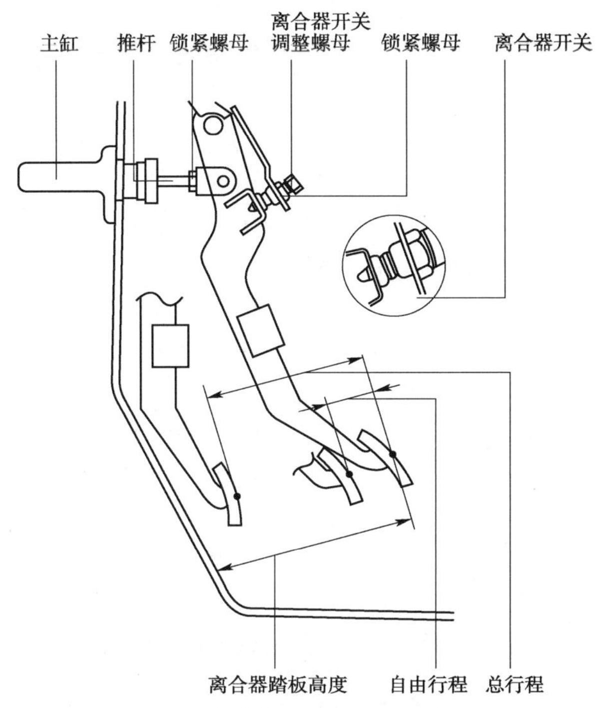

图 1-40　液压操纵机构的离合器踏板自由行程

此外,液压式离合器操纵机构可能因管路中有空气而造成离合器自由行程变大,严重时将导致离合器无法完全分离,必须通过排气塞进行排空气作业,具体流程不再赘述。

任务小结

(1)离合器操纵机构用来控制离合器接合与分离,按照控制方式,离合器操纵机构可分为机械式和液压式两种类型。

(2)离合器机械式操纵机构主要由离合器踏板、拉索或拉杆、分离拨叉和分离轴承等组成。

(3)离合器液压操纵机构主要由主缸、液压软管、液压油、金属管、工作缸、分离拨叉、分离轴承等组成。

(4)离合器踏板自由行程过大会导致离合器分离不彻底,造成换挡困难。离合器踏板自由行程过小会导致离合器打滑,因此要通过正确地检查和调整保证其在合理范围内。

习题

一、选择题

1. 汽车底盘系统一般由(　　)四个大的部分组成。

A. 悬架系统、行驶系统、车桥、制动系统

B. 传动系统、行驶系统、转向系统、制动系统

C. 传动系统、行驶系统、转向器、制动系统

D. 传动系统、离合器、转向系统、制动系统

2. 离合器从动盘安装在(　　)上。

A. 发动机曲轴　　B. 变速器输出轴

C. 变速器输入轴　　D. 半轴

3. 以下所述对离合器的要求中错误的是(　　)。

A. 接合柔和　　B. 分离彻底

C. 摩擦片表面润滑良好　　D. 操作轻便

4. 压紧离合器膜片弹簧并使之分离的部件是(　)。

A. 离合器压盘　　B. 分离轴承

C. 分离杠杆　　D. 摩擦片

5. 离合器压盘表面与(　　)接触。

A. 变速器主轴　　B. 分离轴承

C. 飞轮　　D. 离合器从动盘

6. 手动变速器的输入轴与(　)刚性连接。

A. 离合器压盘　　B. 离合器盖

C. 离合器分离轴承　　D. 离合器摩擦片

7. 通常情况下,随使用时间的延长,离合器踏板自由行程会(　　)。

A. 不变　　B. 变大

C. 变小　　D. 先变小再变大

8. (　　)会造成离合器分离不彻底。

A. 摩擦片上撒有油污　　B. 摩擦片铆钉外露

C. 压紧弹簧弹力下降　　D. 离合器踏板自由行程过大

9. 离合器踏板自由行程过小,可能会造成(　　)。

A. 离合器打滑　　B. 离合器分离不彻底

C. 离合器噪声　　D. 离合器振动

10. 压紧离合器膜片弹簧,并使之完成摩擦片与压盘分离动作的部件是(　　)。

A. 离合器压盘　　B. 分离轴承

C. 分离杠杆　　D. 摩擦片

11. 膜片弹簧式离合器中的膜片弹簧(　　)。

A. 是压紧弹簧　　B. 是分离杠杆

C. 既是压紧弹簧,又是分离杠杆　　D. 是操纵机构

二、判断题

1. 安装单片离合器的从动盘时,其长毂应朝向飞轮。(　　)

2. 离合器分离轴承回位弹簧过软或折断可能会引起离合器打滑故障。(　　)

3. 汽车离合器的主动部分由飞轮、离合器盖和压盘等组成。(　　)

4. 离合器从动盘的摩擦衬片磨损不均匀,不会破坏动平衡。(　　)

5. 离合器从动盘上撒有油污可能会造成离合器打滑。(　　)

三、简答与综合题

1. 离合器踏板自由行程过大或过小,会对离合器造成何种影响?

2. 离合器从动盘有哪些常见损伤形式?

3. 观察下图,写出图中标号为3、4、5、6、7、8、10、11的零件名称。分析并写出图中离合器分离过程。

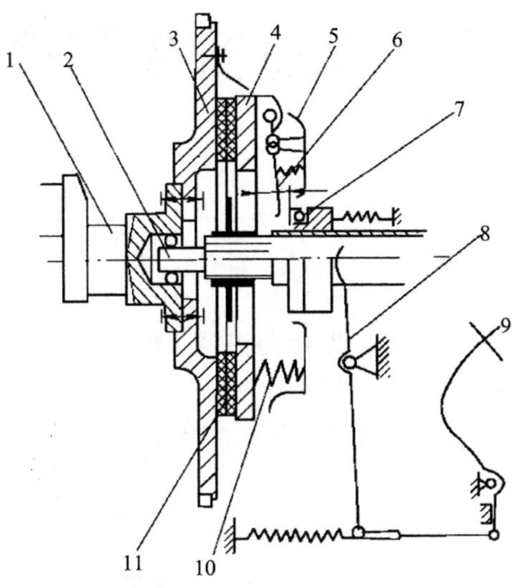

项目二　手动变速器故障诊断与修复

 项目概述

手动变速器在汽车上使用的历史最为悠久,驾驶过程中由驾驶人操作变速杆实现挡位切换,从而实现改变传动比、倒挡行驶、切断动力传递的目的。手动变速器生产技术成熟、成本低,故障率相对低,对于熟练驾驶手动挡汽车的驾驶人而言,汽车经济性更好,更具驾驶乐趣。

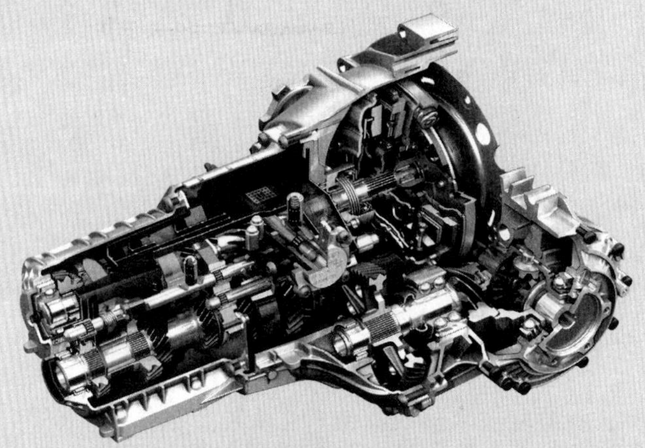

手动变速器常见的故障现象有挂挡困难、换挡噪声、自动脱挡等,通过完成本单元的学习任务,可以帮助大家更好地认识手动变速器的结构、原理,并解决其常见的故障。

 主要学习任务

1. 齿轮传动机构检修
2. 手动变速器操纵机构检修

任务1　齿轮传动机构检修

 任务描述

客户李先生的一辆2010年产捷达1.6L手动挡轿车,行驶13万km,最近出现变速器1

挡切换至2挡时困难,且换挡过程中有类似打齿的噪声,其余挡位切换时正常。

从客户描述的故障现象,可以判断引起此故障的原因可能是由于变速器1/2挡同步器、2挡传动齿轮磨损或损坏等原因引起的,为进一步确认故障原因,需要对手动变速器进行拆卸、解体,并对各组成部件进行检查或更换,从而排除此故障。

知识目标

(1)能够正确描述手动变速器的功用和基本结构,说明普通齿轮传动基本原理。

(2)能够结合手动变速器齿轮传动机构原理图或实物,说明其各挡的动力传递路线。

(3)正确描述同步器的功用、类型以及锁环式同步器的结构和工作原理。

技能目标

(1)能够运用手动变速器结构和原理知识,分析手动变速器挂挡困难故障原因,并对普通齿轮式手动变速器各组成部件进行检查或更换。

(2)能够依据维修手册要求,正确选用工具、设备对手动变速器进行拆卸、解体,选用合适工、量具按照技术标准,对各组成部件进行检查或更换及安装。

(3)会运用所学知识和经验,为客户提供正确使用手动变速器的建议。

(4)能够按照企业5S管理要求和安全生产规范进行操作。

素质目标

(1)通过小组合作完成工作任务,培养良好的团队合作意识。

(2)养成规范、严谨的工作作风,展示中国工匠可信、可爱、可敬的形象。

建议学时:8学时。

知识准备

变速器功用

一、变速器功用

1. 变速、变矩

通过不同齿数的齿轮啮合来改变传动比,以满足汽车在不同行驶条件下对转矩和汽车行驶速度的变化要求。

2. 变向

在发动机曲轴旋转方向不变的条件下,能够使汽车倒向行驶。

3. 中断动力传递

中断发动机与驱动轮的动力传递,使发动机能够起动和怠速运转,满足汽车起步或滑行的需要。

4. 驱动其他装置

变速器还可以作为动力输出装置驱动其他机构,如驱动自卸车的液压举升装置。

二、变速器的分类

手动变速器变速与变矩原理

1. 按照传动比级数分类

按照传动比的级数不同,变速器可分为有级式、无级式和综合式3种类型。

(1)有级式变速器:有级式变速器各个挡位有固定的传动比,多采用齿轮传动的方式,根据齿轮的结构,又可分为普通齿轮变速器和行星齿轮变速器。

(2)无级式变速器:无级式变速器其传动比可以在定范围内变化,多采用锥形带轮和链传动的方式。

(3)综合式变速器:综合式变速器由液力传动装置和机械传动装置组合而成,其传动比可以在最大值和最小值之间的几个分段的范围内作无级变化。

2. 按照操纵方式分类

按照操纵方式不同,变速器可分为强制操纵式、半自动操纵式和自动操纵式3种类型。

(1)强制操纵式变速器:强制操纵式变速器由驾驶人直接操纵变速器换挡杆实现挡位变化。

(2)半自动操纵式变速器:半自动操纵式变速器由驾驶人操纵变速器换挡杆选定挡位,同时通过换挡机构的控制系统实现挡位自动变化。

(3)自动操纵式变速器:自动操纵式变速器根据发动机的负荷和车速的变化情况通过控制系统自动实现挡位的变化,驾驶人只需通过加速踏板控制车速即可。

三、普通齿轮手动变速器的基本工作原理

1. 变速、变矩原理

普通齿轮手动变速器是根据不同齿数的齿轮啮合来实现转速和转矩的改变。由齿轮传动原理可知,一对齿数不同的齿轮啮合传动时,若小齿轮作为主动齿轮带动大齿轮转动时,其输出转速降低、输出转矩增大;若大齿轮作为主动齿轮带动小齿轮转动时,其输出转速增大、输出转矩降低,并且两齿轮的转速与齿数成反比,而两齿轮的转矩与其转速又成反比。设主动齿轮的转速为 n_1,齿数为 z_1;从动齿轮的转速为 n_2,齿数为 z_2。主动齿轮(输入轴)转速与从动齿轮(输出轴)转速的比值称为传动比,用 i_{12} 表示,即

$$i_{12}=n_1/n_2=z_2/z_1 \tag{2-1}$$

设主动齿轮的转矩为 M_1,从动齿轮的转矩为 M_2,根据传动原理 $n_1/n_2=M_2/M_1$。因此,齿轮传动的传动比 i_{12} 可表示为:

$$i_{12} = n_1/n_2 = M_2/M_1 = z_2/z_1 \tag{2-2}$$

如图 2-1a) 所示，当小齿轮为主动齿轮(z_1)带动大的从动齿轮(z_2)转动时，则输出轴的转速降低，而转矩增大，其传动比 $i>1$，实现减速增矩传动。

如图 2-1b) 所示，当大齿轮为主动齿轮(z_2)带动小的从动齿轮(z_1)转动时，则输出轴的转速增大，而转矩降低，其传动比 $i<1$，实现增速减矩传动。

此外，若主动齿轮与从动齿轮大小相等，则输出轴的转速等于输入轴的转速，同时传递的转矩不变，其传动比 $i=1$，实现等速等矩传动。

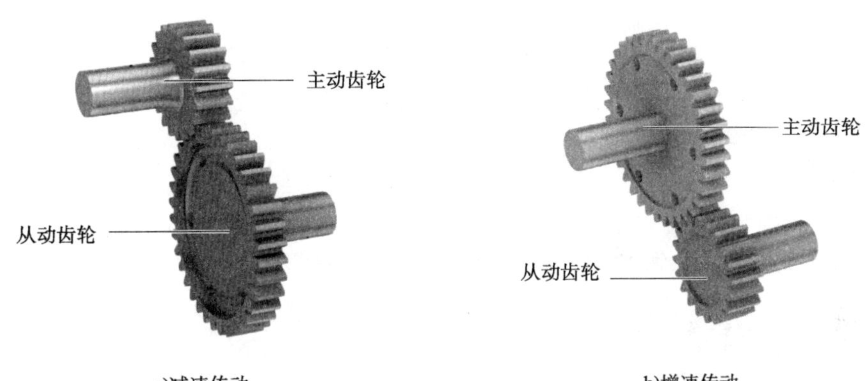

图 2-1　普通齿轮传动的基本原理

一对齿轮只能得到一个固定的传动比，从而得到一个输出转速，只能构成变速器的一个挡位。为扩大变速器的输出转速的变化范围，普通齿轮式手动变速器采用多对大小不同的齿轮啮合传动，以构成多个不同的挡位。普通齿轮式手动变速器通常有 3～6 个前进挡和 1 个倒挡，每个挡位对应一个传动比。传动比 $i>1$ 的挡位一般为前进挡的降速挡，传动比 $i=1$ 的挡位一般为前进挡的直接挡，传动比 $i<1$ 的挡位一般为前进挡中的超速挡。

2. 变向原理

根据齿轮传动原理，一对外啮合的齿轮旋转方向相反，每经过一对外啮合齿轮副，输出轴改变一次转向。一般普通齿轮变速器前进挡采用 2 个外啮合齿轮副来实现同向传动，而倒挡则采用 3 个外啮合齿轮副来实现反向传动。图 2-2 所示为齿轮变向原理。

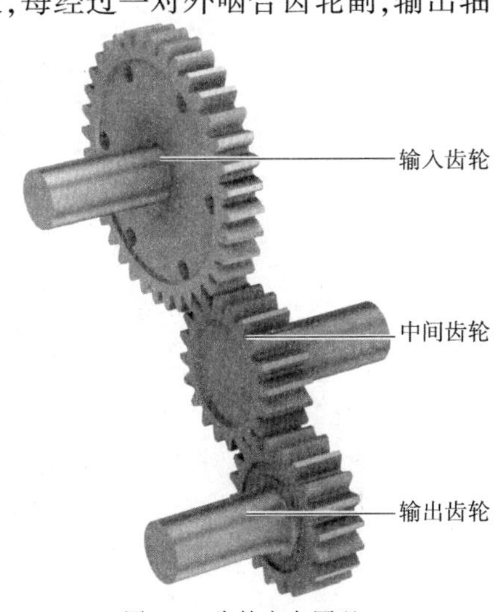

图 2-2　齿轮变向原理

3. 换挡原理

普通齿轮手动变速器每次只能以一个挡位工作，挡位的改变称为换挡。换挡时，将正在啮合的一个齿轮副分开而另一个齿轮副进入啮合，从而使传动比发生变化，实现换挡。图 2-3 所示为换挡的基本原理。当前齿轮 3 和齿轮 4 啮合，由于齿轮3/4 的大小相同，因此中间轴Ⅲ和输出轴Ⅱ的转速相同，即 $n_2=n_3$。若将齿轮 6 向右滑动使之与齿轮 5 啮合，此时输出轴Ⅱ的转速低于中间轴Ⅲ的齿轮转速。

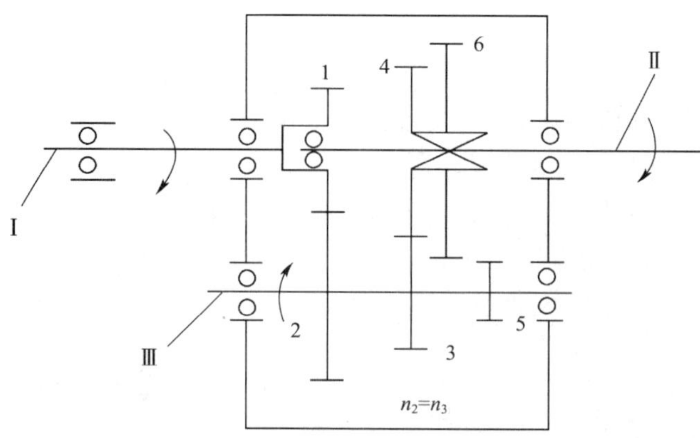

图 2-3　换挡原理示意图

Ⅰ-输入轴;Ⅱ-输出轴;Ⅲ-中间轴;1-输入轴常啮合齿轮;2-中间轴常啮合齿轮;3-二挡主动齿轮;4-二挡从动齿轮;5-一挡主动齿轮;6-一挡从动齿轮

四、手动变速器齿轮传动机构的结构和动力传递原理

1. 手动变速器齿轮传动机构

手动变速器齿轮传动机构按照工作轴(不包括倒挡轴)的数量不同,可分为三轴式和两轴式。下面分别介绍三轴式和二轴式普通齿轮手动变速器齿轮传动机构的结构和工作原理。

1)三轴式手动变速器齿轮传动机构

三轴式手动变速器广泛应用于发动机前置后轮驱动的汽车上,其传动机构主要由壳体、第一轴(输入轴)、第二轴(输出轴)、中间轴、倒挡轴和各挡齿轮、轴承和同步器等组成。

图 2-4 和图 2-5 所示为典型的三轴式普通齿轮手动变速器结构图。

图 2-4　三轴手动变速器齿轮实物图

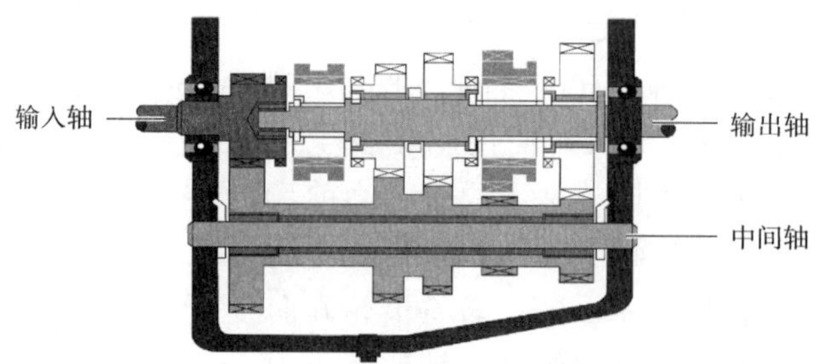

图 2-5　三轴手动变速器结构图

(1)基本构造。

①第一轴:第一轴又称输入轴,其前后端用轴承分别支承在曲轴后端的中心孔和变速器壳体的前壁座孔中,其前部花键用来安装离合器的从动盘,后部加工有带外齿圈的常啮合齿轮。

②中间轴:中间轴两端用轴承支承在变速器壳体的前后壁座孔中,常啮合齿轮(与第一轴上的常啮合齿轮啮合)与倒挡齿轮通过半圆键装在中间轴上,而三挡、二挡、一挡齿轮直接与轴制成一体。

③第二轴:第二轴又称输出轴,其前后端其前后端用轴承分别支承在第一轴常啮合齿轮的中心孔和变速器壳体的后壁座孔中。一挡、二挡、三挡齿轮通过滚针轴承支承在轴上,并于中间轴上的一挡、二挡、三挡齿轮常啮合,其外部均加工有接合齿圈。倒挡滑动齿轮以花键形式与第二轴配合,并可沿轴轴向移动。另外轴上还有用于换挡的一、二挡同步器和三、四挡同步器。

④倒挡轴:倒挡轴固定在壳体上,倒挡齿轮通过轴承支承在倒挡轴上,与中间轴倒挡齿轮常啮合。

(2)各挡动力传递路线。以五挡三轴手动变速器为例,分析各挡动力传递路线。

①一挡动力传递路线:如图 2-6 所示,操纵变速器换挡杆,使一、二挡同步器接合套后移,动力传递路线为输入轴→第一轴常啮合齿轮→中间轴常啮合齿轮→中间轴→中间轴一挡齿轮→输出轴一挡齿轮→一、二挡同步器接合套→花键毂→输出轴。

②二挡动力传递路线:如图 2-7 所示,操纵变速器换挡杆,使一、二挡同步器接合套前移,动力传递路线为:输入轴→第一轴常啮合齿轮→中间轴常啮合齿轮→中间轴→中间轴二挡齿轮→输出轴二挡齿轮→一、二挡同步器接合套→花键毂→输出轴。

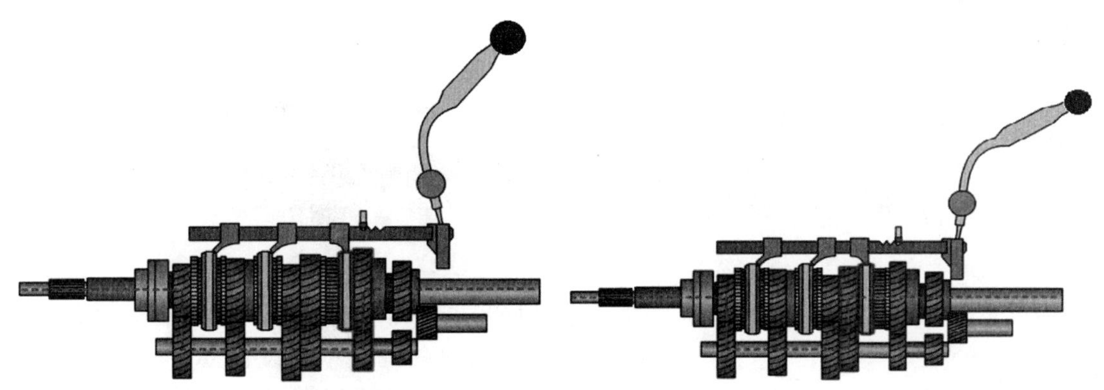

图 2-6　一挡动力传递路线　　　图 2-7　二挡动力传递路线

③三挡动力传递路线:如图 2-8 所示,操纵变速器换挡杆,使三、四挡同步器接合套后移,动力传递路线为:输入轴→输入轴常啮合齿轮→中间轴常啮合齿轮→中间轴→中间轴三挡齿轮→输出轴三挡齿轮→三、四挡同步器接合套→花键毂→输出轴。

④四挡动力传递路线:如图 2-9 所示,操纵变速器换挡杆,使三、四挡同步器接合套前移,此时进入直接挡,动力传递路线为:输入轴→输入轴常啮合齿轮→三、四挡同步器接合套→花键毂→输出轴。由于此时动力直接经过输入轴到达输出轴,此挡位也称为直接挡。

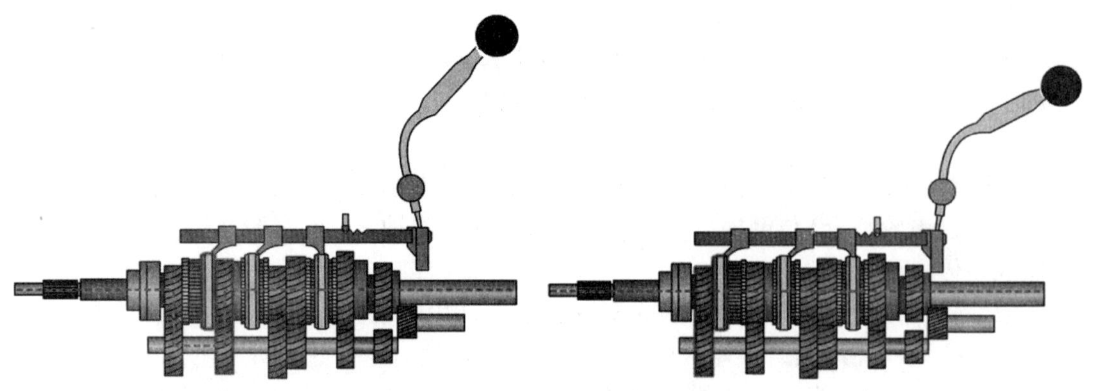

图2-8　三挡动力传递路线　　图2-9　四挡动力传递路线

⑤五挡动力传递路线:如图2-10所示,操纵变速器换挡杆,使五挡同步器接合套后移,接入五挡,动力传递路线为:输入轴→输入轴常啮合齿轮→中间轴常啮合齿轮→中间轴→中间轴五挡齿轮→输出轴五挡齿轮→五挡同步器接合套→花键毂→输出轴。此时传动比小于1,为超速挡。

⑥倒挡动力传递路线:如图2-11所示,操纵变速器换挡杆,使输出轴倒挡滑动齿轮前移,动力传递路线为:输入轴→输入轴常啮合齿轮→中间轴常啮合齿轮→中间轴→中间轴倒挡齿轮→倒挡轴倒挡惰轮→输出轴倒挡齿轮→输出轴。

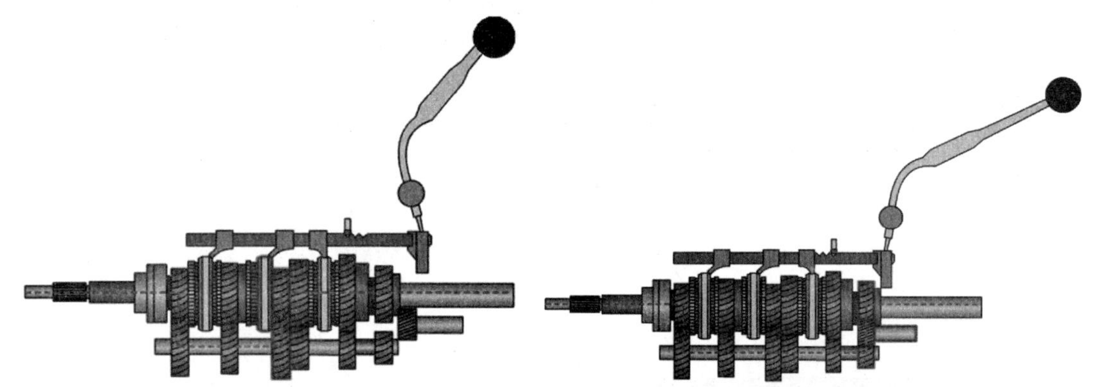

图2-10　五挡动力传递路线　　图2-11　倒挡动力传递路线

⑦空挡:如图2-12所示,输出轴上的一、二挡同步器接合套、三、四挡同步器接合套以及倒挡滑动齿轮均处于中间位置,动力不传递给输出轴。若此时发动机运转且离合器接合,输入轴和中间轴会旋转。

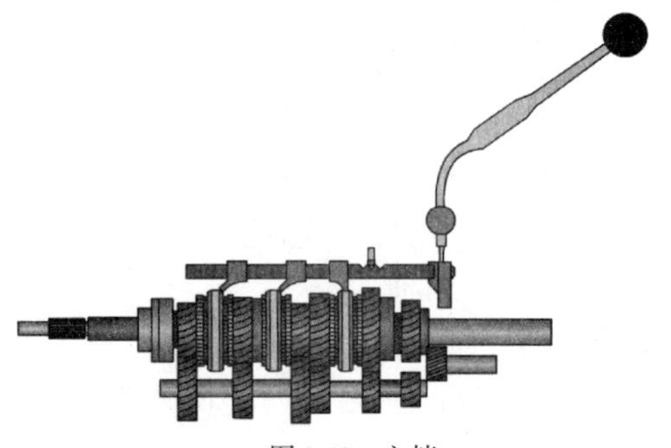

图2-12　空挡

2)二轴式手动变速器齿轮传动机构

二轴式手动变速器传动机构主要由壳体、第一轴(输入轴)、第二轴(输出轴)、倒挡轴和各挡齿轮、轴承和同步器等组成。

图2-13所示为上汽通用赛欧等轿车使用的二轴式普通齿轮手动变速器原理图。该变速器共有

五个前进挡、一个倒挡和空挡。

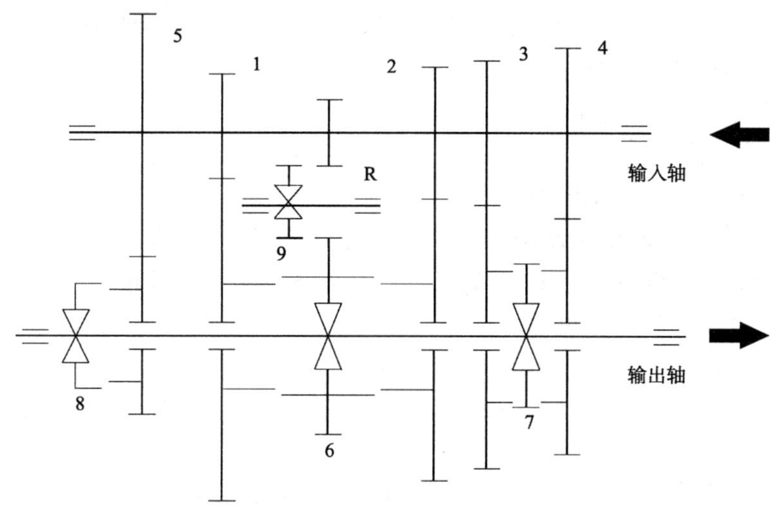

图 2-13 二轴式手动变速器齿轮传动机构(赛欧 D16)

1-一挡常啮合齿轮;2-二挡常啮合齿轮;3-三挡常啮合齿轮;4-四挡常啮合齿轮;5-五挡常啮合齿轮;6-一、二挡同步器;7-三、四挡同步器;8-五挡同步器;9-倒挡同步器

(1)基本构造。该变速器取消了中间轴,其中五个前进挡和倒挡全部采用同步器操纵换挡,输出轴上有三个锁环式惯性同步器,倒挡轴上有一个花键连接的倒挡齿轮。输入轴上的齿轮与轴制成一体,输出轴上的齿轮在轴上可以自由转动,前后滑动接合套即可以完成换挡,结构更紧凑。

(2)各挡动力传递路线。图 2-14 所示为二轴式手动变速器各个挡位示意图,下面对各个挡位动力传递路线进行逐一分析。

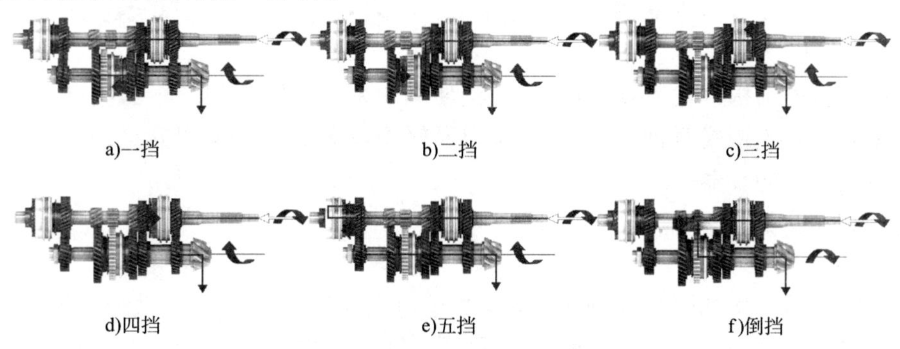

图 2-14 二轴式手动变速器挡位分析

①一挡动力传递路线:变速器操纵杆使 1、2 挡接合套向前移动,与一挡传动齿轮的齿圈接合,动力传递路线为:输入轴→输入轴一挡齿轮→输出轴一挡齿圈及齿轮→输出轴一、二挡同步器→输出轴花键毂→输出轴。

图 2-15 所示为输出轴齿轮与齿圈的结构,齿轮与齿轮齿圈一体,挂挡时接合套与齿轮齿圈接合,动力再经过齿轮齿圈传递给接合套,经过花键毂再传递给输出轴。

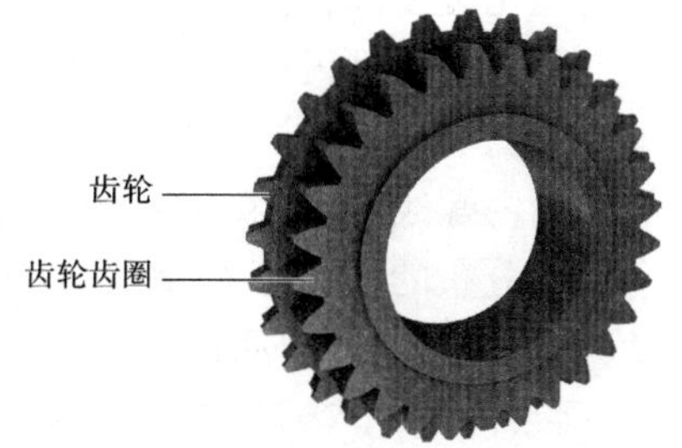

图 2-15 输出轴齿轮与齿圈的结构

②二挡动力传递路线:变速器操纵杆使一、二挡接合套向后移动,与二挡传动齿轮的齿圈接合,动力传递路线为:输入轴→输入轴二挡齿轮→输出轴二挡齿轮齿圈及齿轮→输出轴一、二挡同步器→输出轴花键毂→输出轴。

③三挡动力传递路线:变速器操纵杆使三、四挡接合套向前移动,与三挡传动齿轮齿圈接合,动力传递路线为:输入轴→输入轴三挡齿轮→输出轴三挡齿轮及齿圈→输出轴三、四挡同步器→输出轴花键毂→输出轴。

④四挡动力传递路线:变速器操纵杆使三、四挡接合套向后移动,与四挡传动齿轮齿圈接合,动力传递路线为:输入轴→输入轴四挡齿轮→输出轴四挡齿轮及齿圈→输出轴三、四挡同步器→输出轴花键毂→输出轴。

⑤五挡动力传递路线:变速器操纵杆使五挡接合套向后移动,与五挡传动齿轮齿圈接合,动力传递路线为:输入轴→输入轴五挡齿轮→输出轴五挡齿轮及齿圈→输出轴五挡同步器→输出轴花键毂→输出轴。

⑥倒挡动力传递路线:变速器操纵杆使倒挡惰轮与倒挡齿轮啮合,动力传递路线为:输入轴→输入轴倒挡齿轮→倒挡惰轮→倒挡从动齿轮→输出轴→动力反向输出。

⑦空挡:输入轴上的三、四挡同步器接合套、五挡同步器接合套,输出轴上的一、二挡同步器接合套以及倒挡轴上的倒挡惰轮均处于中间位置,动力不传递给输出轴。

2. 同步器的结构及原理

1)作用

变速器在换挡过程中,所选挡位的待啮合齿轮线速度必须相等(即同步),才能平顺啮合而顺利挂挡。如果两齿轮轮齿速度不相同而强行挂挡,则两齿轮之间会出现冲击,导致齿轮端面磨损,甚至因打齿造成轮齿折断。因此,当前手动变速器的前进挡设置有同步器,其作用是使接合套和待接合的齿圈迅速同步,并阻止两者在同步前进入啮合,从而消除换挡冲击,缩短换挡时间。

同步器有多种结构形式,目前汽车上广泛使用的是惯性同步器。根据其结构,惯性同步器又分为锁环式和锁销式两种,而目前轿车以及轻型汽车上广泛采用的是锁环式同步器,本书主要介绍锁环式同步器。

2)锁环式同步器

(1)构造。

锁环式同步器结构如图2-16所示,花键毂通过内花键套装在第二轴外花键上,用垫圈、卡环轴向定位。花键毂两端与第一轴齿轮和第二轴齿轮之间各有一个青铜制成的锁环,锁环上短花键齿圈,与第一轴齿轮和第二轴齿轮上的接合齿圈的外花键齿均相同。两个齿轮和锁环上的花键齿在靠近接合套的一端都有倒角(称为锁止角),与接合套齿端的倒角相同。锁环有内锥面,其锥面与第一轴齿轮和第二轴齿轮上的外锥面锥角相同,锁环内锥面上制有细密的内螺纹,当与锥面接触后,它能及时破坏油膜,增加锥面之间的摩擦力。锁环上还有3个均匀分布的缺口,3个滑块分别装在花键毂上3个均匀分布的轴向切槽内,可沿槽轴向移动,滑块被2个弹簧圈的径向力压靠在接合套上,滑块中部的凸起压嵌在接合套中部的环槽内,滑块两端伸入锁环的缺口内,滑块窄、缺口宽,两者之差等于锁环的花键齿宽。

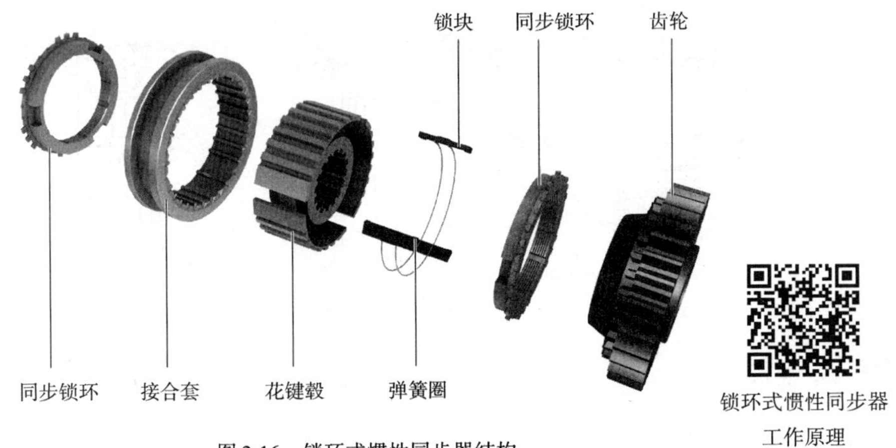

图 2-16 锁环式惯性同步器结构

(2)工作原理。

下面以低速挡换高速挡为例,分析同步换挡过程。当踩下离合器踏板时,输入轴与飞轮之间的动力传递被切断,拨叉使接合套从低速挡退出到空挡位置,在惯性作用下,接合套、同步环和接合齿圈继续保持原来的速度转动。同步环可以轴向自由移动,接合齿圈与同步环的摩擦锥面之间没有接触,如图 2-17a)所示。

换挡拨叉继续推动接合套向高速挡接合齿圈移动,带动滑块左移。当滑块与同步环缺口端面接触时,便推动同步环向接合齿圈方向移动,同步环内锥面与接合齿圈外锥面接触,由于两者有转速差,两个锥面间产生摩擦力。接合齿圈通过摩擦力带动同步环相对接合套向前进方向转动一个角度,同步环缺口的一个侧面紧贴滑块(图 2-17b),然后继续与接合套同步转动。此时,同步环花键齿相对接合套内花键齿错开半个齿,两者的齿端倒角相互抵触(图 2-17b),接合套无法继续向左移动,即锁止。

由于拨叉始终给接合套一个向左的轴向推力,接合套齿端倒角紧压同步环齿端倒角,并给其施加一个正压力 F_n。正压力 F_n 分解为轴向力 F_1 和切向力 F_2(图 2-17b),切向分力 F_2 产生一个使同步环相对接合套向后退方向转动的拨环力矩。轴向压力 F_1 使同步环压紧接合齿圈锥面而产生摩擦力矩,该摩擦力矩既使同步环相对于接合套向前进方向转动,又阻碍接合齿圈转动,因此两者转速迅速接近。同步环通过接合套、花键毂、输出轴等与驱动轮乃至整个车辆相联系,其转动惯量大,转速变化慢,因此同步环转速基本认为是不变的;而接合齿轮仅与输入轴及离合器从动部件相联系,其转动惯量小,转速下降快。摩擦力矩是由于接合齿圈转动惯性产生的,从而使同步环对接合套产生锁止作用,因此这种同步器称为惯性式同步器。

同步环和花键毂的齿端倒角在设计上保证摩擦力矩大于拨环力矩,当同步环与接合齿圈转速不等时,摩擦力矩始终存在,滑块始终位于同步环缺口一侧,同步环与接合套处于锁止状态;当两者转速相等时,摩擦力矩消失,拨环力矩依然存在,使同步环转动一个角度,滑块回到缺口中央位置,同步环端倒角与接合套齿端倒角相互抵触状态解除,即锁止解除。此时,由于拨叉给接合套施加的轴向推力依然存在,接合套继续向左移动,其内花键与同步环花键齿完全啮合(图 2-17c),进而与接合齿圈花键完全接合,完成换挡过程(图 2-17d)。

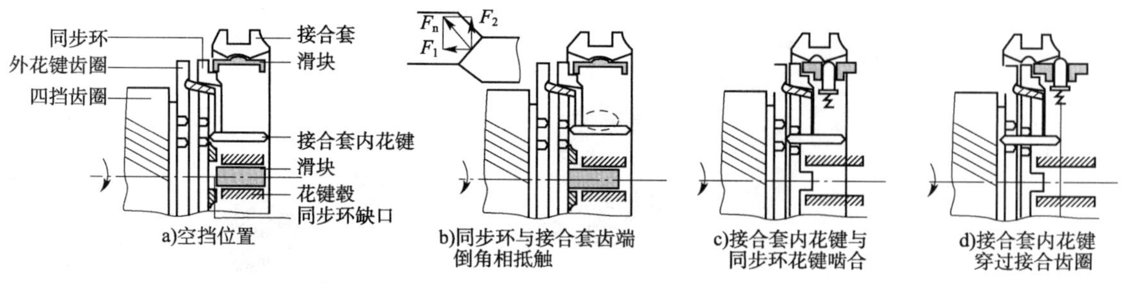

图2-17 锁环式同步器工作原理

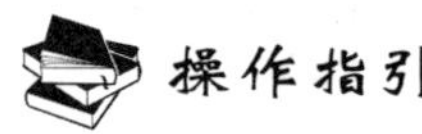

操作指引

1. 组织方式

(1)场地设施:变速器台架4个,工作台4张。

(2)设备设施:手动挡变速器4台。

(3)工量具:常用拆装工具4套,百分表及磁力表座4套,游标卡尺4把,外径千分尺4把,相关型号变速器专用工具4套。

(4)耗材:变速器油、润滑脂。

(5)学习方式:学生自主学习与小组合作学习相结合,以小组为单位进行查阅维修资料制定工作计划并开展任务实施。

2. 操作要点

变速器分解与装配

(1)做好人身防护,穿工作服、工作鞋,戴手套。

(2)遵守场地安全规定,避免野蛮操作。

(3)按照维修手册指引进行操作,正确使用工量具。

(4)结合维修手册完成手动变速器的拆装和检测工作。

任务实施

不同型号的手动变速器拆卸、检测和组装方法及流程有所差异,下面结合上汽通用赛欧、凯越等轿车使用的D16型手动变速器说明其拆卸、检修、组装的基本流程。

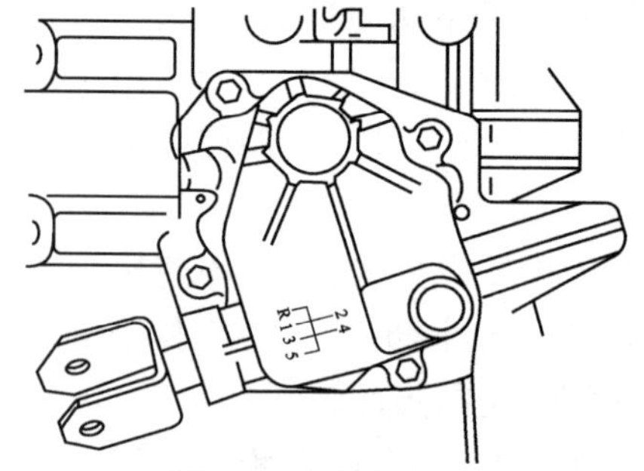

图2-18 拆卸换挡盖螺栓

1. 手动变速器拆卸

(1)泄放并回收变速器油液,从车上拆卸变速器总成。(具体步骤参照学习任务一离合器常见故障诊断与修复中的流程)。在变速器总成上拆卸换挡盖螺栓,如图2-18所示。

(2)拆卸换挡盖,做好部件之间的位置标记,以便后期安装,如图2-19所示。

(3)拆卸轴承板端盖及其螺栓,做好部件之间的位置标记,同时要注意不同型号螺栓的安装位置,必要时做好标记或记录,如图2-20所示。

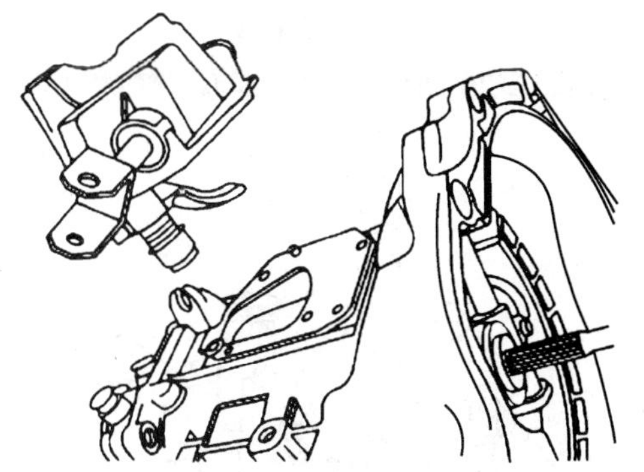

图 2-19　拆卸换挡盖

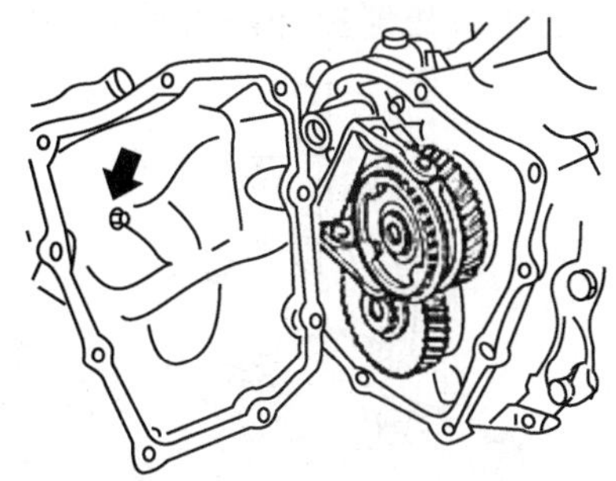
图 2-20　拆卸轴承板端盖

(4)把排挡拨叉拨向指示的方向,拨入第二挡。拨入二挡的目的是便于齿轮传动机构总成的拆卸和安装,如图 2-21 所示。

(5)拆下变速器壳体至轴承板的螺栓,分离变速器壳体与齿轮传动机构给总成,如图 2-22 所示。

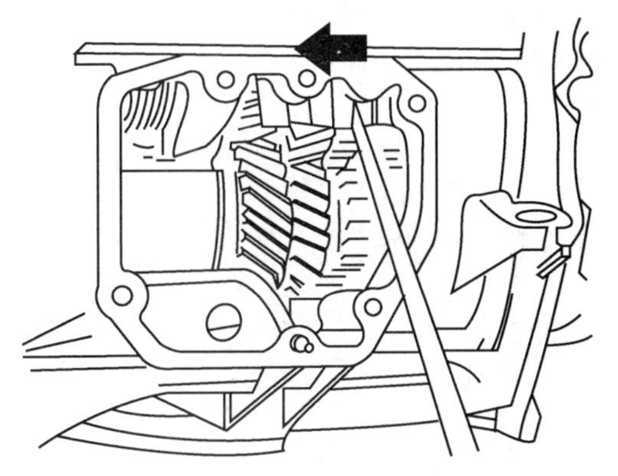
图 2-21　拨入二挡位置

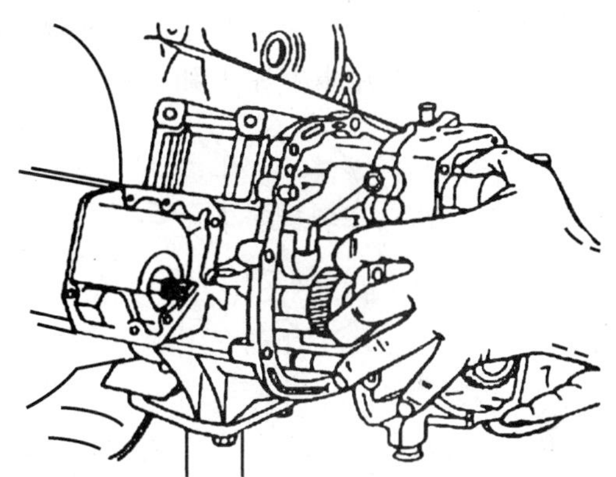
图 2-22　分离齿轮传动机构

(6)将齿轮传动机构固定于专用工具上,以便下一步分解操作,如图 2-23 所示。

(7)拆卸五挡拨叉。拆卸五挡拨叉的两个螺栓,使用卡簧钳拆卸五挡齿轮的固定卡钳,如图 2-24 所示。

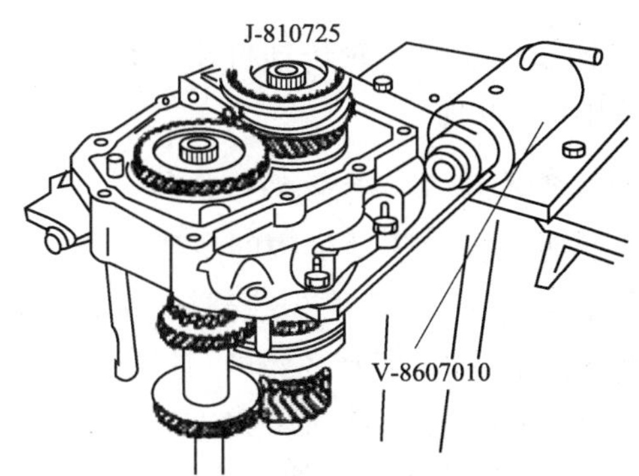

图 2-23　固定齿轮传动机构总成

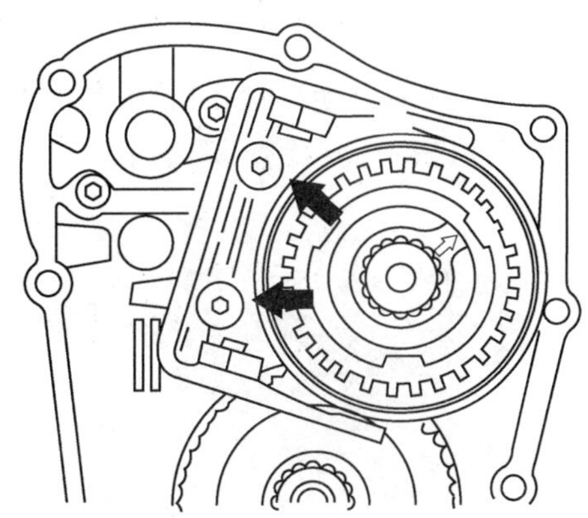
图 2-24　拆卸五挡拨叉

(8)使用拉拔器拆卸五挡接合套,如图2-25所示。注意避免野蛮操作。

(9)使用拉拔器拆卸输入轴五挡主动齿轮,如图2-26所示。注意避免野蛮操作。

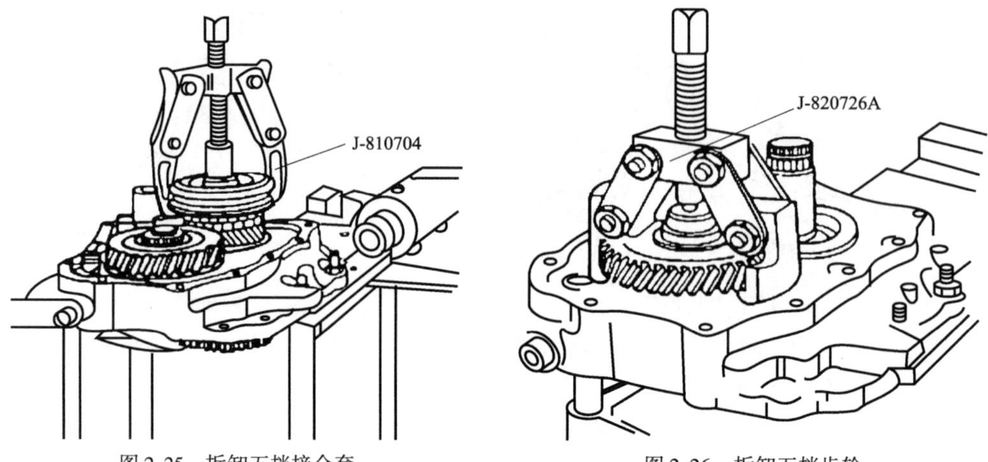

图2-25　拆卸五挡接合套　　　图2-26　拆卸五挡齿轮

(10)使用专用工具1和2拆卸变速器齿轮外壳上的4个锁止销,如图2-27所示。

(11)使用专用卡簧钳1和2分别拆卸输入轴和输出轴上的卡环,如图2-28所示。

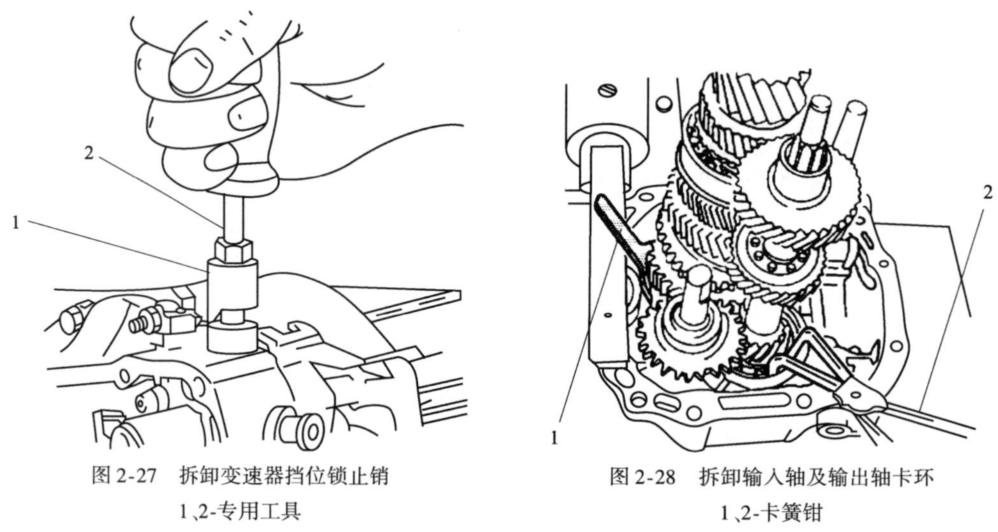

图2-27　拆卸变速器挡位锁止销
1、2-专用工具

图2-28　拆卸输入轴及输出轴卡环
1、2-卡簧钳

(12)拆卸所有换挡锁止机构,取下齿轮传动机构总成。对齿轮传动机构接合套、齿轮、花键等部件进行外观检查,观察是否有异常损伤,如图2-29所示。

图2-29　齿轮传动机构外观检查

2. 手动变速器齿轮传动机构检修

手动变速器齿轮传动机构的主要检修项目有目视检查齿轮是否有异常磨损或损坏、接合套及同步环是否有异常磨损,如有必要可测量各挡位输出轴齿轮的轴向和径向间隙、输出轴的弯曲度、拨叉与接合套槽之间的间隙等。通过这些检查,判断变速器的故障所在位置,从而实施有针对性的维修。

检修时,可参考如下程序和方法。

(1)变速器五挡齿轮轴向间隙检查。齿轮轴向间隙过大会造成挂挡困难、异响或齿轮异常损坏,如图 2-30 所示。

手动变速器齿轮传动机构检修

D16 变速器五挡齿轮轴向间隙范围:0.10 ~0.50mm。

(2)变速器五挡齿轮径向间隙检查。径向间隙过大会造成换挡或运行期间异响,如图 2-31 所示。

五挡齿轮径向间隙范围:0.01 ~0.06mm。

图 2-30 五挡齿轮轴向间隙检查

图 2-31 五挡齿轮径向间隙检查

(3)其他挡位齿轮轴向和径向间隙检查,如图 2-32 所示。

D16 变速器挡位齿轮轴向间隙范围:0.10 ~0.55mm。

径向间隙范围:0.01 ~0.05mm。

(4)输出轴及输入轴弯曲度检查。输出轴及输入轴弯曲度过大会造成换挡困难、运行期间异响等故障,如图 2-33 所示。

D16 变速器输入轴及输出轴弯曲度极限值:0.02mm。

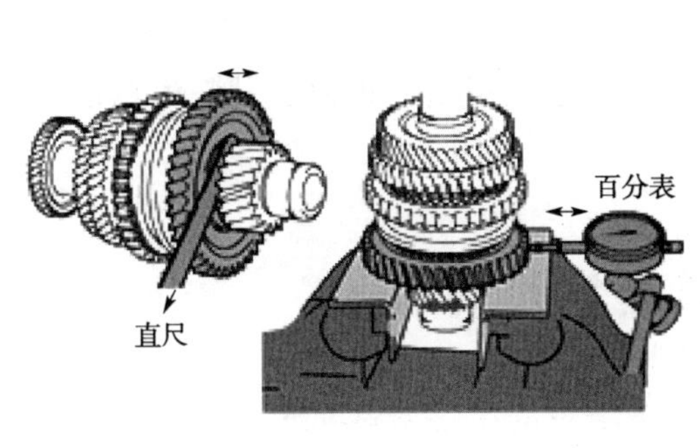

图 2-32 其他挡位齿轮轴向、径向间隙检查

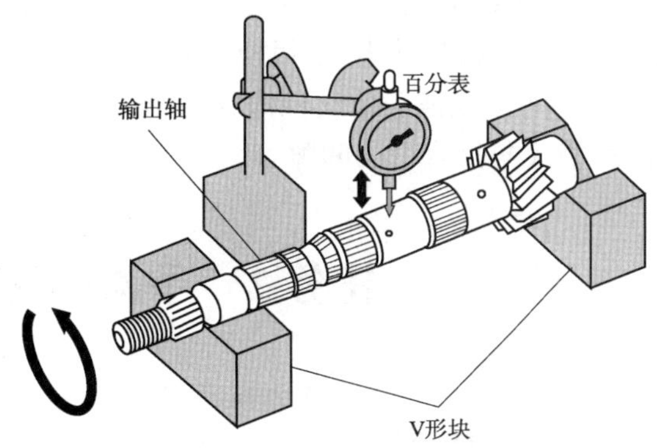

图 2-33 输出轴及输入轴弯曲度检查

(5)换挡拨叉与接合套间隙检查。该间隙过大,会造成挂挡困难甚至无法挂入挡位,如图 2-34 所示。

D16 变速器换挡拨叉与接合套间隙:0.20 ~0.40mm。

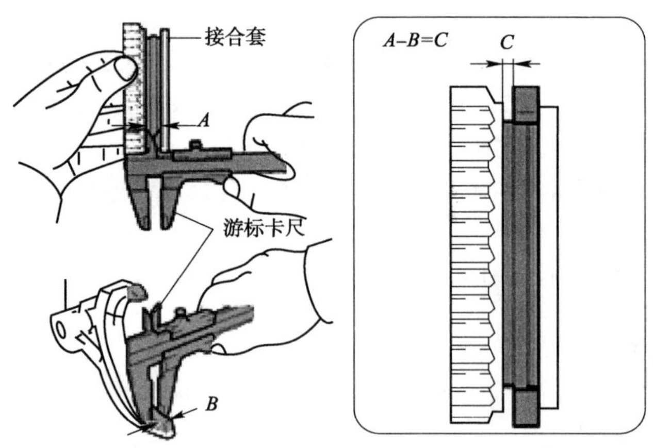

图 2-34　换挡拨叉与接合套间隙检查

手动变速器组装程序与拆卸程序相反,在安装过程中要严格按照维修手册的程序进行,必要时一定要借助卡簧钳、压力机、台虎钳等专用工具进行,要保证所有部件均安装到位。安装完毕要重新加注变速器油并进行变速器测试。

任务小结

(1)变速器应具备变速、变矩、变向、中断动力传递等功能。

(2)主动齿轮(即输入轴)转速与从动齿轮(即输出轴)转速的比值称为传动比。传动比大于1时为减速传动,传动比小于1时为增速传动,传动比等于1时为等速传动。

(3)手动变速器齿轮传动机构按照工作轴(不包括倒挡轴)的数量不同可分为三轴式和两轴式。三轴是指输入轴、中间轴、输出轴,二轴是指输入轴和输出轴。

(4)手动变速器传动机构主要由壳体、第一轴(输入轴)、第二轴(输出轴)、中间轴(三轴式)、倒挡轴和各挡齿轮、轴承和同步器等组成。

(5)同步器的作用是使接合套和待接合的齿圈迅速同步,并阻止两者在同步前进入啮合,从而消除换挡冲击,缩短换挡时间。

(6)手动变速器传动机构的主要检修项目有各挡齿轮轴向间隙和径向间隙、齿轮轴的弯曲度、拨叉与接合套的间隙等。

任务2　手动变速器操纵机构检修

任务描述

客户李先生的一辆2010年产雪佛兰1.6L科鲁兹手动挡轿车,行驶13万km,最近出现变速器五挡行驶期间急加速自动脱挡故障,其余挡位工作正常。

从客户描述的故障现象可以判断,引起此故障的原因可能是由于五挡自锁装置损坏引起的,为进一步确认故障原因,需要对手动变速器的操纵机构进行进一步检查。

知识目标

(1)正确描述手动变速器操纵机构的功用、类型及工作原理。

(2)能够分析手动变速器操纵机构常见故障的原因。

技能目标

(1)能够结合维修手册,正确选用工具设备,完成手动变速器操纵机构的调整、拆装和检查工作。

(2)能够诊断并排除手动变速器操纵结构常见的故障。

素质目标

(1)树立良好的安全生产意识和客户服务意识。

(2)树立正确的劳动观,培养积极的劳动精神,养成良好的劳动习惯。

建议学时:4 学时。

知识准备

一、手动变速器操纵机构的功用和类型

1. 功用

保证驾驶人根据使用条件准确可靠地将变速器挂入所需要的挡位。

2. 类型

(1)直接操纵式:有些车辆的变速器布置在驾驶人座位附近,变速杆经驾驶室底板直接伸入变速器,变速器杆及其他换挡操纵装置都设在变速器盖上,直接操纵变速器盖内的换挡装置工作进行换挡,如图 2-35 所示。

(2)远距离操纵式:变速器的安装位置离驾驶人座位较远,变速杆不能直接布置在变速盖上,在变速器杆及变速器之间加装杠杆或钢丝绳等传动装置,进行远距离换挡控制,如图 2-36 所示。

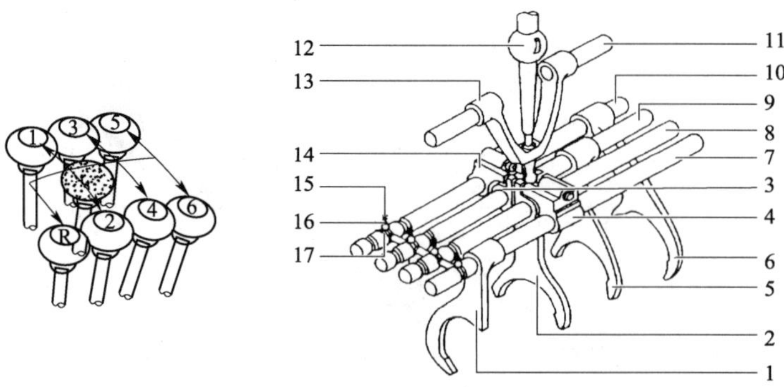

图 2-35　直接操纵式换挡机构

1-五、六挡拨叉;2-三、四挡拨叉;3-一、二挡拨块;4-五、六挡拨块;5-一、二挡拨叉;6-倒挡拨叉;7-五、六挡拨叉轴;8-三、四挡拨叉轴;9-一、三挡拨叉轴;10-倒挡拨叉轴;11-换挡轴;12-变速杆;13-叉形拨杆;14-倒挡拨块;15-自锁弹簧;16-自锁钢球;17-互锁销

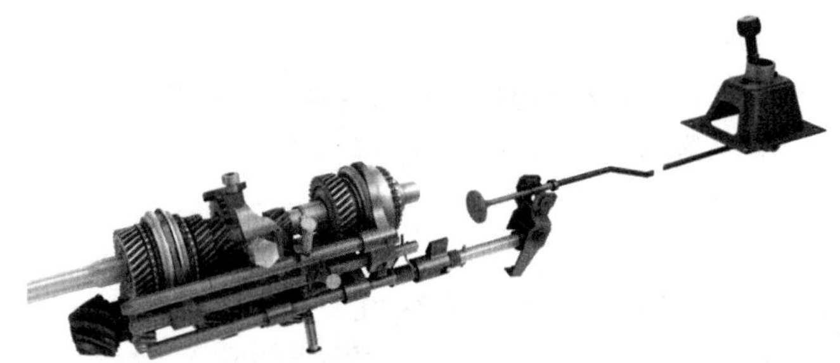

图 2-36　远距离操纵式换挡机构

二、手动变速器操纵机构的结构及原理

无论直接操纵式还是远距离操纵式,手动变速器的操纵结构一般由变速器换挡操作杆、换挡拨叉、拨叉轴、拨块(有的与拨叉制成一体)、安全锁止装置等组成,如图 2-37 所示。

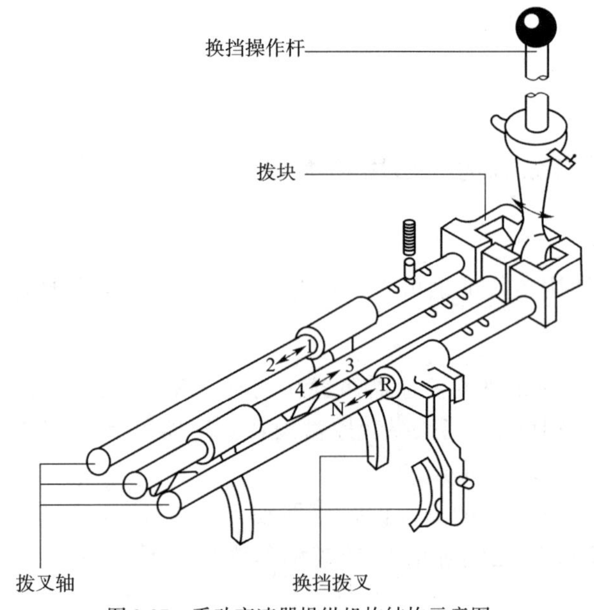

图 2-37　手动变速器操纵机构结构示意图

为保证变速器在任何情况下都能准确、安全、可靠地工作，变速器操纵机构都具有安全锁止装置，其主要包括自锁装置、互锁装置和倒挡锁装置。

1. 自锁装置

自锁装置用于防止变速器自动脱挡或挂挡，并保证轮齿全齿长啮合。大多数自锁装置都采用自锁钢球和自锁弹簧对拨叉轴进行轴向定位锁止。如图2-38所示，钢球式自锁装置由自锁钢球、自锁弹簧、拨叉轴凹槽等组成。每一根拨叉轴加工有三个（或两个）凹槽，当拨叉轴轴向移动到空挡或某一工作挡位时，必有一个凹槽对准自锁钢球。钢球在弹簧弹力作用下嵌入凹槽内，固定了拨叉轴的轴向位置。于是，接合套的轴向位置也被固定在空挡或某一工作挡位，实现自锁。

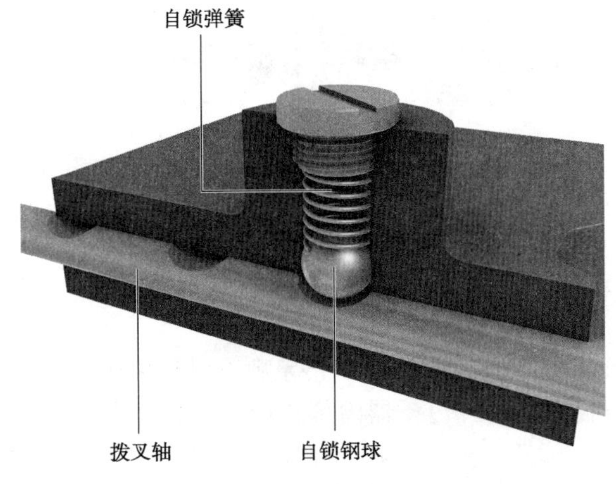

图2-38 自锁装置

2. 互锁装置

互锁装置用于防止同时挂上两个挡位。如图2-39所示，互锁装置一般由互锁钢球和互锁销组成。在相邻两根拨叉轴的侧表面加工有凹槽，每相邻两根拨叉轴的凹槽之间装有两个钢球，两钢球的直径等于两拨叉轴之间的距离加上一个凹槽的深度。而中间拨叉轴两个凹槽之间有通孔，内装一个随拨叉轴横向移动的互锁销，互锁销的长度等于拨叉轴的直径减去一个凹槽的深度。当变速器处于空挡位置时，拨叉轴上侧面的凹槽、钢球以及互锁销在同一直线上，每个拨叉轴此时都可以移动，当移动中间拨叉轴时，两侧面钢球分别嵌入侧面拨叉轴的凹槽中，并将两轴锁死。如果想移动这两根拨叉轴中的任意一根，则必须将中间拨叉轴重新移回到空挡位置，这样就能防止同时挂上两个挡。

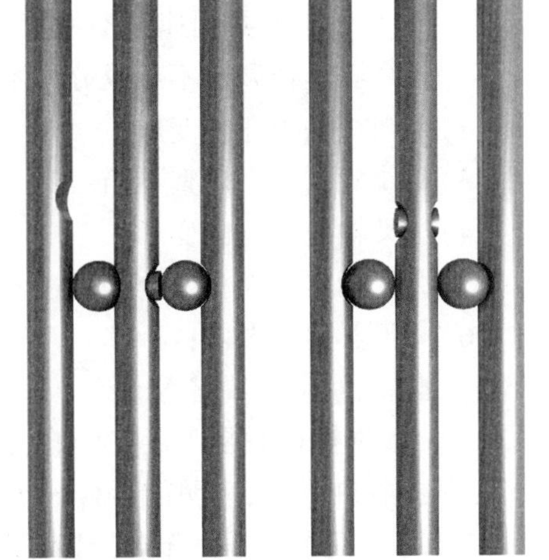

图2-39 钢球式互锁装置原理

3. 倒挡锁装置

倒挡锁装置用于防止误挂入倒挡。多数汽车采用结构简单的弹簧锁销式倒挡锁。如

图2-40所示,在倒挡拨叉轴的拨块凹槽内有一个受弹簧控制的锁销,如果想挂入倒挡,驾驶人必须施加比挂其他挡位更大的力才能克服弹簧的力将锁销压入变速器盖相应的孔中,使变速器杆下端移入拨块中方可挂入倒挡。

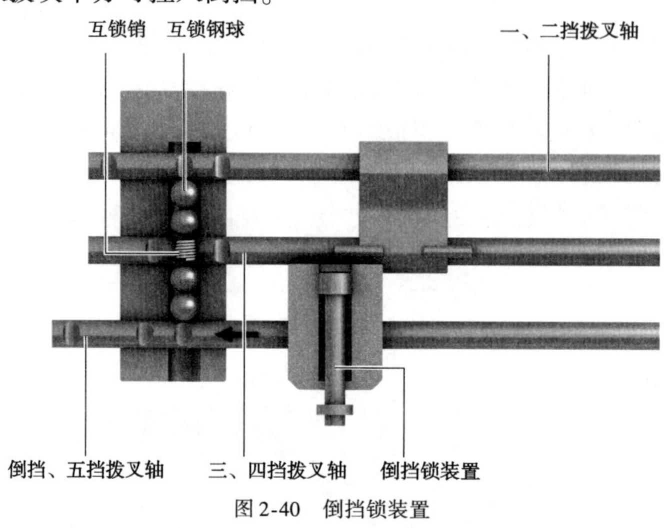

图2-40　倒挡锁装置

三、手动变速器常见的故障

手动变速器常见的故障有换挡困难、跳挡、异响等(图2-41),故障的原因有可能是变速器内部故障、操作机构故障,也有可能与离合器有关,为此应结合具体故障现象进行诊断和维修。

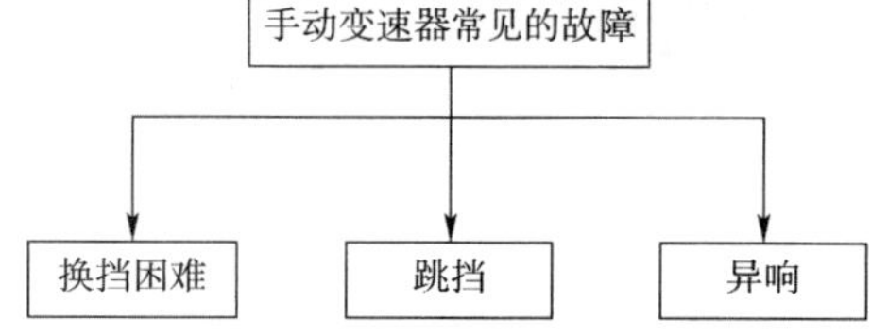

图2-41　手动变速器常见的故障

1. 换挡困难

换挡困难是指变速器不能顺利地挂入挡位,或无法挂挡,同时伴有齿轮撞击声。换挡困难的根本原因是待啮合轮齿的圆周速度不相等,或拨叉轴及拨叉阻力过大。具体检查范围包括:

(1)离合器是否调整不当或分离不彻底;

(2)换挡杆是否弯曲变形;

(3)操作机构是否调整不当;

(4)拨叉轴是否弯曲变形;

(5)拨叉轴与支承孔配合是否过紧或锈蚀;

(6)同步器是否失效;

(7)自锁、互锁装置是否卡死。

另外,根据换挡时是否存在异响、挂挡手感是否明显等现象,具体检查范围可以适当缩小。若换挡存在异响,表明待啮合轮齿的圆周速度不等,应检查离合器分离是否彻底,润滑油量是否充足或质量是否合格,同步器是否损坏。若换挡时没有异响,表明操作机构出现故障,检查换挡杆挂挡手感是否明显。若挂挡感觉明显,检查拨叉与拨叉轴连接是否正常;若挂挡感觉不明显,则检查换挡控制器及自锁、互锁装置是否卡死,换挡杆及变速控制器、换挡拉索是否出现错位、间隙过大。

2. 跳挡

跳挡是指在汽车行驶过程中,尤其在加速或爬坡时,换挡杆自动跳回到空挡位置。变速器跳挡的根本原因是啮合齿轮在传递动力时产生较大的轴向力,从而脱离啮合;或啮合齿未能全齿宽啮合导致跳挡。具体检查范围包括:

(1)变速器/发动机固定支座螺栓是否松动或断裂;

(2)变速器离合器壳体是否对正或松动;

(3)换挡拉索是否调整不当;

(4)拨叉是否弯曲或磨损;

(5)拨叉轴支承轴承是否磨损;

(6)拨叉轴自锁装置是否失效;

(7)接合齿圈或接合套花键齿是否磨损成锥形;

(8)齿轮轴向间隙是否过大;

(9)输入轴或输出轴轴向间隙是否过大。

3. 异响

异响是指变速器在工作过程中发出不正常的响声。变速器异响的根本原因是变速传动机构间隙偏大、松旷,齿轮/花键等啮合不正确,或润滑不良。具体检查范围包括:

(1)变速器缺油或润滑油规格是否正确;

(2)齿轮轮齿是否磨损严重;

(3)齿轮内孔是否磨损严重;

(4)齿轮轮齿是否折断或齿面剥落、缺损;

(5)齿轮端面跳动量是否偏大;

(6)轴承是否磨损严重;

(7)输入轴、输出轴等是否弯曲变形;

(8)花键是否过度磨损;

(9)自锁装置是否损坏。

另外,变速器响声特征是诊断异响的重要线索。

(1)如果变速器在任何挡位(包括空挡)均发出无节奏的“呼隆”声,且车速越快响声越大,但在空挡时踩下离合器踏板,响声消失,则故障在第一轴轴承。

(2)如果变速器在任何挡位(不包括空挡)均发出无节奏的“呼隆”声,且车速越快响声越大,但在空挡时不响,则故障应在输出轴或中间轴轴承。

(3)如果汽车行驶中换挡有撞击声,表明同步器或自锁装置损坏。

(4)发动机怠速运转,空挡有尖锐的金属撞击声。如果响声均匀,则是常啮合齿轮齿面磨损过量,造成啮合或配合间隙过大;如果响声不均匀,则是常啮合齿轮齿面损伤变形,齿轮折断或齿轮轴变形。

(5)发动机怠速运转,空挡时无异响,但挂入其他一些挡位有异响。如果响声均匀,是相应挡齿轮齿面磨损过量,造成啮合或配合间隙过大;如果响声不均匀,是相应挡齿轮齿面损伤变形,齿轮折断或齿轮轴变形。

变速器的故障诊断过程通常要进行静态测试、动态测试和道路测试,静态测试在发动机熄火状态下进行挂挡操作,观察操作过程中变速器挂挡和换挡是否顺畅,是否有异响等。此项检查主要用来判断变速器操纵机构中的拨叉、接合套、锁止装置等是否正常。动态测试需要起动发动机,完全踩下离合器后进行所有挡位的挂挡和换挡操作,观察操作过程中是否存在异响、振动等。此项检查主要用来判断离合器、变速器中同步器、齿轮、轴承等是否正常。道路测试是在驾驶过程中进行的,对变速器施加了比较大的载荷,是对变速器、传动系统乃至整个动力系统的综合测试。在车辆加速、减速、转弯、下坡滑行等操作过程中,注意变速器的工作是否正常。

操作指引

1. 组织方式

(1)场地设施:举升机4个,工作台4张。

(2)设备设施:使用手动挡变速器的轿车4辆。

(3)工量具:常用拆装工具4套。

(4)耗材:润滑脂。

(5)学习方式:学生自主学习与小组合作学习相结合,以小组为单位进行查阅维修资料制定工作计划并开展任务实施。

2. 操作要求

(1)做好人身防护,穿工作服、工作鞋,戴手套。

(2)遵守场地安全规定,避免野蛮操作。

(3)按照维修手册指引进行操作,正确使用工量具。

(4)结合维修手册完成手动变速器拉索的更换工作。

任务实施

不同车型的换挡操纵机构不同,在进行操纵机构部件更换时请参考车型的维修手册。下面以更换2012款科鲁兹手动挡轿车换挡拉索这一任务进行简要说明,该车型使用的手动变速器型号为D16。

正式工作前首先拆下蓄电池及蓄电池托盘,以方便后期拆装操作。

(1)拆下换挡操作装置的前地板控制台。拆下换挡杆和换挡杆拉索调节器锁扣1,如图2-42所示。

(2)从换挡控制杆和换挡杆拉索托架1上断开换挡杆和换挡杆拉索,如图2-43所示。

(3)从变速器换挡控制装置上拆下换挡杆和换挡杆拉索固定件1。从换挡控制调节器上断开换挡杆和换挡杆拉索2,如图2-44所示。

(4)从隔板上拆下换挡杆和换挡杆拉索护圈1。最后拆下换挡杆和换挡杆拉索,如图2-45所示。

按照相反的顺序安装新的换挡杆拉索,安装完毕后进行挂挡、换挡操作,若工作不正常应进行必要的调整。

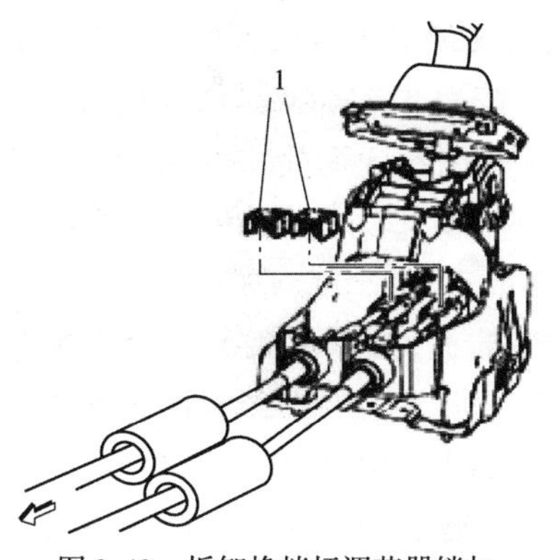

图 2-42 拆卸换挡杆调节器锁扣

1-锁扣

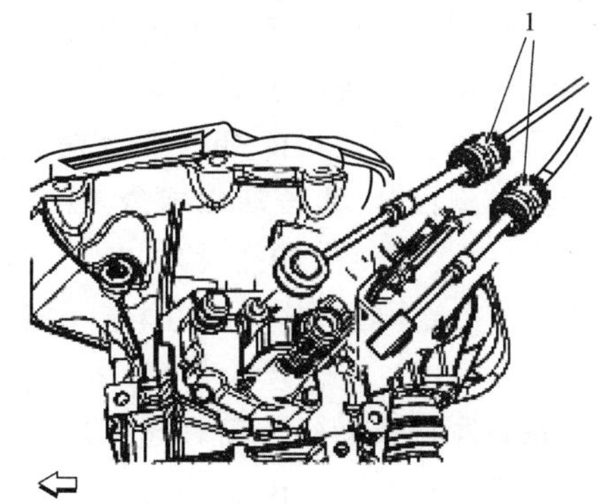

图 2-43 从变速器端断开换挡杆拉索

1-托架

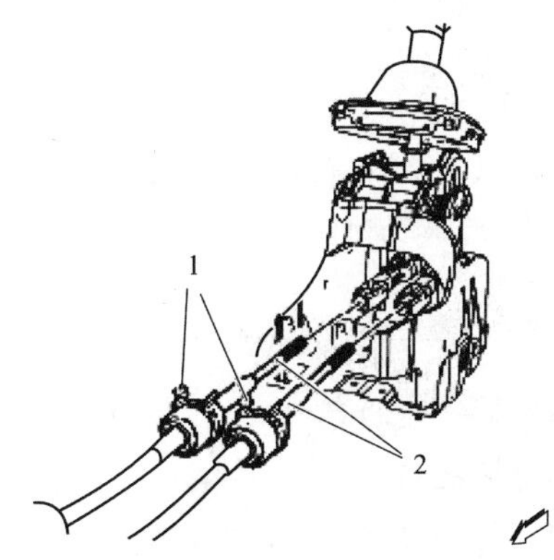

图 2-44 从控制调节器上断开换挡杆拉索

1-固定件;2-拉索

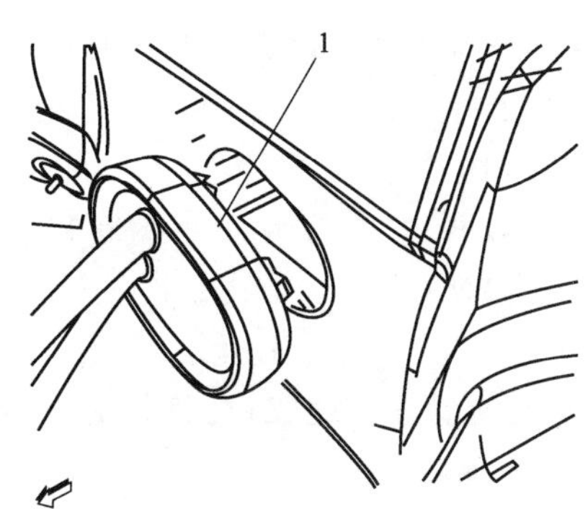

图 2-45 取下换挡杆拉索

1-护圈

任务小结

(1)手动变速器操纵机构分为直接操纵式和远距离操纵式两种类型。

(2)手动变速器的操纵机构一般由变速器换挡操作杆、换挡拨叉、拨叉轴、拨块(有的与拨叉制成一体)、安全锁止装置等组成。

(3)手动变速器操纵机构中设有自锁装置、互锁装置和倒挡锁装置。自锁装置用来锁止某一个挡位,互锁装置可以防止同时挂入两个挡位,倒挡锁装置用来防止误挂倒挡。

(4)检修手动变速器操纵机构时要根据具体的车型查阅相关的维修手册进行。

习题

一、选择题

1. 齿轮组传递动力时,不能实现的是(　　)。

A. 增加输出功率　　B. 降低输出轮的转速

C. 改变输出轮的转动方向　　D. 增加输出力矩的大小

2. 一对相互啮合的齿轮传动比为 0.85:1,说明其(　　)。

A. 减速传动　　B. 等速传动　　C. 增速传动　　D. 不能确定速度变化

3. 变速器的作用是根据汽车不同的行驶条件,改变输出轴的(　　)以改变汽车的车速和牵引力。

A. 扭力和功率　　B. 油压和方向　　C. 转速和方向　　D. 转速和转矩

4. 汽车挂入倒挡时,其传动比可能是(　　)。

A. $i=0$　　B. $0<i<1$　　C. $i=1$　　D. $i>1$

5. 若变速器置于1挡时传动比为4.5∶1,主减速器传动比为4∶1,则整车的传动比为(　　)。

A. 4.5∶1　　B. 4∶1　　C. 18∶1　　D. 20∶1

6. 使结合套与待啮合的齿圈转速迅速同步,减小换挡冲击的部件是(　　)。

A. 同步器　　B. 离合器　　C. 变速器　　D. 差速器

7. 变速器(　　)装置用于防止汽车变速器同时挂上两个挡。

A. 倒挡锁　　B. 互锁　　C. 自锁　　D. 同步器

8. 下列哪个齿轮传动比表示超速挡(　　)。

A. 2.1∶1　　B. 1∶1

C. 0.85∶1　　D. 以上都不表示超速挡

9. 齿轮传动中,若主动齿轮齿数为15,被动齿轮齿数为45,输入转矩为150N·m,则输出转矩为(　　)N·m。

A. 50　　B. 450　　C. 423　　D. 78

10. 手动变速器换挡过程中,将待啮合齿轮结合在一起的部件是(　　)。

A. 同步锁环　　B. 花键毂

C. 结合套　　D. 待啮合齿轮上的齿圈

二、判断题

1. 同步器可以使接合套与待啮合的齿圈迅速同步,并阻止其在同步前进行啮合。(　　)

2. 手动变速器同时挂入两个挡,则可能是互锁装置损坏引起的。(　　)

3. 手动变速器在换挡时发出齿轮撞击声,肯定是由于同步器损坏引起的。(　　)

4. 变速器在换挡时,所选挡位的待啮合齿轮线速度必须相等,才能平顺啮合而顺利挂挡。(　　)

5. 锁环式同步器中的花键毂通过花键与输出轴相连接。(　　)

项目三　自动变速器故障诊断与修复

项目概述

自动变速器可以根据汽车的速度和踩下加速踏板的量自动换挡。

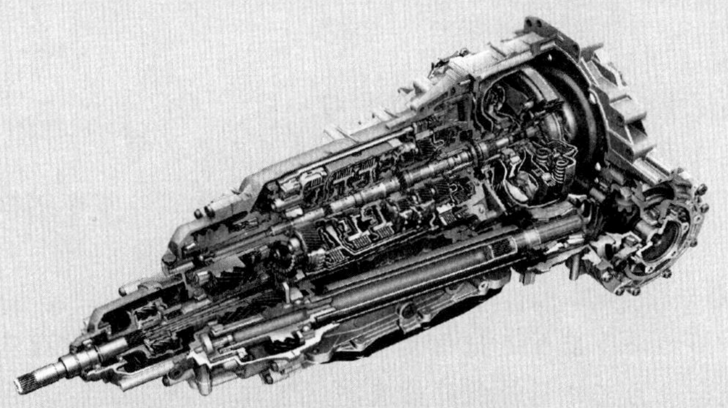

由于自动变速器的结构和控制原理都比较复杂，而且部件比较精密，如使用不当或维护不当，容易出现车辆振动、加速不良、无法行驶等故障现象。

主要学习任务

1. 液力变矩器检测
2. 换挡执行元件检测
3. 液压控制系统检测
4. 电控系统检测

任务1　液力变矩器检测

任务描述

车主李先生反映，其驾驶车辆车型为14款卡罗拉，自动挡，最近出现了起步不走车的状况，主要表现为起步时，松开制动踏板，车辆起步困难，但高速行驶时驱动状况又很正常。经检查，怀疑是自动变速器中的液力变矩器有问题。

现在需要你对液力变矩器进行进一步检修。

知识目标

(1)能够正确描述自动变速器的组成、结构与功用。
(2)能正确描述液力变矩器组成、各部件的位置关系及作用。
(3)会正确运用所学知识和经验,为客户提供自动变速器日常维护的建议。

技能目标

(1)能够正确使用维修手册等进行信息查询,并对液力变矩器进行基本检查维护。
(2)能够正确进行液力变矩器性能的检查测试工作。
(3)工作过程中能够按照企业5S管理要求和安全生产规范进行操作。

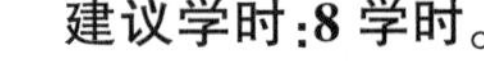

素质目标

(1)在学习实践中能与同学密切合作,规范安全地完成学习活动。
(2)培养严谨的工作作风,树立正确的质量强国意识。

建议学时:8学时。

知识准备

自动变速器组成

一、自动变速器基本组成

自动变速器主要由液力变矩器、齿轮机构、液压控制系统、冷却滤油装置等组成(图3-1)。电控自动变速器除上述四部分外还有电子控制系统。

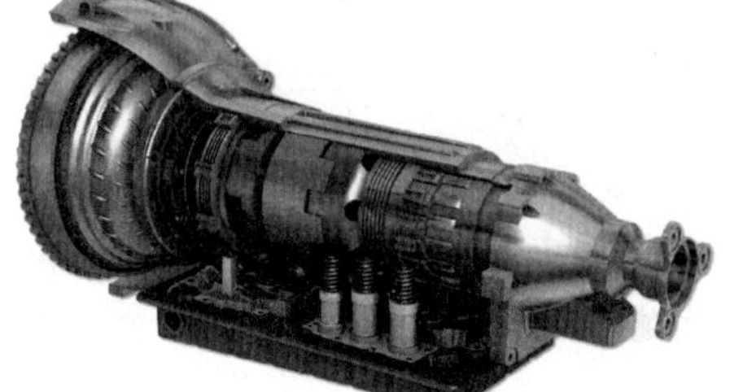
图3-1　自动变速器

1.液力变矩器

液力变矩器作为现代汽车自动变速器的一个重要部件,安装在发动机和变速器之间,平稳地将发动机动力传递给变速器,实现自动离合,并驱动液压控制系统的油泵。

2. 换挡齿轮机构

自动变速器换挡齿轮机构有行星齿轮机构、平行轴式齿轮机构、行星齿轮机构等形式。我们以常见的行星齿轮变速器为例说明，其由 2 ~ 3 排行星齿轮机构组成，不同的运动状态组合可得到 2 ~ 5 种传动比，其功用主要有：

(1) 在液力变矩器的基础上再将转矩增大 2 ~ 4 倍，以提高汽车的行驶适应能力；

(2) 实现倒挡传动。

3. 液压控制系统

液压控制系统是由油泵、各种控制阀及与之相连通的液压换挡执行元件，如离合器、制动器油缸等组成液压控制回路。汽车行驶中根据驾驶人的要求和行驶条件的需要，控制离合器和制动器的工作状况的改变来实现机械变速器的自动换挡。

4. 电子控制系统

电子控制系统将自动变速器的各种控制信号输入电子控制单元(ECU)，经 ECU 处理后发出控制指令控制液压系统中的各种电磁阀实现自动换挡，并改善换挡性能，如图 3-2 所示。

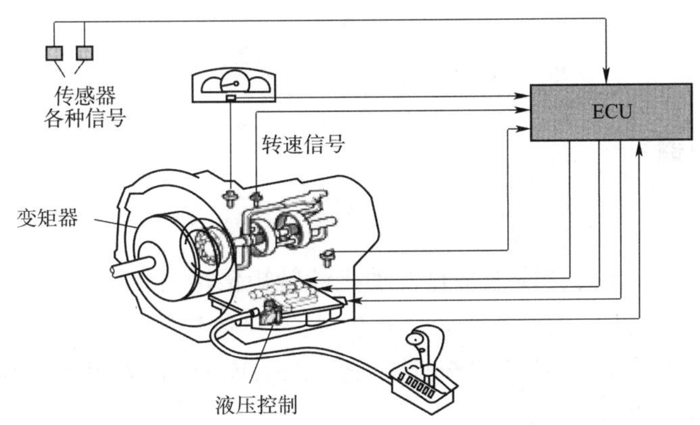

图 3-2 自动变速器电控系统组成

5. ATF 散热器和滤清器

自动变速器油(ATF)在自动变速器工作过程中会因冲击、摩擦产生热量，并还要吸收齿轮传动过程中所产生的热量，油温将会升高。油温升高将导致 ATF 黏度下降，传动效率降低，因此必须对 ATF 进行冷却，保持油温在 80 ~ 90℃。ATF 是通过油冷却器与冷却液或空气进行热量交换的。自动变速器工作中各部件磨损产生的机械杂质，由滤油器从油中过滤分离出去，以减小机械的磨损、堵塞液压油路和控制阀卡滞。

近年来，电控自动变速器向着多挡位、利用微机控制方向发展，不仅使换挡程序更加符合驾驶人的意愿，而且还能利用模糊控制理论，解决特殊情况下变速程序的复杂问题，使自动变速器的控制能力及可靠性大幅度提高，如图 3-3 所示。

现代电子控制自动变速器的主要特点是一机(微机)多参数、多规律性的控制。多参数指输入微机的控制参数多元化，即控制参数不仅有发动机转速、车速、节气门开度等信号，而且有反映发动机、变速器工作环境和行驶等信号。多规律是指控制微机中存储多种不同的换挡规律,如最佳经济性、动力性,各种加速行驶时的最佳经济性、最佳排放量等,微机可按需要调用相应的规律实现最佳控制,使发动机和变速器在不同节气门开度和各种行驶环境下都能处于最佳工作状态。

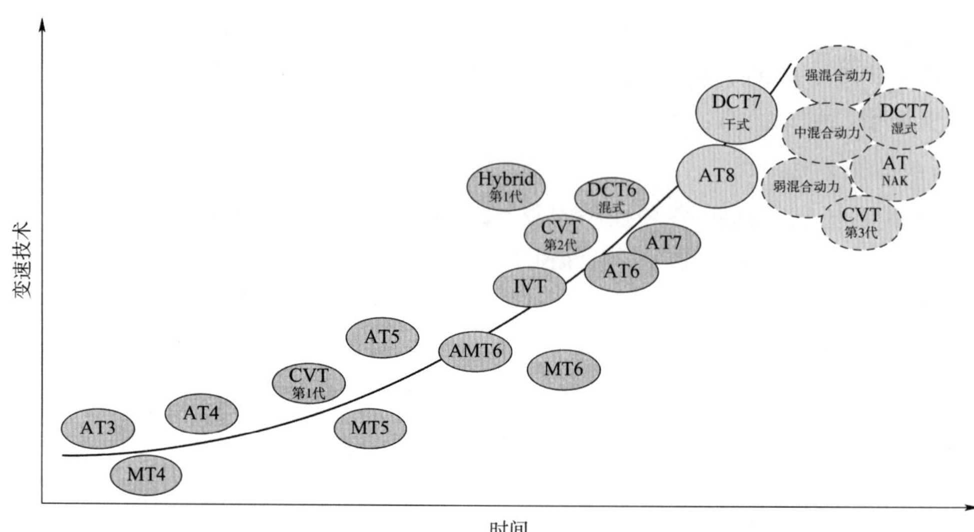

图3-3 自动变速器发展趋势

二、液力变矩器

1. 功用

液力变矩器以ATF作为介质把来自发动机的转矩倍增后传给自动变速器。液力变矩器是一个通过自动变速器油(ATF)传递动力的装置,其具体作用是:

(1)在一定范围内自动、连续地改变转矩比,以适应不同行驶阻力的要求。

(2)具有自动离合器的功用。

(3)在发动机不熄火、自动变速器位于动力挡(D或R位)的情况下,汽车可以处于停车状态。

(4)驾驶人可通过控制节气门开度控制液力变矩器的输出转矩,逐步加大输出转矩,实现动力的柔和传递。

2. 组成

液力变矩器由泵轮、涡轮、单向离合器、导轮和外壳组成,如图3-4所示。

3. 液力变矩器结构

泵轮与变矩器外壳构成一整体,并通过传动板连接至曲轴。很多曲线型的叶片安装在泵轮内侧。一个导环安装在叶片的内边缘,为平稳的液流提供通道,如图3-5所示。

导轮位于泵轮和涡轮之间。通过导轮轴上的单向离合器,固定在传动桥外壳上,单向离合器根据工作的需要实现导轮的锁止与旋转。

单向离合器锁止时,导轮作用是改变液流的方向以使其冲击泵轮的背面,给予泵轮一个附加“助力”,从而增加转矩,如图 3-6 所示。

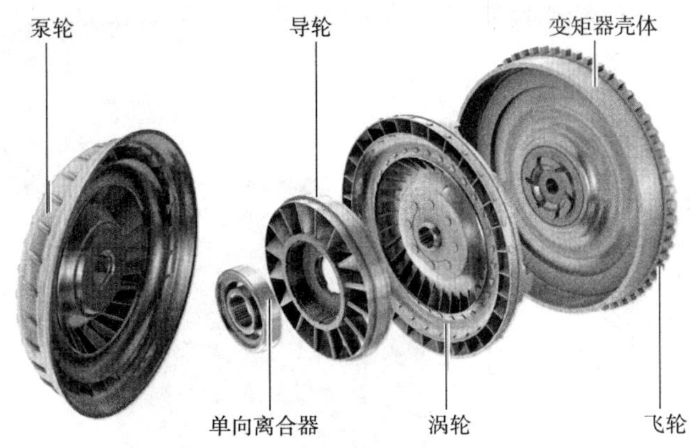

图 3-4 液力变矩器组成

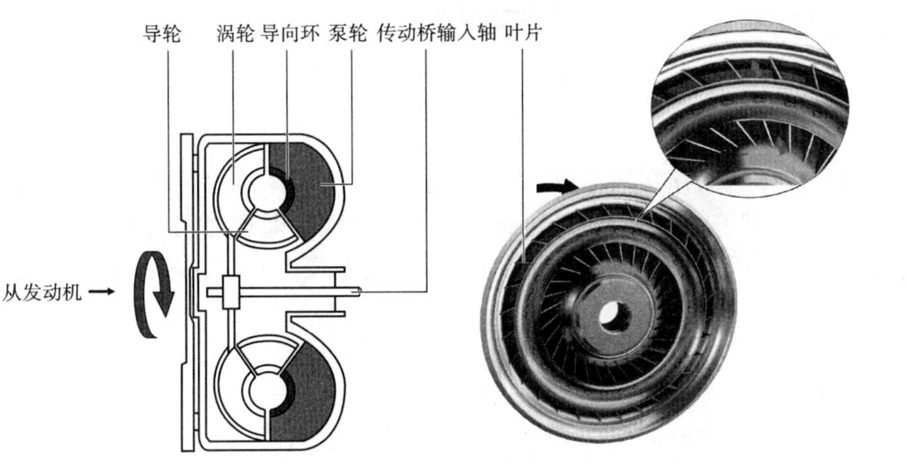

液力变矩器结构

图 3-5 液力变矩器结构

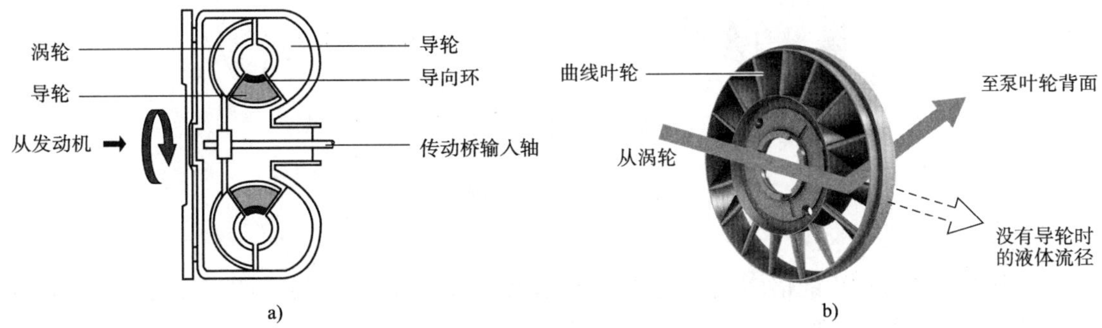

图 3-6 导轮的作用

涡轮通过花键与变速器输入轴相连接,由于离心力使液体从泵轮中心向外流动,迫使液体远离泵轮,冲击涡轮的叶片,使涡轮开始以与泵轮相同的方向旋转,如图 3-7 所示。

液体沿着涡轮的叶片向内流动。在到达涡轮内部时,涡轮的曲线形内表面使液体改变方向流向泵轮,这一周期又开始。转矩的传递利用通过泵轮和涡轮的液体循环实现。

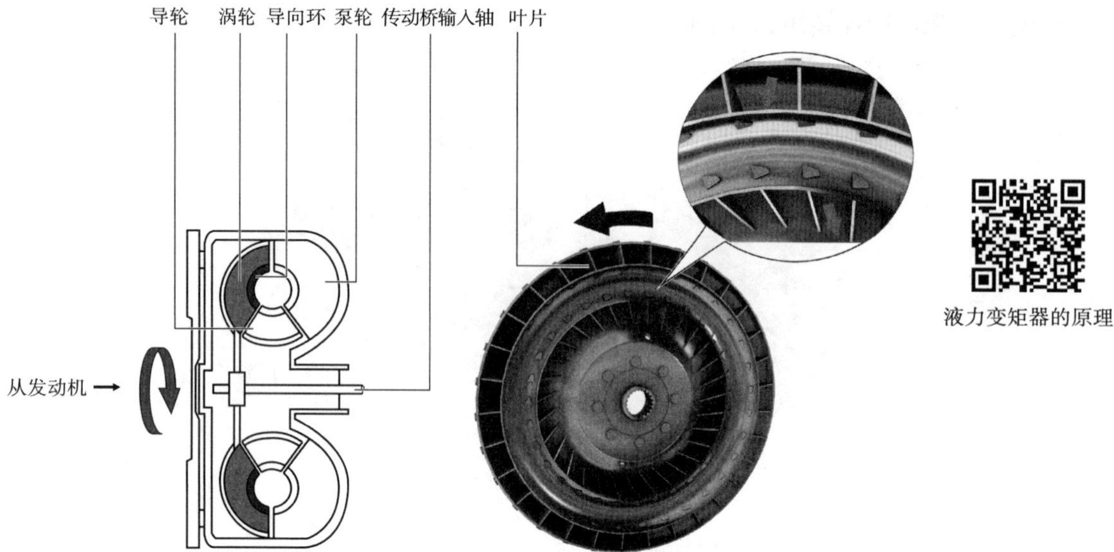

图3-7　涡轮的作用

4.液力变矩器工作原理

液力变矩器工作时,液体流动存在两种形式:一种是环流,即液体沿着泵轮和涡轮旋转方向的流动;另一种是涡流,即液体在泵轮、涡轮和导轮叶片形成的通道之间的流动。当泵轮和涡轮之间的转速差大时,既有涡流又有环流,而两者转速差很小时,就只有环流没有涡流,如图3-8所示。

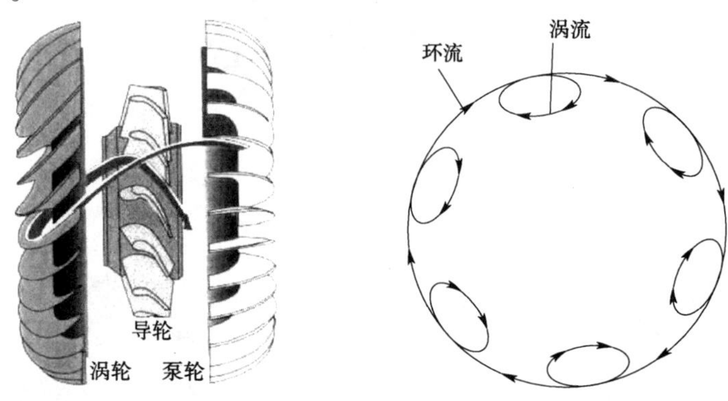

图3-8　环流与涡流

1)增矩原理

液力变矩器的转矩的倍增是通过利用导轮使流经涡轮但仍有能量的液体返回到泵轮来实现的。也就是说,发动机产生的转矩使泵轮旋转,并增加了从涡轮返回的液体的转矩。即泵轮使传递到涡轮的原输入转矩倍增,如图3-9所示。

当泵轮与涡轮的转速差大时,从涡轮叶片甩出的油液经导轮叶片导向后冲击泵轮叶片的背面,此冲击方向与飞轮带动泵轮旋转的方向一致,使泵轮得到的转矩增大。泵轮搅动油液的力矩增大、油液冲击涡轮叶片的力增大,从而使涡轮输出的转矩大于泵轮输入的转矩。转矩增大作用仅发生在涡轮转速远小于泵轮转速的时候,如汽车起步、超车、爬坡时。

2)耦合原理

当涡轮的转速接近于泵轮的转速时,液力变矩器进入耦合器工作区,没有转矩增大作用。增大转矩是由涡流实现的,耦合状态只有环流,没有涡流,如图 3-10 所示。

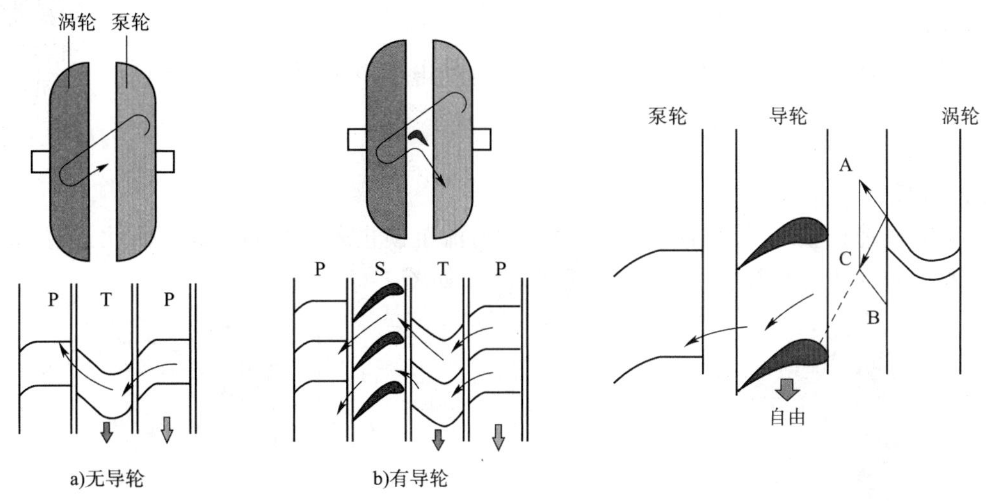

图 3-9 增矩原理

图 3-10 耦合原理

3)转矩比和传递效率

液力变矩器产生的转矩倍增是与涡流成比例地增大。变矩区:转矩发生倍增。耦合区:只有转矩传递而不产生转矩倍增。转矩比和传递效率如图 3-11 所示。

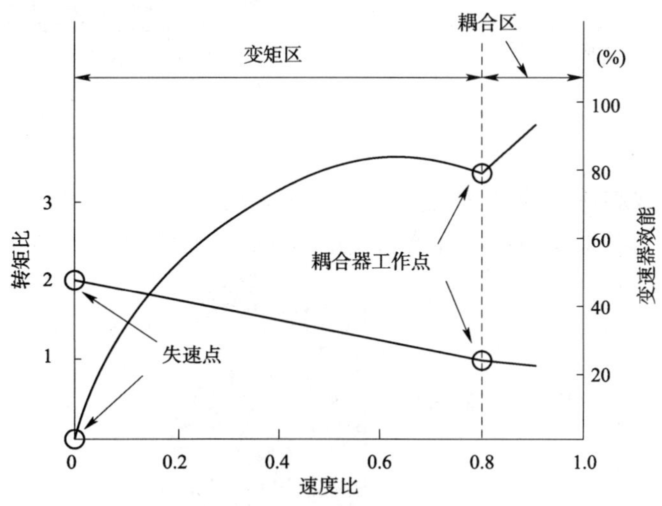

图 3-11 转矩比和传递效率

转矩比 = 涡轮输出转矩/泵轮输入转矩

传动比 = 涡轮转速/泵轮转速

传动效率 = (涡轮转矩/泵轮转矩) × 传动比 × 100%

(1)失速点。失速点是指涡轮不运动的情况,泵叶轮和涡轮之间的转速差最大。液力变矩器的最大转矩比位于失速点(一般在 1.7 ~ 2.5 的范围)。传递效率为 0。

(2)耦合点。在涡轮开始转动和转速增加时,涡轮和泵叶轮之间的转速差开始减小。但在此之时,传动效率增加。传动效率在刚到耦合点之前为最大。当转速比达到规定的水平,转矩比也几乎成为1:1。

锁止离合器
工作过程

5. 锁止离合器

1)作用

用机械方式直接连接泵轮和涡轮,将发动机输出动力100%传给变速器,如图3-12所示。

2)工作过程

(1)分离。

当车辆低速行驶时,压缩液体(变矩器压力)流至锁止离合器的前面。因此,锁止离合器的前侧和后侧的压力相等,于是锁止离合器脱开,如图3-13所示。

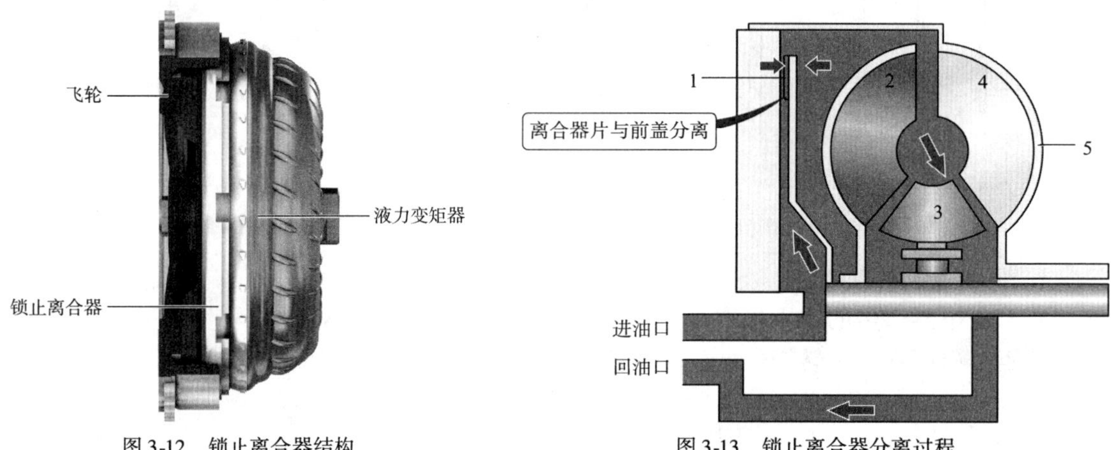

图3-12 锁止离合器结构

图3-13 锁止离合器分离过程
1-锁止离合器;2-涡轮;3-导轮;4-泵轮;5-变矩器壳体

(2)接合。

当汽车以中速或高速行驶时,压缩液体流至锁止离合器后面。因此,变矩器外壳和锁止离合器直接连接。其结果是锁止离合器和变矩器外壳一起转动,如图3-14所示。

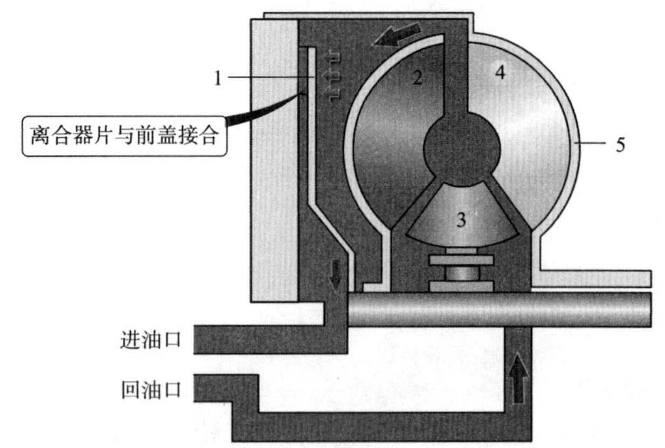

图3-14 锁止离合器接合过程
1-锁止离合器;2-涡轮;3-导轮;4-泵轮;5-变矩器壳体

操作指引

1. 组织方式

(1)场地设施:工作台4张。

(2)设备设施:自动变速器总成4套;分解的液力变矩器4套。

(3)工量具:常用工具1套、单向离合器检测工具8个。

(4)耗材:自动变速器液、清洁布等。

(5)学习方式:学生自主学习与小组合作学习相结合,以小组为单位进行查阅维修资料,制定工作计划并开展任务实施。

2. 操作要求

(1)穿着干净整齐的工作服。

(2)遵守场地安全规定,注意操作安全。

(3)正确使用工量具。

(4)自动变速器液的环保处理。

任务实施

任务:检测液力变矩器。

1. 检查单向离合器

(1)将维修专用工具装入单向离合器的内座圈中。

维修专用工具09350－32014(09351－32020)。

(2)安装维修专用工具,使其配合变矩器轮毂的切口和单向离合器的外座圈。

维修专用工具09350－32014(09351－32020)。

(3)将变矩器侧位放置,逆时针方向转动离合器,离合器锁住,顺时针方向转动,离合器自由和平滑地旋转。必要时,清洁变矩器,重新测试离合器,如图3-15所示。

如离合器测试仍与上述不符,则更换变矩器。

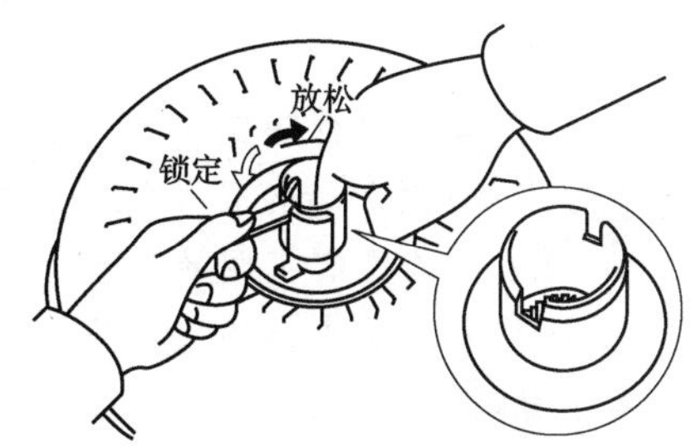

图3-15 变矩器单向离合器检查

2. 测量传动板跳动量,检查齿圈

安装千分表,测量传动板的跳动量。最大跳动量为0.20mm。如果偏摆不在规定值以内,更换传动板。

3. 测量变矩器轮毂的跳动量

(1)临时将液力变矩器安装在传动板上。

(2)装上千分表,测量变矩器轮毂的跳动量。

最大跳动量为0.30mm,如果偏摆不在规定值以内,要重新定向安装变矩器来校正。

注意:在变矩器上做好位置记号,以确保正确地安装。

任务小结

(1)液力变矩器安装在发动机之后的驱动盘上,其功用是通过液力传递动力并可以增大发动机的输出转矩。

(2)目前车辆上普遍使用的是带锁止离合器的液力变矩器,这样可以有效增加传递动力的效率,节省油耗。

(3)液力变矩器一旦出现故障,动力不能正常传动,会使车辆运行出现加速无力、制动熄火等故障现象。

(4)液力变矩器不解体检测项目主要是针对单向离合器的检测。

任务2　换挡执行元件检测

任务描述

车主李先生反映,早上开车出现了车辆无法前进,而倒车没有问题的状况。

现代车辆的自动变速器,绝大多数采用了行星齿轮机构,它是由齿圈、太阳轮、行星轮(又称卫星轮)和齿轮轮轴组成,通过以不同的方式对行星齿轮机构的基本元件进行约束就可以使该机构具有不同的传动比,从而组成不同的挡位。

行星齿轮变速器的换挡执行元件主要有离合器、制动器和单向离合器三种,基本作用是连接、固定和锁止。让行星齿轮机构获得不同的传动比,从而实现各挡位的变换。现在需要你对换挡执行元件进行进一步检测。

知识目标

(1)能够正确描述行星齿轮机构的组成、结构与运动关系。

(2)能够正确说明换挡执行元件组成、各部件的位置关系及作用。

(3) 会运用所学知识和经验,为客户提供自动变速器正确使用的建议。

技能目标

(1) 能够依据维修手册,正确进行换挡执行元件的检查维护。

(2)能够按照企业5S管理要求和安全生产规范进行操作。

素质目标

(1)能与同学密切合作,规范安全地完成学习活动。

(2)培养精益求精的工匠精神,树立正确的质量强国意识。

建议学时:12学时。

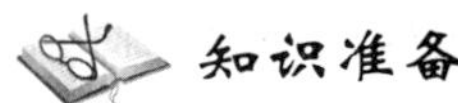

知识准备

一、行星齿轮机构

行星齿轮机构因类似于太阳系而得名。它的中央是太阳轮,太阳轮的周围有几个围绕它旋转的行星轮,行星轮之间有一个共用的行星架。行星轮的外面有一个大齿圈,如图3-16所示。

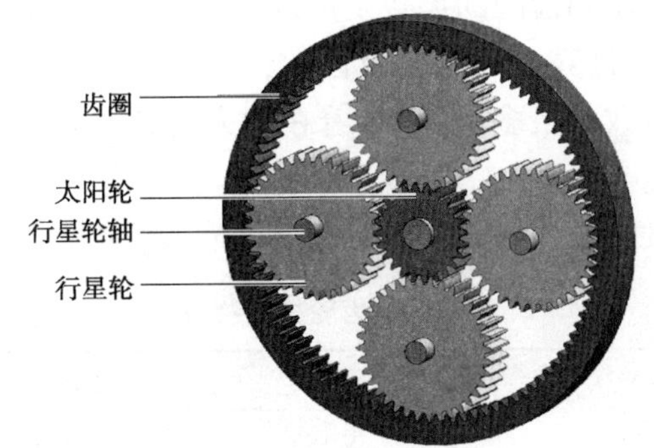

图3-16　单排行星齿轮机构

单排行星齿轮机构工作原理

1. 功用

根据齿圈、太阳轮和行星轮的运动关系,可以实现输入轴与输出轴传动与分离、转速改变、旋转方向改变。

2. 类型

在自动变速器上普遍使用的行星齿轮机构,应用较多的有辛普森(Simpson)齿轮机构和拉威挪(Ravigneaux)齿轮机构,此外,还有各公司自主开发的独特组合齿轮机构。

1)辛普森齿轮机构

辛普森齿轮机构的主要构件有太阳轮、行星轮和外齿圈,各行星排共用一个太阳轮。具有结构简单紧密、传动效率高、工艺性好、制造费用低、换挡平稳、操纵性能好等优点。

2)改良型辛普森行星齿轮机构

此类主要是将辛普森行星齿轮机构中带式制动器用片式制动器代替,增加一个单向超速离合器(F1),使得从二挡换到三挡时,换挡平稳性得以改善。

3)拉威娜行星齿轮机构

此类主要是在拉维娜行星齿轮机构基础上增加换挡单向超速离合器,使得从低挡换到二挡时,换挡平稳性得以改善。

图3-17 行星轮运动特性

3. 行星齿轮机构运动特性

单排行星齿轮机构的行星轮安装于行星架的行星轮轴上,与齿圈和太阳轮同时啮合,行星轮即可围绕行星轮轴旋转(称为自转),又可在齿圈内行走,围绕太阳齿轮旋转(称为公转),如图3-17所示。

在行星齿轮机构的三个构件:太阳轮、齿圈和行星架中,形成八个自由度。要实现动力的正常输出,可以将任意一个可以作为输入,同时必须将其他两个构件中一个固定或强行以一定的转速旋转,这样才会形成动力输出。

所以,液力自动变速器的不同挡位换挡就需要多个行星排组合,通过不同的离合器连接不同的元件,通过不同的制动器约束不同的部件,以实现动力的组合传动。

在单级行星排中,太阳轮和齿圈的齿数是可以看得见,数得清的;对于行星架的齿数,即看不见,也数不清,但是可以计算出一个当量齿数,它等于太阳轮齿数加齿圈齿数。所以在单级行星排中,行星架的齿数是最多的,意味着在动力传递过程中,太阳轮或齿圈某一方驱动行星架时必是减速运动。

单排行星齿轮机构特性见表3-1。

单排行星齿轮机构特性 表3-1

固定件	主动件	从动件	传动效果	从动件转动方向
太阳轮	行星架	齿圆	加速	与主动件相同
	齿圈	行星架	减速	
齿圈	行星架	太阳轮	加速	与主动件相同
	太阳轮	行星架	减速	
行星架	齿圈	太阳轮	加速	与主动件相反
	太阳轮	齿圈	减速	

以上分析只假设将第三个元件固定或整体旋转情况,如果太阳轮以一个转速顺转,行星架以另一个转速顺转,那么齿圈该如何旋转呢?在此引入矢量分析法,如图3-18所示。

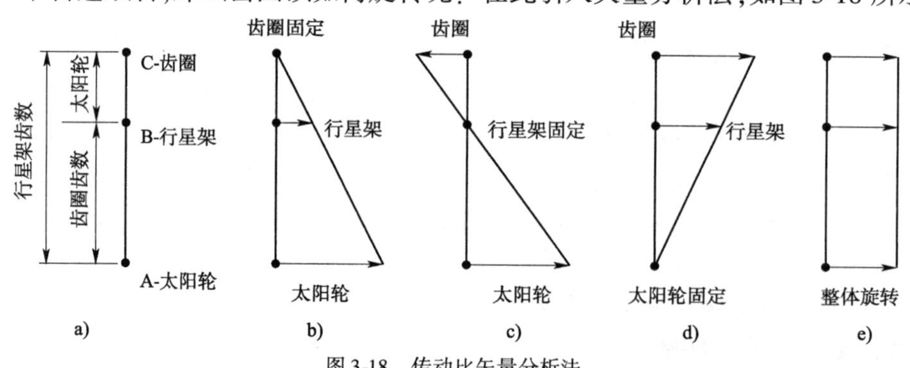

图3-18 传动比矢量分析法

A 点表示太阳轮、B 点表示行星架、C 点表示齿圈。AB 之间的距离代表齿圈的齿数、BC 之间的距离代表太阳轮的齿数、AC 之间代表行星架齿数。用带箭头的线段表示构件动作，箭头方向代表旋转方向，长度代表转速。图中给出了齿圈固定、行星架固定、太阳轮固定和整体旋转状态，这实际是对以上规律的总结。如将齿圈固定情况，从图 3-18 中可以看出，行星架与太阳轮转向相同，行星架转速/太阳轮转速 = BC/AC = 太阳轮齿数/行星架齿数。

二、换挡执行元件

行星齿轮变速器的换挡执行元件主要有离合器、制动器和单向离合器三种，基本作用是连接、固定和锁止。所谓连接是指将行星齿轮变速器的输入轴与行星排中的某个基本元件连接，以传递动力，或将前一行星排的某一个基本元件与后一个行星排的某一个基本元件连接，以约束这两个基本元件的运动；所谓固定是指将行星排的某一个基本元件与自动变速器的壳体连接，使之被固定而不能旋转；所谓锁止是指把某个行星排的三个基本元件中的两个连接在一起，从而将该行星排锁止，使其三个基本元件以相同的转速一同旋转，产生直接传动。换挡执行元件通过一定的规律对行星齿轮机构的某些元件进行连接、固定或锁止，让行星齿轮机构获得不同的传动比，从而实现各挡位的变换，如图 3-19 所示。

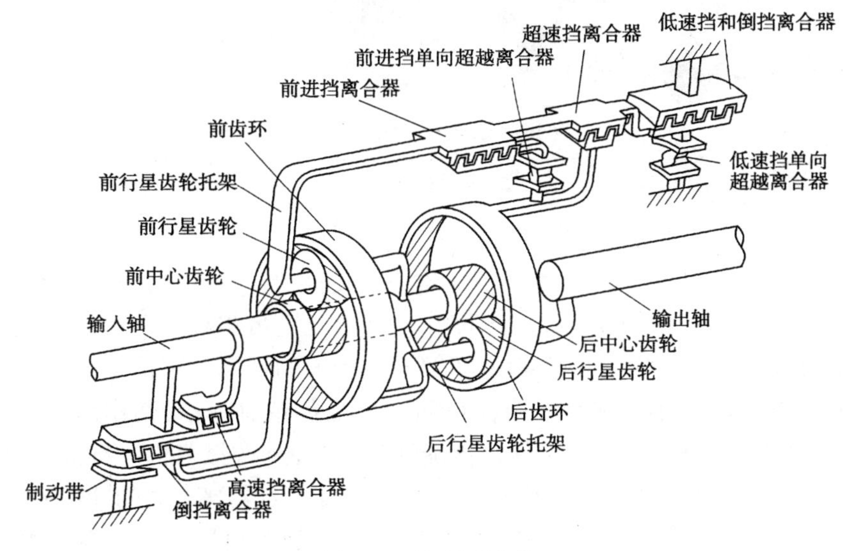

图 3-19　行星齿轮机构

1. 离合器

1）功用

（1）连接作用：将行星齿轮变速器的输入轴和行星排的某个基本元件连接，使该元件成为主动元件。

（2）连锁作用：将行星排的某两个基本元件连接在一起，使之成为一个整体，实现同速直接传动。

2）离合器的结构

在自动变速器的换挡执行元件中，采用的离合器是多片湿式离合器。这是由于其表面积较大,所传递的转矩也较大,并且离合器片表面单位面积压力分布均匀,摩擦材料磨损均匀,还能通过增减片数和改变施加压力的大小,即可按要求容量调节工作转矩,便于系列化和通用化。多片湿式离合器通常由离合器鼓、离合器活塞、复位弹簧、弹簧座、钢片、摩擦片、调整垫片、离合器毂及几个密封圈组成,如图3-20所示。离合器鼓和离合器毂分别以一定的方式和变速器输入轴或行星排的某个基本元件连接,一般离合器鼓为主动件,离合器毂为从动件。离合器活塞安装在离合器鼓内,它是一种环状活塞,由活塞内外圈的密封圈保证密封,从而和离合器鼓一起形成一个密封的环状液压缸,并通过离合器鼓内圆轴颈上的进油孔和控制油道相通。

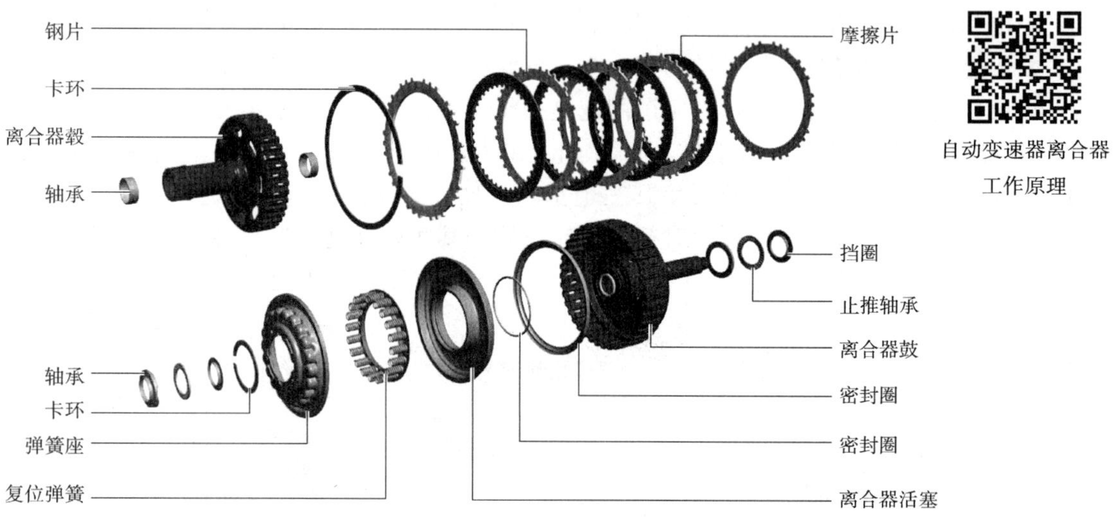

图3-20　离合器结构

钢片和摩擦片交错排列,两者统称为离合器片。钢片的外花键齿安装在离合器鼓的内花键齿圈上,可沿齿圈键槽做轴向移动;摩擦片由其内花键齿与离合器毂的外花键齿连接,也可沿键槽做轴向移动。摩擦片两面均为摩擦系数较大的铜基粉末冶金层或合成纤维层,受压力和温度变化影响很小。并且在摩擦衬面表面上都带有油槽,其作用是:一是破坏油膜,提高滑动摩擦时的摩擦系数;二是保证液流通过,以冷却摩擦表面。有些离合器在活塞和钢片之间有一个碟形环,它具有一定的弹性,可以减缓离合器接合时的冲击力。

离合器活塞的复位弹簧有四种形式,即圆周均布螺旋弹簧式、中央螺旋弹簧式、波形弹簧式、膜片弹簧式。圆周均布螺旋弹簧式具有压力分布均匀、轴向尺寸小、成本低等优点,为绝大多数自动变速器的离合器所采用,其缺点是占据较大的径向空间。中央螺旋弹簧式的轴向尺寸较大,而且压力分布不够均匀,因此较少采用。

3)离合器的工作情况

当液压油流入活塞缸内,活塞在缸体内移动,使主动片和从动片互相压紧,因为有较高的摩擦力,便以相同速度旋转,离合器处于接合状态;当撤除油压时,复位弹簧使活塞复位至原始位置,使离合器片相互脱开,离合器处于分离状态。

4)活塞止回阀

在离合器的活塞缸内仅有一条油路,通常油路设在缸体旋转的中心部位,当阀处于顶端位置时,液压油通过油路流入缸体内,离合器接合;当阀处于下端位置时,液压油从同一油路排出,离合器脱开。在车辆被驱动时,离合器高速旋转,带动液压油将产生较大的离心力,在离合器分离时,部分液压油按油路相反方向移动,残留在液压缸内,并产生一定的油压,这会引起离合器脱开不良或阻滞。为防止此类问题,在活塞的外圆处设有止回阀,当液压油流入缸体时,球阀在油压的推动作用下压紧在阀座上,止回阀处于关闭状态,保证了液压缸的密封,因此液压油不能从缸体排出,缸体内的工作液压力上升。当缸体内的油压解除时,缸体内的工作液压力下降,球阀在离心力的作用下,离开阀座,使止回阀处于开启状态,残留在液压缸内的液压油在离心力的作用下从止回阀的阀孔流出,因此,工作液不是滞留在缸体内,而是通过止回阀排出,使离合器快速、完全脱开。

5)内、外活塞

有些离合器和制动器具有两个活塞:内活塞和外活塞。当使用两个活塞时,离合器和制动器所传递的额定转矩能根据发动机产生的转矩而变化。当油压施加于外活塞时,它具有较大的压力接收区,其传递额定转矩较大,当油压施加于内活塞时,它具有较小压力接收区,其传递额定转矩较小,在内活塞动作后操作外活塞,传递转矩由小到大的变化,能够减小离合器接合时产生的冲击,使接合柔和。

6)自由间隙

多片湿式离合器装配后,在卡簧和压板之间要预留一定的间隙,称为自由间隙。一般平均每片之间间隙为0.3~0.5mm,总间隙因片数不同而不同,一般为2~5mm。多片湿式离合器在使用中必须十分注意离合器的自由间隙。间隙过小,离合器分离不彻底;间隙过大,当复位弹簧已被压紧至极限状态,而离合器仍未完全接合时,离合器将严重打滑,不能传递动力。装好后,用力压住压板,在压板与卡簧之间用厚薄规测量。

2. 制动器

制动器通常是湿式多片制动器,其结构与湿式多片离合器基本相同,不同之处是制动器用于连接转动件和变速器壳体,使转动件不能转动。制动器的作用是将行星齿轮机构中某一元件与变速器壳体相连,使该元件受约束而固定,制动器有湿式多片制动器和带式制动器,湿式多片制动器结构和工作原理与离合器完全相同,只不过在作用上有所不同。盘式制动器连接运动元件与变速器壳体,而离合器连接的是两个运动元件,如图3-21所示。

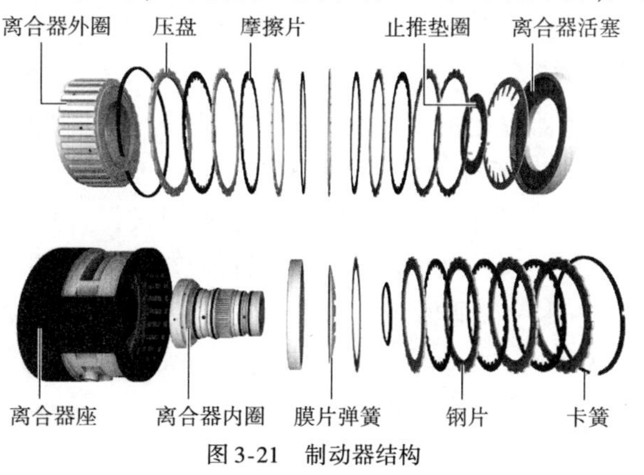

图3-21 制动器结构

3. 辛普森式自动变速器动力路线分析

辛普森式自动变速器是由辛普森式行星齿轮机构和相对的换挡操作组件组成的,它是由两个或三个内啮合式单排行星齿轮机构组合而成,其结构特点是:

①前后两个行星排的太阳轮连接为一个整体,称为前后太阳轮组件;

②前一个行星排的行星架和后一个行星排的环齿轮连接为另一个整体,称为前行星架和后环齿轮组件;

③输出轴通常与前行星架和后环齿轮组件连接,如图3-22所示。

根据前进挡的挡数不同,可将辛普森式行星齿轮变速器分为辛普森式3挡行星齿轮变速器和辛普森普森式4挡行星齿轮变速器两种。

下面以三挡为例,说明各挡位动力路线,如图3-23所示。

(1)D_1 和 2_1 挡(图3-24):C_1 和 F_2 工作。

离合器 C_1 工作,动力通过输入轴传递给 C_1,由 C_1 传给中间轴,中间轴再传递给后排齿圈,因为车辆未动,所以后排行星架固定,此时行星轮顺转而使太阳轮逆转,太阳轮逆转使前排行星轮顺转,而由于前排行星架被单向离合器锁止,所以前排齿圈顺时针转动并带动输出轴转动,动力输出且方向与输入轴相同,传动比为齿圈齿数比太阳轮齿数,减速增转。

(2)D_2 挡(图3-25):C_1、B_2 和 F_1 工作。

离合器 C_1 工作,动力通过输入轴传递给 C_1,由 C_1 传给中间轴,中间轴再传递给后排齿圈,此时行星轮顺转力图使太阳轮逆转,因太阳轮被 B_2 和 F_1 共同作用而固定,所以后排行星架顺时针转动并带动输出轴转动,动力输出且方向与输入轴相同,传动比为行星架齿数比齿圈齿数,减速增转。

(3)D_3 挡(图3-26):C_1、C_2 工作。

离合器 C_1、C_2 工作,动力通过输入轴传递给 C_1,由 C_1 传给中间轴,中间轴再传递给后排齿圈,通过输入轴传递给 C_2,由 C_2 传给太阳轮,所以后排行星架顺时针转动且转速相同,带动输出轴转动,动力输出且方向与输入轴相同,传动比为1,直接挡位。

(4)倒挡(图3-27):C_2、B_3 工作。

离合器 C_2 工作,动力通过输入轴传递给 C_2,由 C_2 传给太阳轮,太阳轮顺转并带动行星轮逆转,此时因行星架被 B_3 固定,所以行星轮逆转并带动前排齿圈逆转,前排齿圈带动输出轴转动,动力输出且方向与输入轴相反,传动比为齿圈齿数比太阳轮齿数,减速增转,倒挡。

4. 拉威娜式自动变速器

拉威娜式行星齿轮变速器采用的是一种复合式行星齿轮机构,它由一个单行星轮式行星排和一个双行星轮式行星排组合而成,如图3-28所示:后太阳轮和长行星小齿轮、行星架、环齿轮共同组成一个单行星轮拉威娜式行星齿轮机构式行星排;前太阳轮、短行星小齿轮、长行星小齿轮、行星架和环齿轮共同组成一个双行星轮式行星排。2个行星排共享一个齿圈和一个行星架,因此它只有4个独立组件,即前太阳轮、后太阳轮、行星架、环齿轮。这种行星齿轮机构其有结构简单、尺寸小、传动比变化范围大、灵活多变化等特点,可以组成有3个前进挡或4个前进挡的行星齿轮变速器。

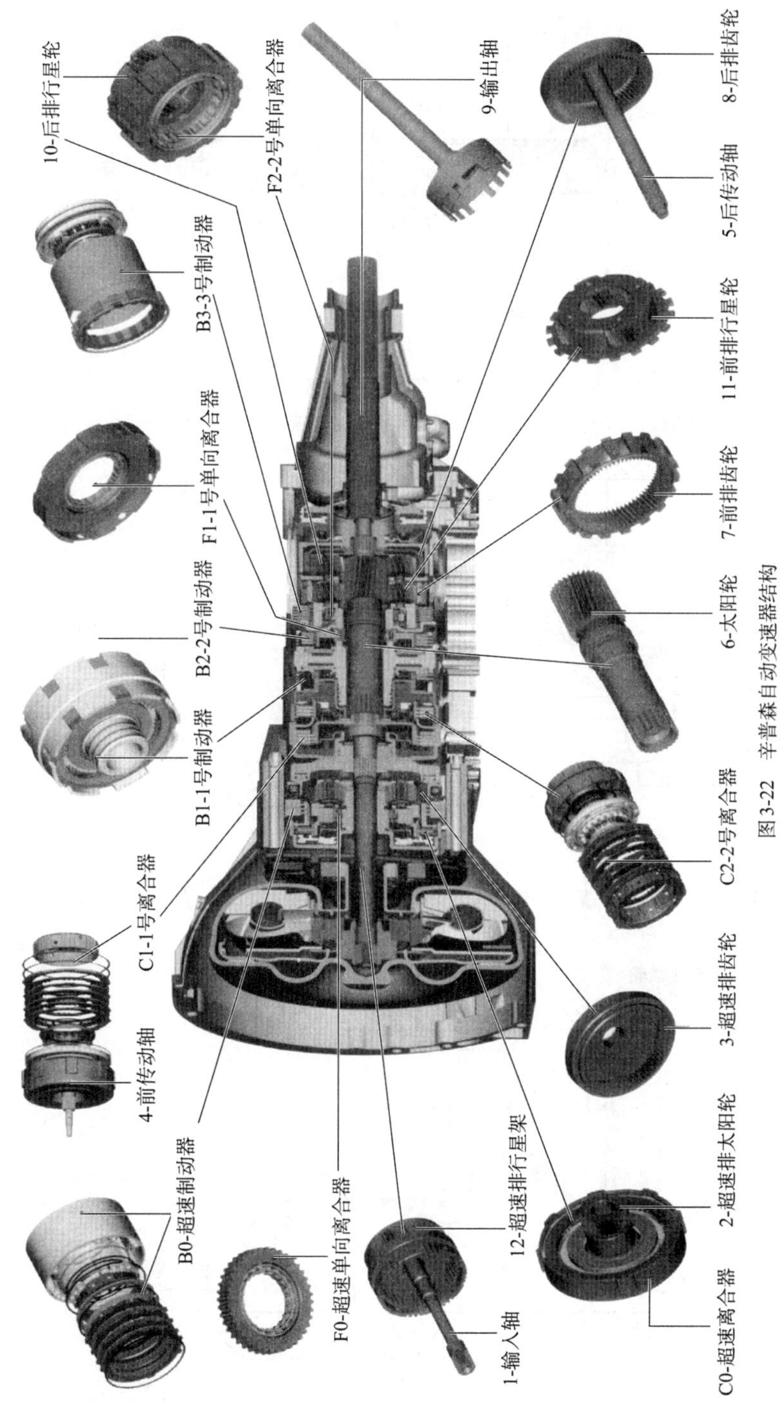

图3-22 辛普森自动变速器结构

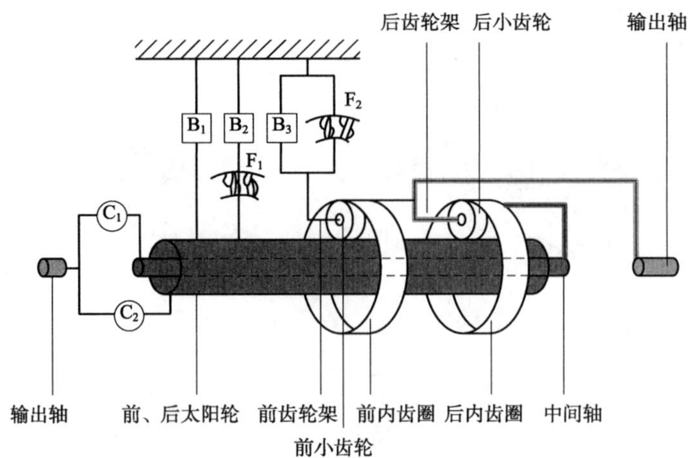

图 3-23 变速器动力路线

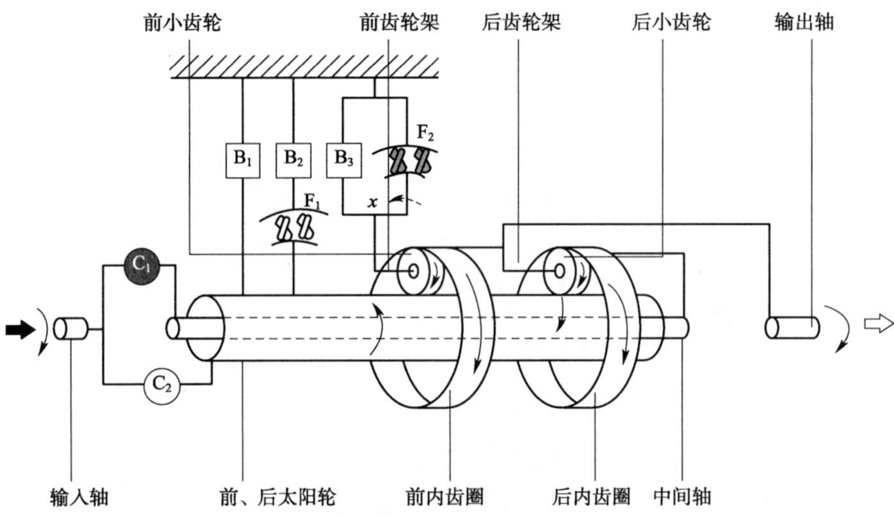

图 3-24 D_1 和 2_1 动力路线

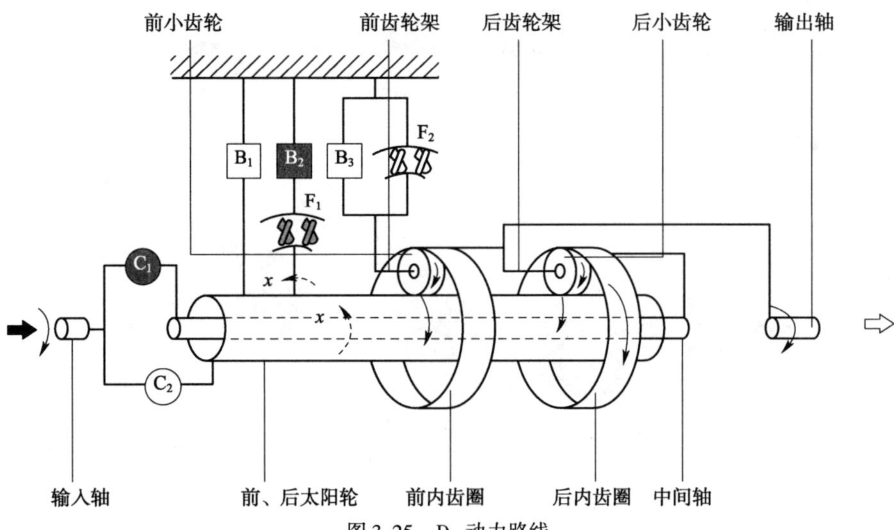

图 3-25 D_2 动力路线

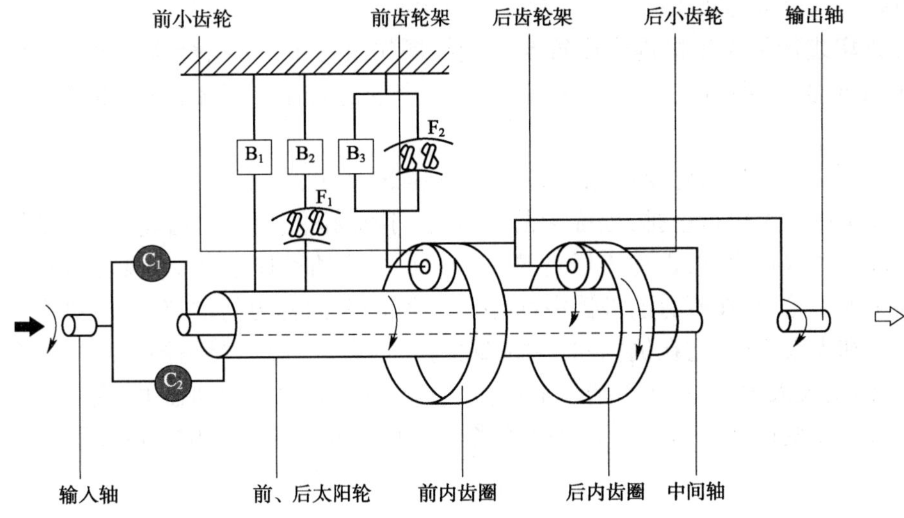

图 3-26　D_3 动力路线

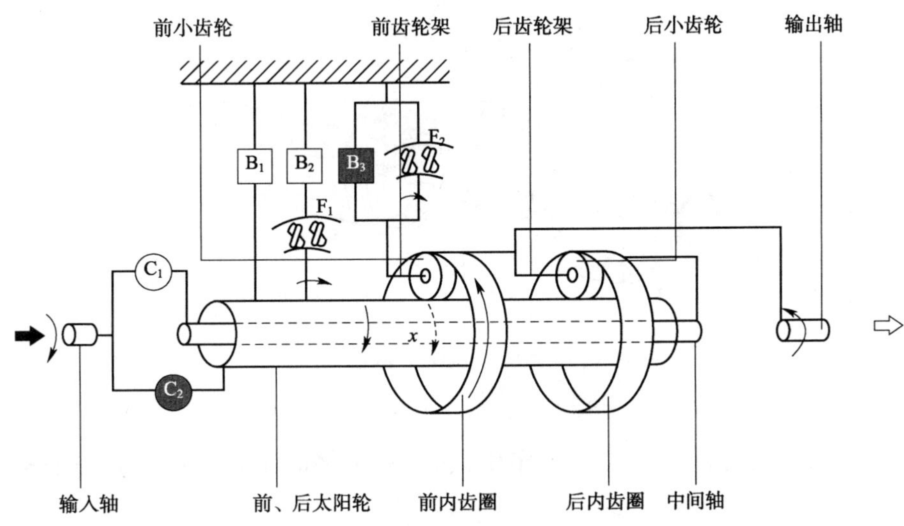

图 3-27　倒挡动力路线

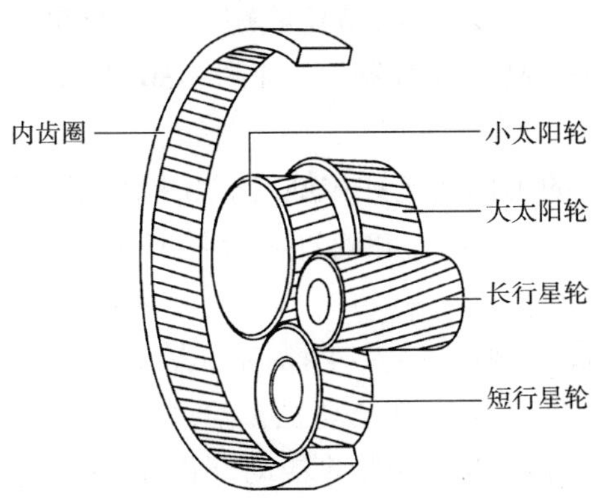

图 3-28　单排拉威挪行星齿轮机构

下面我们以拉威娜式3挡行星齿轮变速器为例说明其结构特点。

在拉威娜式行星齿轮机构中设置5个换挡操作组件（2个离合器、2个制动器和1个单向超速离合器），即可使之成为一个具有3个前进挡和1个倒挡的3挡行星齿轮变速器。

拉威娜式3挡行星齿轮变速器的结构如图3-29所示，图中，大太阳轮、长行星齿轮、行星架和齿圈组成一个单行星排，也称为前行星排；小太阳轮、短行星齿轮、长行星轮、行星架和齿圈组成一个双行星排，也称为后行星排。在5个换挡操作组件中，离合器C_1用于连接输入轴和小太阳轮，它在所有前进挡中都处于接合状态，故称为前进离合器；离合器C_2用于连接输入轴和大太阳轮，它在倒挡和3挡（直接挡）时接合，故称为倒挡及高挡离合器；制动器B_1用于固定大太阳轮，它在2挡时工作，故称为2挡制动器；制动器B_2用于固定行星架，它在倒挡或自动变速器换挡杆位于前进低挡时工作，故称为低挡及倒挡制动器。

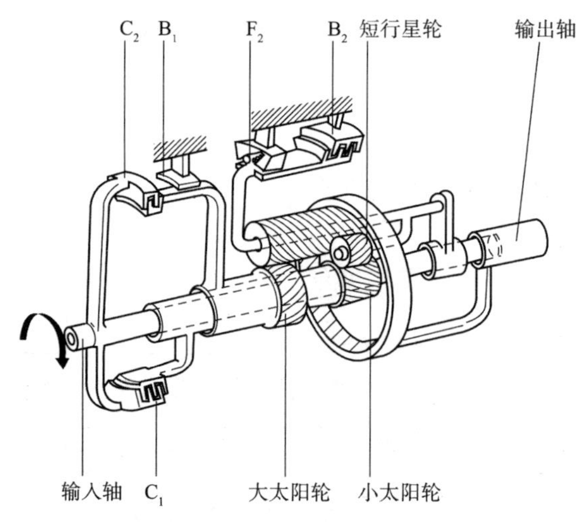

图3-29　三挡拉威娜变速器结构

F_1在逆时针方向对行星架有锁定作用，它只在1挡时工作，故称为1挡单向超速离合器。

在拉威娜式3挡行星齿轮变速器的输入轴和行星架之间增加一个离合器，就可以使之成为具有超速挡的4挡行星齿轮变速器，与拉威娜式3挡行星齿轮变速器相比，它仅仅在输入轴和行星架之间增加了一个高挡离合器C_3，如图3-30所示。这种行星齿轮变速器的工作特点是：

（1）在1挡、2挡及倒挡的工作情况和拉威挪式3挡行星齿轮变速器完全相同。

（2）在3挡工作时，高挡离合器C_2和前进离合器C_1同时工作，使后行星排有2个基本组件互相连接，形成直接挡。

（3）4挡时，高挡离合器C_3和2挡及4挡制动器B_1同时工作，使输入轴与行星架连接，同时前太阳轮被固定。发动机动力经高挡离合器C_3传至行星架，行星架带动长行星小齿轮朝顺时针方向一边自转一边公转，并带动环齿轮和输出轴朝顺时针方向转动，此为超速挡。

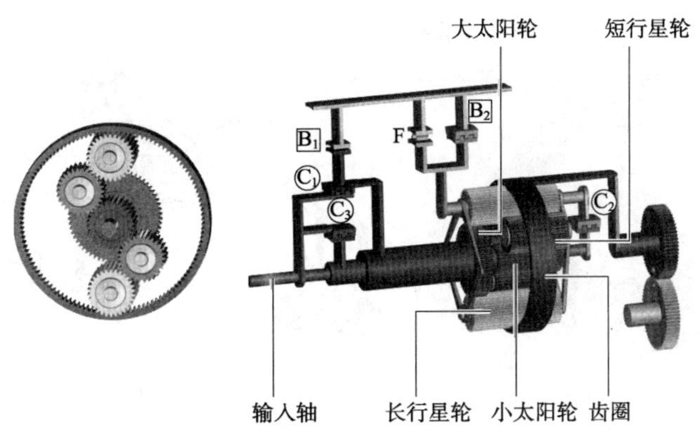

图 3-30 四挡拉威娜变速器结构

操作指引

1. 组织方式

(1)场地设施:工作台 4 张。

(2)设备设施:辛普森和拉威娜自动变速器总成各 2 套,空气压缩机。

(3)工量具:常用工具 4 套,卡簧钳 4 套,百分表、深度规、厚薄规、游标卡尺各 4 个。

(4)耗材:自动变速器油、清洁布等。

(5)学习方式:学生自主学习与小组合作学习相结合,以小组为单位进行查阅维修资料制定工作计划并开展任务实施。

2. 操作要求

(1)穿着干净整齐的工作服。

(2)遵守场地安全规定,注意操作安全。

(3)正确使用工量具。

(4)自动变速器油的环保处理。

任务实施

任务:检测换挡执行元件

1. 检查离合器和制动器自由间隙

(1)按照手册标准组装好离合器和制动器,注意盘片的安装位置和方向。

(2)安装好卡簧,用螺丝刀转动卡簧,确认安装到位。

(3)用厚薄规检查离合器和制动器的自由间隙,范围一般为 0.5 ~ 1.5mm,具体数值请参考相关车型修理手册,如图 3-31 所示。

2. 测量活塞行程(图 3-32)

(1)清洁并将离合器或制动器组件置于液力变矩器上或平台上。

(2)安装百分表,并将百分表测量杆顶靠在离合器或制动器片上;预压 1 ~ 2mm。

(3)在对应活塞的控制油道中充入和释放压缩空气;读取百分表指针的摆动量,一般范围在3~4mm,具体数值请参考修理手册。

图3-31　自由间隙检查

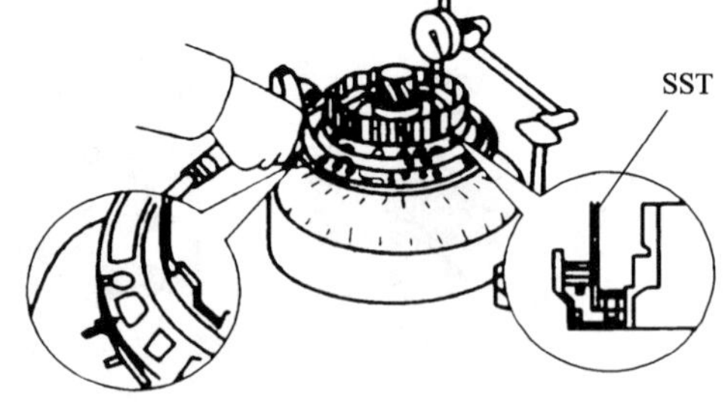

图3-32　活塞行程检查

3. 测量活塞弹簧自由长度

(1)清洁活塞弹簧。

(2)使用游标卡尺测量活塞弹簧自由长度,具体数据请参考修理手册。

任务小结

(1)行星齿轮机构安装在液力变矩器之后的变速器壳体里,其功用是实现车辆的变速、变矩和变向,以适应车辆不同运行工况要求。

(2)目前车辆上普遍使用的是拉威娜式行星齿轮机构的自动变速器,因为其可以通过改变换挡执行元件的布置方式就可以获得更多的挡位。

(3)换挡执行元件一旦出现故障,自动变速器就会出现行驶无力、无法行进、冲击等故障现象。

(4)换挡执行元件检测项目包括:

①离合器自由间隙检查;

②制动器自动间隙检查;

③活塞弹簧自由长度检查;

④离合器、制动器盘片检查。

任务3　液压控制系统检测

任务描述

车主李先生反映,最近汽车出现了行驶中换挡冲击的状况,主要表现为车辆挡位变换时,出现明显的顿挫感觉。

液控自动变速器是通过机械传动方式,将汽车行驶时的车速和节气门开度这两个主控制参数转变为液压控制信号;液压控制系统的阀板总成中的各控制阀根据这些液压控制信号的变化,按照设定的换挡规律,操纵换挡执行元件的动作实现自动换挡。请你根据内容的学习对故障进行检测。

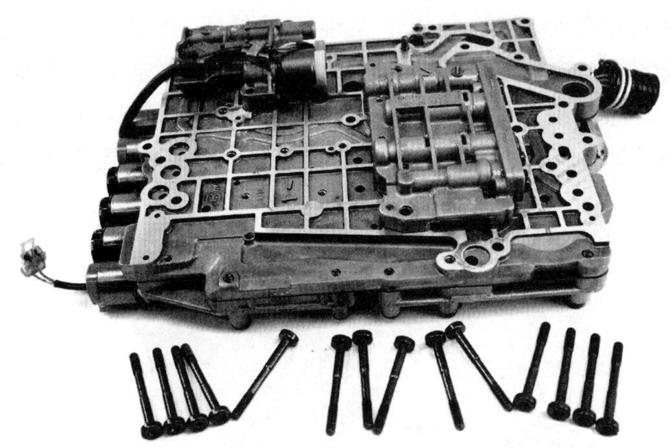

知识目标

(1)能够正确描述液压控制系统的组成、结构与功用。

(2)能够正确描述主要控制阀的结构和在阀体中的位置及作用。

(3) 会运用所学知识和经验,为客户提供自动变速器正确使用的建议。

技能目标

(1)能够根据维修手册,准确进行变速器液压测试工作。.

(2)会根据相关维修资料,并运用所学知识和经验,进行自动变速器测试。

(3)能够按照企业 5S 管理要求和安全生产规范进行操作。

素质目标

(1)能与同学密切合作,规范安全地完成学习活动。

(2)培养精益求精的工匠精神,培养诚实守信的道德品质。

建议学时:12 学时。

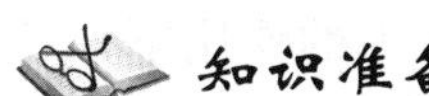

知识准备

一、自动变速器的液压操纵系统的主要部件结构与工作原理

1. 油泵结构与工作原理

液压泵是自动变速器液压控制系统的压力来源。液压泵通常安装在自动变速器前方,由液力变矩器泵轮驱动;也有部分汽车液压泵安装在自动变速器的后方。自动变速器中常用的液压泵有外啮合式齿轮泵、内啮合式齿轮泵、转子泵和叶片泵。内啮合式齿轮泵的结构如图 3-33 所示。

当发动机运转时,小齿轮和内齿轮同向旋转,下腔容积不断增加,形成真空而吸油,上腔容积不断减小,将液压油抽出。油泵油压经主调压阀调节成为最基本的工作油压——主油压。由于主调压阀只能降压和保压,所以油泵油压过低时,主油压也过低。如油滤器堵塞后,发动机中高速运转时会造成油泵油量不足,油泵油压过低,自动变速器内的离合器、制动器打滑。油泵内工作间隙是很小的,通常齿轮泵的齿隙只有0.08~0.15mm。油泵驱动装置的油泵轴或变矩器驱动端径向跳动量过大会造成油泵早期磨损,导致汽车中低速行驶时主油压过低。

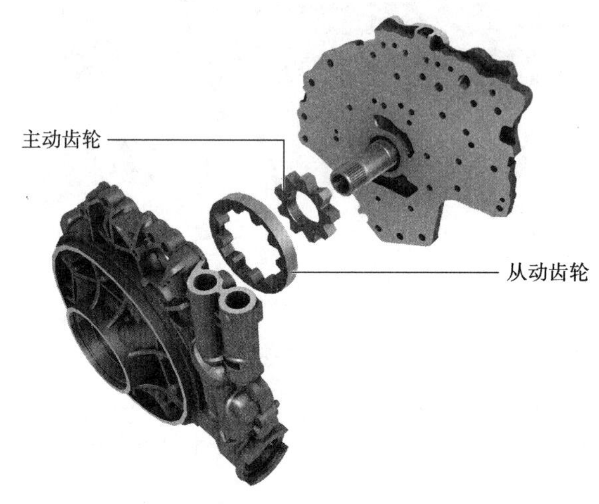

图3-33 油泵结构

2. 液力变矩器控制装置

(1)液力变矩器控制装置的作用是把变矩器中的高温油引出加以冷却,然后加压送回到变矩器进行补偿。

(2)液力变矩器控制装置由压力调节阀、锁止信号阀、锁止继动阀(也称锁止中继阀)等阀及相应油路组成。

(3)液力变矩器中闭锁离合器的工作是由锁止信号阀和锁止继动阀共同控制。锁止信号阀阀芯上方作用着调速阀压力,下方与超速挡换挡阀油路相通。

(4)当车速较低时,调速阀油压也低,锁止信号阀在弹簧的作用下保持在上方位置,从而将通往锁止继动阀下端的主油路切断,使锁止继动阀在上方弹簧力和油压力的作用下保持在下方位置,变矩器的闭锁离合器压盘左侧与变矩器阀进油道相通,闭锁离合器处于分离状态,自动变速器为液力传动工况,发动机动力全部经变矩器传递。

3. 主调压阀

主调压阀是根据节气门开度和换挡杆位置的变化将油泵油压调整到规定值,形成稳定的工作油压即主油压,结构如图3-34所示。它是自动变速器内最基本、最重要的压力,是自动变速器内所有的离合器、制动器的工作油压,是自动变速器所有其他控制压力的压力源。主油压过高可能造成所有挡位换挡冲击;主油压过低会造成自动变速器内离合器、制动器打滑。

主调压阀的压力调节平时主要靠调压弹簧和节气门油压。由于调压弹簧的张力是相对稳定的,所以主油压压力主要受节气门油压控制,节气门油压越高主油压越高。原理如图3-35所示。

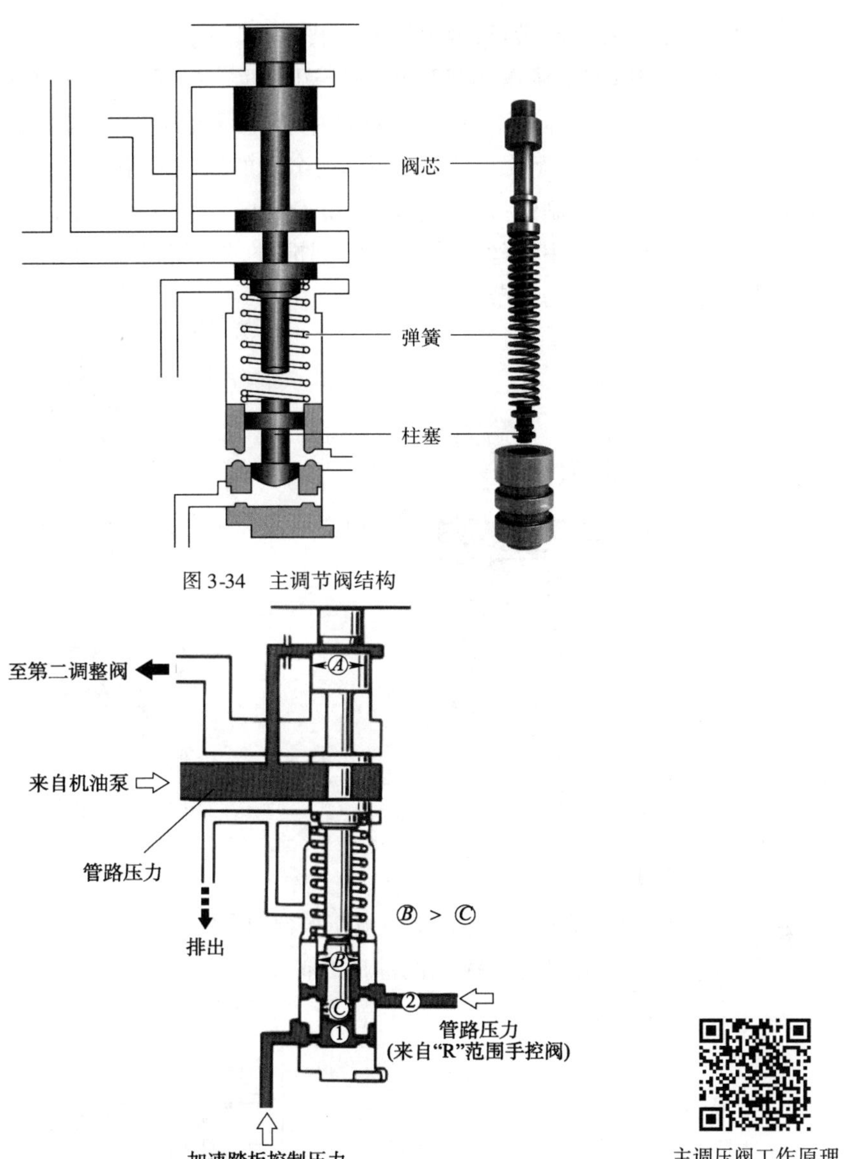

图 3-34　主调节阀结构

图 3-35　主调节阀原理

汽车行驶 30 万 km 以上时，调压弹簧容易变得过软，使主油压过低，会造成所有离合器、制动器的早期磨损。此外主调压阀的压力调节在平时还要通过两个泄油孔完成。油泵向主调压阀泵油，压力升高 1.05MPa 时，主调压阀向次调压阀泄油。当压力继续升高，作用于滑阀上端的油压推动滑阀下移向油底泄油，稳定系统压力。通常主油压压力在低怠速时为 0.3 ~ 0.8MPa 节气门开度在 50% 左右时，为 1.2 ~ 1.4MPa；倒挡时为 1.6 ~ 1.8MPa。节气门开度增大时，节气门阀的油压通过节气门压力修正阀修正后，作用于主调压阀弹簧下端的滑阀上，推动滑阀上移减小或关闭向油底的泄油口，主油压压力升高，如图 3-36 所示。

在某些工况下主调压阀的工作还受到其他一些因素的影响。如倒挡时，手控阀给主调压阀节气门油压一侧一个主油压，使主调压阀暂时停止泄油，当节气门开度很小时，主油压上升到1.6～1.8MPa,以满足倒挡工况,如图3-37所示。

部分自动变速器主调压阀是可以进行调节的。打开油底壳,直接看到的较小的阀体是上阀体,里边较大的阀体为下阀体,下阀体中直径最大的、通常装在阀体的一侧是主调压阀。大部分主调压阀是用一字螺丝刀进行调节,个别的需用专用工具,如内六方套管。当主油压过高时,调整时需将控制阀拆下,每旋转一圈改变压力39～69kPa。有的调整端为台阶式,共有5级台阶,调整时先用螺丝刀将阀向内侧推进,然后根据需要旋转,使其停留在合适的台阶上,即可完成主油压的调节。

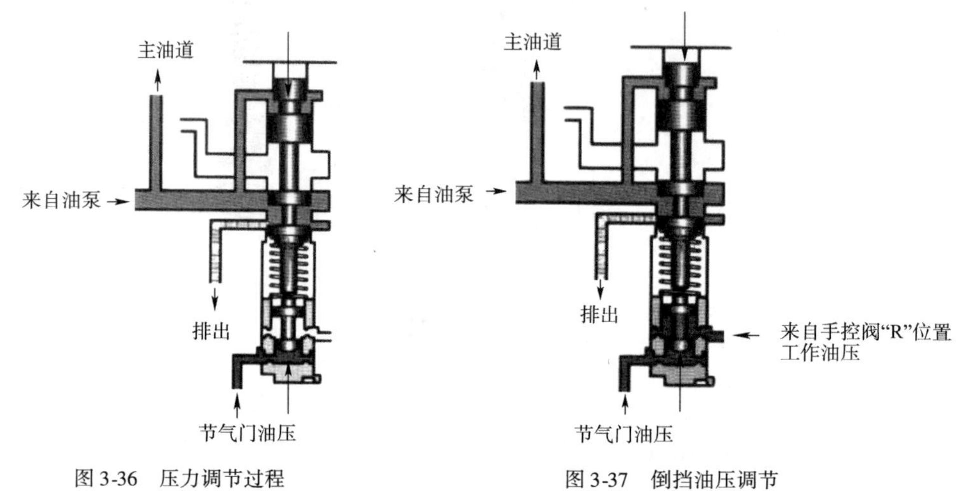

图3-36　压力调节过程　　图3-37　倒挡油压调节

4. 节气门阀

(1)节气门阀是受发动机、加速踏板所控制、随节气门开度大小(即发动机负荷大小)而改变其输出油压力的液压阀,输出的油压高低即为自动换挡的一个信号,如图3-38所示。

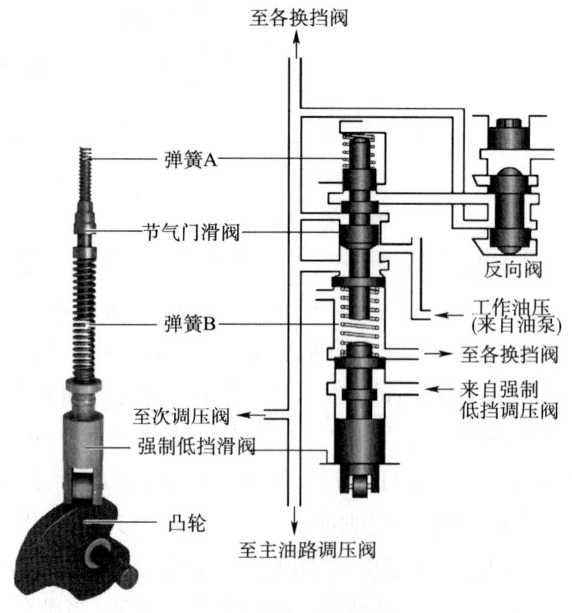

图3-38　节气门阀结构

根据输入方式的不同,节气门阀分为机械式和真空式两种。

(2)机械式节气门阀由上部的节气门阀体、复位弹簧、下部的强制低挡柱塞和调压弹簧等组成。节气门阀体和强制低挡柱塞并不直接接触,而是通过调压弹簧连在一起,强制低挡柱塞下装有滚轮,与凸轮接触。凸轮经钢丝缆绳与加速踏板相连。

(3)来自液压泵的压力油由节气门阀的进油口进入,须经阀口节流后,方能从出油口接至换挡阀。另外节气门阀上还有两个控制油口,分别与来自断流阀的油压及出油口油压相通,使阀体受到向下的液压作用力。当发动机怠速运行时,阀上进油口处的节流口开度很小,输出的油压很低。

(4)当踩下加速踏板时,节气门拉索被拉动,凸轮作顿时针转动,将强制低挡柱塞上推,压缩调压弹簧。调压弹簧则推动节气门阀体向上,使节流口开大,从节气门阀输出的油压力增高。

5. 离心调速阀

离心调速阀有时也被称作离心调速器或速控阀。其作用是为自动变速器换挡阀提供一个随车速大小而变化的控制油压。因其基本原理是利用轴旋转时重块所产生的离心力来控制滑阀阀芯的位置,故称为离心调速阀,如图 3-39 所示。

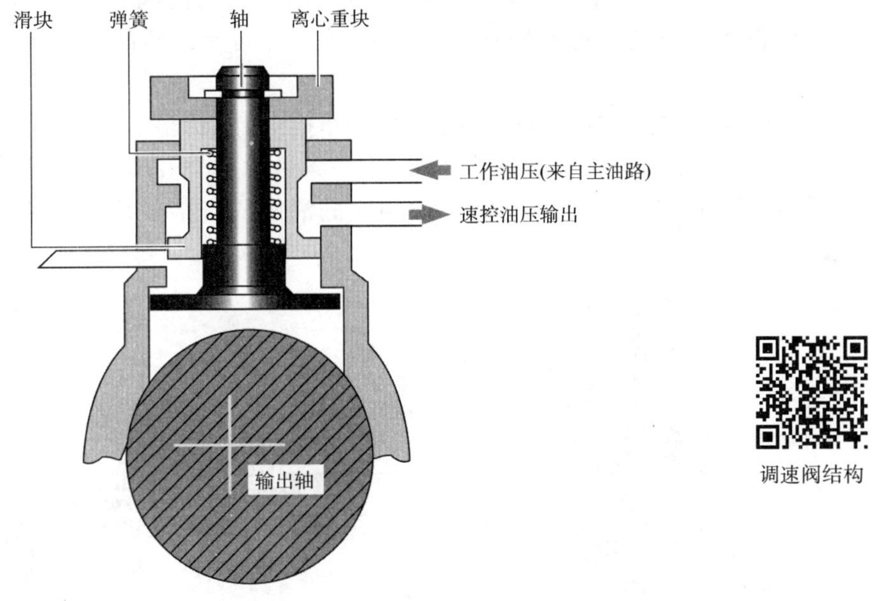

调速阀结构

图 3-39　离心调速阀结构

(1)离心调速阀通常装在变速器的输出轴上,由输出轴直接驱动。离心调速阀的外壳与盖用螺钉连接,套装并用锁紧螺钉固定在变速器输出轴上,使整个离心调速阀可随变速器的输出轴转动。

(2)当自动变速器输出轴不转动时,离心调速阀无速控油压输出,如图 3-40 所示。

(3)当自动变速器输出轴转动时,离心调速阀输出油压的高低与车速相对应。车速低,离心调速阀输出的油压低;车速高,离心调速阀输出的油压高,如图 3-41 所示。

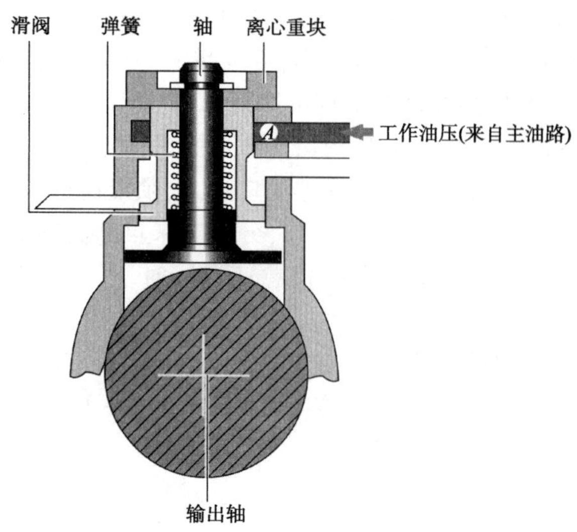

图3-40　无转动时调节原理

调速阀工作原理

6. 手动阀

(1)手动阀是安装于控制系统阀板总成中的多路换向阀,由驾驶室内的自动变速器操纵手柄控制。自动变速器操纵手柄的位置是自动变速器的工作方式,与挡位数并不对应。

(2)手动阀还提供倒挡(R)、空挡(N)、停车挡(P)等功能。

(3)手动阀结构:在阀体上有多条油道,一条进油道与液压泵主油路相连,其余为出油道,分别通至"D""2""L""P""R"挡位相应的滑阀或直接通往换挡执行元件,如图3-42所示。

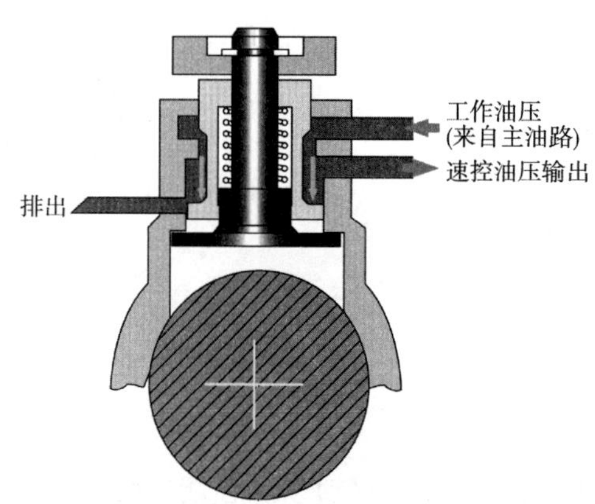

图3-41　转动时调节原理

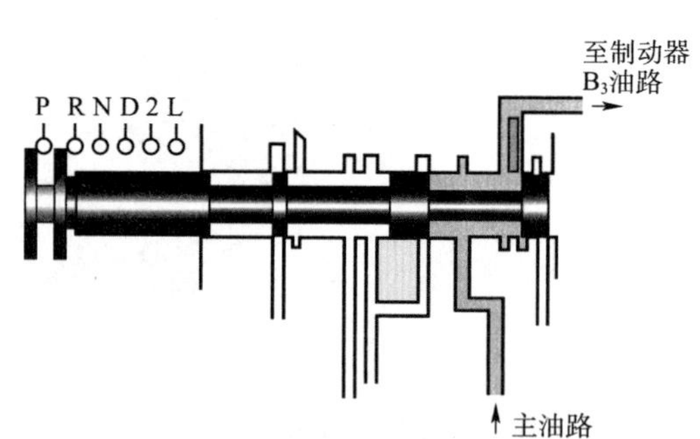

图3-42　手控阀原理

7. 换挡阀

当车速较低而发动机节气门开变较大时,换挡阀阀芯右端的节气门阀油压较高,作用力大;左端的调速阀油压较小,作用力小,阀芯被推至左位,主油路油压只能通往低挡的执行元件,自动变速器在低挡工作。当车速增大时,阀芯左端的调速阀油压随之升高,作用力增大。

当压力增至某一值时，阀芯被推至右位，主油路油压接通与高挡相应的执行元件，自动变速器自动换至高挡工作，如车速下降，离心调速阀油压也会降低，换挡阀阀芯在节气门阀油压和弹簧力作用下左移，自动变速器又回到低挡工作。

(1)换挡阀是弹簧液压作用式的方向控制阀，它有两个工作位置，可以实现升挡或降挡的自动变换，如图3-43所示。

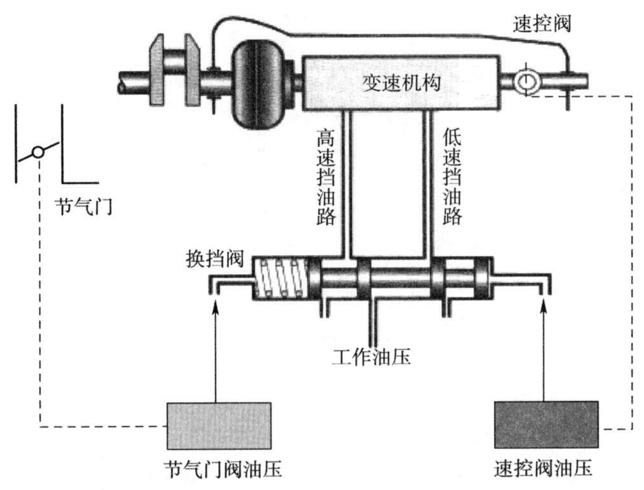

图3-43 换挡阀原理

(2)节气门开度大、车速低时，节气门油压与弹簧力之和大于速控油压，阀芯下移，自动变速器处于低挡，如图3-44所示。

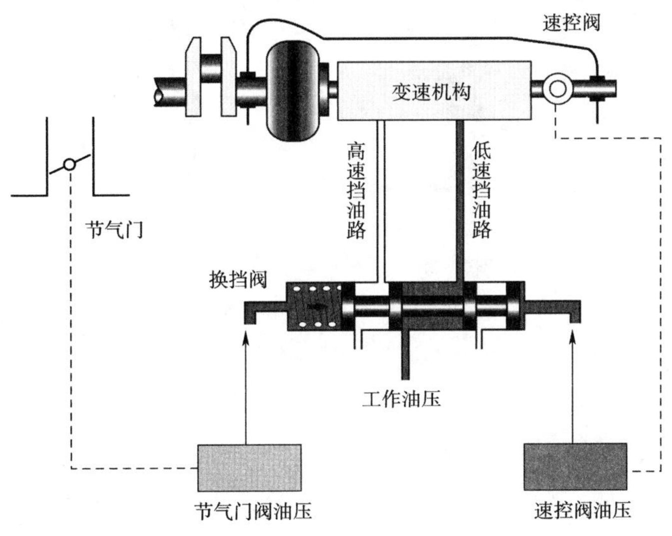

图3-44 低挡换挡过程

(3)节气门开度小、车速高时，节气门油压与弹簧力之和小于速控油压，阀芯上移，接通制动器 B_2 油路，自动变速器处于高挡，如图3-45所示。

1－2挡换挡阀结构与原理如图3-46所示。

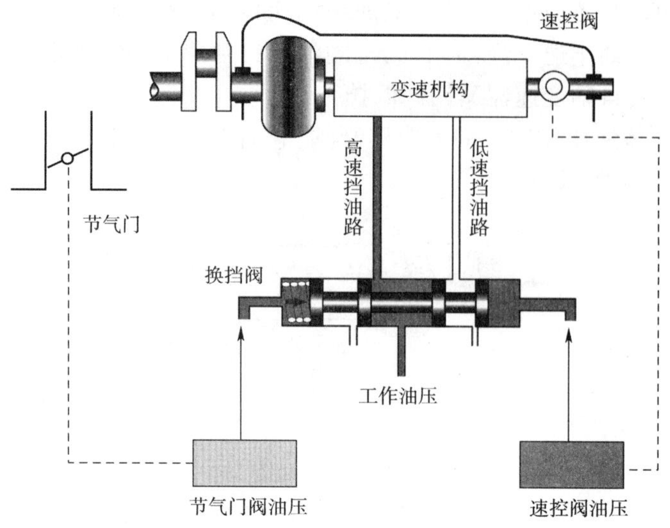

图3-45　高挡换挡过程

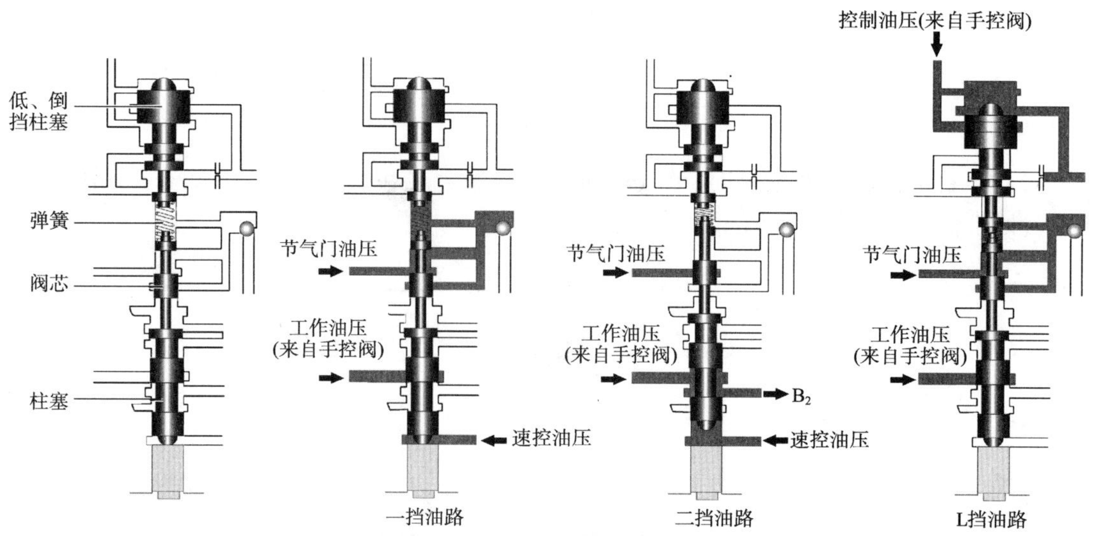

图3-46　1－2挡换挡阀结构与原理

二、控制特点

1. 升挡的车速高于降挡车速目的

避免在换挡的临界点行驶时,变速器内换挡阀频繁地进行换挡动作,如图3-47所示。

2. 强制降挡

在车辆行驶过程中,如果将加速踏板踩到底(节气门开度＞85%),变速器会在原来挡位的基础上自动降低一个挡位,这个过程称为强制降挡。

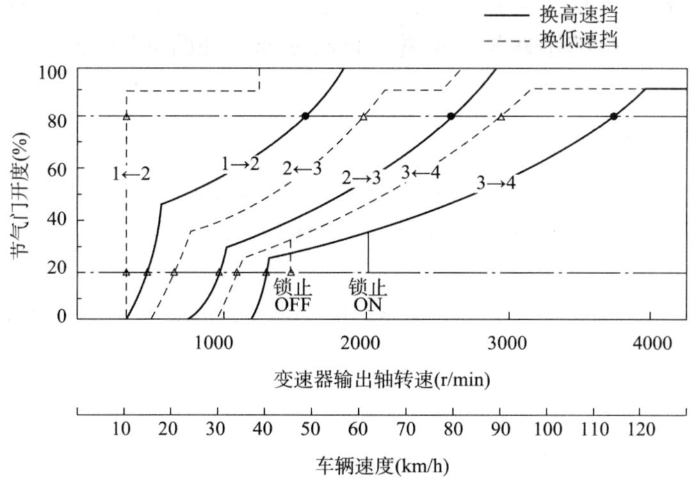

图 3-47　自动变速器换挡图

三、液压控制系统检测

自动变速器液压控制系统检测主要包括以下内容。

1. 自动变速器常规检查

自动变速器的常规检查,主要是指依靠看、听、摸、闻等方法,根据用户反映的自动变速器的表面现象分析故障原因。

(1)看:查看变速器型号;自动变速器是否漏油,油底壳是否变形,导线插接头是否松动。

(2)听:利用人的耳朵来判断异响产生的部位,以区别变速器或发动机的故障,并分析可能的原因,借助一些工具、设备,如使用较长的螺丝刀、专用听诊器、内窥镜等仪器工具可以使诊断结果更准确。

(3)摸:主要是感觉自动变速器温度的变化和电器元件的温度。

(4)闻:嗅闻自动变速器有无异常的气味。

2. 自动变速器失速试验

失速试验可以快捷地判断引起故障现象的是发动机还是自动变速器,是判断发动机功率大小、液力变矩器性能好坏及自动变速器中有关换挡元件的工作是否正常的一种常用办法。

3. 自动变速器油压试验

自动变速器在做完失速试验后,如果发现失速转速与要求偏差较大,或者通过检测故障码的方法判断出故障出现在液压系统或机械系统时,应该进行液压试验,以进一步发现故障的根源。检查液压控制系统各管路及元件是否漏油及各元件是否工作正常,是判断液压控制系统是否有故障的主要依据。

4. 迟滞试验

在发动机怠速运转时将换挡手柄从 N 位移动到 D 位或 R 位后,经过一段短暂时间的延时才能使自动变速器完成挡位的接合,这段延时称为迟滞。根据迟滞时间的长短可判断主油路油压及换挡执行元件的工作是否正常。自动变速器油路油压、油路密封情况、离合器和制动器的磨损情况。

5. 自动变速器路试检查

自动变速器的道路试验可以验证失速试验、液压试验和时滞试验的结果,进一步确定故障的原因与部位,检查换挡(升、降挡)车速、换挡质量、换挡执行元件有无打滑、锁止离合器是否工作以及检查发动机制动效果。

操作指引

1. 组织方式

(1)场地设施:工作台4张,自动挡汽车4辆。

(2)设备设施:阀体总成4套,油压表4套,秒表4个。

(3)工量具:常用工具1套。

(4)耗材:清洁布。

(5)学习方式:学生自主学习与小组合作学习相结合,以小组为单位进行查阅维修资料制定工作计划并开展任务实施。

2. 操作要求

(1)穿着干净整齐的工作服。

(2)遵守场地安全规定,注意操作安全。

(3)正确使用油压表。

(4)自动变速器油的环保处理。

任务实施

失速试验

1. 失速试验

1)失速试验准备

检查确认发动机性能是否良好;变速器内的油面高度、油温以及油质都必须正常;确认汽车周围不应有影响安全的人或障碍物。

2)失速试验步骤(图3-48)

车轮挡块固定好前后轮;拉紧驻车制动器操纵杆;确认车辆周围安全;将制动踏板踩到底;起动发动机,将换挡杆置于“D”位;然后将加速踏板踩到底,读取发动机转速值;在“R”位做同样试验;记录数据。

3)失速试验注意事项

(1)失速时间不要过长,一般都在5s之内。

(2)失速试验在D、R两种挡位都要做。

(3)两次试验之间,至少在P或N位怠速运转1min以上,以防止因油温过高而使油液变质。

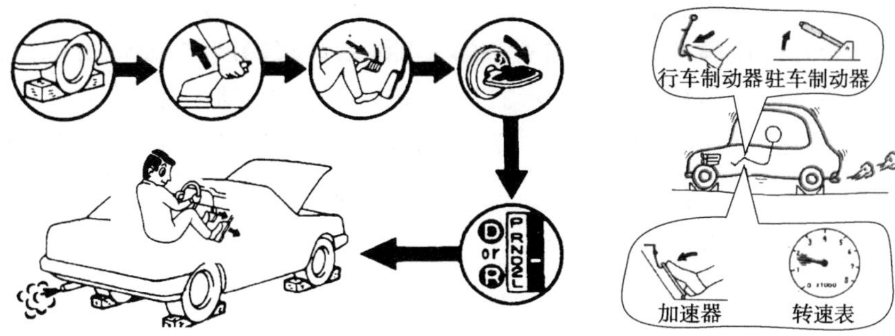

图 3-48 失速试验

4)失速试验结果分析

(1)失速转速过低分析见表 3-2。

失速转速过低分析 表 3-2

试验条件	试验结果	分析与判断
P 或 N 位,发动机急加速	发动机转速能很顺畅地上升	发动机正常
D 位	中速加速不良,而高速时正常	锁止离合器正常 单向离合器不良
	失速转速低于规定 600r/min 以上	变矩器失效

(2)失速转速过高分析见表 3-3。

失速转速过高分析 表 3-3

试验结果	分析与判断
D、R 位失速转速都高	系统油压过低; C、F 严重损坏;油泵损坏
D 位失速转速正常 R 位失速转速较高	倒挡离合器 C 活塞损坏;离合器片磨损严重;倒挡控制相关阀门故障
R 位失速转速正常 D 位失速转速过高	倒挡离合器 C 正常,前进挡离合器 C 活塞损坏、离合器片严重磨损,相关控制阀门故障

2. 油压试验

1)测试前准备

车辆防护;使发动机、变速器达到正常温度;车辆水平停放;检查变速器液面高度,不正常应调整;准备好符合量程的油压表(0 ~ 7MPa)和管路接头;找出各油路测压孔位置。

2)油压测试(图 3-49)

(1)主油压测试:用车轮挡块固定好前后轮;拉紧驻车制动器操纵杆;确认车辆周围安全;起动发动机;怠速时,将换挡杆置于“D”位,读取油压值;将制动踏板踩到

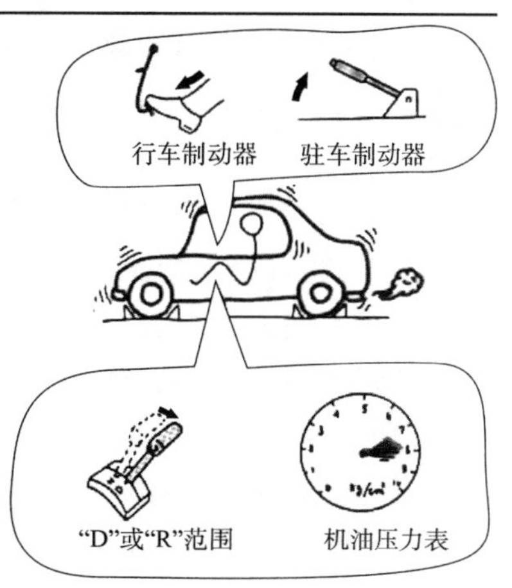

图 3-49 油压试验

底,然后将加速踏板踩到底,读取油压值;在"R"位做同样试验;记录数据。

(2)各挡离合器油压测试:(针对前置前驱车辆)做好车辆防护;制动并固定后轮;顶起驱动轮(前轮),使其能自由转动;起动发动机,使变速器油温达到正常工作温度;将压力表接入各挡离合器油压测试孔;发动机转速保持2000r/min,分别进行各挡位的油压测量;记录测量值,将测量值与规定油压值比较分析。

(3)数据分析见表3-4。

数据分析　　表3-4

试验结果	分析与判断
倒挡油压高于前进挡但低于规定值	主调节阀不良;倒挡油路、倒挡离合器、制动器有轻度泄漏
倒挡油压与前进挡油压相同或相近	主调节阀的倒挡修正油压油路堵塞或泄漏;倒挡油压修正柱塞卡死
倒挡油压很低甚至没有压力	倒挡控制阀故障;倒挡油路、离合器、制动器严重泄漏或磨损严重

3. 迟滞试验

迟滞试验

1)迟滞试验准备

(1)预热使发动机和自动变速器达到正常的工作温度。

图3-50　迟滞试验

(2)将汽车停放在水平地面上,拉紧驻车制动器操纵杆。

(3)检查发动机怠速,如不正常,应按标准予以调整。

2)迟滞试验步骤(图3-50)

(1)将换挡手柄从N位拨至D位。

(2)同时,用秒表计时至感到汽车振动为止。所用时间称为N→D迟滞时间。

(3)重复3次试验,取平均值。每两次试验之间,让发动机怠速运转1min。

(4)用同样方法,测量N→R迟滞时间。

任务小结

(1)液压控制的阀体部分安装在自动变速器油底壳内的总成上,其功用是控制换挡执行元件动作,实现挡位变换,同时也控制液力变矩器中锁止离合器的工作。

(2)液压控制系统是自动变速器中的核心总成,对实现自动变速器的正常工作起着至关重要的作用,同时它也是自动变速器中最复杂的总成。

(3)液压控制系统中的阀体出现问题,有可能导致变速器出现换挡执行元件烧蚀、过度磨损、打滑的情况,直接导致车辆无法正常行驶。

(4)液压控制系统主要的检测项目包括:

①常规检查;

②失速试验；
③油压试验；
④迟滞试验；
⑤路试。

任务4 电控系统检测

任务描述

车主李先生反映，最近汽车出现了出现挂入D挡不走车，只有大力踩加速踏板才能行驶。同时，发动机转速达3000r/min时，车速不到120km/h。车速下降时，发动机故障灯点亮。

电控变速器，相对于液控变速器增加了相应的控制模块和传感器，例如速控阀变成了车速传感器，节气门阀变成了节气门开度传感器等，利用各种传感器精确变速器的工作信息，经ECU计算后通过电磁阀控制液控换挡阀工作，从而控制了升降挡。使换挡时刻更加精确，换挡冲击更小，对动力提升也更有效。请你根据以下所学内容进行故障检测。

知识目标

(1)能够正确描述电控系统的组成、结构与功用。
(2)能够正确说明主要传感器、开关的结构和在车上的位置及作用。
(3)能够正确描述电控系统的主要控制功能。

技能目标

(1)会正确使用电路图准确查找电控系统部件位置，并进行检测诊断。
(2)会根据维修手册要求，正确进行系统故障诊断排除。
(3)能够按照企业5S管理要求和安全生产规范进行操作。

素质目标

(1)能与同学密切合作,规范安全地完成学习活动。

(2)培养精益求精的工匠精神,树立安全意识。

建议学时:8学时。

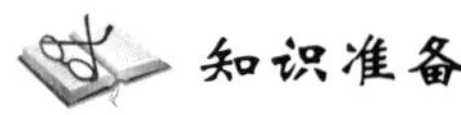

知识准备

一、电控自动变速器(ECT)控制概述

利用安装在发动机和自动变速器或ECT ECU传动桥上的传感器和开关信号,控制换挡正时以及对液压控制装置电磁阀的控制锁定,如图3-51所示。为保持最佳驾驶状态,ECU具有传感器等发生故障时的诊断和故障防护功能。

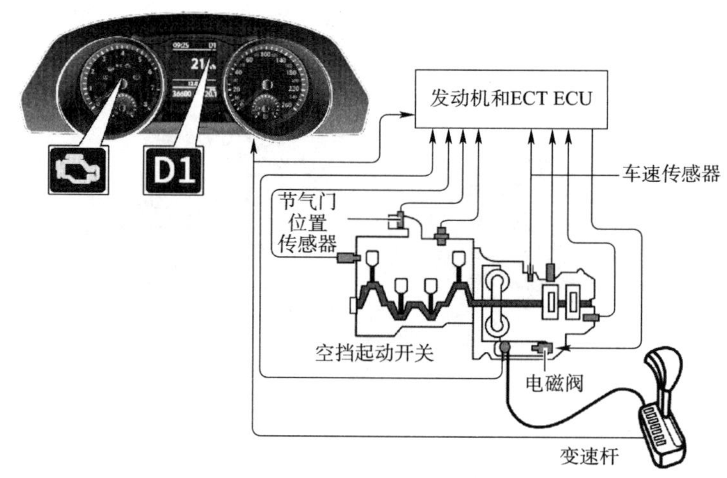

图3-51　电控系统组成

二、传感器/开关

1.传感器/开关组成

电控自动变速器主要的传感器和开关有:节气门位置传感器/加速踏板位置传感器、跳合开关、曲轴位置传感器、传动桥转速传感器、冷却液温度传感器、车速传感器、驱动桥油温传感器、空挡起动开关、停车灯开关和驾驶方式选择开关。

(1)空挡起动开关(图3-52):将换挡杆位置传送到发动机和ECT ECU。ECU接收位于空挡起动开关的换挡位置传感器的有关驱动桥挡位的信息,然后确定适当的换挡方式。

(2)停车灯开关(图3-53):制动踏板在踩下时,发动机和ECT ECU取消锁定。这将防止发动机因锁定而熄火。

(3)驾驶方式选择开关(图3-54)。

①动力方式:将换挡正时设定到发动机高速区。

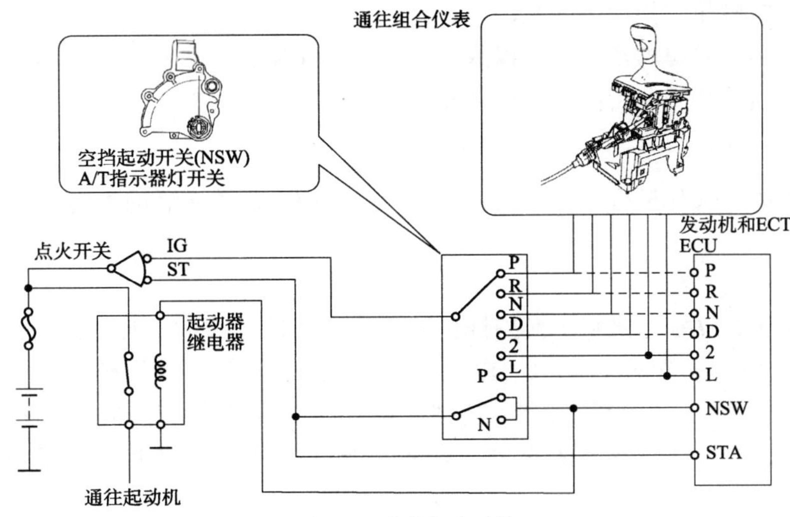

图 3-52　空挡起动开关

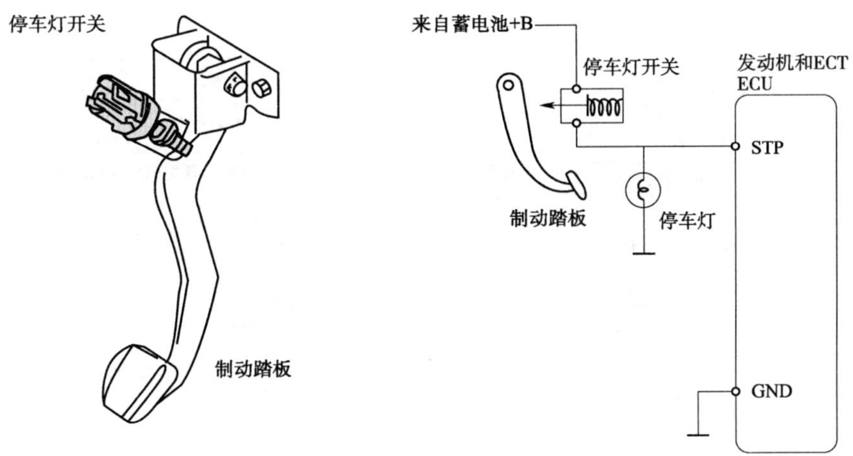

图 3-53　停车灯开关

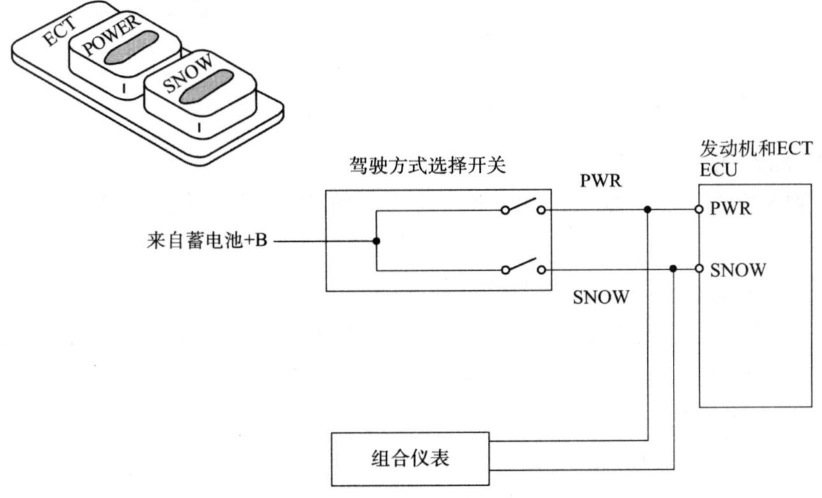

图 3-54　驾驶方式选择开关

②雪地方式:将第二挡设定为起动挡。

③经济方式:此将提前换挡正时以降低行驶时的耗油量。

④手动方式:这使得利用换挡杆换挡成为可能。

2. 主要控制功能

发动机和ECT ECU进行下列控制:换挡正时的控制、换挡滞后的控制、挠性锁定的控制及其他控制。

1)换挡正时的控制

发动机和ECT ECU已将每个换挡杆位置和每个传动方式的最佳换挡方式编程存入存储器,如图3-55所示。依据换挡方式,ECU根据车速传感器的车速信号,利用节气门位置传感器的节气门开度角信号和利用各个传感器/开关信号,将电磁阀接通或断开。依此方式,ECU操纵每个电磁阀打开或关闭至离合器和制动器的液流通道使传动桥换高速挡或低速挡。

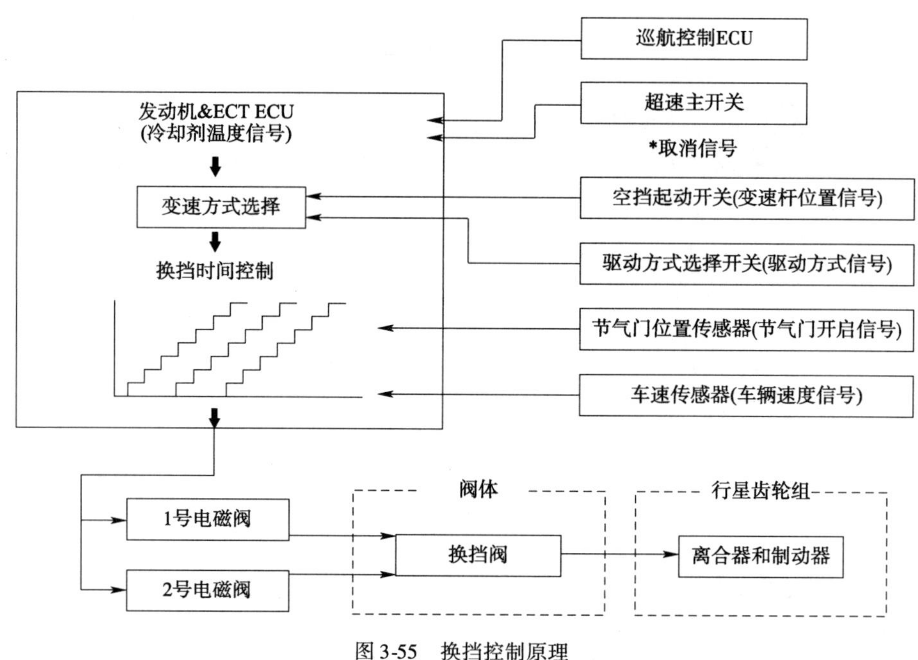

图3-55　换挡控制原理

2)换挡滞后控制

换挡滞后控制是设置在每个自动变速驱动桥内的以防止传动桥太频繁地换高速或低速挡的一种特性。

3)挠性锁定控制

挠性锁止离合器系统通过稳定和保持锁止离合器的微小打滑来扩大锁定工作区,以改善燃油的经济性,如图3-56所示。

4)锁止控制(图3-57)

(1)锁止条件:汽车以第二挡或第三挡行驶或以超速挡("D"区)行驶。车速等于或大于规定的速度和节气门开度角等于或大于规定值。ECU未接收到强制性锁定系统取消信号。

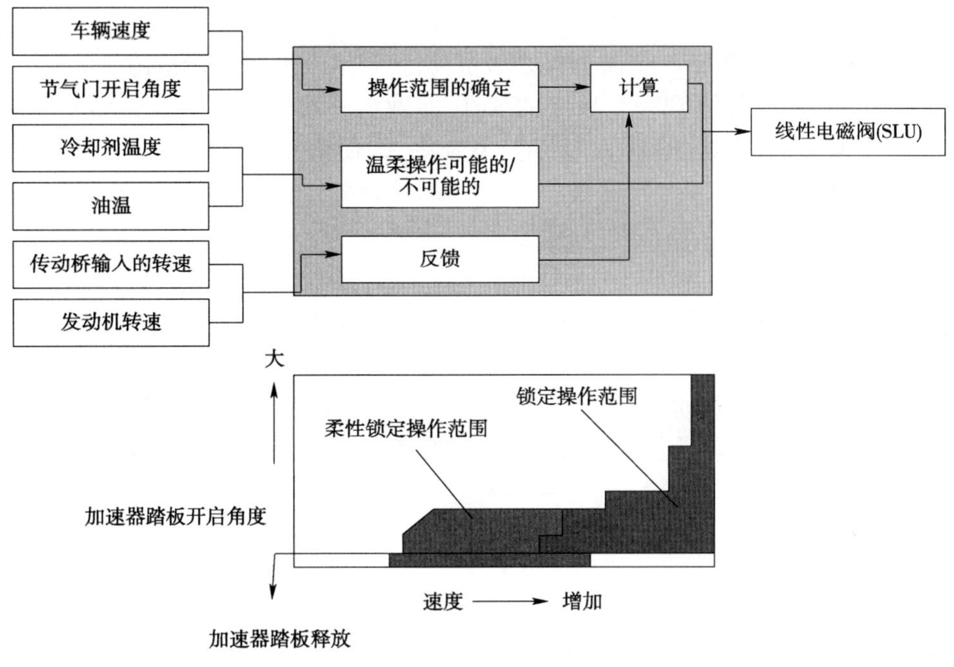

图 3-56 挠行锁定控制

(2)取消条件:停车灯开关接通。节气门位置传感器的 IDL 点闭合。冷却液温度低于一定的温度,车速降至约 10km/h。车速大大低于巡航设定速度。

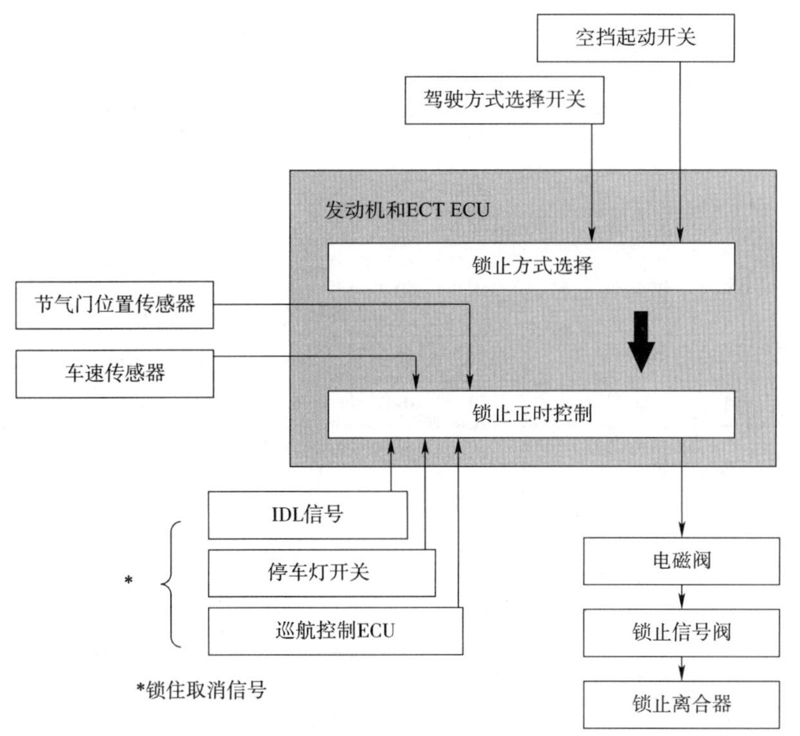

图 3-57 锁止控制

3. 诊断

发动机和 ECT ECU 配备一个内置自诊断系统,使技术人员在 ECT 故障排除期间容易地确定故障部件或回路。探测到一个故障的 ECU 即做出一次诊断并将故障部分存储起来。存储器功能:一旦一个故障存储到 ECU 存储系统中,即使该故障被排除后仍将被保留直到被消除,如图 3-58 所示。

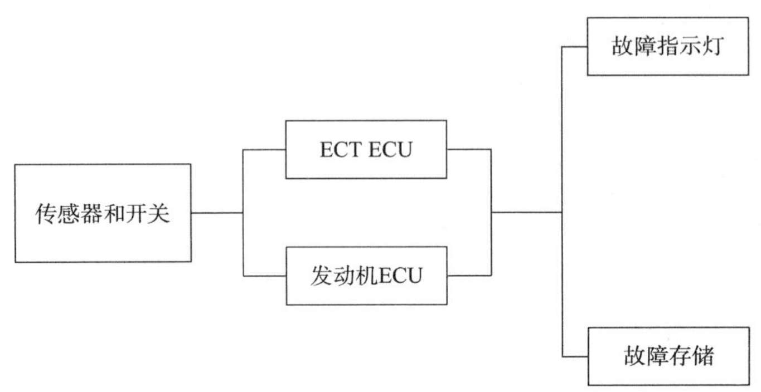

图 3-58　故障诊断系统

4. 失效保护

如果 1 号和 2 号电磁阀的一个或两者均出现故障,汽车仍能继续行驶。这是因为 ECU 使用无故障的电磁阀控制传动桥。以丰田车自动变速器 A140E 为例说明,见表 3-5。

失效保护功能　　表 3-5

范围	正常			1 号电磁阀故障			2 号电磁阀故障			两个电磁阀都有故障
	电磁阀		齿轮	电磁阀		齿轮	电磁阀		齿轮	手动操作变速杆时的挡位
	1 号	2 号		1 号	2 号		1 号	2 号		
“D”	ON	OFF	第 1	×	ON (OFF)	第 3 (O/D)	ON	×	第 1	(O/D)
	ON	ON	第 2	×	ON	第 3	OFF (ON)	×	O/D (第 1)	(O/D)
	OFF	ON	第 3	×	ON	第 3	OFF	×	(O/D)	(O/D)
	OFF	OFF	O/D	×	OFF	O/D	OFF	×	(O/D)	(O/D)
“2”	ON	OFF	第 1	×	ON (OFF)	第 3 (O/D)	ON	×	第 1	第 3
	ON	ON	第 2	×	ON	第 3	OFF (ON)	×	第 3 (第 1)	第 3
	OFF	ON	第 3	×	ON	第 3	OFF	×	第 3	第 3
“L”	ON	OFF	第 1	×	OFF	第 1	ON	×	第 1	第 1
	OFF	ON	第 2	×	ON	第 2	ON	×	第 1	第 1

注:( )为不带失效保护功能;×为黄色的故障零件指示失效保护。

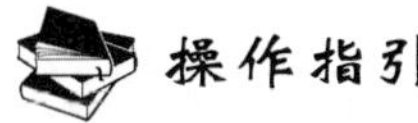

操作指引

1. 组织方式

(1)场地设施:工作台4张,自动挡汽车4辆。

(2)设备设施:传感器、换挡电磁阀各4套;万用表、诊断仪各4套。

(3)工量具:常用工具1套。

(4)耗材:清洁布。

(5)学习方式:学生自主学习与小组合作学习相结合,以小组为单位进行查阅维修资料制定工作计划并开展任务实施。

2. 操作要求

(1)穿着干净整齐的工作服。

(2)遵守场地安全规定,注意操作安全。

(3)正确使用诊断设备。

任务实施

自动变速器传感器检测

1. 传感器检测

以大众轿车用01M自动变速器为例。

1)涡轮轴转速传感器(TSS)

涡轮轴转速传感器位于变速器外壳上,用于感知变速器涡轮轴的转速。涡轮轴转速传感器的类型是电磁感应式,其电阻为330~390Ω(在21℃时),如果它出现故障,变速器控制模块将用输出轴转速传感器的信号取代它,车载诊断系统会纪录相应的故障码,并点亮故障指示灯。使用万用表检测该传感器相应温度时的电阻值,判断该传感器是否正常。

2)输出轴转速传感器(OSS)

输出轴转速传感器位于差速器处的变速器壳体上,用于感知变速器的输出轴转速。此信号不作为车辆速度信号使用,车辆速度信号来自ABS的轮速传感器。输出轴转速传感器的类型是电磁感应式,其电阻值为800~900Ω(在21℃时),如果它出现故障,变速器控制模块将用涡轮轴转速传感器的信号取代它,车载诊断系统会纪录相应的故障码,并点亮故障指示灯。使用万用表检测该传感器相应温度时的电阻值,判断该传感器是否正常。

3)变速器油温传感器(TFT)

变速器油温传感器位于变速器内,用于感知变速器油液温度。在极冷和极热的变速器油温下,变速器控制模块根据此信号控制管路压力、换挡和变矩器锁止离合器。传感器的类型是热敏电阻式,其电阻值见表3-6。使用万用表检测该传感器相应温度时的电阻值,判断该传感器是否正常。

变速器油温传感器阻值变化 表3-6

变速器油温传感器的电阻值(kΩ)	变速器油温(℃)	变速器油温传感器的电阻值(kΩ)	变速器油温(℃)
236～317	-20	3.61～4.06	80
83.2～107	0	1.96～2.20	100
33.5～41.2	20	1.13～1.25	120
14.6～17.6	40	0.87～0.96	130
7.08～8.01	60		

2. 执行器检测

1)换挡电磁阀

换挡电磁阀分为开关型和占空比型,换挡电磁阀SSA和SSB为开关型电磁阀,通过电流的通断控制液压施加到不同的油道,从而控制离合器或制动器等执行部件的动作,在电磁阀关闭状态下无液压油流经。换挡电磁阀SSC、SSD和SSE为占空比型电磁阀,通过调整控制电磁阀的占空比来控制各执行器的油压,在电磁阀关闭状态下为最大液压油流经。电磁阀SSA、SSB和SSC的电阻为1.0～4.2Ω,电磁阀SSD和SSE的电阻值为10.9～26.2Ω。使用万用表检测该电磁阀相应温度时的电阻值,判断其是否正常。

2)压力控制电磁阀(EPC)

压力控制电磁阀控制主油路压力,以确保在所有的操作状况下油路中都有合适的油压。在电磁阀关闭状态下油路油压最大。其电阻为2.4～7.3Ω。使用万用表检测该电磁阀相应温度时的电阻值,判断其是否正常。

任务小结

(1)自动变速器电控系统功用是利用安装在发动机和自动变速器或ECT ECU传动桥上的传感器和开关信号控制换挡正时以及对液压控制装置的电磁阀的控制锁定,以保持最佳驾驶状态,ECU具有传感器等发生故障时的诊断和故障防护功能。

(2)主要特点是通过各种传感器将发动机转速、节气门开度、车速、发动机温度、自动变速器油温度等参数转变为信号,输入自动变速器电控单元,电控单元根据这些信号确定自动变速器换挡控制信号。电控单元输出的换挡信号控制相应的电磁阀动作,并通过其二位换向阀产生相应的液压控制信号,使有关的换挡执行机构动作,实现自动换挡。

(3)电控自动变速器故障诊断排除的原则可总结为以下几点:

①首先要分清故障引起的部位。故障是由发动机还是自动变速器液压自动操纵系统、电子控制系统引起的,或者是液力自动变速器本身引起的。只有分清故障部位,才能快速准确有针对性地找到故障根源。

②坚持先简后难、逐渐深化的原则。按故障的难易程度,先从最简单的地方开始检查,如开关、拉杆、油液等,从容易被忽视的部位和影响因素开始,逐步深入实质性故障。

③区分故障性质。正确区分自动变速器故障是机械性质,还是液压系统或者电子控制

系统。是需要维护还是需要拆卸变速器彻底修理。

④充分利用自动变速器检验项目,如路试、失速试验、迟滞试验等。找到线索,发现故障。

⑤利用电控自动变速器的故障自诊断功能。故障自诊断功能能在汽车行驶过程中不断监测自动变速器控制系统各部分的工作情况,能将故障以代码的形式反馈出来。

⑥必须在拆检之后才能确诊的故障,应是故障诊断的最后程序。电控自动变速器不要轻易分解。

(4)当使用故障诊断仪读取系统数据时,主要观测的项目包括:

①发动机转速和负荷。

②变速器输入输出转速。

③电磁阀电流及工作状态。

④温度信号。

⑤压力控制电磁阀电流及工作状态。

任务5 其他类型变速器检测

任务描述

车主李先生反映,其想购买一款20万~30万左右的轿车,经询问一款大众汽车和一款本田汽车比较合适,但两款车所用变速器分别为双离合变速器和CVT变速器。他想了解这两款变速器的优缺点和使用维护的不同。

现在需要你对该客户进行说明。

a)双离合器

b)无级变速器

知识目标

(1)能够正确描述双离合变速器的组成、结构与功用。

(2)能正确描述CVT(无级变速器)的组成、结构与原理。

(3)会正确运用所学知识和经验,为客户提供双离合变速器、CVT变速器日常维护的建议。

技能目标

(1)能够正确使用维修手册等进行信息查询并对离合变速器进行基本检查维护。

(2) 能够正确使用维修手册等进行信息查询并对 CVT 变速器进行基本检查维护。

(3)工作过程中能够按照企业 5S 管理要求和安全生产规范进行操作。

素质目标

(1)学习实践中能与同学密切合作,规范安全地完成学习活动。

(2)培养严谨的工作作风,树立科技创新意识。

建议学时:8 学时。

知识准备

一、双离合变速器(DCT)

双离合变速器是一种介于手动变速器和自动变速器之间,又综合两者优点的变速器,也被叫作半自动变速器、无离合器的手动变速器或自动化的手动变速器,如图 3-59 所示。

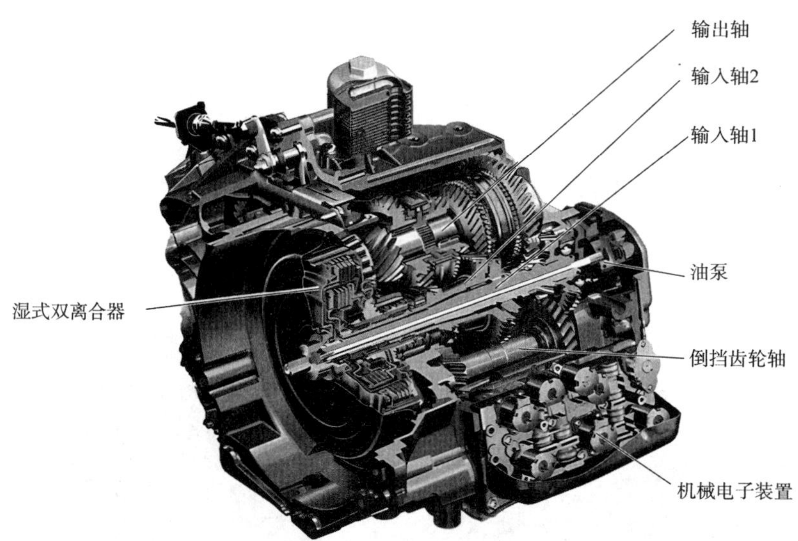

图 3-59　双离合变速器组成

双离合变速器(DCT)主要由双离合器、机械变速器、自动换挡机构、电子控制液压控制系统组成。

双离合变速器(DCT)将奇数挡和偶数挡分布在两根输入轴上。外部输入轴被挖空,给内部输入轴留出嵌入的空间。以 6 挡变速器为例,内部输入轴上安装了 1 挡、3 挡、5 挡和倒挡的齿轮,外部输入轴上安装了 2 挡、4 挡和 6 挡的齿轮。

1. 双离合器

双离合变速器(DCT)使用了湿式多片式或干式离合器。湿式离合器就是将离合器零部件浸入润滑油中以减少摩擦和限制热量的产生,如图 3-60 所示。干式离合器与手动变速器离合器结构近似。

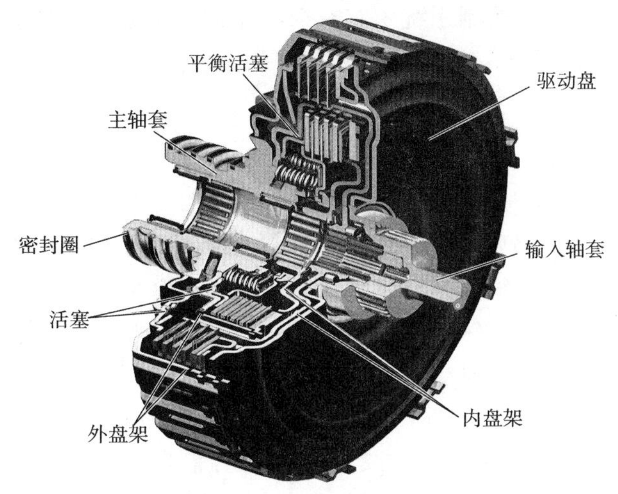

图 3-60 湿式多片离合器

类似于变扭器,湿式多片式离合器是利用液压压力来驱动。当离合器结合时,离合器活塞内的液压使一组螺旋弹簧零件受力,这将驱使一组离合器盘和摩擦盘压在固定的压力盘上,油压的建立是由变速器控制器指令电磁阀来控制的。摩擦片内缘处有内花键齿,以便与离合器鼓上的外花键相啮合。离合器鼓与齿轮组相连,接受传递过来的力。为分离离合器,离合器活塞中的液压就会降低,在弹簧的作用下,离合器就会分开,如图 3-61 所示。

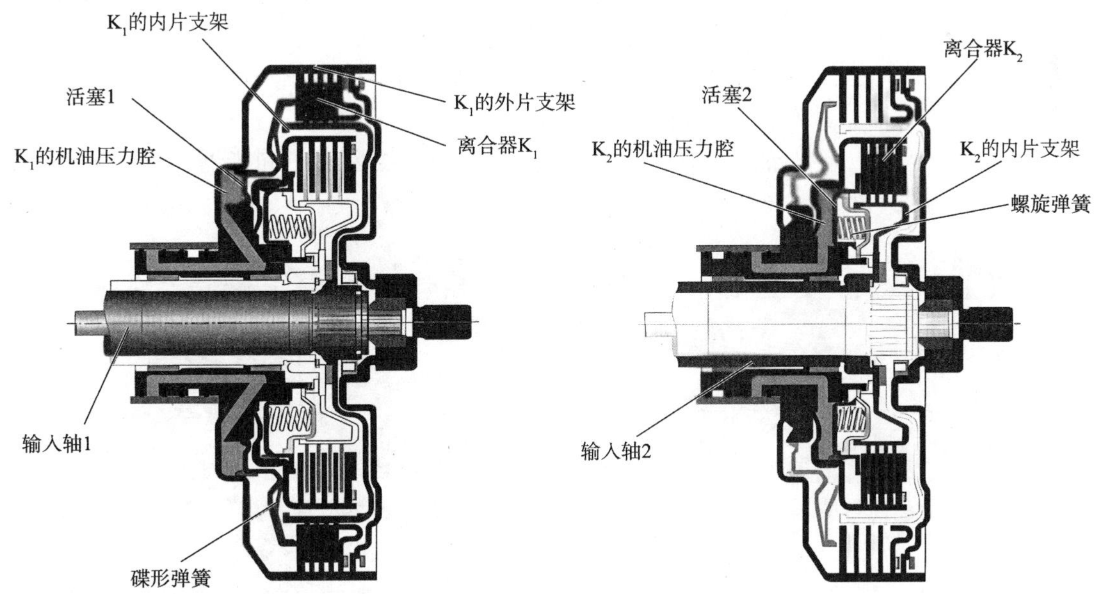

图 3-61 湿式多片离合器分离与结合

双离合变速器(DCT)中有 2 个离合器,他们的工作状态是相反的,不会发生 2 个离合器同时接合的情形。

双离合变速器(DCT)的挡位切换是由挡位选择器来操作的,挡位选择器是液压马达,推动拨叉就可以进入相应的挡位,由液压控制系统来控制它们的工作。以一个典型的6挡双离合变速器(DCT)为例,液压控制系统中有6个油压调节电磁阀,用来调节2个离合器和4个挡位选择器中的油压压力,还有5个开关电磁阀,分别控制挡位选择器和离合器的工作。

2. 换挡过程

双离合变速器(DCT)的工作过程:

在1挡起步行驶时,动力传递路线如图3-62中直线和箭头所示,外部离合器接合,通过内部输入轴到1挡齿轮,再输出到差速器。同时,图中虚线和箭头所示的路线是2挡时的动力传输路线,由于离合器2是分离的,这条路线实际上还没有动力在传输,是预先选好挡位,为接下来的升挡做准备的。当变速器进入2挡后,退出1挡,同时3挡预先结合。所以在DCT变速器的工作过程中总是有2个挡位是结合的,一个正在工作,另一个则为下一步做好准备。

DSG变速器在降挡时,同样有2个挡位是结合的,如果6挡正在工作,则5挡作为预选挡位而结合。DSG变速器的升挡或降挡是由变速器控制器(TCU)进行判断的,踩加速踏板时,变速器控制器(TCU)判定为升挡过程,做好升挡准备;踩制动踏板时,变速器控制器(TCU)判定为降挡过程,做好降挡准备。

一般变速器升挡总是一挡一挡地进行,而降挡经常会跳跃地降挡,DCT变速器在手动控制模式下也可以进行跳跃降挡,例如,从6挡降到3挡,连续按3下降挡按钮,变速器就会从6挡直接降到3挡,但是如果从6挡降到2挡,变速器会降到5挡,再从5挡直接降到2挡。在跳跃降挡时,如果起始挡位和最终挡位属于同一个离合器控制,则会通过另一离合器控制的挡位转换一下,如果起始挡位和最终挡位不属于同一个离合器控制,则可以直接跳跃降至所定挡位。

各个挡位的动力传递如图3-62至图3-68所示。

1挡:离合器 K_1→输入轴1→1/倒挡齿轮→输出轴1的1挡齿轮→同步器→输出轴1→输出齿轮(主减速器),如图3-62所示。

2挡:离合器 K_2→输入轴2→2挡齿轮→输出轴1的2挡齿轮→同步器→输出轴1→输出齿轮(主减速器),如图3-63所示。

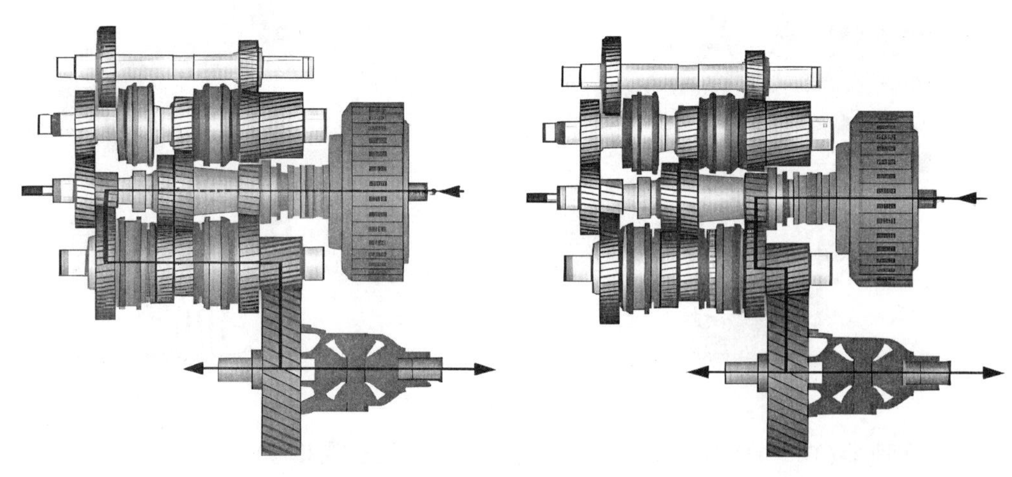

图3-62　一挡动力路线　　图3-63　二挡动力路线

3 挡：离合器 K_1→输入轴 1→3 挡齿轮→输出轴 1 的 3 挡齿轮→同步器→输出轴 1→输出齿轮（主减速器），如图 3-64 所示。

4 挡：离合器 K_2→输入轴 2→4/6 挡齿轮→输出轴 1 的 4 挡齿轮→同步器→输出轴 1→输出齿轮（主减速器），如图 3-65 所示。

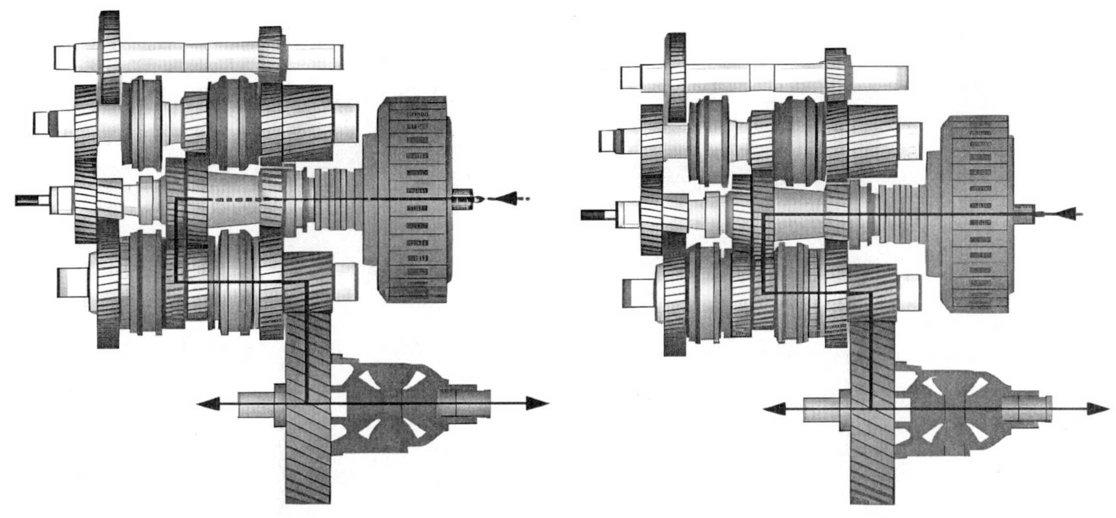

图 3-64 三挡动力路线

图 3-65 四挡动力路线

5 挡：离合器 K_1→输入轴 1→5 挡齿轮→输出轴 2 的 5 挡齿轮→同步器→输出轴 2→输出齿轮（主减速器），如图 3-66 所示。

6 挡：离合器 K_2→输入轴 2→4/6 挡齿轮→输出轴 2 的 6 挡齿轮→同步器→输出轴 2→输出齿轮（主减速器），如图 3-67 所示。

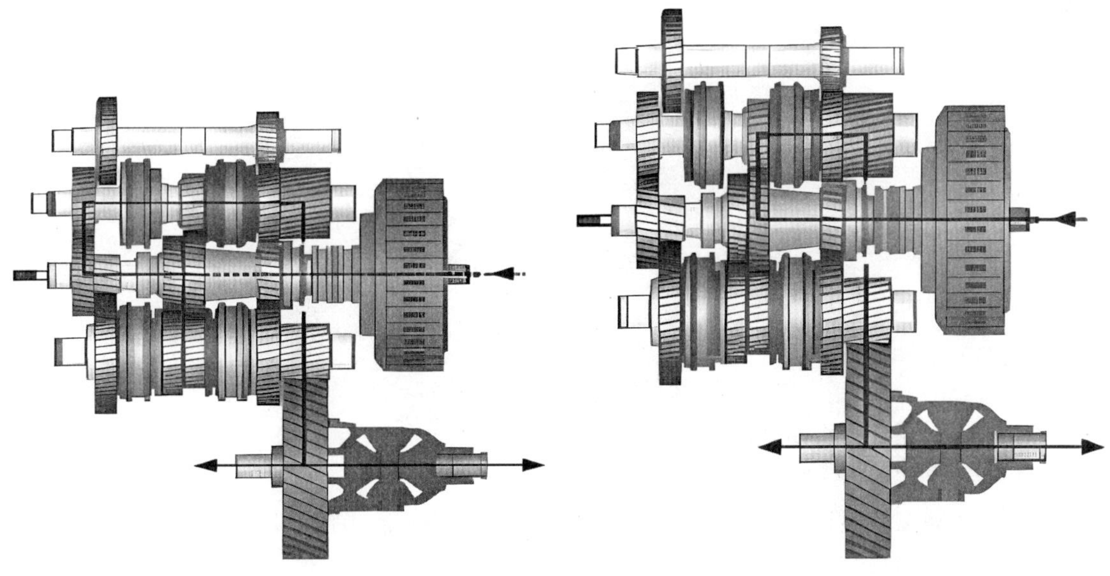

图 3-66 五挡动力路线

图 3-67 六挡动力路线

倒挡：离合器 K_1→输入轴 1→1/倒挡齿轮→倒挡轴的倒挡大齿轮→倒挡轴→倒挡小齿

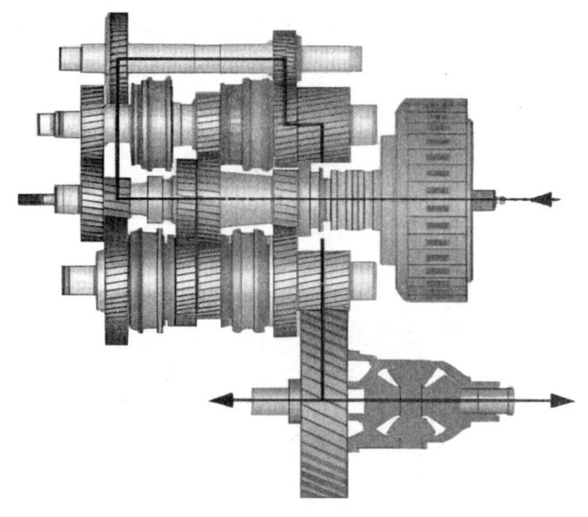
图3-68 倒挡动力路线

轮→输出轴2的倒挡齿轮→同步器→输出轴2→输出齿轮(主减速器),如图3-68所示。

DCT变速器主要的特点是改善了燃油消耗。由于换挡过程中没有动力中断,燃油效率显著提高。有数据表明6挡DCT与传统5挡自动变速器相比,燃油效率可增加10%。与无级变速的CVT变速器相比,DCT可以承受更高的转矩要求。

二、CVT无级变速器

无级变速器(CVT)的工作原理与一般自动变速器相似,而其燃油经济性与手动变速器相似。CVT实际工作时能够以不打滑方式进行,并且允许发动机保持在最佳功率范围以内,从而可保证更高的燃油经济性。无级变速器基本结构如图3-69所示。

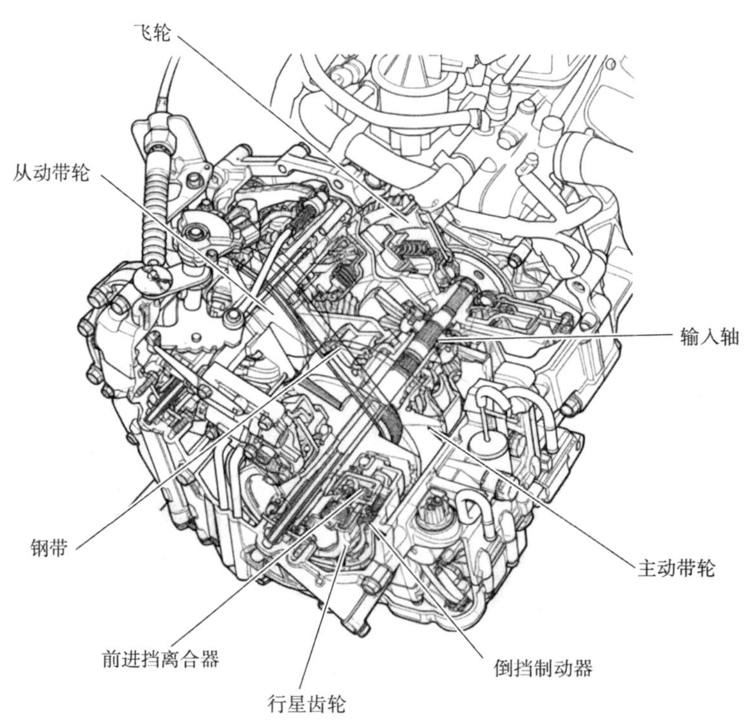

图3-69 无级变速器基本结构

1. 基本组成

无级变速器主要包括:钢带、行星齿轮总成、前进挡离合器、倒挡制动器、起步离合器、飞轮、驻车机构、ATF泵、液压阀装置、电子控制单元。

1)钢带

钢带可允许两个带轮之间进行高转矩传递,如图3-70所示。它由两组钢制环形带组成,每组环形带各有数层,并采用数百个钢制构件或联结件将它们组装在一起。钢带构件因承受主动带轮和从动带轮的运动载荷而被压缩在一起。由于增加了带轮表面的摩擦力,使得打滑减少。

传动带磨损将引起打滑,并导致高发动机转速时加速不良或不加速。

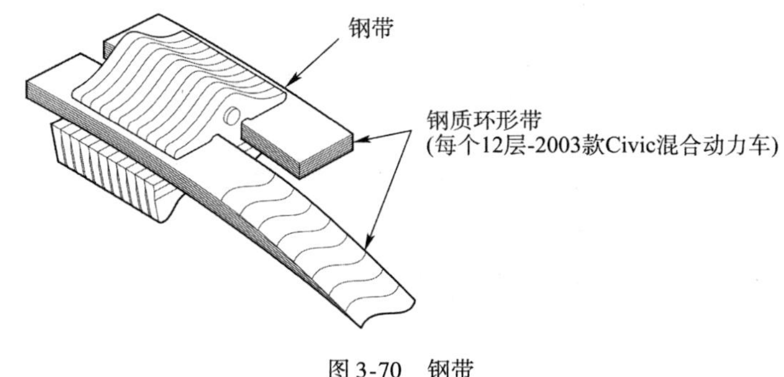

图 3-70 钢带

2)行星齿轮总成

行星齿轮机构由太阳轮、齿圈和行星轮组成,如图 3-71 所示。它用于变换主动带轮轴的旋向,实现倒车操作。

太阳轮通过花键与输入轴联接,并且它构成了前进挡离合器毂。行星轮安装在行星架上,行星架与齿圈接合并构成为倒挡制动器的一部分。

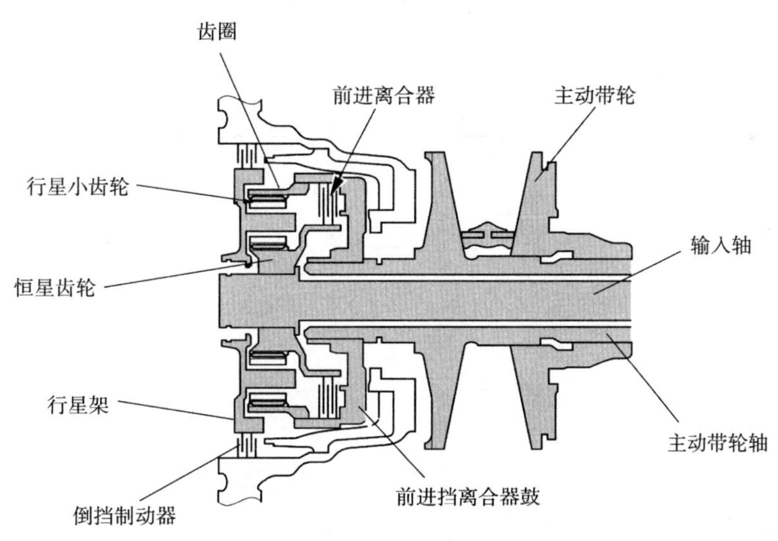

图 3-71 行星齿轮

3)前进挡离合器

前进挡离合器与太阳轮进行接合或分离,如图 3-72 所示。行星轮不自转也不绕太阳轮公转,所以行星架将转动,从而使主动带轮沿前进方向旋转。

4)倒挡制动器

当有液压作用于倒挡制动器活塞上时,行星架将被锁止,无法旋转。输入轴通过花键与太阳轮相联接,其旋转运动将被传递至行星轮,以反向驱动齿圈,如图 3-73 所示。

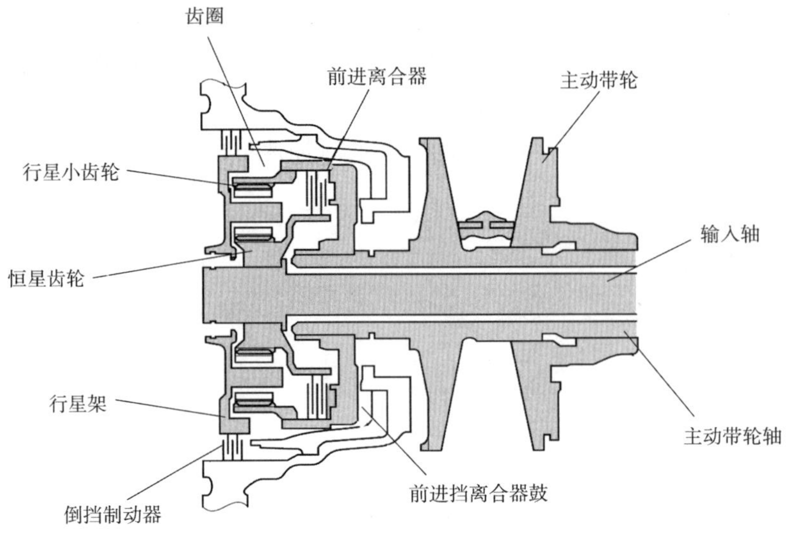

图3-72 前进挡离合器

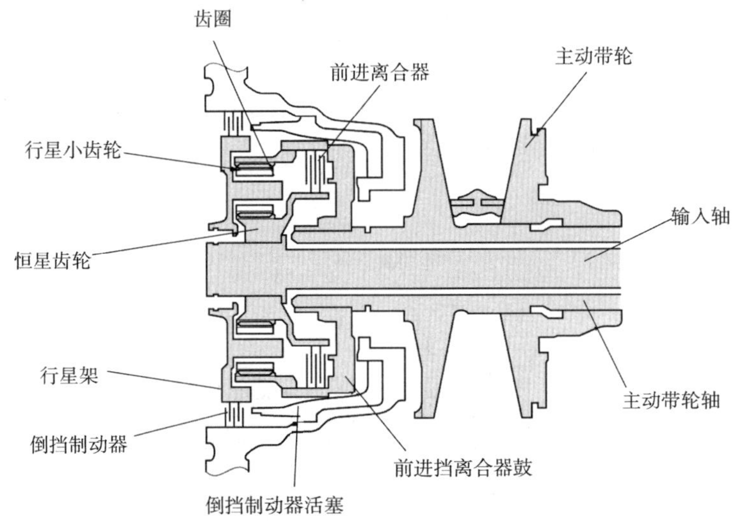

图3-73 倒挡制动器

5)起步离合器

无级变速器的起步离合器由多层摩擦片和制动盘组成,其工作效率要比一般自动变速器的液力变扭器更高。起步离合器安装在从动带轮轴上,它与中间主动齿轮进行接合或分离,如图3-74所示。起步离合器所处的位置允许它在起步离合器未接合的状态下,将带轮及钢带隔离于前车轮。起步离合器毂与驻车齿轮及中间主动齿轮采取一体式设置。起步离合器的基本功能与液力变扭器相同。

起步离合器具有如下功能:

(1)打滑,以允许停车状态下发动机带挡怠速运转。

(2)模拟一般自动变速器上的"蠕动"作用。

(3)允许起步加速时的受控打滑。

(4)正常行车过程中完全锁定,以便最大限度地向车轮传递动力。

(5)"蠕动"作用允许通过制动踏板使车辆以怠速或者非常低的速度行驶,这与自动变速器的车辆相似。

(6)"蠕动"作用是在带挡停车状态下,通过向起步离合器施加一定压力而实现的。

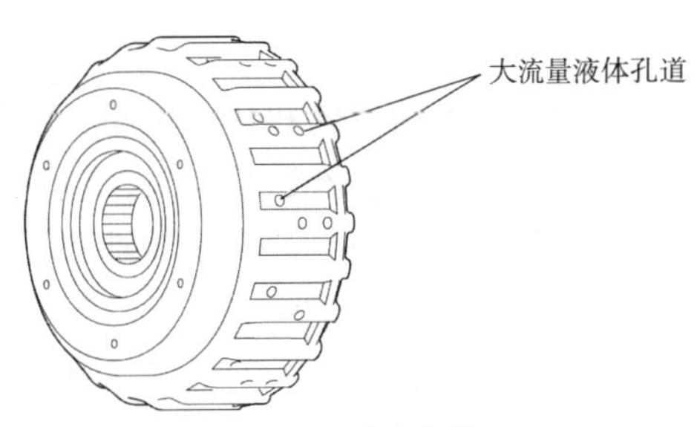

图 3-74 起步离合器

(7)在有任何挡位处于接合状态时,如果起步离合器卡住不分离,将会导致发动机停转。

起步离合器采用大流量压力润滑。离合器鼓上钻制的孔道允许液体快速流出。

6)飞轮

双质量飞轮由主盘和副盘组成,它安装在曲轴上。与普通自动变速器所带的液力变扭器的功能相似,双飞轮盘主要用以吸收并减小发动机振动,如图 3-75 所示。

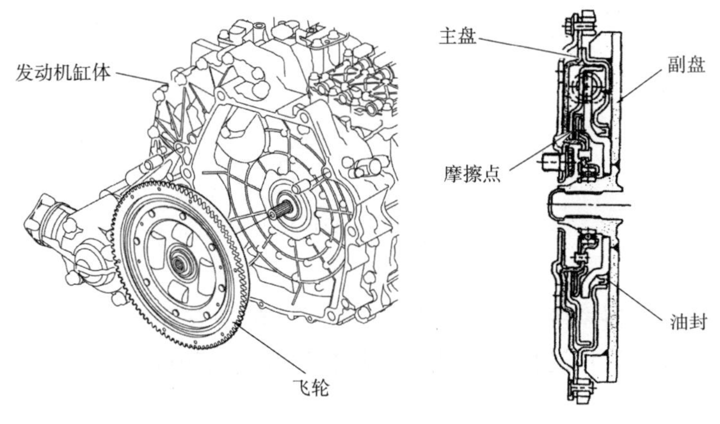

图 3-75 双质量飞轮

7)驻车机构

无级变速器上装备了驻车机构,该机构主要由驻车齿轮、驻车止动爪及起步离合器总成中的驻车制动锥组成,如图 3-76 所示。当换入"P"挡位时,驻车制动锥所具有的形状使其形成驻车止动爪的支点,然后止动爪将与驻车齿轮接合。

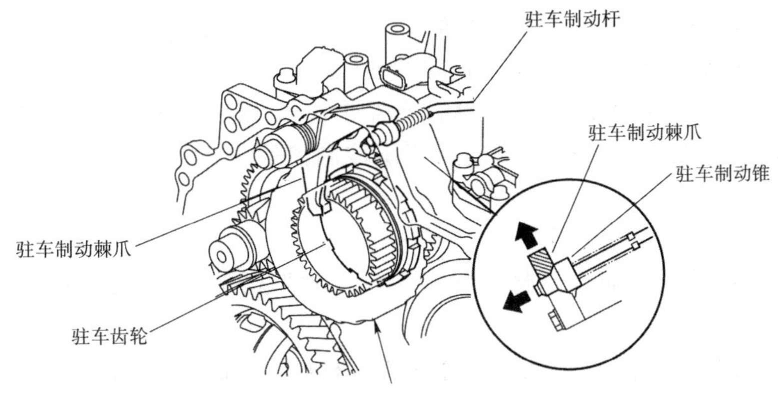

图 3-76 驻车机构

8)ATF 泵

为控制主动带轮和从动带轮,无级变速器需要比一般自动变速器更高的自动变速器油压。由于自动变速器油泵安装在输入轴上,任何情况下,它均随发动机一起运转,以确保整个变速器上所需的自动变速器油压得到满足。当自动变速器油泵发生磨损、卡住或泵内进入异物时,无级变速器将不工作。

无级变速器采用两种油泵:链条型和次摆线型,如图 3-77 所示。这两种油泵均由输入轴进行驱动。

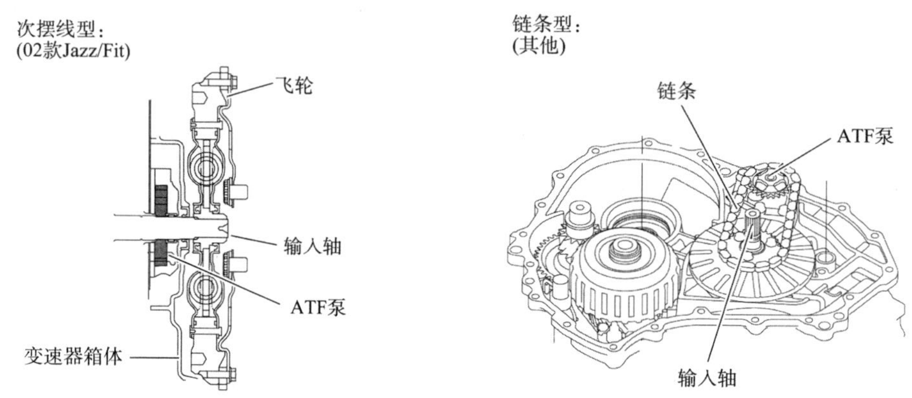

图 3-77　ATF 泵

9)液压阀装置

为便于对无级变速器系统进行液压控制,该系统配备有各种阀门,采用手动、液压或电子方式对自动变速器油流量进行控制,以实现阀门开启、关闭或改变液压压力。

10)电子控制单元

配备无级变速器的车辆均采用控制模块,对来自传感器、开关及控制模块的信号输入进行监视,以便对无级变速器的功能进行控制。

2. CVT 的基本工作原理

采用电子元件管理 CVT 工作要求。变速器控制模块(TCM)或动力系统控制模块(PCM)从传感器接收数据,然后操动电磁阀,以执行所要求的操作。当电磁阀被激活后,液压阀门将会因自动变速器油的油压作用而变换阀门工作位置,从而实现离合器的接合或分离,或者向主动或从动带轮施加自动变速器油油压。

CVT 不采用液力变扭器,但使用起步离合器作替代,以满足该项功能要求。在这种情况下,将要求变速器控制模块(TCM)或动力系统控制模块(PCM)对起步离合器的油压进行控制。

1)主动带轮和从动带轮

主动带轮和从动带轮通过钢带连接在一起,如图 3-78 所示。此外,带轮还具有如下功能:

(1)提供可变的带轮直径,从而允许钢带按各种传动比进行动力传递。

(2)对钢带保持足够的侧向压力,以防止钢带打滑,因为打滑将会损坏钢带及带轮。

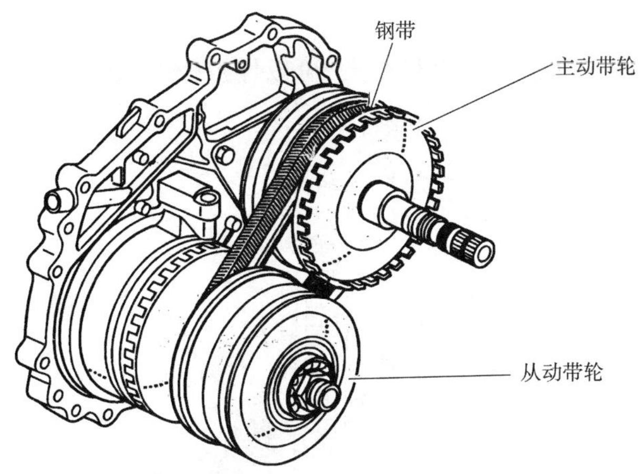

图 3-78 主动带轮和从动带轮

主动带轮安装在输入轴上，并且当换挡杆处于 D 位置时，它锁止在输入轴上。

(1) 在 R 位置时，主动带轮按相反的方向旋转。

(2) 主动带轮通过钢带来驱动从动带轮，而从动带轮则驱动起步离合器。

(3) 从动带轮直接安装在从动带轮轴上。

(4) 每只带轮均包含一个固定部分和一个活动部分。

(5) 钢带安装在每只带轮的两个组成部分之间。

(6) 每只带轮上均装有弹簧，用于向带轮的活动部分施加压力，使其紧靠带轮的固定部分。

(7) 液压系统向每只带轮施加变化的液压。

(8) 通过施加弹簧力和液压改变带轮传动比，以有效地改变每只带轮的直径。

(9) 带轮传动比随发动机转速变化而改变，由此可改变车辆传动比。

为获得各种不同的传动比，带轮有效直径将随受到的液压压力以及钢带作用于活动带轮面上的力而变化。

2) 高带轮传动比

主动带轮直径增大和从动带轮直径减小，可以导致较高的传动比，如图 3-79 所示。

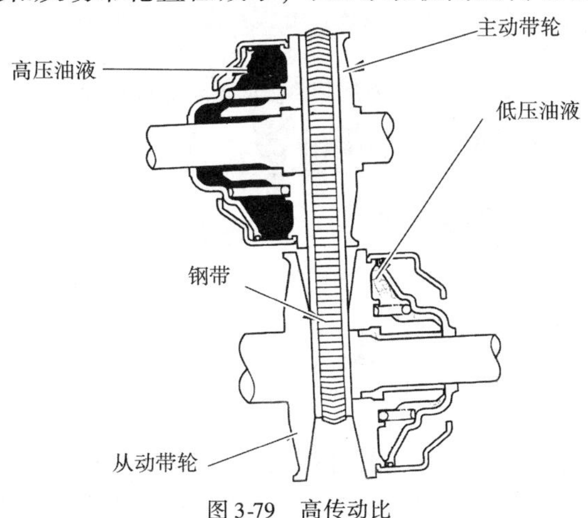

图 3-79 高传动比

3)低带轮传动比

主动带轮直径降小和从动带轮直径增大,可以导致较低的传动比,如图3-80所示。

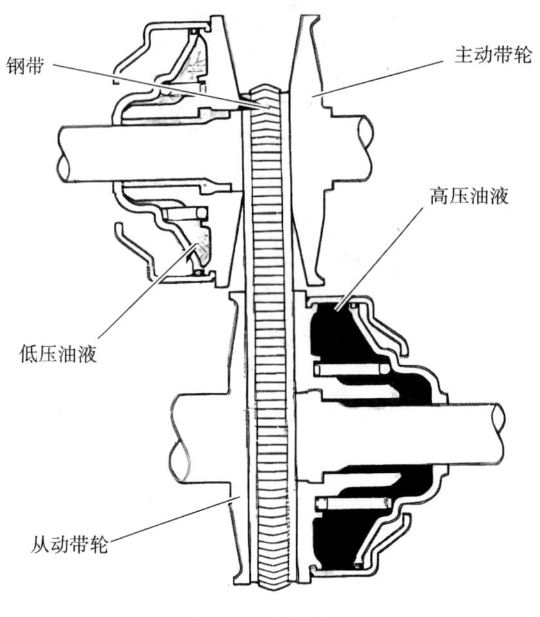

图3-80 低传动比

4)行星齿轮总成

行星齿轮系中的恒星齿轮通过花键与输入轴联接,并且,它构成了前进挡离合器的内毂,如图3-81所示。单齿轮式行星齿轮架与恒星齿轮啮合,并形成倒挡制动器的内毂。齿圈通过凸舌与前进挡离合器鼓啮合。倒挡制动器的外毂由变速器箱体构成。

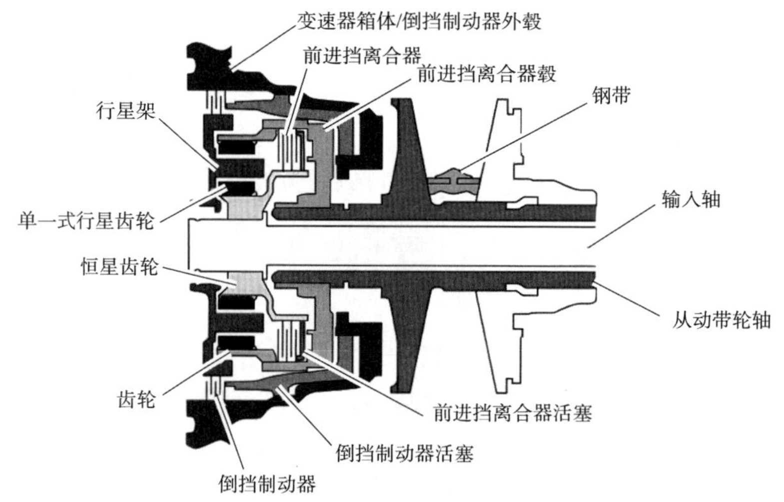

图3-81 行星齿轮机构

5)前进

当液压施加在前进挡离合器上时,前进挡离合器在恒星齿轮与齿圈之间形成啮合。此时,行星小齿轮不转动或回转,而齿圈与恒星齿轮以相同方向转动。恒星齿轮通过花键与输入轴连接在一起，它的旋转运动将通过前进挡离合器传递到主动带轮轴，如图 3-82 所示。

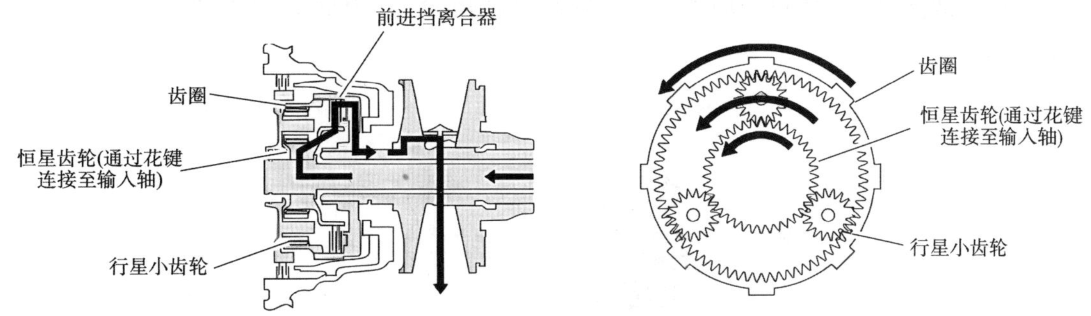

图 3-82　前进动力路线

6）倒挡

当前进挡离合器分离后，倒挡制动器压力施加，行星架锁定在变速器箱体上，无法旋转。恒星齿轮的旋转运动被传递至行星齿轮，从而驱动齿圈沿与恒星齿轮相反的旋向旋转。输入轴通过花键与恒星齿轮联接，其旋转运动通过前进挡离合器鼓传递至主动带轮轴，使其沿相反方向旋转，如图 3-83 所示。

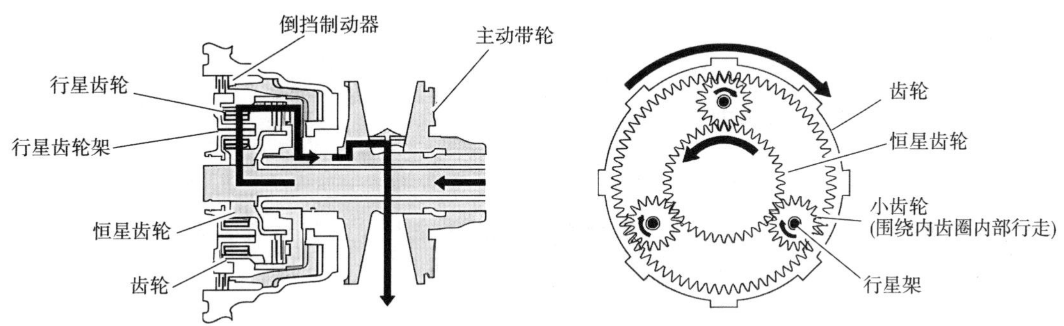

图 3-83　倒挡动力路线

7）动力流程

（1）“P”挡位。

“P”挡位下，没有液压作用于起步离合器或前进挡离合器以及倒挡制动器上，动力无法传递到中间主动齿轮。中间主动齿轮因驻车止动爪与驻车齿轮间的联锁而被锁定。

（2）“N”挡位。

从飞轮传来的发动机动力驱动输入轴，但无液压作用于前进挡离合器和倒挡制动器上。没有动力传递给主动带轮轴。并且也没有液压作用于起步离合器上，如图 3-84 所示。

（3）“D”挡位、“S”挡位和“L”挡位（前进挡范围）。

①前进挡离合器接合。

②倒挡制动器解除。

③起步离合器接合。

④液压作用于前进挡离合器和起步离合器上，恒星齿轮驱动前进挡离合器。

⑤前进挡离合器驱动主动带轮轴，然后通过联接钢带，传递至从动带轮轴。

⑥从动带轮轴通过起步离合器驱动中间主动齿轮。

⑦动力被传递至中间从动齿轮和主减速主动齿轮,并由此驱动主减速从动齿轮,如图 3-85 所示。

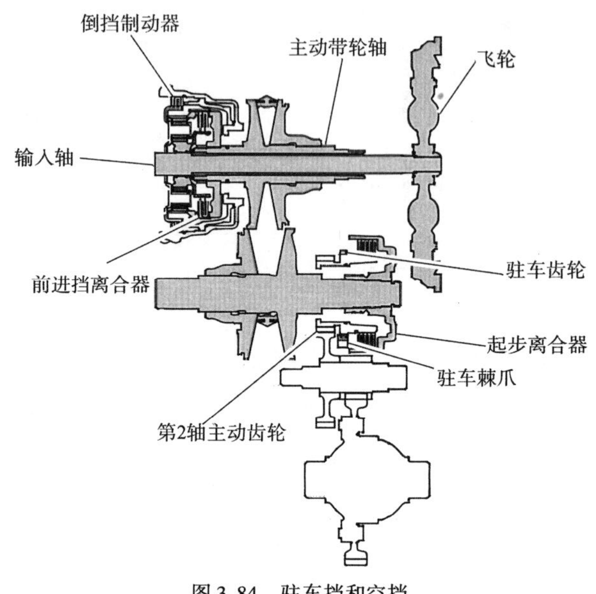

图 3-84　驻车挡和空挡

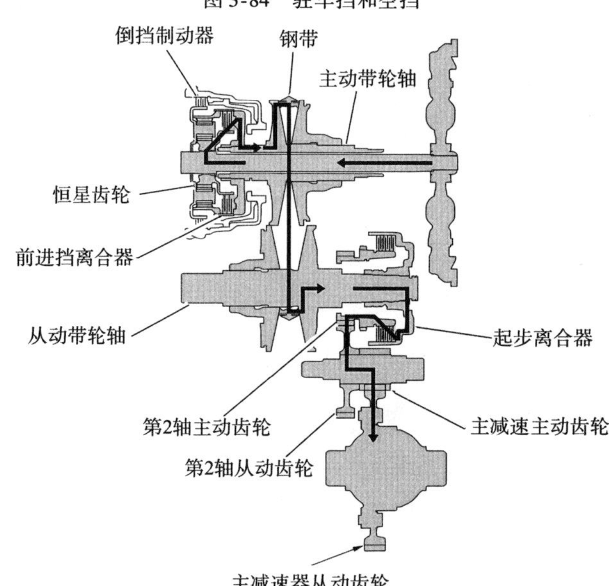

图 3-85　前进挡动力路线

(4)“R”挡位(倒挡范围)。

①前进挡离合器分离。

②倒挡制动器接合。

③起步离合器接合。

④倒挡制动器和起步离合器有液压作用,行星架由倒挡制动器锁定。

⑤恒星齿轮驱动行星齿轮自转,行星齿轮驱动齿圈沿与恒星齿轮相反的旋向旋转。

⑥齿圈通过前进挡离合器鼓驱动主动带轮轴,主动带轮轴通过联接钢带驱动从动带轮轴。

⑦从动带轮轴通过起步离合器驱动中间主动齿轮。

⑧动力被传递至中间从动齿轮和主减速主动齿轮,并由此驱动主减速从动齿轮,如图 3-86 所示。

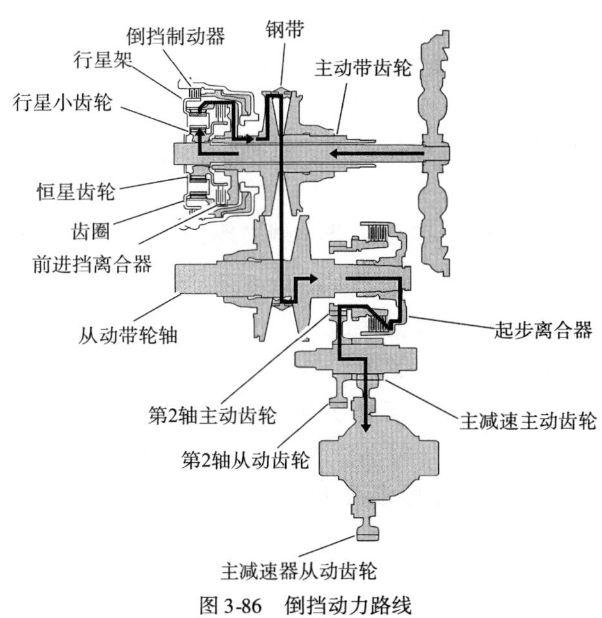

图 3-86 倒挡动力路线

操作指引

1. 组织方式

(1)场地设施:工作台 4 张。

(2)设备设施:双离合变速器、CVT 变速器总成各 2 套。

(3)工量具:常用工具(一套)、诊断设备 1 套。

(4)耗材:变速器液、清洁布等。

2. 操作要求

(1)穿戴干净整洁的工作服。

(2)遵守场地安全规定,注意操作安全。

(3)正确使用工量具。

(4)油液的环保处理。

任务实施

任务:起步离合器校正

何时需要进行校正?

如果因蓄电池更换、后备熔断丝拆卸或维护时的断电而导致动力系统控制模块(PCM)

或变速器控制模块(TCM)的内存被擦除,则必须进行起步离合器校正。此外,如果对起步离合器进行了维护(如拆卸、更换),也必须进行校正,以便使无级变速器与控制系统相匹配。

起步离合器校正的主要原因:

(1)变速器总成的拆卸、更换或大修。

(2)起步离合器总成的更换。

(3)下部阀体总成的拆卸或更换。

(4)发动机总成的拆卸、更换或大修。

(5)电瓶的更换。

(6)动力系统控制模块(PCM)或变速器控制模块(TCM)经过复位(PCM 和 TCM 可分别复位)。

(7)动力系统控制模块(PCM)或变速器控制模块(TCM)经过拆卸、更换或复位。

操作步骤:

(1)使用诊断设备与系统诊断接口连接。

(2)进入该程序允许动力系统控制模块(PCM)或变速器控制模块(TCM)储存一个基准的歧管绝对压力(MAP)传感器信号,该信号用于指示向起步离合器施加了正确的压力值,即该压力足以满足正确的蠕动量要求,而不会因压力过高而导致发动机停转。

(3)按步骤完成操作,有可能需要多次重复操作。

任务小结

(1)双离合变速器一种介于手动变速器和自动变速器之间且综合两者优点的变速器,也被叫作半自动变速器、无离合器的手动变速器或自动化的手动变速器。

(2)双离合变速器的基本组成。双离合器变速器(DCT)主要由双离合器、机械变速器、自动换挡机构、电子控制液压控制系统组成。

(3)DCT 主要的特点是改善了燃油消耗。由于换挡过程中没有动力中断,燃油效率显著提高。有数据表明,6 挡 DCT 与传统 5 挡自动变速器相比,其燃油效率可增加 10%。与无级变速的 CVT 变速器相比,DCT 可以承受更高的转矩要求。

(4)无级变速器(CVT)的工作原理与一般自动变速器相似,而其燃油经济性与手动变速器相似。CVT 实际工作时能够以不打滑方式进行,并且允许发动机保持在最佳功率范围以内,从而可保证更高的燃油经济性。

(5)无级变速器(CVT)基本组成。CVT 主要包括:钢带、行星齿轮总成、前进挡离合器、倒挡制动器、起步离合器、飞轮、驻车机构、ATF 泵、液压阀装置、电子控制单元。

习题

一、选择题

1. 在锁止离合器工作时,动力是由液力变矩器壳体传给(　　)到变速器输入轴。

A. 泵论、涡轮　　　　B. 泵轮、导轮、涡轮

C. 锁止离合器、涡轮　　　　D. 锁止离合器、导轮、涡轮

2. 液力变矩器的主要元件中，其主要功用是改变液体的流动方向，使从涡轮中流出的液体，能利用其剩余能量再协助泵轮增加力矩的元件为(　　)。

A. 泵轮　　B. 涡轮　　C. 导流环　　D. 导轮

3. 以下哪个符号表示自动变速器的空挡(　　)。

A. L　　B. D　　C. N　　D. R

4. 液力变扭器部件中，驱动变速器输入轴的是(　　)。

A. 导轮　　B. 泵轮　　C. 涡轮　　D. 变扭器壳体

5. 在行星齿系机构中，只有当(　　)时，才能获得倒挡。

A. 行星架制动，齿圈主动　　B. 行星架主动，太阳齿制动

C. 齿圈制动，太阳齿主动　　D. 太阳齿主动，行星架制动

6. 自动变速器换挡基本信号是(　　)。

A. 节气门开度和发动机温度　　B. 发动机温度和车速

C. 节气门开度和挡位　　D. 节气门开度和车速

7. 自动变速器的制动器用于(　　)。

A. 行车制动　　B. 驻车制动

C. 发动机制动　　D. 其运动零件与壳体相连

8. 液力机械变速器液压控制系统的(　　)是自动变速器控制油液流向的主要装置。

A. 油泵　　B. 阀体　　C. 蓄能器　　D. 变矩器

9. 电控自动变速器的电脑控制(　　)。

A. 换挡阀　　B. 电磁阀　　C. 手动阀　　D. 节气门阀

10. 电控自动变速器电脑主要依据节气门位置传感器信号和(　　)传感器信号决定升降挡。

A. 转速　　B. 车速　　C. 水温　　D. 空气流量

二、判断题

1. 变速器在P挡时，必须在打开点火开关、踩下制动踏板并按下锁止按钮的情况下，才能将变速杆从该位置移出。(　　)

2. 液力变矩器的主动件是涡轮。(　　)

3. 行星架被固定的挡位是倒挡。(　　)

4. 阀体拆装时，密封垫、O型圈和油封等一次性零件可重复使用，每次检修时可不更换。(　　)

5. 一个换挡电磁阀用来控制变速器所有挡位。(　　)

三、简答与综合题

1. 自动变速器由哪几部分组成？并叙述各组成部分的功用。

2. 请写出三种换挡执行元件的名称及作用。

3. ECT检测注意事项。

项目四　万向传动装置故障诊断与修复

项目概述

万向传动装置在汽车上有很多应用，结构也稍有不同，但其功用都是一样的，即在轴线相交且相互位置经常发生变化的两转轴之间传递动力。在汽车中最常见的应用是位于变速器与驱动桥之间的万向传动装置。

由于汽车布置、设计等原因，变速器输出轴和驱动桥输入轴不可能在同一轴线上，并且变速器虽然是安装在车架(车身)上，可以认为位置是不动的，但驱动桥会由于悬架的变形而引起其位置经常发生变化，万向传动装置的作用是保证轴线相交且相对位置经常变换的转轴之间的动力传递。万向传动装置主要包括万向节和传动轴，对于传动距离较远的分段式传动轴，为了提高传动轴的刚度，通常设置有中间支承。所以，在变速器和驱动桥之间装有万向传动装置，正好可以满足这些使用、设计的要求。

主要学习任务

1. 传动轴总成的检修
2. 球笼式驱动轴检修

任务1　传动轴总成的检修

任务描述

李先生驾驶一辆皇冠轿车，最近行车过程中感觉车辆很大噪声和振动，且车速越高现象就更为明显。

经过技师判断是由车辆万向传动装置故障引起的，现在需要你对该车的万向传动装置进行检查修复。

知识目标

(1)能描述万向传动装置万向节的结构功能。

(2)能描述不同万向节的类型和特点。

(3)能解释不同万向节的工作原理。

技能目标

(1)能够按照相关规范，制定检修计划。

(2)能够在规定时间内，按照计划，完成传动轴的检查和检修。

(3)在工作期间能够遵循企业5S管理要求和安全生产规范。

素质目标

(1)树立良好的服务意识。

(2)树立维护客户利益的观念，依法维护客户的切身利益。

建议学时:6学时。

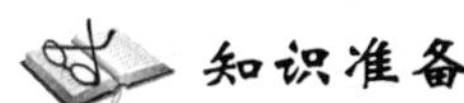

知识准备

一、万向节分类

万向节安装在转轴之间，改变动力传递角度。按其在扭转方向上是否有明显的弹性，可分为刚性万向节和挠性万向节。刚性万向节按其运动特性可分为不等速万向节、准等速万向节和等速万向节。不等速万向节主要用于发动机前置后轮驱动汽车的变速器与驱动桥之间，等速和准等速万向节主要用于发动机前置前轮驱动汽车的内、外半轴之间，如图4-1所示。

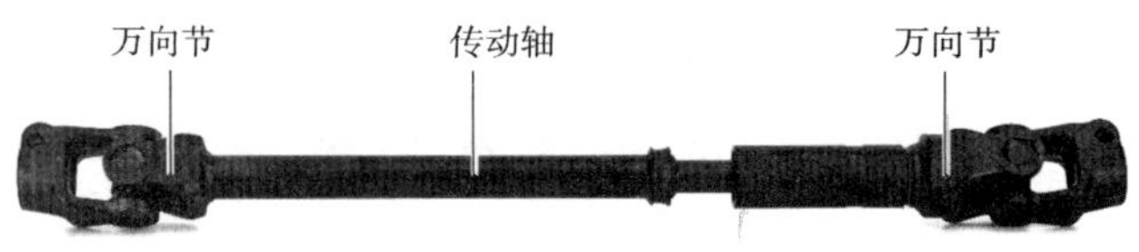

图 4-1 万向传动装置结构

二、万向节的结构组成及特性

1. 不等速万向节

最常见的不等速万向节是十字轴式万向节,它允许相邻两轴的最大夹角为 15°~20°。十字轴式万向节具有结构简单、传动效率高等优点,广泛应用于各类汽车的传动系统中,如图 4-2 所示。

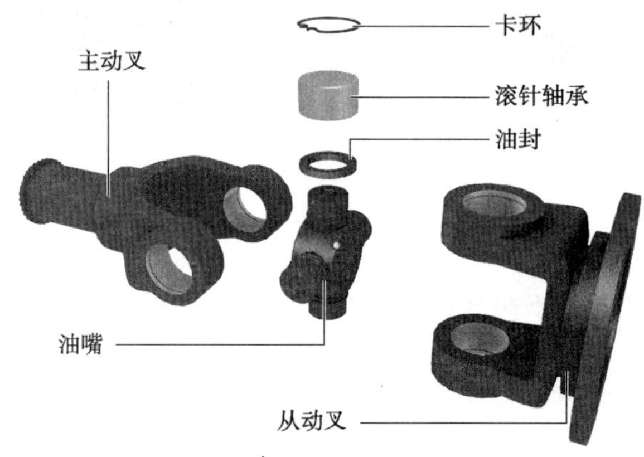

图 4-2 十字轴式万向节结构

十字轴式万向节主要由一个十字轴、两个万向节叉组成。十字轴的 4 个轴颈分别采用滚针轴承支承在万向节叉孔中,其轴向定位由螺栓和轴承盖完成,并用锁片锁止螺钉。为了润滑轴承,十字轴内钻有油道,并安装有与之配合的油嘴和安全阀。为避免润滑脂流出及灰尘进入轴承,十字轴轴颈的内端由油封密封。安全阀的作用是保护油封不受损坏,当十字轴内腔润滑脂压力超过允许值时,安全阀打开,润滑脂外溢,避免油封因压力过高而损坏。现代汽车大多采用橡胶油封,取消了安全阀,多余的润滑脂从油封内圆表面与十字轴轴颈接触处溢出。

当单个十字轴式万向节在主动轴和从动轴之间有夹角的情况下,万向节的主动叉等角速转动时,从动叉是不等角速旋转的,这称为十字轴式万向节的不等速特性,且两转轴之间的夹角越大,不等速性就越大。十字轴式万向节的不等速特性会造成从动轴及其相连的传动部件产生扭转振动,从而产生附加的交变载荷,影响部件寿命。因此汽车传动系统通常采用双十字轴式万向节,第一万向节的不等速特性可以被第二万向节的不等速特性所抵消,从而实现两轴间的等角速度传动。要实现等角速度传动,必须要满足两个条件:第一万向节两轴间夹角 α_1 与第二万向节两轴间夹角 α_2 必须相等;第一万向节的从动叉与第二万向节的主动叉处于同一平面上。

由于悬架的振动,不可能在任何时候都保证 α_1 与 α_2 相等,因此这种双十字轴刚性万向节的传动只能近似地解决等速传动问题,且由于两轴夹角最大只能是 20°,因此使用上受到一定限制。在转向驱动桥和断开式驱动桥中，由于分段半轴在布置上受轴向尺寸限制，而且转向轮要求偏转角度较大，一般在 30°～40°，并要等速或接近等速传动，此时使用刚性十字轴双万向节进行传动已难以适应，所以在转向驱动桥及断开式驱动桥中广泛采用各种类型的准等速万向节和等速万向节。

2. 准等速万向节

准等速万向节实际上是在双十字轴式万向节的基础上改进而成的，只能近似地实现等速传动，所以称为准等速万向节。常见的准等速万向节有双联式和三销轴式两种类型。

1）双联式万向节

双联式万向节是由两个十字轴万向节组合而成，如图 4-3 所示。双联叉相当于传动轴及两端处于同一平面上的两个万向节叉。若要实现两个传动轴的角速度相等，应保证两轴间的夹角相等，即 $\alpha_1=\alpha_2$。双联式万向节的主要优点是允许两轴间的夹角较大（一般可达 50°），轴承密封性好，效率高，工作可靠，制造方便；缺点是结构较复杂，外形尺寸较大。

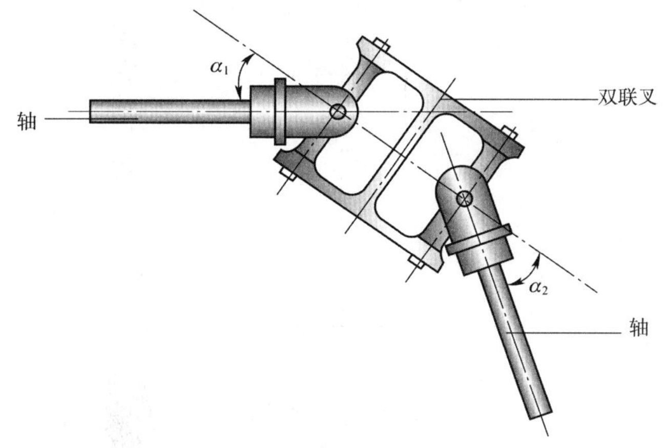

图 4-3 双联式万向节工作原理

2）三销轴式万向节

三销轴式万向节是由双联式万向节演变而来。它主要由两个偏心轴叉、两个三销轴和六个滚针轴承组成，如图 4-4 所示。三销轴式万向节允许所连接的两轴最大夹角为 45°，易于密封。但其外形尺寸较大，零件形状较复杂，毛坯需要精确模锻。由于在工作中三销轴间有相对轴向滑动，万向节的两轴受有附加弯矩和轴向力，所以主动轴一侧需装轴向推力轴承。这种结构目前仅用于个别中型或重型越野车的转向驱动桥。

3. 等速万向节

等速万向节的基本原理是从结构上保证万向节在工作过程中的传力点始终位于主、从动轴交角的平分面上。如图 4-5 所示，用一对大小相同的锥齿轮传动来说明等速万向节的基本工作原理。两齿轮轮齿的接触点 P 位于两齿轮轴线夹角 α 的平分面上，由 P 点到两轴线的垂直距离都等于 r。在 P 点处两齿轮的圆周速度是相等的，因而两个齿轮旋转的角速度也相等。与此相似，若万向节的传力点在主、从动轴夹角变化时始终位于两轴的角平分面上,则可使两万向节叉保持等角速的关系。等速万向节的常见结构形式有球笼式和球叉式。

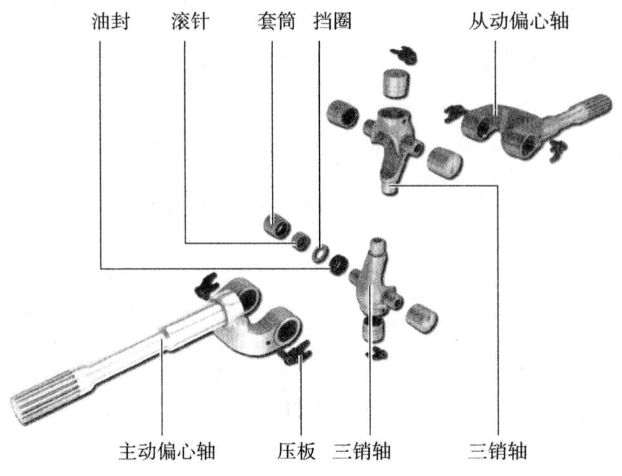

图4-4　三销轴式准等速万向节

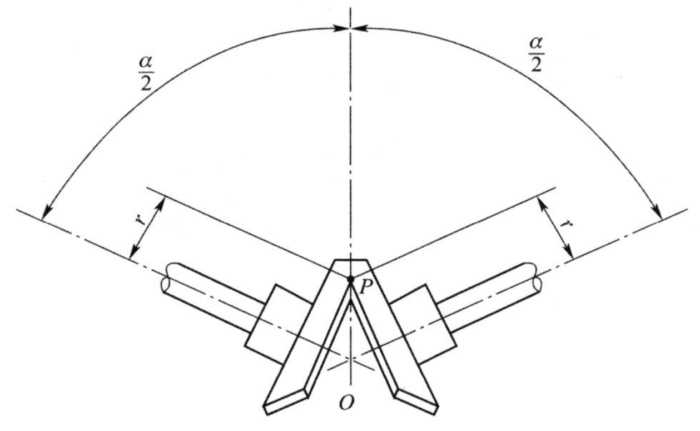

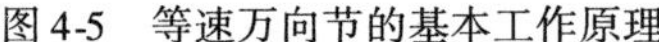
图4-5　等速万向节的基本工作原理

等速万向节类型

1)球笼式等速万向节

球笼式万向节由6个钢球、内球座、球笼外壳和保持架(球笼)等组成。万向节内球座与主动轴用花键固接在一起,内球座外表面有6条弧形凹槽滚道,球笼外壳的内表面有相应的6条凹槽,6个钢球分别装在各条凹槽中,由保持架使其保持在同一平面内,如图4-6所示。球笼式万向节工作时,动力由主动轴、钢球、球形壳输出,6个钢球都参与传力,故承载能力强、磨损小、寿命长,因此被广泛应用于各种型号的转向驱动桥和独立悬架的驱动桥。

2)球叉式等速万向节

球叉式万向节结构如图4-7所示,它由主动叉、从动叉、4个传动钢球、定心钢球、定位销、锁止销组成。主动叉与从动叉分别与内、外半轴制成一体。在主、从动叉上,分别有4个曲面凹槽,装配后,则形成两个相交的环形槽,作为钢球滚道。4个传动钢球放在槽中,定心钢球放在两叉中心的凹槽内。球叉式万向节工作时,只有两个钢球传力,磨损较快,使用寿命短,现在应用越来越少。

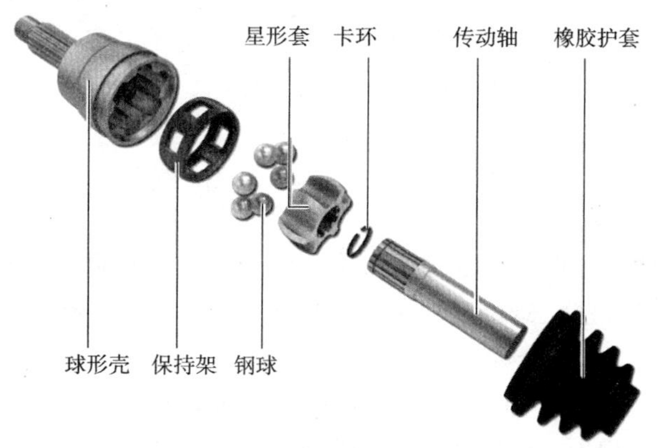

图 4-6　球笼式等速万向节结构

球笼式等速万向节结构

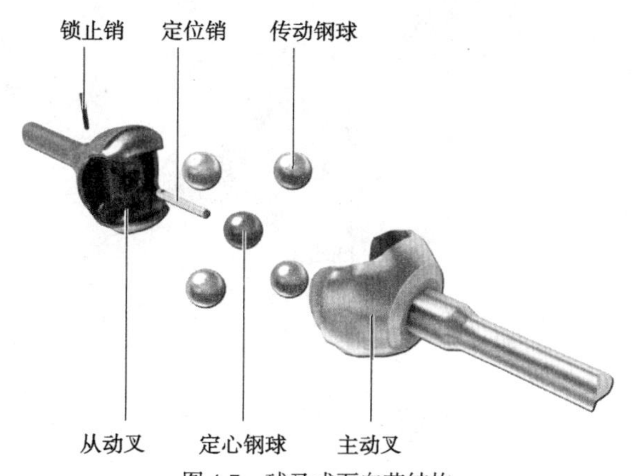

图 4-7　球叉式万向节结构

球叉式万向节结构

操作指引

1. 组织方式

(1)场地设施:带举升机工位一个,配有气动和照明、尾气抽排装置。

(2)设备设施:前置后驱车辆一辆。

(3)工量具:常用工具 1 套、专用维修工具(SST)。

(4)耗材:车内三件套、翼子板布、前格栅布。

(5)学习方式:学生自主学习与小组合作学习相结合,以小组为单位进行查阅维修资料制定工作计划并开展任务实施。

2. 操作要求

(1)安全防护:工作服、工作帽、工作鞋。

(2)按照设备使用规范操作设备。

(3)正确使用 SST。

(4)严格按照维修手册实施操作。

任务实施

1. 拆卸传动轴总成(图4-8)

(1)拆卸前排气管总成。

(2)拆卸前隔热板1号隔热垫。

(3)等待拆卸右侧导流板。

(4)做标记拆卸带中间轴承的传动轴总成。使用SST拧松调整螺母直至用手可以转动。

注意:用铜棒和锤子敲击凸缘分离差速器和轴承总成,敲击时注意力度,某些车没有安装中间支撑轴承垫圈。

(5)安装SST防止漏油,注意不要损坏变速器延伸壳油封。

(6)从车辆后部向外拉出带中间轴承的传动轴总成以将其拆下。

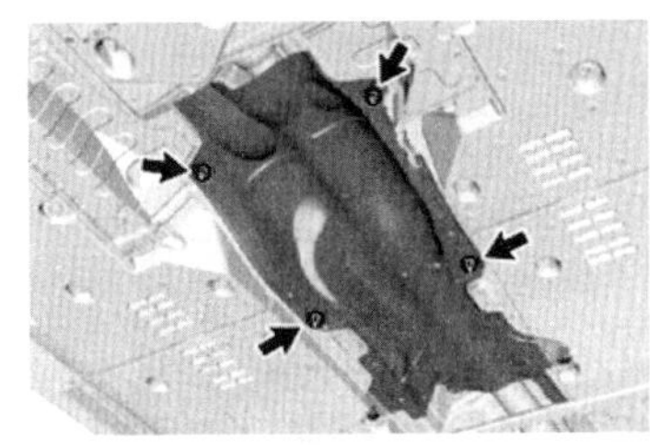

a)转动

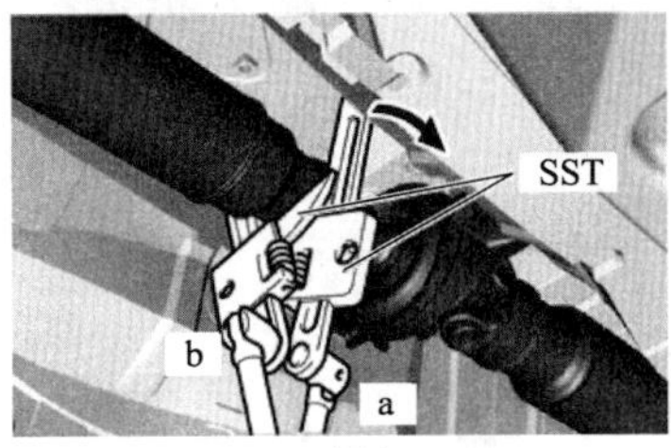

b)固定

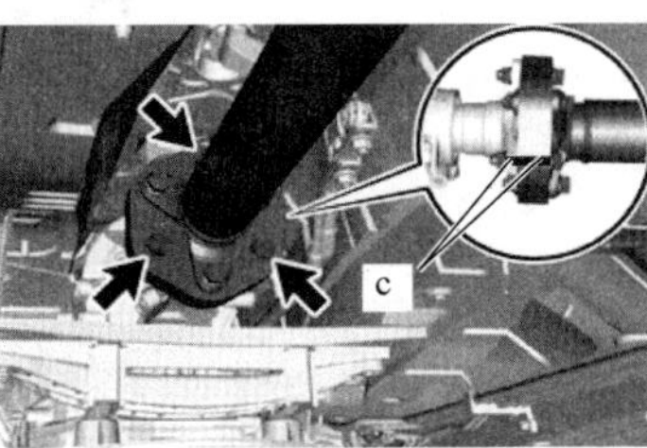

c)装配标记

图4-8 拆卸传动轴

2. 拆卸传动轴总成(图4-9)

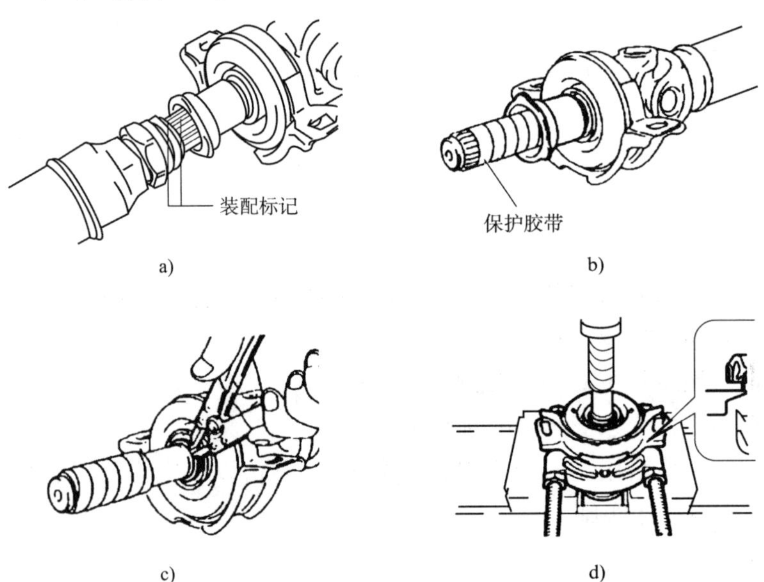

a) b) c) d)

图4-9 分解传动轴

1)拆卸中间传动轴总成

(1)在中间传动轴总成和传动轴总成上做装配标记。

(2)断开中间传动轴总成和传动轴总成。

注意:小心不要损坏花键。

(3)从中间传动轴总成上拆下调节螺母。

(4)如果重复使用滑动轴防尘套,则在花键周围缠绕保护胶带,使其不会损坏。

(5)从传动轴上拆下滑动轴防尘套。

2)拆卸1号中间支撑轴承总成

(1)使用卡环扩张器,拆下传动轴2号防尘罩卡环。

(2)使用SST和压力机,拆下1号中间支撑轴承总成和传动轴2号防尘罩。

3. 检查传动轴总成(图4-10)

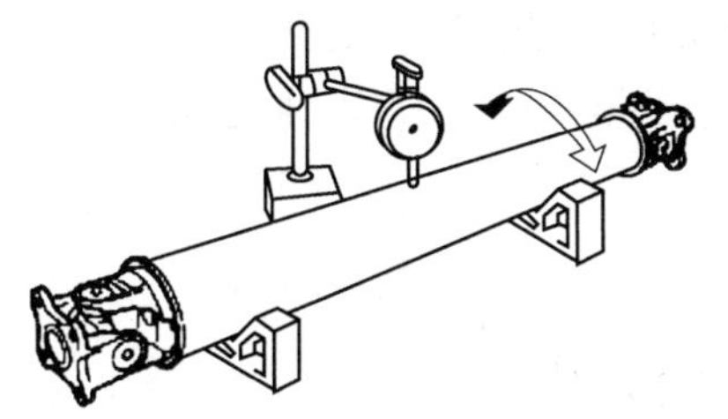

a)检查传动轴

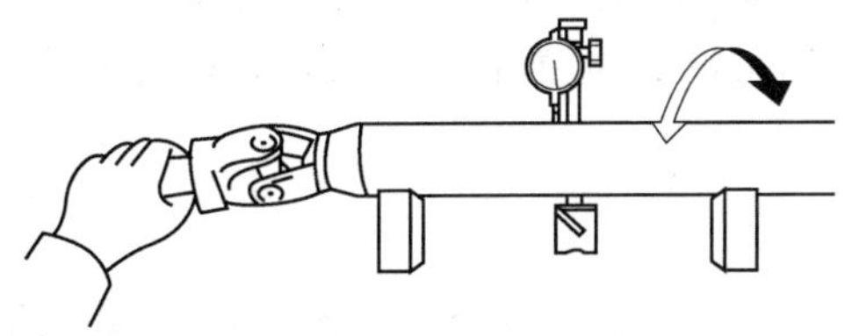

b)检查中间轴总成

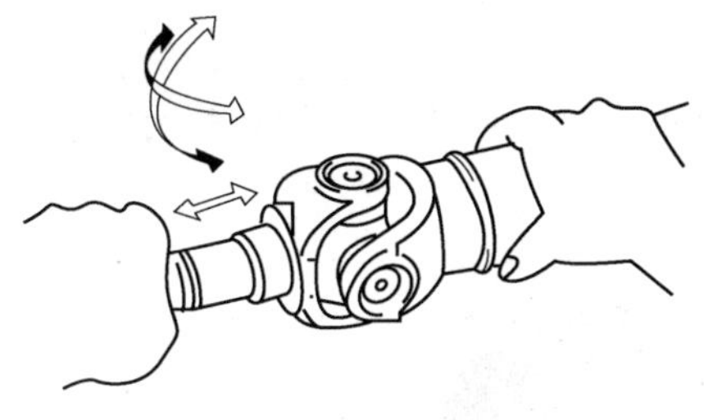

c)检查十字轴总成

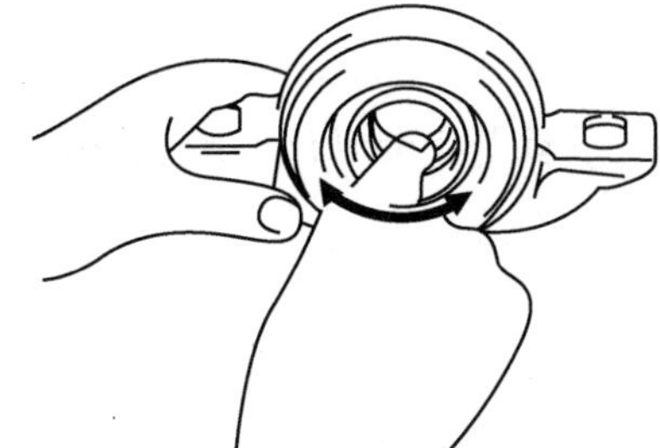

d)检查1号中间支撑轴承总成

检查传动轴总成

图4-10 检查传动轴

1)检查传动轴

使用百分表和V形块检查传动轴总成的径向跳动量,最大跳动量为0.8mm。百分表必须放置在传动轴中间位置以使其垂直于传动轴总成,如果传动轴径向跳动量超出最大值,则更换传动轴。

2)检查中间轴总成

使用百分表和V形块检查中间轴总成的径向跳动量,最大跳动量为0.8mm。百分表必须放置在传动轴中间位置以使其垂直于传动轴总成,如果中间轴径向跳动量超出最大值,则更换中间轴。

3)检查十字轴总成

(1)检查并确认十字轴轴承旋转平稳。

(2)检查并确认十字轴轴承中没有间隙,如果有,必须更换十字轴。

4)检查1号中间支撑轴承总成

(1)用手转动1号中间支撑轴承总成。检查并确认1号中间支撑轴承总成旋转平稳。

(2)检查并确认1号中间支撑轴承总成的中央支架未破裂或变形。

任务小结

(1)万向传动装置的作用是保证轴线相交且相对位置经常变换的转轴之间的动力传递。

(2)万向节安装在转轴之间,改变动力传递角度。按其在扭转方向上是否有明显的弹性,可分为刚性万向节和挠性万向节。刚性万向节按其运动特性可分为不等速万向节、准等速万向节和等速万向节。

(3)双联式万向节的主要优点是允许两轴间的夹角较大(一般可达50°),轴承密封性好,效率高,工作可靠,制造方便。缺点是结构较复杂,外形尺寸较大。等速万向节的基本原理是,从结构上保证万向节在工作过程中的传力点始终位于主、从动轴交角的平分面上。

任务2　球笼式驱动轴检修

任务描述

车主李先生反映,最近早上起动汽车后,前轴处发出“吱吱”异响;在原地转动转向盘,异响加重。

初步判定可能的故障原因是驱动轴轴承损坏,需要更换轴承。

知识目标

(1)能够正确描述驱动轴的结构功能。

(2)能够描述曲轴护套的检查方法。

(3)能够根据制造商规定制定更换驱动轴护套的工作计划。

技能目标

(1)能够按照维修手册要求,规范安全完成驱动轴从车辆拆卸及安装。

(2)能够在规定时间内,按照制造商的规定正确更换驱动轴护套。

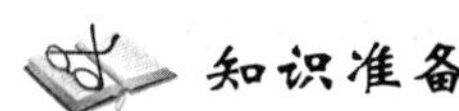

素质目标

(1)培育严谨求实的工作作风。

(2)树立良好的服务意识。

建议学时:6学时。

知识准备

驱动轴的作用

一、驱动轴的作用

半轴又称驱动轴,是将差速器与驱动轮连接起来的轴。驱动轴是差速器与驱动轮之间传递转矩的轴,其内外端各有一个万向节(多为球笼式的等速万向节),分别通过万向节上的花键与减速器齿轮及轮毂轴承内圈连接。外万向节有花键分别与驱动轴和轮毂相连,内万向节则有花键与驱动轴相连,用螺钉固定在差速器的驱动凸缘上,如图4-11所示。

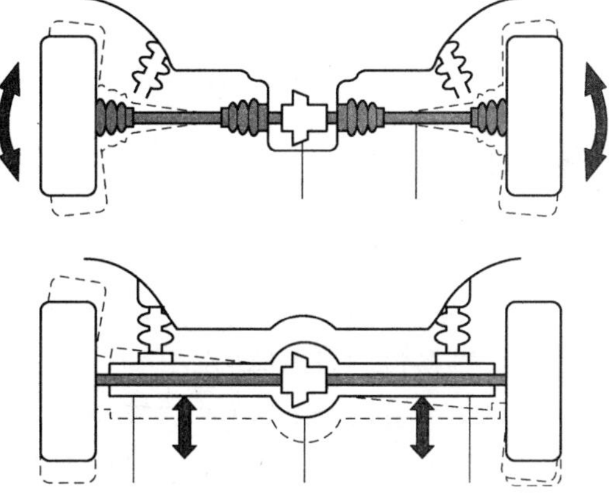

图4-11 半轴、驱动轴

二、驱动轴的结构

驱动轴的结构因驱动桥结构形式的不同而异。驱动轴是变速器减速器与驱动轮之间传递转矩的轴(以前实心居多,但由于空心轴转动不平衡控制更容易,因此,很多轿车上都采用空心轴)。驱动轴内外端各有一个万向节,分别通过万向节上的花键与减速器齿轮及轮毂轴承内圈连接,外面由充注了润滑脂的护套保护(当驱动轴护套被破坏,润滑脂会流出且水和灰尘黏合在球节上从而导致转动不灵,可能会引起异常声音、噪声和振动)。

普通非断开式驱动桥的驱动轴,可根据外端支承形式不同分为全浮式、3/4浮式和半浮式三种,其中全浮式驱动轴支承广泛应用于各型货车上。图4-12为全浮式驱动轴支承的示意图。驱动轴外端锻造有驱动轴凸缘,用螺栓紧固在轮毂上,轮毂用一对圆锥滚子轴承支承在驱动轴套管上,驱动轴套管与空心梁压配成一体,组成驱动桥壳。这种驱动轴支承形式,驱动轴与桥壳没有直接联系,驱动轴只在两端承受转矩,不承受其他任何反力和弯矩,所以称为全浮式驱动轴支承。全浮式驱动轴支承便于拆装,只需拧下驱动轴凸缘上的轮毂螺栓,即可将驱动轴抽出,而车轮和桥壳照样能支持住汽车。

图4-13所示为半浮式驱动轴支承的示意图。驱动轴用一个圆锥滚子轴承直接支承在桥壳凸缘的座孔内。车轮与桥壳之间无直接联系,而支承于悬伸出的驱动轴外端。因此,地面作用于车轮的各种反力都须经驱动轴外端的悬伸部分传给桥壳,使驱动轴外端不仅要承受转矩,而且还要承受各种反力及其形成的弯矩。驱动轴内端通过花键与驱动轴齿轮连接,不承受弯矩,故称这种支承形式为半浮式驱动轴支承。半浮式驱动轴支承结构简单,但驱动

轴受力情况复杂且拆装不便,多用于反力、弯矩较小的各类轿车上。

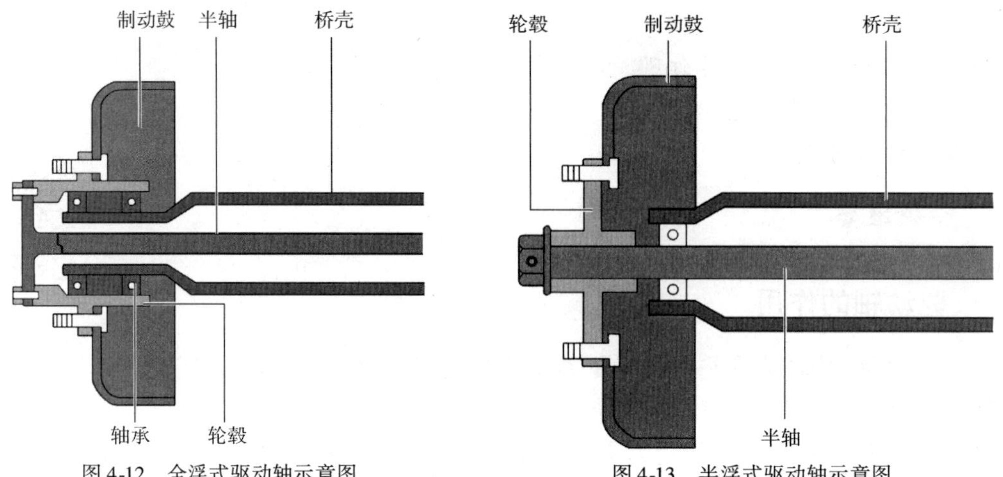

图4-12　全浮式驱动轴示意图　　图4-13　半浮式驱动轴示意图

 操作指引

1. 组织方式

(1)场地设施:举升机一台,装有废气抽排系统和消防设施的场地。

(2)设备设施:捷达轿车。

(3)工量具:常用工具1套等。

(4)学习方式:学生自主学习与小组合作学习相结合,以小组为单位进行查阅维修资料制定工作计划并开展任务实施。

2. 操作要求

(1)穿着干净整齐的工作服。

(2)遵守场地安全规定,注意用电安全。

(3)正确使用工量具。

 任务实施

1. 驱动轴护套检查(图4-14)

轿车一般前轮为转向驱动轮,驱动轮毂与差速器之间通过驱动轴相连接,驱动轴两端为等速万向节,该万向节是通过专用润滑脂实现润滑的,驱动轴护套作用是防止外部灰尘和水分等杂质进入万向节。若护套损伤,必定会引起万向节的异常磨损,会直接影响到汽车传动系统性能。

(1)用力将左侧车轮逆时针旋转到极限位置,转动车轮一周,用手电筒照明完成检查项目。

(2)检查驱动轴外侧护套是否有裂纹、破损,润滑脂是否渗漏,护套卡箍是否安装在正确位置、有无损伤。

(3)检查驱动轴内侧护套是否有裂纹、破损,润滑脂是否渗漏,护套卡箍是否安装在正确

位置、有无损伤。

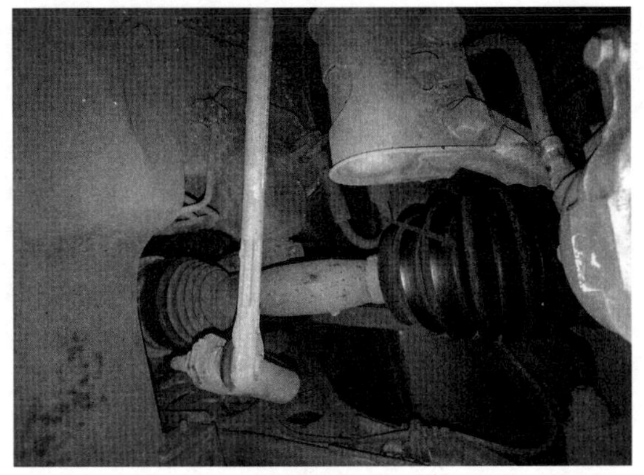

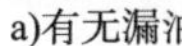

a)有无漏油

b)卡箍安装位置

图 4-14　检查驱动轴护套

驱动轴防尘套更换

2. 驱动轴护套更换

(1)将驱动轴从车辆上取下,分解驱动轴并更换护套,如图 4-15 所示。

护套的更换零件在护套总成中提供。总成润滑脂经过测量被分成两个:内侧用和外侧用。当驱动轴护套被破坏,润滑脂会流出且水和灰尘黏合在球节上从而导致转动不灵,引起异常声音、噪声和振动。

(2)举升车辆。

(3)拆卸前胎。

(4)自动变速驱动桥放油,拆卸排放塞之前先松开加注塞,然后将齿轮油排放到排放盘内。

注意:用变速器千斤顶等将排放盘放在与排放塞尽可能靠近的高度以收取排放的齿轮油。

(5)分离横拉杆端头,如图 4-16 所示。

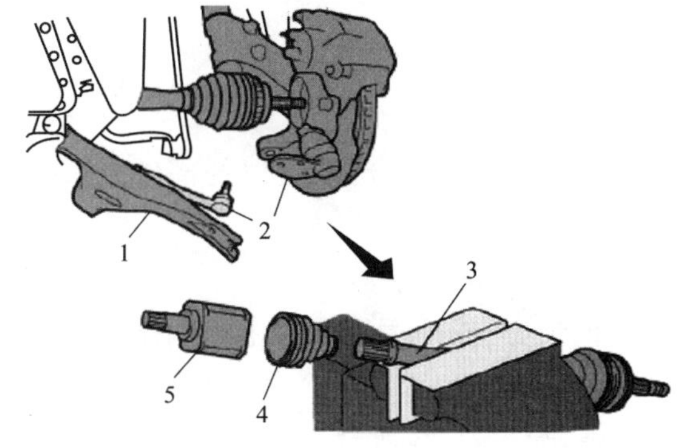

图 4-15　分解驱动轴

1-下臂;2-横拉杆端头;3-驱动轴;4-驱动轴护套;5-内侧球节

图 4-16　分离横拉杆端头

1-SS(球头拉具);2-防尘罩;3-横拉杆端头;4-转向节

(6)拆卸驱动轴,如图 4-17 所示。

①将驱动轴的螺钉槽置于朝上位置,使用 SST 和锤子松开锁止螺母。

②从车桥轮毂拆拆下横臂。

③拆卸 ABS 转速传感器。

④把轮毂轻轻朝车外拉动,用塑料锤子敲击驱动轴顶,部然后将其分离,使用 SST 拉出驱动轴。

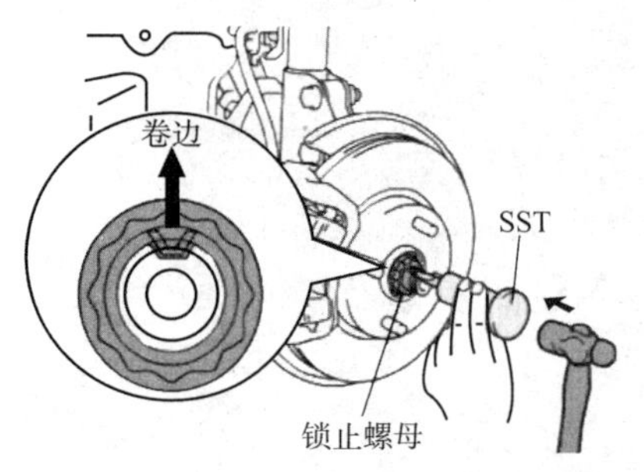

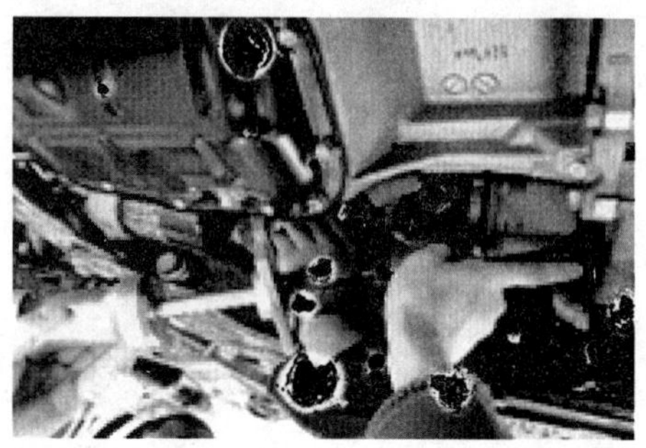

图 4-17 拆卸驱动轴

(7)拆卸驱动轴护套。

①取下护套箍,共有三种护套箍,如图 4-18 所示。

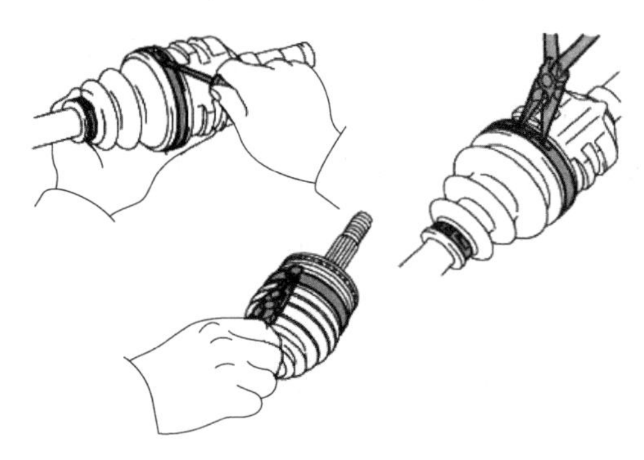
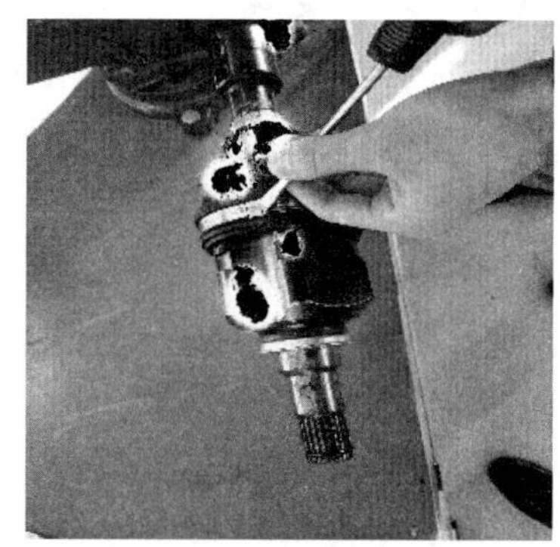

图 4-18 拆卸驱动轴护套

请使用恰当的方法取下每种护套箍。单触夹型、爪啮合型、奥米加夹型。

②驱动轴护套的拆卸。

a. 如图 4-19 所示,将驱动轴用台虎钳固定在铝板之间。

b. 将内侧护套滑动到外侧球节侧。

c. 对齐内侧球节、三脚头球节和外侧球节轴并在其上做好配合记号,以便部件能够按原始位置安装。

注意:夹紧台虎钳时,切勿过于卡紧台虎钳。用卡环钳拆卸卡环。

(8)将黄铜棒放在除了三脚头球节滚柱外的任何地方,然后用锤子敲击黄铜棒以拆下三脚头球节。

注意:敲打滚柱会使滚柱变形从而引起异常噪声,如图 4-20 所示。

(9)拆卸外侧和内侧护套。

(10)装配驱动轴护套(内外球节)。与拆卸时注意事项基本相同,步骤逆序。先将护套箍套上驱动轴,再将护套安装至正确位置。

(11)安装护套卡箍。请使用恰当的方法安装并紧固每种护套箍。

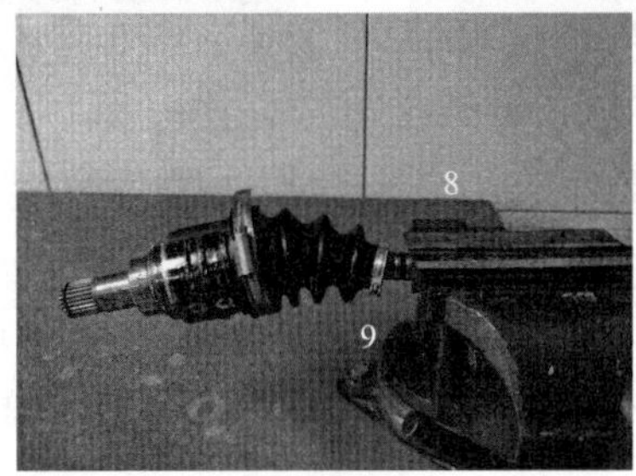

图 4-19 分解驱动轴

1-套筒;2-球笼;3-驱动轴;4-防尘罩;5-标记;6-卡环;7-SST(卡环钳);8-铜板;9-虎钳

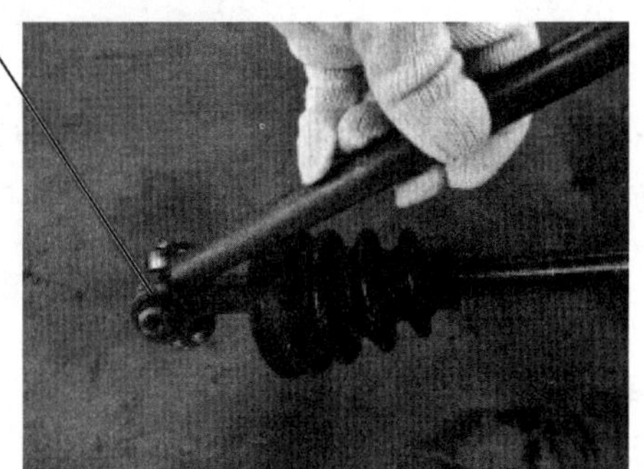

图 4-20 拆卸三角球头

(12)添加润滑脂。

(13)安装驱动轴,如图 4-21 所示。

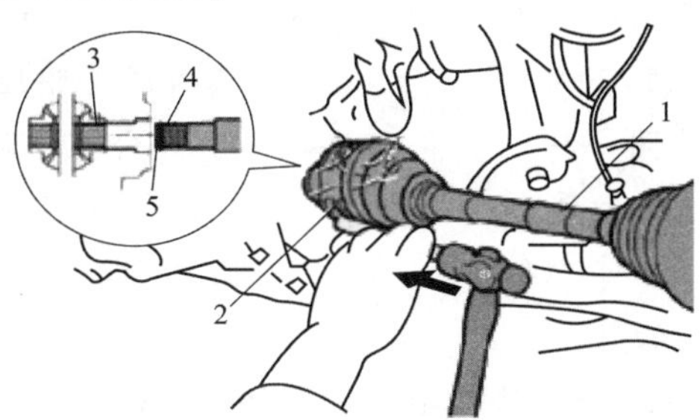

图 4-21 安装驱动轴

1-驱动轴;2-套筒;3-油封;4-花键;5-卡环

任务小结

(1)半轴又称驱动轴,是将差速器与驱动轮连接起来的轴。驱动轴是变速器减速器与驱动轮之间传递转矩的轴,其内外端各有一个万向节,分别通过万向节上的花键与减速器齿轮及轮毂轴承内圈连接。

(2)普通非断开式驱动桥的驱动轴,可根据外端支承形式不同分为全浮式、3/4浮式和半浮式3种。

(3)驱动轴与桥壳没有直接联系,驱动轴只在两端承受转矩,不承受其他任何反力和弯矩,所以称为全浮式驱动轴支承。

(4)驱动轴内端通过花键与驱动轴齿轮连接,不承受弯矩,故称这种支承形式为半浮式驱动轴支承。

(5)驱动轴护套作用是防止外部灰尘和水分等杂质进入万向节。若护套损伤,必定会引起万向节的异常磨损,会直接影响到汽车传动系统性能。如损坏需更换驱动轴护套。

习题

一、填空题

1. 十字轴万向节主要由________和________组成。

2. 准等速万向节通常分为________和________两种类型。

3. 球笼式万向节由钢球、________、球笼外壳和________等组成。

4 万向传动装置的作用是________相交且相对位置经常变换的转轴之间的动力传递。

5. 外万向节有花键分别与________和轮毂相连。

二、选择题

1. 驱动轴是将(　　)和(　　)连接起来的轴。

A. 变速器和车轮　　B. 离合器和差速器

C. 飞轮和变速器　　D. 曲轴和凸轮轴

2. 万向节按照扭转方向和弹性可以分为刚性万向节和(　　)万向节。

A. 不等速　　B. 准等速　　C. 挠性　　D. 弹性

3. 以下驱动轴护套更换说法错误的是(　　)。

A. 将驱动轴从车辆上拆下　　B. 总成润滑脂经过测量被分成两个

C. 内侧用和外侧用是同一种　　D. 可以不分解驱动轴直接更换

4. 夹紧台虎钳时切勿过于卡紧台虎钳,用(　　) 拆卸卡环。

A. 尖嘴钳　　B. 卡环钳　　C. 活塞钳　　D. 摩擦片

5. 检查传动轴说法错误的是(　　)。

A. 使用百分表和V形块检查传动轴总成的径向跳动量

B. 最大跳动量为0.8mm

C. 百分表必须放置在传动轴中间位置

D. 径向跳动量超出最大值可以维修

6. 外万向节有花键分别与（　　）和（　　）相连。
   A. 驱动轴、主减速器　　B. 驱动轴、变速器
   C. 驱动轴、轮毂　　D. 离合器摩擦片
7. 内万向节则有花键与驱动轴相连用螺钉固定在（　　）的驱动凸缘上。
   A. 差速器　　B. 轮毂　　C. 变速器　　D. 传动轴
8. 普通非断开式驱动桥的驱动轴可根据外端支承形式不同分为（　　）。
   A. 全浮式、3/4 浮式和半浮式　　B. 全浮式、半浮式
   C. 3/4 浮式和半浮式　　D. 半开式、全浮式
9. 轮毂用一对（　　）轴承支承在驱动轴套管上。
   A. 球形轴承　　B. 圆锥滚子
   C. 圆柱轴承　　D. 滚子轴承
10. 驱动轴外端不仅要承受转矩，而且还要承受各种反力及其形成的（　　）。
   A. 阻力　　B. 冲击载荷　　C. 转矩　　D. 弯矩

三、判断题

1. 万向节可以改变动力传动的角度。（　　）
2. 十字轴万向节相邻轴夹角一般为 8°～10°。（　　）
3. 自动变速驱动桥放油拆卸排放塞之前先松开加注塞然后将齿轮油排放到排放盘内。（　　）
4. 将驱动轴的螺钉槽置于朝下位置使用 SST 和锤子松开锁止螺母。（　　）
5. 用塑料锤子敲击驱动轴顶部然后将其分离使用 SST 拉出驱动轴。（　　）
6. 敲打滚柱会使滚柱变形从而引起异常噪声。（　　）
7. 半轴又称驱动轴。（　　）
8. 双联式万向节的主要优点是允许两轴间的夹角较小。（　　）
9. 十字轴轴承中没有间隙如果有必要更换十字轴。（　　）
10. 若要实现两个传动轴的角速度相等应保证两轴间的夹角不相等。（　　）

四、多选题

1. 检查驱动轴外侧护套是（　　）。
   A. 有裂纹、破损、润滑脂是否渗漏　　B. 卡箍是否安装在正确
   C. 用手电筒照明完成检查项目　　D. 至少转动车轮一周
2. 当驱动轴护套被破坏可能会造成（　　）。
   A. 润滑脂渗漏　　B. 灰尘黏合在球节
   C. 车轮转动不灵活　　D. 异响、噪声
3. 驱动轴护套箍有（　　）。
   A. 单触夹型　　B. 爪啮合型
   C. 奥米加夹型　　D. O 型
4. 拆卸传动轴总成说法正确的是（　　）。
   A. 拆卸前排气管总成　　B. 拆卸变速器

C. 拆卸前隔热板隔热垫　　　　D. 用手拧松调整螺母直至用手可以转动

5. 万向节分类说法正确的是(　　)。

A. 在扭转方向上可分为刚性万向节和挠性万向节

B. 不等速万向节主要用于发动机前置前轮驱动汽车的内、外半轴之间

C. 等速万向节主要用于发动机前置后轮驱动汽车的变速器与驱动桥之间

D. 刚性万向节可分为不等速、准等速万、等速万向节

项目五　驱动桥故障诊断与修复

项目描述

李先生驾驶一辆皇冠轿车，最近行车过程中感觉车辆后部有很大噪声，且车速越高噪声就更为明显。

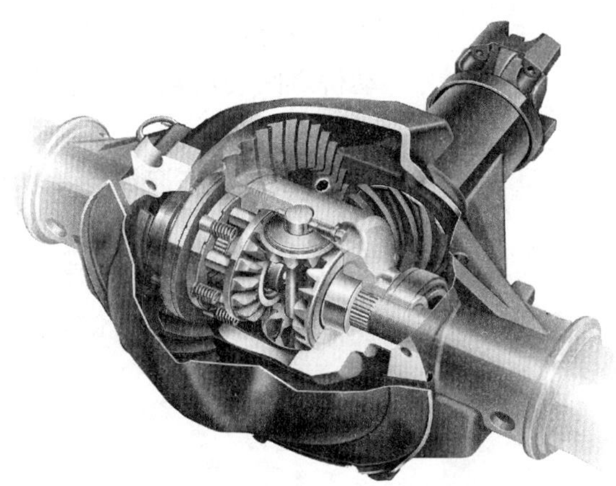

经过技师判断是由差速器故障引起的，现在需要你对该车的差速器进行检查修复。

知识目标

(1)能描述差速器的功用和结构。

(2)能描述不同类型差速器的特点。

(3)能解释差速器的工作原理。

技能目标

(1)能够参照维修手册和相关资料，制订驱动桥的检修计划。

(2)能够依据维修手册要求，正确选用工具、设备对驱动桥完成拆解、检查、调整、组装。

(3)会运用所学知识和经验，为客户提供车辆使用的建议。

素质目标

(1)通过小组合作完成驱动桥检修任务，培养良好的团队合作意识。

(2)通过完成驱动桥的调整，培养严谨求实的职业精神。

建议学时:10 学时。

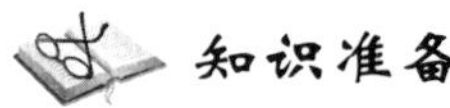
知识准备

一、差速器的功用

汽车在转弯行驶时,车轮作圆弧运动,外侧车轮比内侧车轮所走过的路程长,且转速高于内侧车轮的转速,如图5-1所示。驱动轮如果直接通过一根轴刚性连接,内外两侧车轮就会存在相互干涉。因此,驱动桥上都会安装差速器,用两根半轴分别连接两侧车轮。

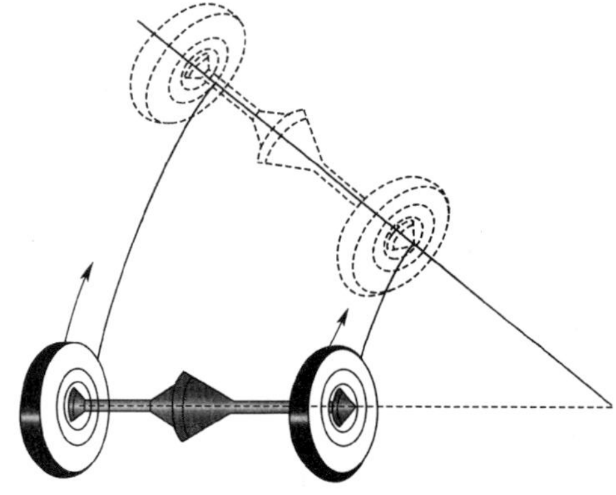
图5-1　差速器工作示意图

安装在同一驱动桥两侧驱动轮之间的差速器称为轮间差速器。在多轴驱动汽车的各驱动桥之间,为了适应各驱动桥所处的不同路面情况,使各驱动桥有可能具有不同的输入角速度,可以在各驱动桥之间装设轴间差速器。

发动机动力经过一系列的传动机构才传递到驱动轮,其中主减速器从动齿轮通过差速器分配至两侧半轴或驱动桥,使它们能以不同角速度旋转,如图5-2所示。差速器作为差速传动机构,其功能即用来保证各驱动轮在各种运动条件下均处于纯滚动状态,且完成动力传递。

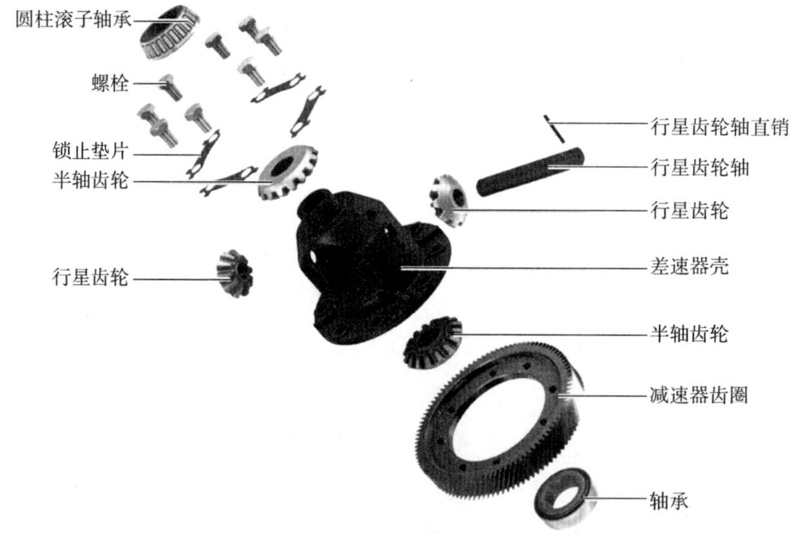

图5-2　差速器结构

二、差速器的结构及工作原理

普通差速器由行星齿轮、行星轮架(差速器壳)、半轴齿轮等零件组成。发动机的动力经传动轴进入差速器,直接驱动行星轮架,再由行星齿轮带动左、右两个半轴,分别驱动左、右车轮。差速器的设计要求满足:(左半轴转速)+(右半轴转速)=(行星轮架转速)。当汽车直行时，左、右车轮与行星轮架三者的转速相等处于平衡状态，而在汽车转弯时三者平衡状态被破坏，导致内侧轮转速减小，外侧轮转速增加，如图 5-3 所示。

三、普通齿轮式差速器的特性及工作原理

1. 对称式锥齿轮差速器中的运动特性关系式

图 5-4 所示为普通对称式锥齿轮差速器简图。差速器壳作为差速器中的主动件，与主减速器的从动齿轮和行星齿轮轴连成一体。半轴齿轮 1 和 2 为差速器中的从动件。行星齿轮即可随行星齿轮轴一起绕差速器旋转轴线公转，又可以绕行星齿轮轴轴线自转。

左右两侧半轴齿轮的转速之和等于差速器壳转速的两倍，这就是两半轴齿轮直径相等的对称式锥齿轮差速器的运动特性关系式。

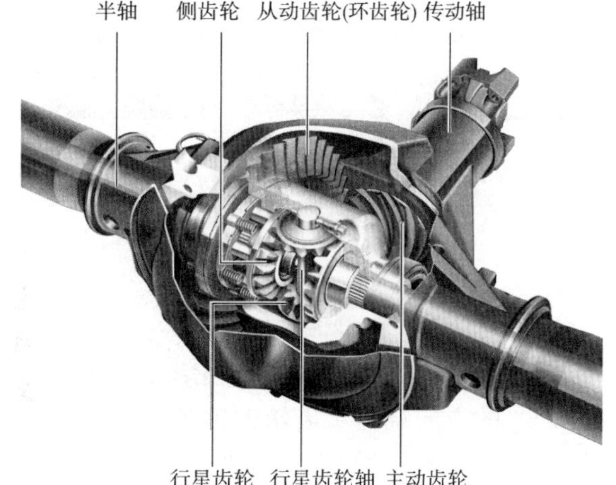

图 5-3　差速器原理

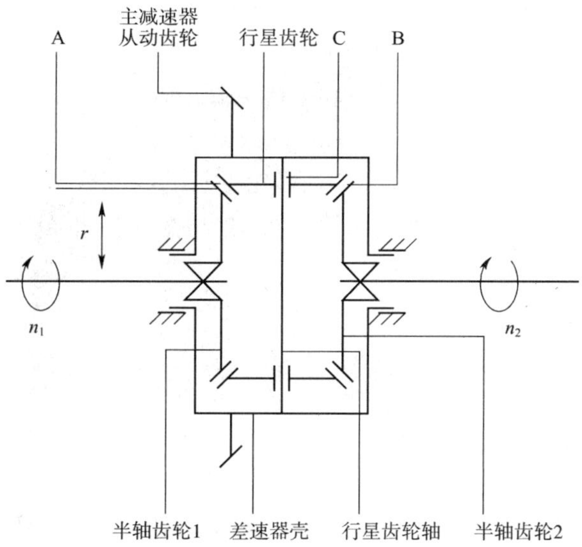

图 5-4　普通对称式锥齿轮差速器简图

2. 对称式锥齿轮差速器中的转矩分配关系式

如图5-5所示,设输入差速器壳的转矩为 M_0,输出给左、右两半轴齿轮的转矩为 M_1 和 M_2。当与差速器壳连在一起的行星齿轮轴带动行星齿轮转动时,行星齿轮相当于一根横向杆,其中点被行星齿轮轴推动,左右两端带动半轴齿轮转动,作用在行星齿轮上的推动力必然平均分配到两个半轴齿轮之上。又因为两个半轴齿轮半径也是相等的。所以当行星齿轮没有自转趋势时,差速器总是将转矩 M_0 平均分配给左、右两半轴齿轮,即

$$M_1 = M_2 = 0.5M_0$$

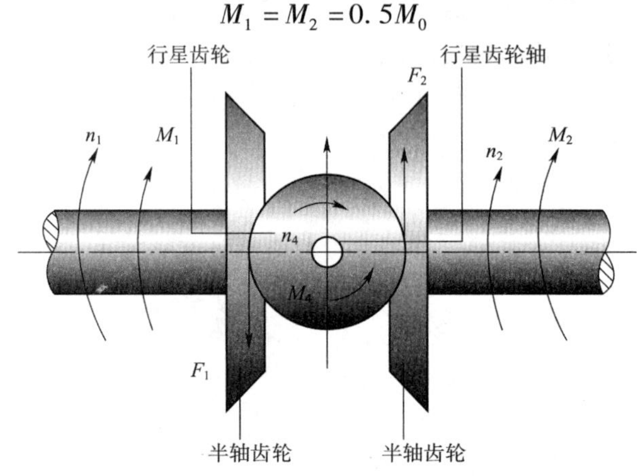

图5-5 差速器转矩分配示意图

当两半轴齿轮以不同转速朝相同方向转动时,设左半轴转速 n_1 大于右半轴转速 n_2,则行星齿轮将按图上实线箭头 n_4 的方向绕行星齿轮轴轴颈自转,此时行星齿轮孔与行星齿轮轴轴颈间以及行星齿轮背部与差速器壳之间都产生摩擦,半轴齿轮背部与差速器壳之间也产生摩擦。这几项摩擦综合作用的结果,使转得快的左半轴齿轮得到的转矩 M_1 减小,设减小量为 $0.5M_f$;而转得慢的右半轴齿轮得到的转矩 M_1 增大,增大量也为 $0.5M_f$。

因此,当左右驱动车轮存在转速差时,则

$$M_1 = 0.5(M_0 - M_f)$$

$$M_2 = 0.5(M_0 + M_f)$$

左、右车轮上的转矩之差等于折合到半轴齿轮上总的内摩擦力矩 M_f。

差速器中折合到半轴齿轮上总的内摩擦力矩 M_f 与输入差速器壳的转矩 M_0 之比称为差速器的锁紧系数 K,即

$$K = \frac{M_f}{M_0}$$

输出给转得快慢不同的左右两侧半轴齿轮的转矩可以写成:

$$M_1 = 0.5M_0(1 - K)$$

$$M_2 = 0.5M_0(1 + K)$$

输出到低速半轴的转矩与输出到高速半轴的转矩之比 K_b 可以表示为:

$$K_b = \frac{M_2}{M_1} = \frac{(1 + K)}{(1 - K)}$$

无论左右驱动轮转速是否相等,对称式锥齿轮差速器总是将转矩近似平均分配给左右驱动轮的。这样的转矩分配特性对于汽车在良好路面上行驶是完全可以的,但当汽车在坏路面行驶时,却会严重影响其通过能力。例如当汽车的一侧驱动车轮驶入泥泞路面,由于附着力很小而打滑时,即使另一车轮是在好路面上,汽车往往不能前进。这是因为对称式锥齿轮差速器平均分配转矩的特点,使在好路面上车轮分配到的转矩只能与传到另一侧打滑驱动轮上很小的转矩相等,以致使汽车总的牵引力不足以克服行驶阻力而不能前进。

3. 工作原理

当直线行驶时(图5-6),动力通过环形齿轮,传递到行星齿轮,由于两侧驱动轮受到的阻力相同,行星齿轮不发生自转,通过半轴把动力传到两侧车轮。相当于刚性连接、两侧车轮转速相等。

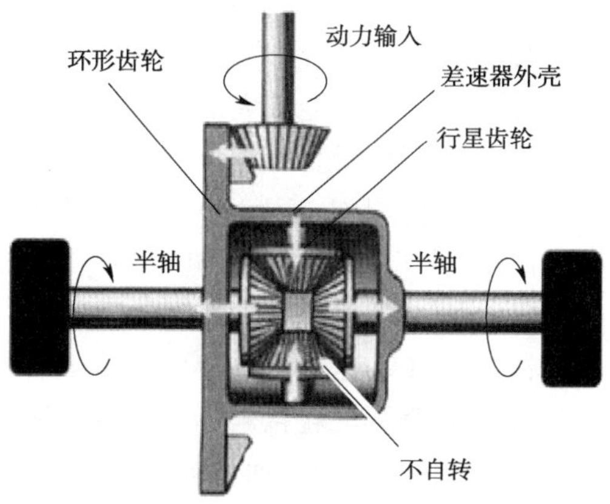

差速器工作原理

图5-6 直线行驶时

当车辆转弯时(图5-7),左右车轮受到的阻力不一样,行星齿轮绕着半轴转动并同时自转,从而吸收阻力差,使车轮能够以不同的速度旋转,保证汽车顺利过弯。

如果当某一侧车轮的阻力为0(如车轮打滑),那么另一侧车轮的阻力相对于车轮打滑的一侧来说过大,行星齿轮只能跟着壳体一起绕着半轴齿轮公转,同时自身还会自转。这样就会把动力全部传递到打滑的那一侧车轮,车轮就只能原地不动。

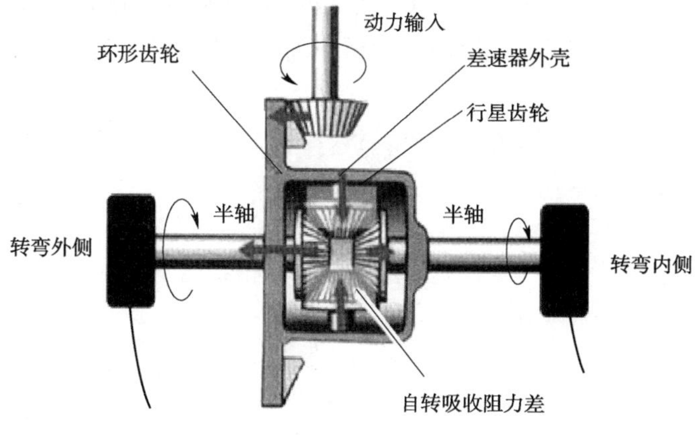

图5-7 转弯时

四、限滑差速器的分类及特点

为提高汽车在坏路上的通过能力,某些越野汽车及高级轿车上装置了限滑差速器。限滑差速器(Limited Slip Diff,LSD)顾名思义就是限制车轮滑动的一种改进型差速器,指两侧驱动轮转速差值被允许在一定范围内,以保证正常的转弯等行驶性能的差速器。

事实上限滑差速器依构造的不同可以分为好几种类型,根据结构特点不同,限滑差速器有强制锁止式、高摩擦式和自由轮式三种。其中,高摩擦式中又有摩擦片式自锁差速器、托森差速器、蜗轮式差速器、滑块凸轮式差速器和黏性联轴器式差速器五种,每一种限滑差速器也都有其特别之处,图5-8所示为托森差速器。

图5-8 托森差速器

限滑差速器的特点是当一侧驱动轮在坏路上滑转时,能使大部分甚至全部转矩传给在良好路面上的驱动轮,以充分利用这一驱动轮的附着力来产生足够的驱动力,使汽车顺利起步或继续行驶。为实现上述要求,最简单的方法是在对称式锥齿轮差速器上设置差速锁,成为强制止锁式差速器。当一侧驱动轮滑转时,可利用差速锁使差速器锁死而不起差速作用。

限滑差速器能够克服普通锥齿轮式差速器因转矩平均分配给左、右轮而带来的在坏路面(泥泞、冰雪路面等)上行驶时,因一侧驱动轮接触泥泞、冰雪路面而在原地打滑(滑转),另一侧在好路面上的驱动轮却处在不动状态使汽车通过能力降低的缺点。这是因为与泥泞、冰雪路面接触的驱动轮与路面的附着力减少,路面对半轴作用有很小的反作用转矩,结合对称式锥齿轮差速器具有转矩平均分配的特点,这使处在好路面上的驱动轮所得到的转矩只能与处于坏路面上的驱动轮转矩相等,于是两者的合力不足以克服行驶阻力,汽车便停止不动。

操作指引

1. 组织方式

(1)场地设施:举升机一台,装有废气抽排系统和消防设施的场地。

(2)设备设施:捷达轿车、自动挡迈腾轿车、转向盘护套、变速杆手柄套、座位套、脚垫、翼子板和前格栅磁力护裙等。

(3)工量具:维修手册、场地内考核设备、零件总成工具(常用、专用)、扭力扳手、螺母调整扳手(09504-00011)、常用工具。

(4)耗材:工单及其他。

(5)学习方式:学生自主学习与小组合作学习相结合,以小组为单位进行查阅维修资料制定工作计划并开展任务实施。

2. 操作要求

(1)穿着干净整齐的工作服。

(2)遵守场地安全规定,注意用电安全。

(3)正确使用游标卡尺、扭力扳手等工量具。

(4)安装时,禁止将油液、油脂和水等黏附到制动片上。

(5)不同车型的技术要求可能不同,具体数据参考对应的维修手册。

任务实施

差速器的检查与调整

1. 调整前准备(图5-9)

(1)固定差速器,连同轴承一起安装。

(2)安装调整螺母。调整螺母按原位置安装,不得装反。

(3)安装轴承盖。对齐轴承盖与托架上标记,左右不得装反、检查调整螺母螺纹是否对齐、用手推入轴承盖,检查轴承盖是否完全坐合。

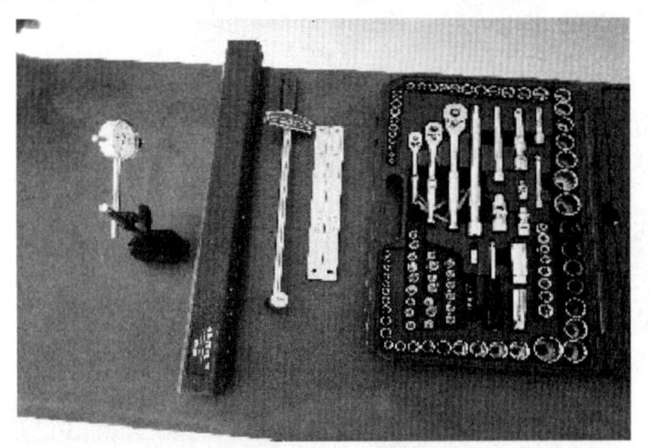

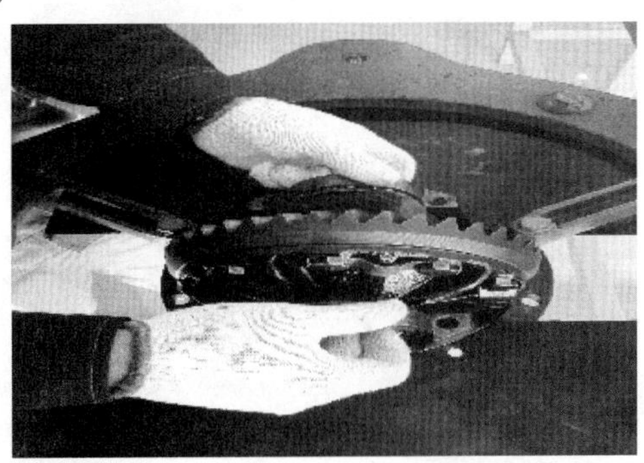

图5-9 调整前准备

2. 调节半轴轴承预紧度(图5-10)

(1)上紧轴承盖螺栓,多次均匀上紧、用手带紧,正确使用SST。

(2)使用SST调整齿圈齿隙,调整齿隙达到0.2mm(估测值)。

(3)用SST将主动小齿轮侧的调整螺母拧紧,正确使用SST。

(4)在齿圈背面调整螺母上放置百分表,百分表的测量方法正确,上紧主动小齿轮侧调整螺母,直至百分表指针移动(零预紧力状态),调整螺母1~1.5个槽口。

3. 测量调整齿圈齿隙(图5-11)

(1)调整齿圈齿隙。调整时左右螺母应转动相同,一侧紧、一侧松,保证预紧力不变,调整正确标准值:0.13~0.18mm。

(2)拧紧轴承盖螺栓拧紧力矩:规定力矩为80MPa。

(3)重新检查齿圈齿隙标准值:0.13~0.18mm。

4. 检查总预紧

标准值:4~6kg·cm。通过小齿轮侧调整螺母调整,如图5-12所示。

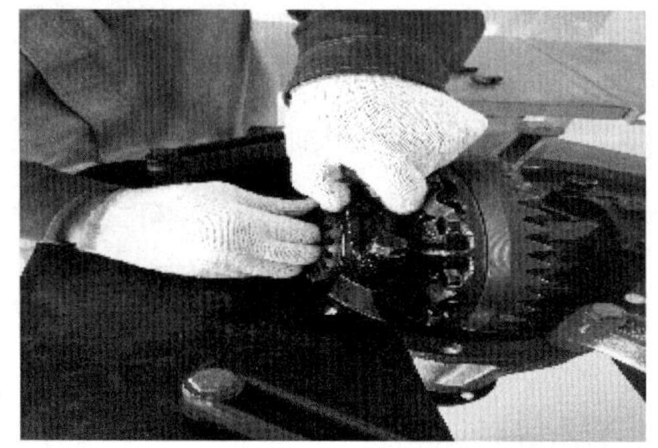

图5-10　调节半轴轴承预紧度

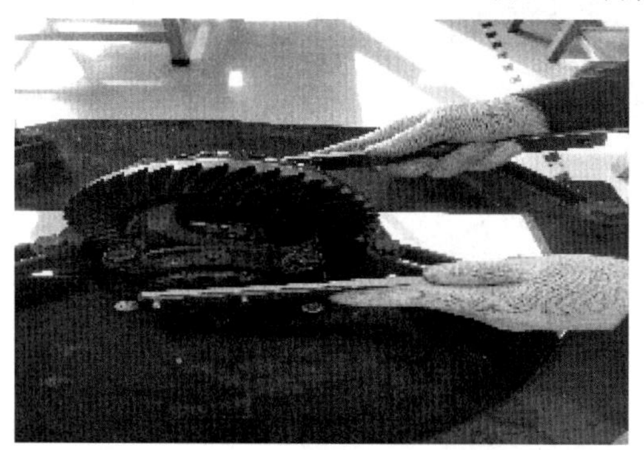

图5-11　调整齿隙

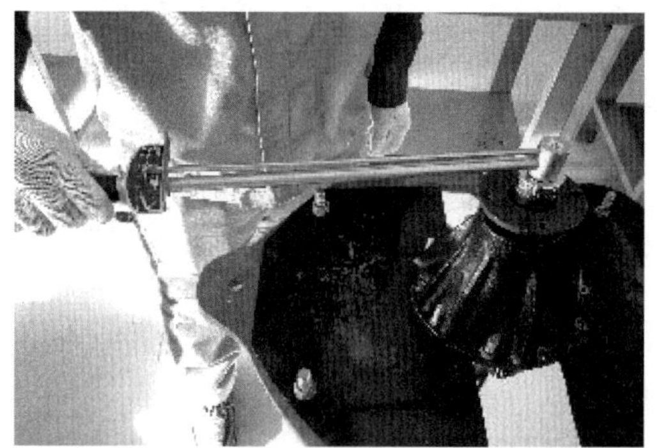

图5-12　检查总预紧

任务小结

(1)普通差速器由行星齿轮、行星轮架(差速器壳)、半轴齿轮等零件组成。

(2)当直线行驶时,动力通过环形齿轮,传递到行星齿轮,由于两侧驱动轮受到的阻力相同,行星齿轮不发生自转,通过半轴把动力传到两侧车轮,相当于刚性连接、两侧车轮转速相等。当车辆转弯时,左右车轮受到的阻力不一样,行星齿轮绕着半轴转动并同时自转,从而吸收阻力差,使车轮能够以不同的速度旋转,保证汽车顺利过弯。

(3)如果当某一侧车轮的阻力为0(如车轮打滑)时,那么另一侧车轮的阻力相对于车轮打滑的一侧来说过大,行星齿轮只能跟着壳体一起绕着半轴齿轮公转,同时自身还会自转。这样就会把动力全部传递到打滑的那一侧车轮,车轮就只能原地不动。

(4)限滑差速器的特点是:当一侧驱动轮在坏路上滑转时,能使大部分甚至全部转矩传给在良好路面上的驱动轮,以充分利用这一驱动轮的附着力来产生足够的驱动力,使汽车顺利起步或继续行驶。

习题

一、填空题

1. 汽车在转弯行驶时车轮作圆弧运动________车轮比________车轮所走过的路程长且转速高于内侧车轮的转速。

2. 安装在同一驱动桥两侧驱动轮之间的差速器称为________。

3. 普通差速器由行星齿轮、行星轮架、________等零件组成。

4. 驱动桥上都会安装________用两根半轴分别连接两侧车轮。

二 选择题

1. 行星齿轮即可随行星齿轮轴一起绕差速器旋转轴线________又可以绕行星齿轮轴轴线________(　　)。

A. 公转、公转　　B. 自转、公转　　C. 公转、自转　　D. 自转、自转

2. 左右两侧半轴齿轮的转速之和等于差速器壳转速的(　　)。

A. 2 倍　　B. 3 倍　　C. 4 倍　　D. 不能确定速度变化

3. 调整齿圈齿隙说法错误的是(　　)。

A. 调整时左右螺母应转动相同　　B. 保证预紧力不变,一侧紧、一侧松

C. 调整正确标准值不大于0.13mm　　D. 先调整预紧力再调齿隙

4. 左、右车轮上的转矩之差等于折合到半轴齿轮上总的内摩擦力矩用(　　)表示。

A. $\boldsymbol{M}_1$　　B. $\boldsymbol{M}_2$　　C. $\boldsymbol{K}$　　D. $\boldsymbol{M}_f$

三、判断题

1. 差速器中折合到半轴齿轮上总的内摩擦力矩与输入差速器壳的转矩之比称为差速器的锁紧系数。(　　)

2. 无论左右驱动轮转速是否相等对称式锥齿轮差速器总是将转矩近似平均分配给左右驱动轮的。(　　)

3. 当车辆转弯时左右车轮受到的阻力不一样行星齿轮公转从而吸收阻力差使车轮能够以不同的速度旋转保证汽车顺利过弯。 ( )

4. 为提高汽车在坏路上的通过能力某些越野汽车及高级轿车上装置了限滑差速器。 ( )

四、简答题

简述差速器的结构及工作原理。

项目六　行驶系统故障诊断与修复

项目概述

汽车行驶系统的功能是接受由发动机经传动系统输出的转矩，并通过驱动轮与路面间附着作用，产生路面对汽车的牵引力来保证汽车的正常行驶；传递并承受路面作用于车轮的各向反力及其形成的力矩。此外，行驶系统尽可能缓和不平路面对车身造成的冲击和振动，保证汽车行驶平稳性，并且与汽车转向系统配合工作，实现汽车行驶方向的正确控制。

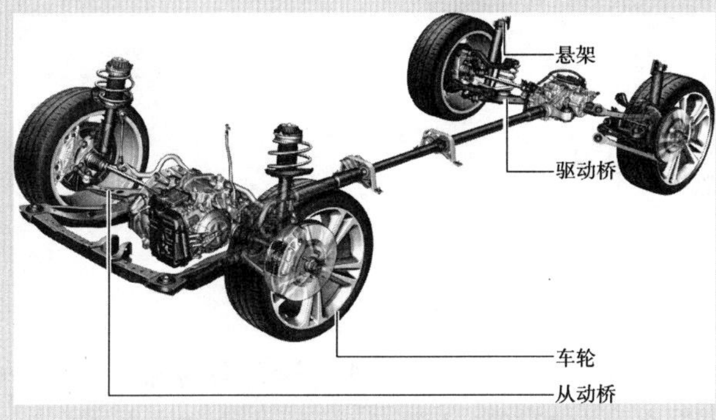

行驶系统由车架、悬架、车轮和车桥四大部分组成。

主要学习任务

1. 车架的检修
2. 悬架的检修
3. 轮胎的检修
4. 车轮的动平衡
5. 车轮定位

任务1　车架的检修

任务描述

客户李先生在一次自驾游过程中，不小心磕到汽车的底部，经检查还好，车架并没有受到损伤,但是副车架在这次事故中损坏。

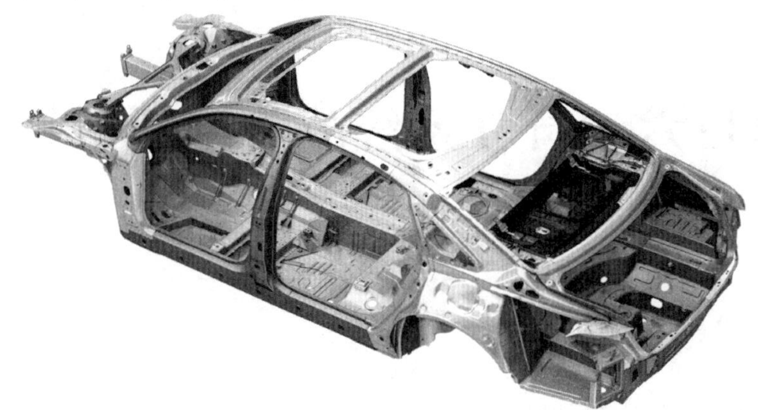

车架不仅承受各零部件、总成的载荷,还要承受汽车行驶时来自路面各种复杂载荷的作用,如汽车加速、制动时的纵向力,汽车转弯时的侧向力,不良路面传来的冲击等。副车架是支承前后车桥、悬架的支架,使车桥、悬架通过它再与车架相连。

知识目标

(1)能描述车架的功用。

(2)能描述车架的类型及特点。

技能目标

(1)能依据维修标准完成副车架的拆装方法。

(2)会运用所学知识和经验,对车架故障进行诊断与排除。

(3)具备信息查询和手册使用的基本能力。

(4)能够按照企业5S要求和安全生产规范进行操作。

素质目标

(1)能在小组团队中完成学习活动,培养团队意识。

(2)能在任务实施过程中培养严谨的工作作风,树立正确的质量意识。

建议学时:4学时。

知识准备

一、梁式车架

梁式车架包括边梁式车架、中梁式车架和综合式车架。目前汽车上多采用边梁式车架,边梁式车架如图6-1、图6-2所示。

1.边梁式车架

边梁式车架由两根纵梁和若干根横梁构成,纵梁和横梁之间通过铆接或焊接的方法连接起来。这种车架结构简单、便于整车的布置，所以在各种类型的汽车上都广泛应用。

图 6-1 边梁式车架　　图 6-2 边梁式车架与车身

2. 中梁式车架

中梁式车架有较好的抗扭转刚度和较大的前轮转向角，在结构上允许车轮有较大的跳动空间，便于装用独立悬架，从而提高了汽车的越野性；与同吨位的载货汽车相比，其车架轻，整车质量小，同时质心也较低，故行驶稳定性好；车架的强度和刚度较大；脊梁还能起封闭传动轴的防尘罩作用。中梁式车架的缺点：制造工艺复杂，精度要求高，总成安装困难，维护修理也不方便，故目前应用较少。中梁式车架结构如图 6-3 所示，具有中梁式车架的底盘示意图如图 6-4 所示。

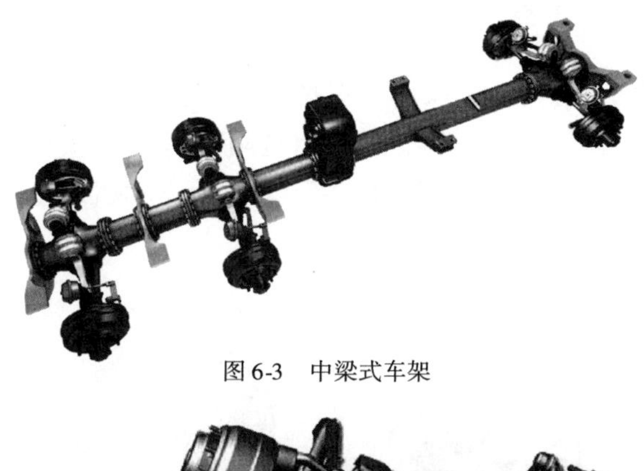

图 6-3 中梁式车架

图 6-4 具有中梁式车架的底盘示意图

二、承载式车身(无梁式车架)

无梁式车架是用车身兼做车架,汽车的所有零部件、总成都安装在车身上,车身要承受各种载荷的作用,因而这种车身又成为承载式车身,广泛用于轿车和客车。

针对梁式车架质量重、体积大、重心高的问题,承载式车架的意念是用金属制成坚固的车身,再将发动机、悬架等机械零件直接安装在车身上。这个车身承受所有的载荷,充当车架,所以准确称呼应为"无车架结构的承载式车身"(采用梁式车架的汽车车身则称为"非承载式车身")。承载式车架由钢或铝经冲压、焊接而成,成型的车架是个带有座舱、发动机舱和底板的骨架,如图6-5所示。

图6-5 承载式车架

三、副车架

副车架并非完整的车架,只是支承前后车桥、悬架的支架,使车桥、悬架通过它再与"正车架"相连,习惯上称为"副架"。副车架的作用是阻隔振动和噪声,减少其直接进入车厢,所以大多出现在豪华的轿车和越野车上,有些汽车还为发动机装上副架。图6-6所示为副车架示意图。

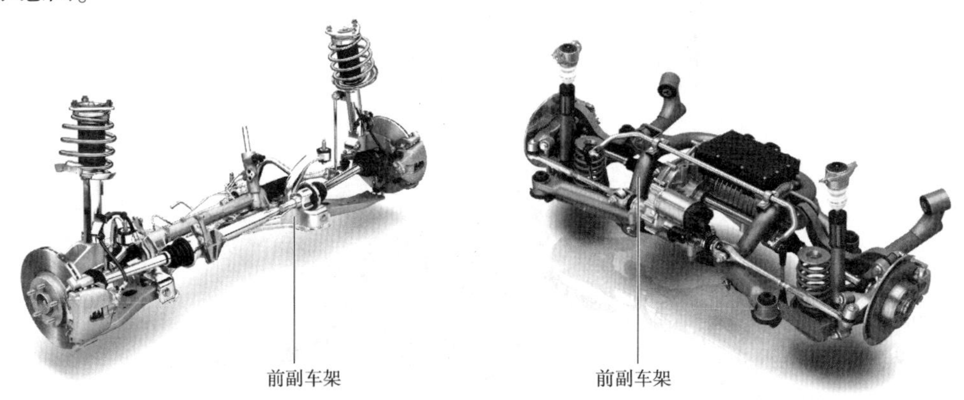

图6-6 副车架示意图

操作指引

1. 组织方式

(1)场地设施:举升机一台,装有废气抽排系统和消防设施的场地。

(2)设备设施:2011 款迈腾轿车。

(3)工量具:常用工具 1 套、发动机和变速器举升装置。

(4)学习方式:学生自主学习与小组合作学习相结合,以小组为单位进行查阅维修资料制定工作计划并开展任务实施。

2. 操作要求

(1)穿着干净整齐的工作服。

(2)遵守场地安全规定,注意用电安全。

任务实施

1. 拆卸副车架

(1)拆下车轮和下部隔音棉。

(2)从副车架上取下机油油位和机油温度传感器。

(3)拧下控制臂螺母,如图 6-7 所示,拔出控制臂。

(4)拆下副车架上的排气装置支架,如图 6-8 所示。

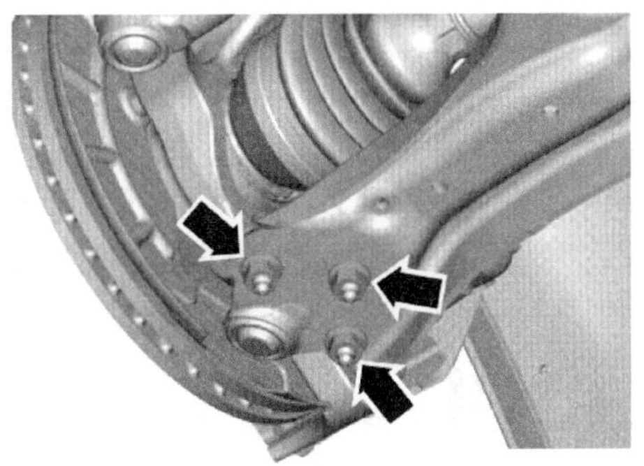

图 6-7 拧下控制臂螺母

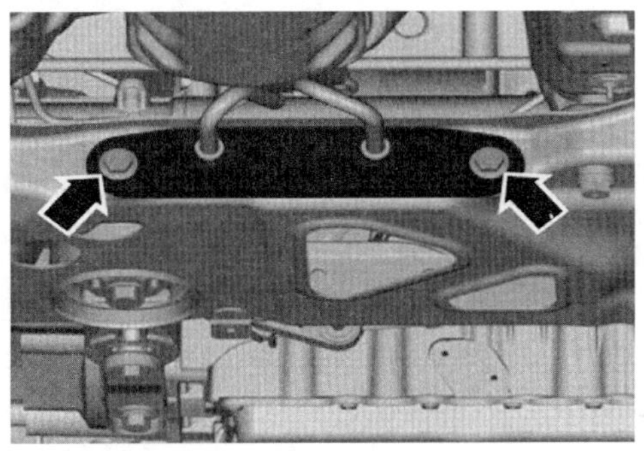

图 6-8 拆下副车架上的排气装置支架

(5)拆下稳定杆的连接杆。

(6)将举升装置放置于副车架下,如图 6-9 所示。

(7)拆卸转向器与副车架的连接螺栓。

(8)拆卸稳定杆与副车架的连接螺栓。

(9)拆卸副车架与车身的连接螺栓,如图 6-10 所示。

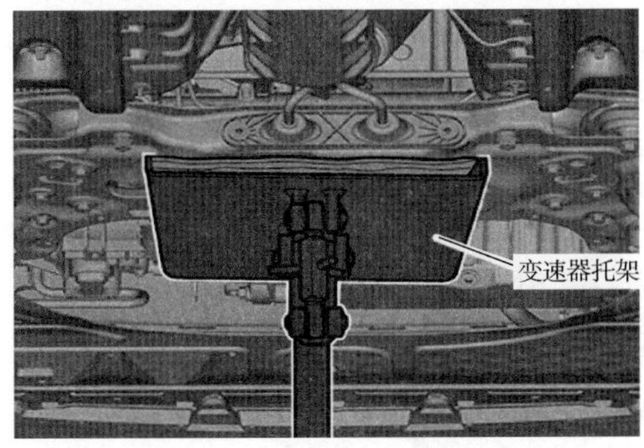

图 6-9 将举升装置放置于副车架下

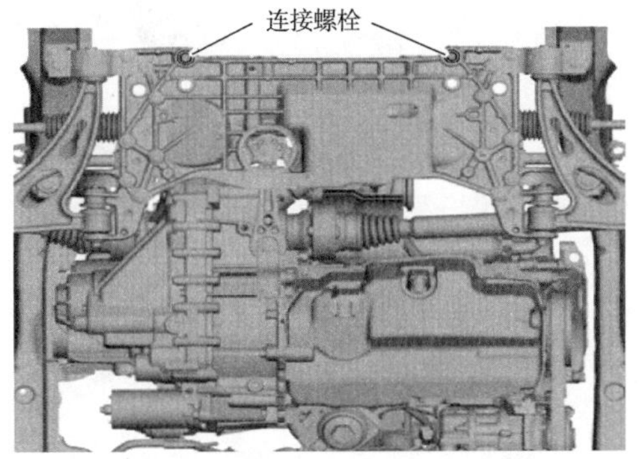

图 6-10 拆卸副车架与车身的连接螺栓

(10)用举升装置降下副车架。

2. 安装副车架

安装以倒序进行,表6-1是安装力矩表。

安装力矩表　　表6-1

部件	拧紧力矩
稳定杆安装到副车架上 ◆使用新螺栓	20N·m+继续旋转90°
稳定杆安装到连接杆上 ◆使用新螺栓 ◆固定在方向节轴颈的套筒接头上	65N·m
转向器安装到副车架上 ◆使用新螺栓	50N·m+继续旋转90°
转向节主销连接到铸钢控制臂上 ◆使用新螺栓	65N·m

任务小结

(1)车架分为承载式车架和非承载式车架。

(2)副车架可以看成是前后车桥的骨架,是前后车桥的组成部分。副车架并非完整的车架,只是支承前后车桥、悬架的支架,使车桥、悬架通过它再与“正车架”相连,习惯上称为“副架”。

任务2　悬架的检修

任务描述

车主李先生反映,车辆在过弯或者加速及减速的时候,车辆上下窜得特别厉害,给驾驶人以及车辆乘客的乘坐舒适性带来很大影响。

悬架是汽车的车架与车桥或车轮之间的一切传力连接装置的总称，其作用是传递作用在车轮和车架之间的力和扭力，并且缓冲由路面传给车架或车身的冲击力，并衰减由此引起的振动，以保证汽车能平顺地行驶。

如果车辆在过弯或加减速时，车身振动厉害，就需要对悬架系统进行检修。

知识目标

(1)能描述悬架的作用、类型、特点。

(2)能描述独立悬架和非独立悬架的区别。

(3)能够描述悬架的各部分结构名称及功能。

技能目标

(1)能够依据汽车维修技术标准，对悬架的常见故障进行检修。

(2)能根据汽车维修手册的规范要求，正确更换减振器、弹簧、轴承等部件。

素质目标

(1)通过任务实施，培养热爱劳动、敬畏劳动、甘于奉献的精神。

(2)通过规范操作，培养严谨、扎实的工作作风。

建议学时:6 学时。

知识准备

悬架的结构

一、悬架的结构

典型的悬架结构由弹性元件、导向机构以及减振器组成，有的车型还有横向稳定器等。弹性元件又有钢板弹簧、空气弹簧、螺旋弹簧以及扭杆弹簧等形式，现代轿车悬架多采用螺旋弹簧和扭杆弹簧，有的高级轿车采用了气体弹簧。悬架的组成如图 6-11 所示。

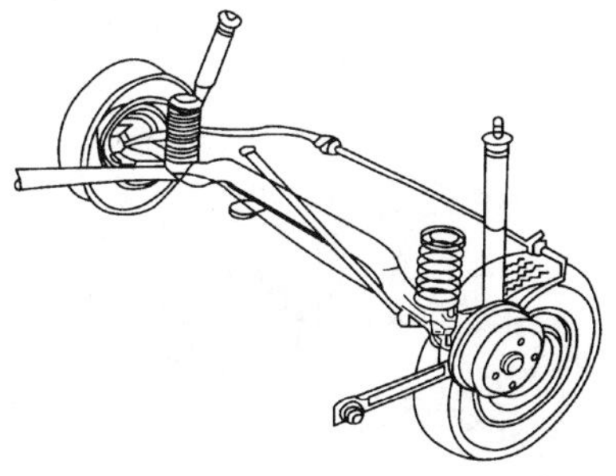

图 6-11　悬架的结构组成

1. 减振器

减振器是产生阻尼力的主要元件，其作用是迅速衰减汽车的振动，改善汽车的行驶平顺性，增强车轮和地面的附着力。另外，减振器能够降低车身部分的动载荷，延长汽车的使用寿命。

1)减振器原理

目前，汽车中广泛使用液压减振器，其基本原理如图 6-12 所示，当车架与车桥作往复相对运动时，减振器中的油液反复经过活塞上的阀孔，由于阀孔的节流作用及油液分子间的内摩擦力便形成了衰减振动的阻尼力，使振动的能量转变为热能，并由油液和减振器壳体吸收，然后散到大气中。

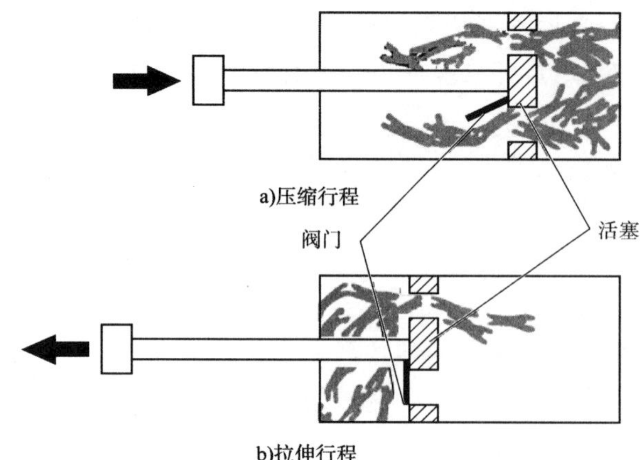

图6-12　减振器原理

阀门越大,阻尼力越小,反之亦然。相对运动速度越大,阻尼力越大,反之亦然。阻尼力越大,振动的衰减越快,但悬架弹性元件的缓冲效果不能发挥,乘坐也不舒适,因此,弹性元件的刚度与减振器的阻尼力要合理搭配,才能保证乘坐舒适性和操纵稳定性的要求。

2)双筒液压减振器

在双筒液压减振器中两个直径不同的缸筒套在一起且彼此相对移动。油液的工作室位于内侧缸筒内,活塞在工作室内移动。内侧缸筒与外侧缸筒之间为储油室。

活塞和活塞杆固定在车身上,内侧缸筒和外侧缸筒固定在车桥上。弹簧压缩或弹簧伸长时活塞挤压油液。弹簧压缩时经过活塞阀流入上部工作室内,弹簧伸长时经过活塞阀流入上部工作室内。图6-13所示为双筒液压减振器。

双筒液压减振器工作原理

图6-13　双筒液压减振器

3)单筒液压充气减振器

单筒液压充气减振器由以下部件组成:一个带阀门的活塞,活塞与活塞杆相连;一个分隔充气室和油液的浮动活塞；一个充满油液的缸筒。单筒液压充气减振器结构如图 6-14 所示。

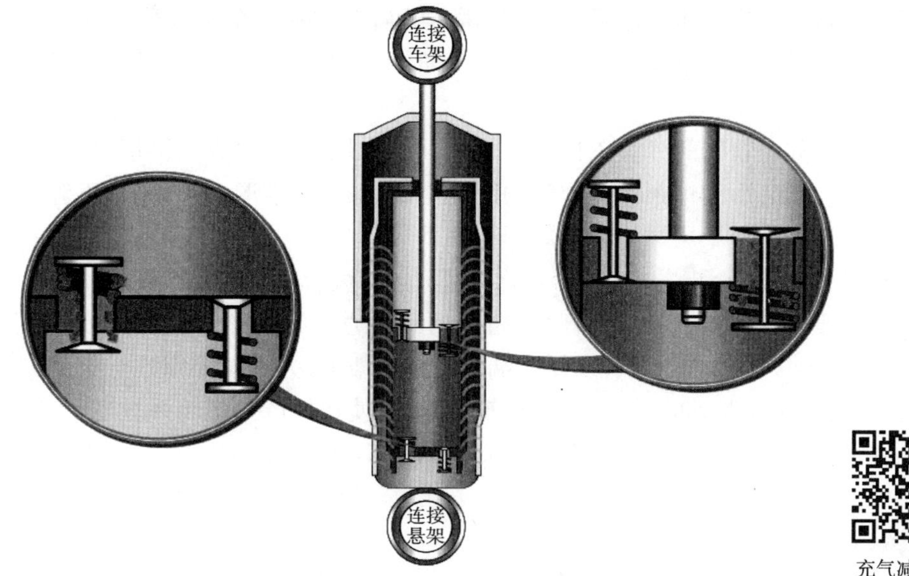

充气减振器
工作原理

图 6-14　单筒液压充气减振器

当弹簧压缩时，活塞向下移动。油液从缸筒下部通过阀门进入缸筒上部。活塞杆向下移动的部分体积通过气体压缩来补偿。

当车轮下跳时，减振器伸长。缸筒上部的油液受压通过阀门进入缸筒下部。气室的膨胀量等于活塞移出部分的体积。

2. 弹性元件

弹性元件承受垂直载荷，缓和和抑制不平路面引起的振动和冲击。弹性元件主要有钢板弹簧、螺旋弹簧、扭杆弹簧、气体弹簧和橡胶弹簧等。

汽车上常用的弹性元件包括钢板弹簧、螺旋弹簧、扭杆弹簧和气体弹簧等。

1）钢板弹簧

钢板弹簧由若干片长度不等的合金弹簧钢片叠加而成，构成一根近似等强度的弹性梁。

各弹簧片用中心螺栓连接，并保证各片的相对位置。中心螺栓距两端卷耳中心的距离可以是相等的，称为对称式钢板弹簧；也可以是不相等的，称为非对称式钢板弹簧。钢板弹簧的结构如图 6-15 所示。

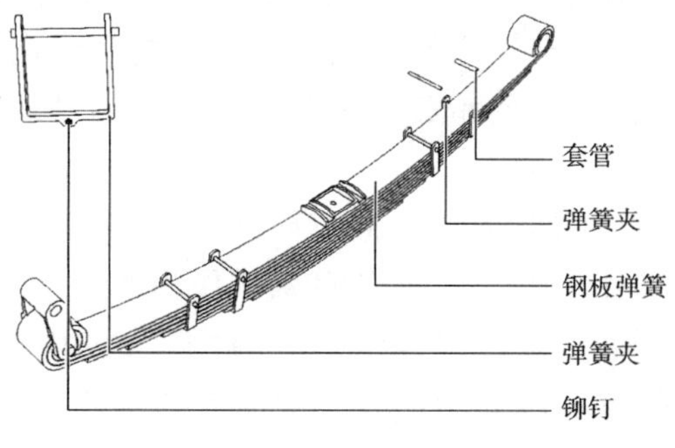

图 6-15　钢板弹簧

2)螺旋弹簧

螺旋弹簧广泛应用于独立悬架,有些轿车的后轮非独立悬架也采用螺旋弹簧做弹性元件。由于螺旋弹簧只能承受垂直载荷,且变形时不产生摩擦力,所以悬架中必须装有减振器和导向机构。

螺旋弹簧如由特殊的弹簧钢棒卷制而成,可以制成圆柱形或圆锥形,也可以制成等螺距或不等螺距。圆柱形等螺距螺旋弹簧的刚度是不变的,圆锥形、中凸型和不等螺距螺旋弹簧的刚度是可变的。悬架用螺旋弹簧如图6-16所示。

3)扭杆弹簧

扭杆弹簧是由弹簧钢制成的杆件,扭杆的断面通常为圆形,少数为矩形或管形,其两端制成花键、方形、六角形等形状,以便一端固定在车架上,另一端固定在悬架的摆臂上。摆臂与车轮相连,当车轮跳动时,摆臂绕扭杆轴线摆动,使扭杆产生扭转弹性变形,以保证车轮与车架的弹性联系。扭杆弹簧在汽车上的安装如图6-17所示。

图6-16　悬架用螺旋弹簧

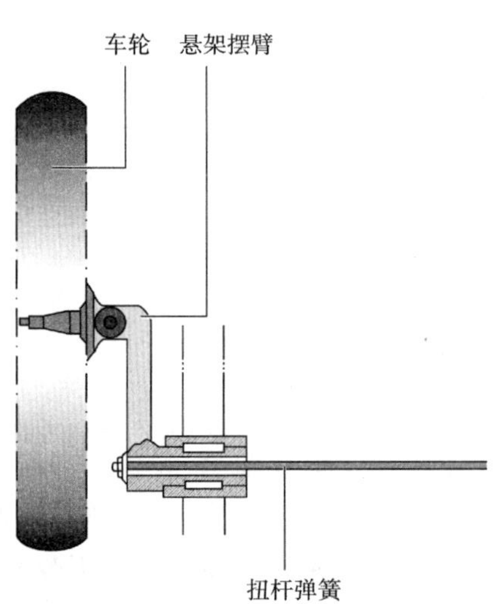

图6-17　扭杆弹簧在汽车上的安装示意

4)气体弹簧

气体弹簧分为空气弹簧和油气弹簧两种。

空气弹簧是利用密闭容器中空气的可压缩性制成的弹簧。它的变形与载荷关系特性线为曲线,可根据需要进行设计。空气弹簧能同时承受径向和轴向载荷,也能传递一定的扭矩,通过调整内部压力可获得不同的承载能力。空气弹簧的结构形式很多,有囊式和膜式等,如图6-18所示。

油气弹簧是利用气体的压缩来储存能量的弹性元件。它是在膜式空气弹簧的基础上发展出来的。它采用金属容器作为气室,以惰性的氮气作为弹性元件,并在活塞和气体之间有油液作为中间介质。油气弹簧的球形室固定在工作缸上,室的内腔用橡胶油气隔膜隔开,充入高压氮气的一侧为气室,与工作缸相通并充满油液的一侧为油室。油气弹簧的结构如图6-19所示。

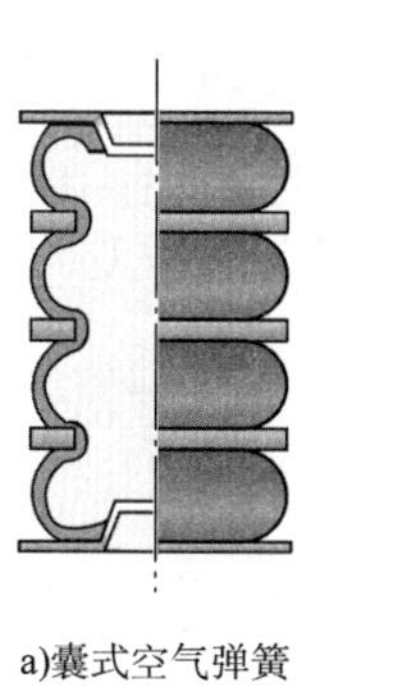

a)囊式空气弹簧

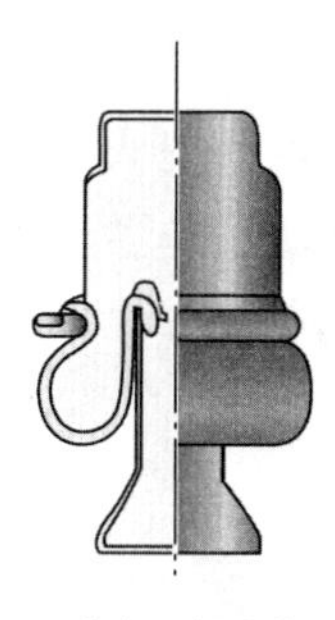

b)膜式空气弹簧

图 6-18　空气弹簧

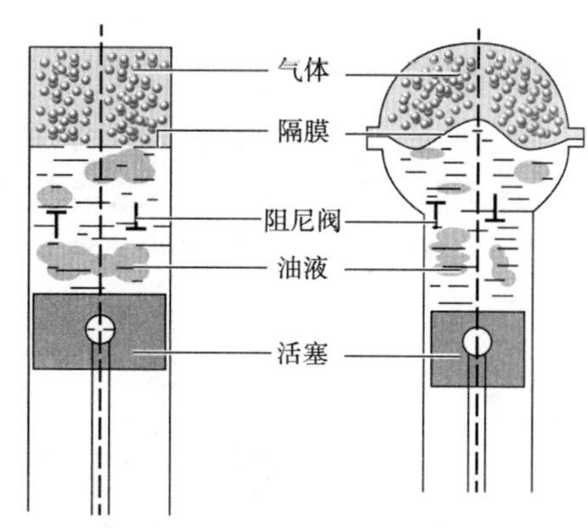

图 6-19　油气弹簧的结构

3. 导向机构

导向机构包括纵向推力杆和横向推力杆,用于传递纵向载荷和横向载荷,并保证车轮相对于车架(或车身)的运动关系。

4. 横向稳定器

横向稳定器的作用是防止车身在转向等情况下发生过大的横向倾斜。

二、典型悬架结构

悬架的分类

1. 悬架的分类

如图 6-20 所示,汽车悬架有非独立悬架和独立悬架两种类型。

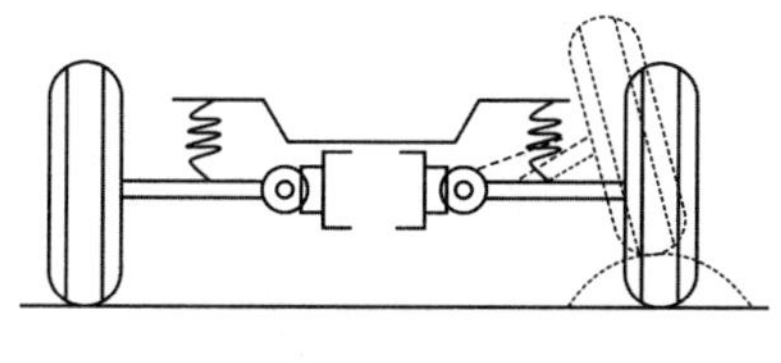

a)独立悬架

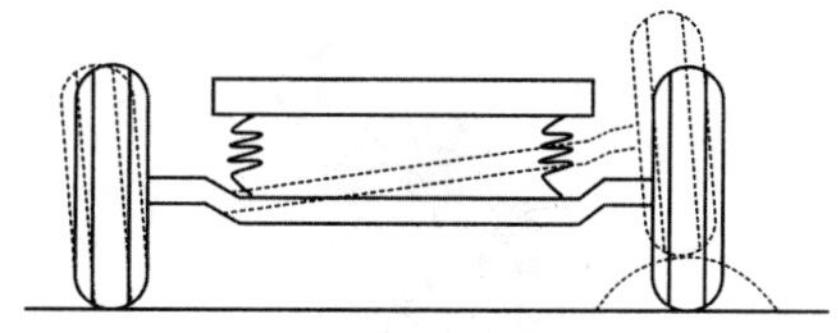

b)非独立悬架

图 6-20　非独立悬架和独立悬架

非独立悬架的结构特点是两侧车轮由一根整体式车架相连,车轮连同车桥一起通过弹性元件悬挂在车架或车身的下面。非独立悬架具有结构简单、成本低、强度高、维护容易、行车中前轮定位变化小的优点,但由于其舒适性及操纵稳定性都较差,在现代轿车中基本上已不再使用,多用在货车和大客车上。

独立悬架是每一侧的车轮都是单独地通过弹性元件悬挂在车架或车身下面。其优点是:质量轻,减少了车身受到的冲击,并提高了车轮的地面附着力;可用刚度较小弹簧,改善汽车的舒适性;可以使发动机位置降低,汽车重心也得到降低,从而提高汽车的行驶稳定性;左右车轮单独跳动,互不相干,能减小车身的倾斜和振动。

2.典型非独立悬架

1)钢板弹簧式非独立悬架

由于钢板弹簧可兼起导向机构的作用,使得悬架系统大为简化。这种悬架广泛用于货车的前、后悬架中。某些SUV的后悬架也使用钢板弹簧非独立悬架。它中部用U形螺栓将钢板弹簧固定在车桥上。钢板弹簧非独立悬架结构如图6-21所示。

钢板弹簧式非独立悬架

图6-21　钢板弹簧式非独立悬架

2)螺旋弹簧非独立悬架

螺旋弹簧非独立悬架一般只用于轿车的后悬架,如图6-22所示。两根纵向推力杆的中部与后桥焊接为一体,前端通过带橡胶的支承座与车身作铰链连接,后端与轮毂相连接。纵向推力杆用以传递纵向力及其力矩。整个后桥、纵向推力杆及车轮可以绕支承座的铰支点连线相对于车身作上、下纵向摆动。

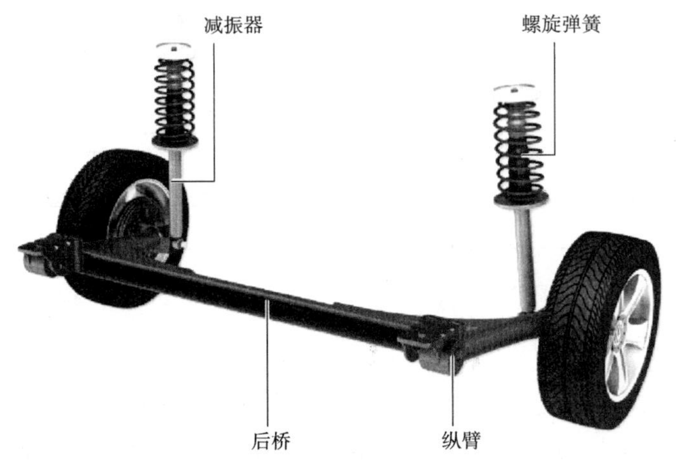

螺旋弹簧式非独立悬架

图6-22　螺旋弹簧式非独立悬架

3)纵臂扭转梁式非独立悬架

两个车轮分别通过纵臂连接,纵臂通过扭杆弹簧刚性连接。

采用纵臂扭转梁式非独立悬架的车辆,当两个车轮的弹簧压缩时相当于非独立悬架,而一个车轮的弹簧压缩时相当于独立悬架,所以某些汽车厂商常常把这种结构称为半独立悬架。这种结构的悬架常用于轿车后悬架。

3. 典型独立悬架

1）横臂式独立悬架

横臂式独立悬架旋转轴与车辆纵轴平行，如图6-23所示。横臂承受横向力和侧向力，常用于轿车桥悬架。

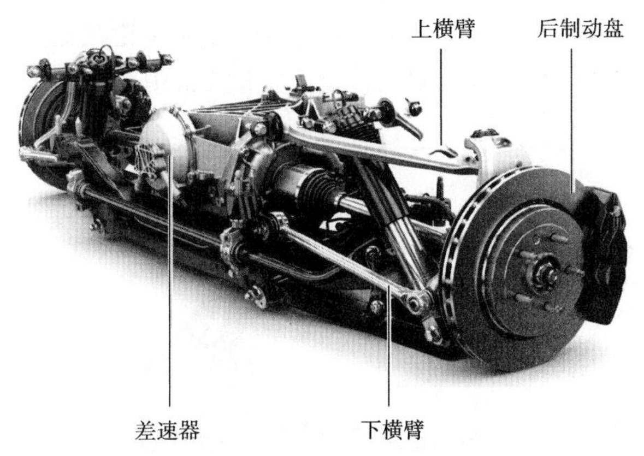

图6-23　横臂式独立悬架

2）纵臂式独立悬架

纵臂式独立悬架与车辆纵轴成90°角，如图6-24所示，纵臂只承受纵向力。纵臂式独立悬架常用于后悬架。

3）麦弗逊式独立悬架

麦弗逊式独立悬架通常由两个基本部分组成：支柱式减振器和横摆臂或A形托臂，结构如图6-25所示。下托臂通常是横臂或A形的设计，用于给车轮提供部分横向支撑力，以及承受全部的前后方向应力。整个车体的质量和汽车在运动时车轮承受的所有冲击就靠这两个部件承担。所以麦弗逊式独立悬架的一个最大的设计特点就是结构简单，结构简单能带来两个直接好处：悬架质量轻和占用空间小。

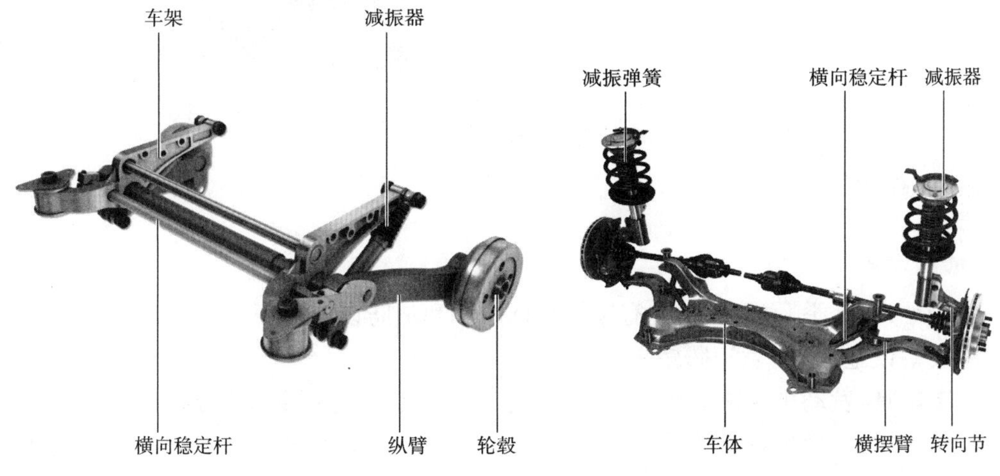

图6-24　纵臂式独立悬架

图6-25　麦弗逊式独立悬架

4)双叉臂式独立悬架

双叉臂式独立悬架又称双A臂式独立悬架,是双横臂的一种。双叉臂式独立悬架拥有上下两个叉臂,结构如图6-26所示。横向力由两个叉臂同时吸收,支柱只承载车身质量,因此,横向刚度大。双叉臂式独立悬架的上下两个A字形叉臂可以精确地定位前轮的各种参数,前轮转弯时,上下两个叉臂能同时吸收轮胎所受的横向力,加上两叉臂的横向刚度较大,所以转弯的侧倾较小。双叉臂式独立悬架通常采用上下不等长叉臂(上短下长),让车轮在上下运动时能自动改变外倾角,并且减小轮距变化,减小轮胎磨损。双叉臂式独立悬架常用于轿车前悬架。

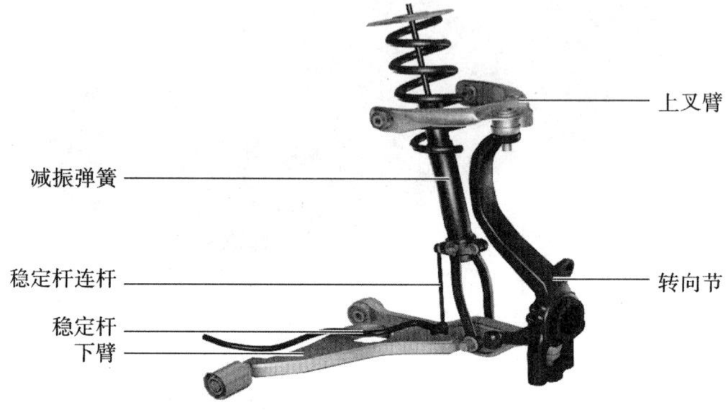

图6-26　双叉臂式独立悬架

5)多连杆式独立悬架

多连杆式独立悬架就是指由三根或三根以上连杆拉杆构成的悬架结构,以提供多个方向的控制力,使车轮具有更加可靠的行驶轨迹,多连杆式独立悬架结构如图6-27所示。常见的有三连杆、四连杆、五连杆等,这种悬架结构通常应用于前悬和后悬。

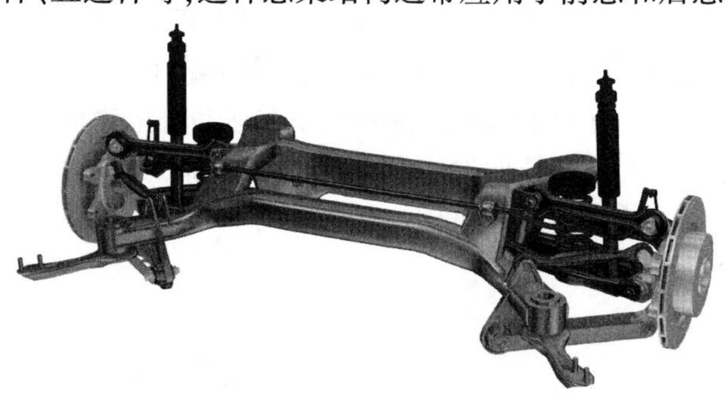

图6-27　多连杆式独立悬架

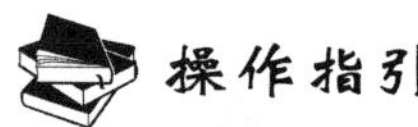

操作指引

1. 组织方式

(1)场地设施:举升机一台,装有废气抽排系统和消防设施的场地。

(2)设备设施:2011款迈腾轿车。

(3)工量具:发动机变速器举升装置、常用工具1套、悬架弹簧压缩器、扭力扳手。

(4)学习方式:学生自主学习与小组合作学习相结合,以小组为单位进行查阅维修资料制定工作计划并开展任务实施。

2. 操作要求

(1)穿着干净整齐的工作服。

(2)遵守场地安全规定,注意用电安全。

(3)正确使用悬架弹簧压缩器等工具。

任务实施

1. 拆卸减振器

(1)从减振器上拧下连接杆的六角螺母,如图 6-28 箭头所示。将连接杆拔下。

(2)拧出控制臂上的螺母,如图 6-29 所示。从控制臂中拔出带主销的车轮轴承支座,从轮毂中拔出传动轴的外侧万向节。

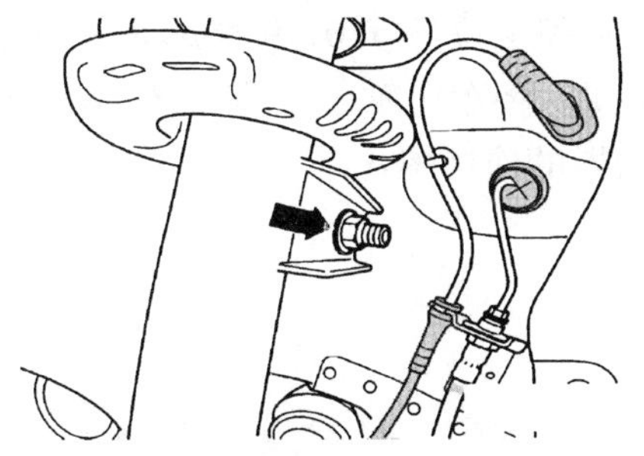

图 6-28 拆卸连接杆螺母

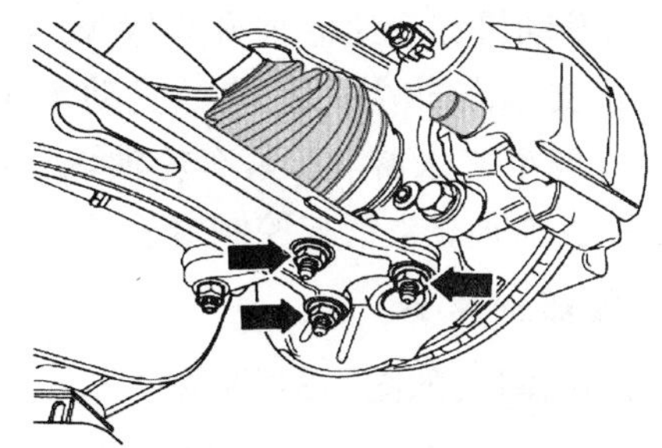

图 6-29 拧出控制臂上的螺母

(3)重新将转向节主销和控制臂安装在一起,将车轮螺栓定位件 T10149 安装到轮毂上,并用发动机和变速器举升装置 V. A. G 1383 A 支撑。

(4)拆卸车轮轴承支座/减振器的连接螺栓,如图 6-30 所示。

(5)将扩张器 3424 插入车轮轴承支座的开口内,如图 6-31 所示。将扩张器 3424 旋转 90°。用手将制动盘向减振器方向按压,使其相对减振器不得歪斜。

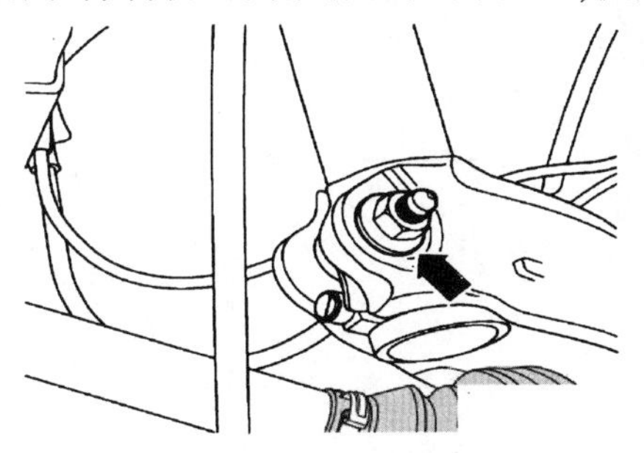

图 6-30 拆卸连接螺栓

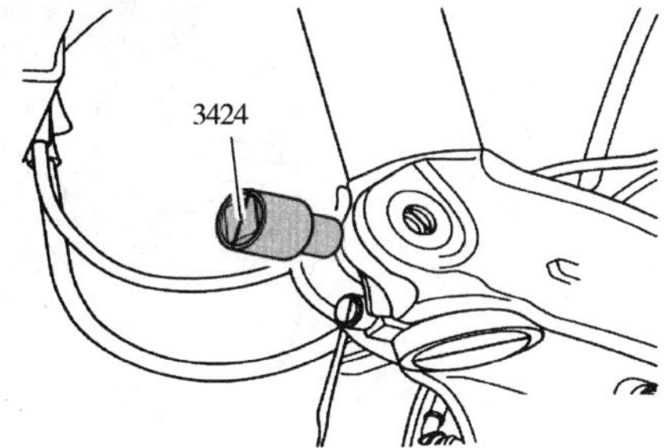

图 6-31 扩张器的使用

(6)将发动机和变速器举升装置 V. A. G 1383 A 降下,从减振器上向下拔出车轮轴承支座,直至减振器与车轮轴承支座分离。

拧下减振器上部的固定螺栓,如图 6-32 所示,取出减振器。

减振器的拆卸与安装

2. 安装减振器

(1)弹簧座上的两个标记(图 6-33)中的一个必须指向行驶方向。

图6-32　拆卸减振器上部固定螺母

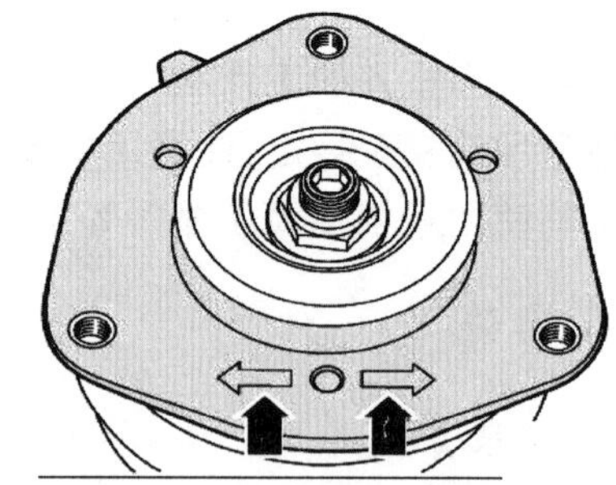
图6-33　弹簧座上的标记

(2)将减振器安装到支座上,拧紧减振器上部的紧固螺栓。

(3)用发动机和变速器举升装置 V. A. G 1383 A 和定位件 T10149 举起车轮轴承支座,将车轮轴承支座推向减振器,略微晃动车轮轴承支座。将车轮轴承支座安装到减振器上至限位位置。取出扩张器。拧紧车轮轴承支座和减振器的连接螺栓。

(4)安装转向节主销与控制臂连接螺栓。

3. 拆卸螺旋弹簧

(1)拆卸弹簧,如图6-34所示。

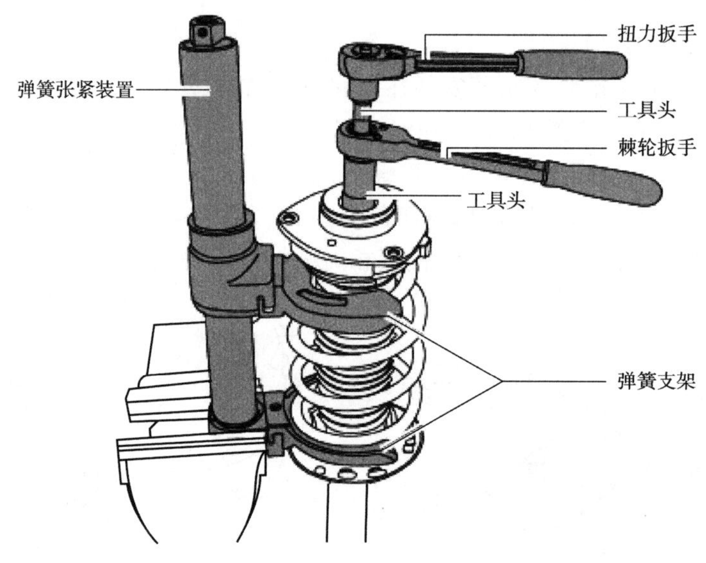

图6-34　拆卸弹簧

(2)拧出减振器活塞杆的六角螺母。取下弹簧座及带弹簧压紧装置 V. A. G 1752/1 的螺旋弹簧。

4. 安装螺旋弹簧

(1)用弹簧压紧装置压紧弹簧并装在底座上,弹簧底部必须紧贴限位位置,如图6-35所示。

(2)安装上部弹簧座,松开压紧装置,并取下。

5. 拆卸和安装控制臂

1)拆卸

(1)将转向盘旋至正前打直位置,并拔出点火钥匙锁定转向盘。

(2)松开车轮螺栓,升高汽车,拆下车轮,拆下下部隔音垫。

(3)拧出图 6-36 所示螺栓。

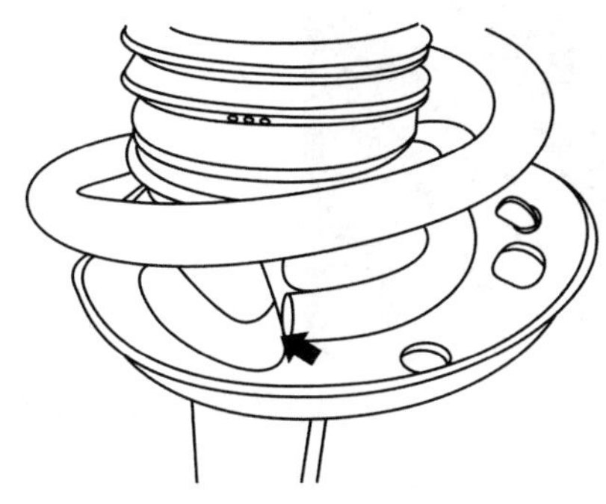

图 6-35 限位位置示意

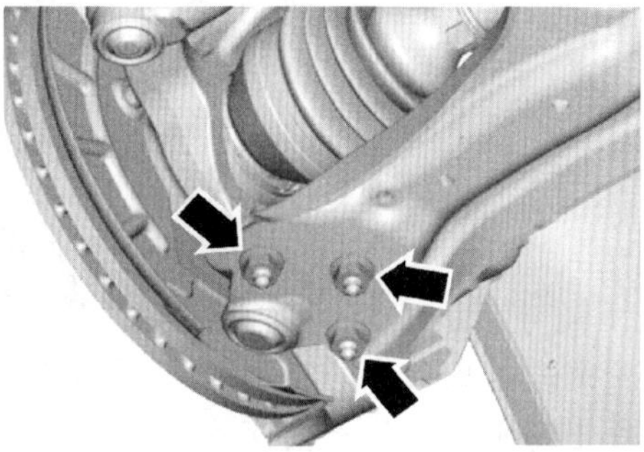

图 6-36 控制臂螺栓

(4)将转向主销从控制臂拉出,用定位工装更换螺栓。

(5)拧下汽车左侧位置图 6-37 所示 3 和 4 的螺栓。

(6)拧图 6-37 中螺栓 1,从副车架上取下带支撑座的控制臂。

2)安装

(1)将带支撑座的控制臂装入副车架。

(2)装上图 6-37 所示的螺栓 3 和 4,但不要拧紧。

(3)安装并拧紧图 6-37 所示的螺栓 1。

(4)用新的螺栓替换定位工装并拧紧。

(5)将控制臂安装到转向节主销上并拧紧螺栓,如图 6-37 所示。

(6)在空载位置上,用螺栓 3 和 4 将控制臂拧紧到副车架上。

(7)其余的安装以倒序进行。

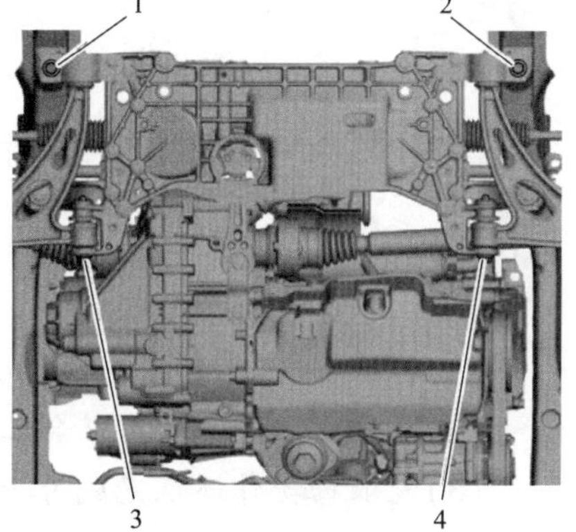

图 6-37 副车架螺栓

1、2、3、4-螺栓

任务小结

(1)悬架按照左右车轮的独立性分为独立悬架和非独立悬架。

(2)常见的独立悬架有:麦弗逊悬架、双叉臂式悬架和多连杆悬架等。

(3)悬架的结构:弹性元件、减振器、导向机构和横向稳定器。

(4)拆装悬架时要注意弹簧压缩器的正确使用。

任务3 轮胎的检修

任务描述

客户李先生的汽车轮胎侧壁发生剐蹭,轮胎侧壁损毁严重。

车轮是汽车底盘中的重中之重,最早的车轮是由木头制造的,这从中国古代的战车上和国外的绅士马车上都能看出。哥伦布发现新大陆时发现了橡胶并带回了欧洲,使得轮胎逐步从木头变成了橡胶。

轮胎如果侧壁发生剐蹭造成胎壁受损,需要对轮胎进行更换。

知识目标

(1)能描述轮胎的作用、类型及特点。

(2)能描述轮胎的结构组成。

(3)能描述轮胎型号等信息的含义。

技能目标

(1)能依据企业、行业标准,能识别轮胎的磨损极限。

(2)能依据维修手册要求会正确选用轮胎型号。

(3)能依据操作规范完成对轮胎的更换操作。

素质目标

(1)通过任务实施,弘扬劳动精神。

(2)通过任务学习,培养爱岗敬业的意识。

建议学时:6学时。

知识准备

车轮和轮胎功用

一、车轮总成

汽车车轮总成(图6-38)由车轮和轮胎两大部分组成,是汽车行驶系统的重要部件。其主要功用是：

轮胎的结构

(1)支承整车质量。

(2)缓和由路面传递来的冲击载荷。

(3)通过轮胎和路面之间的附着作用为汽车提供驱动力和制动力。

(4)产生平衡汽车转向离心力的侧向力，以便顺利转向。此外，车轮和轮胎(特别是轿车轮胎)还是汽车重要的安全件。几乎所有的汽车行驶性能都与轮胎有关。

二、车轮

车轮是介于轮胎和车桥之间承受负荷的旋转组件，其功用是安装轮胎、承受轮胎与车桥之间的各种载荷。

车轮一般由轮毂、轮辋和轮辐组成，轮辋和轮辐如图6-39所示。轮毂通过圆锥滚子轴承装在车桥或转向节轴颈上，用于连接车轮与车桥。轮辋用于安装和固定轮胎。轮辐用于将轮毂和轮辋连接起来，并通过螺栓与轮毂连接起来。

图6-38　车轮总成

图6-39　轮辋和轮辐

三、轮辐

按轮辐(Wheel Spoke)结构的不同，车轮可以分为两种形式：辐板式车轮和辐条式车轮。

按辐条结构的不同，辐条式车轮又分为钢丝辐条式车轮和铸造辐条式车轮。钢丝辐条式车轮仅用于摩托车、赛车和某些高级轿车上。铸造辐条式车轮常用于重型货车上，辐条与轮毂铸成一体。十辐式和十五辐式车轮如图6-40和图6-41所示。

图6-40　十辐式车轮

图6-41　十五辐式车轮

四、轮辋

轮辋(rim)规格名称采用"轮辋名义直径×/—轮辋名义宽度 轮辋轮廓代号"表示,也可采用"轮辋名义宽度 轮辋轮廓代号×/—轮辋名义直径"表示。例:"15×5JJ 4×100"中的15代表15in的轮辋直径,5in的轮辋宽度,JJ代表轮辋边缘形状及轮辋轮廓尺寸,4×100代表孔数与孔距。

轮辋的常见形式主要有:深槽轮辋、平底轮辋和对开式轮辋。

1. 深槽轮辋

深槽轮辋是整体的,其断面中部为一深凹槽,主要用于轿车及轻型越野汽车。它有带肩的凸缘,用以安放外胎的胎圈,其肩部通常略向中间倾斜,其倾斜角一般是5°±1°。倾斜部分的最大直径即称为轮胎胎圈与轮辋的直径。断面的中部制成深凹槽,以便于外胎的拆装。深槽轮辋的结构简单,刚度大,质量较小,对于小尺寸弹性较大的轮胎最适宜。但是尺寸较大又较硬的轮胎,则很难装进这样的整体轮辋内。深槽轮辋的结构如图6-42所示。

2. 平底轮辋

平底轮辋的结构形式很多,图6-43所示的轮辋断面中部是平直的。挡圈是整体的,用一个开口弹性锁圈来将挡圈固定在轮辋上。在安装轮胎时,先将轮胎套在轮辋上,然后套上挡圈,将它向内推,直至越过轮辋上的环槽,再将开口的弹性锁圈嵌入环槽。平底轮辋适用于尺寸较大弹性较小的轮胎。

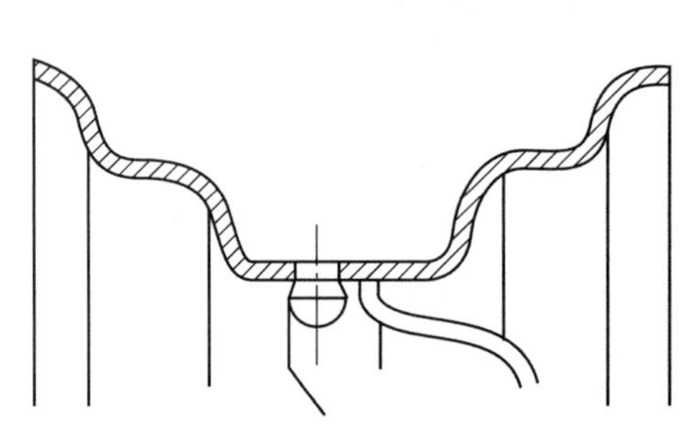

图6-42 深槽轮辋

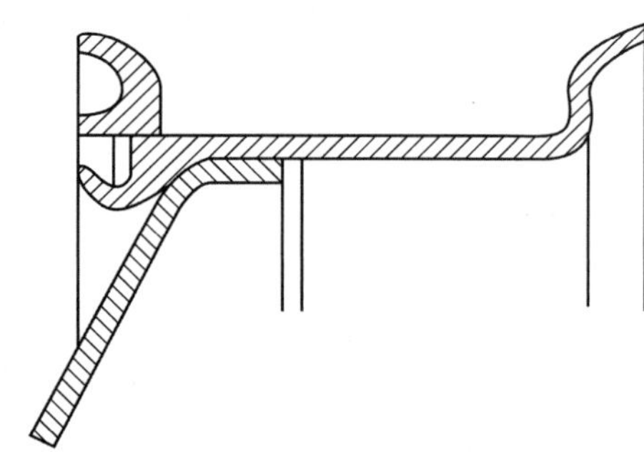

图6-43 平底轮辋

3. 对开式轮辋

对开式轮辋由内外两部分组成(图6-44),其内外轮辋的宽度可以相等,也可以不等,两者用螺栓连成一体。拆装轮胎时,拆卸螺母即可。挡圈是可拆的。有的无挡圈,而由与内轮辋制成一体的轮缘代替挡圈的作用,内轮辋与辐板焊接在一起。

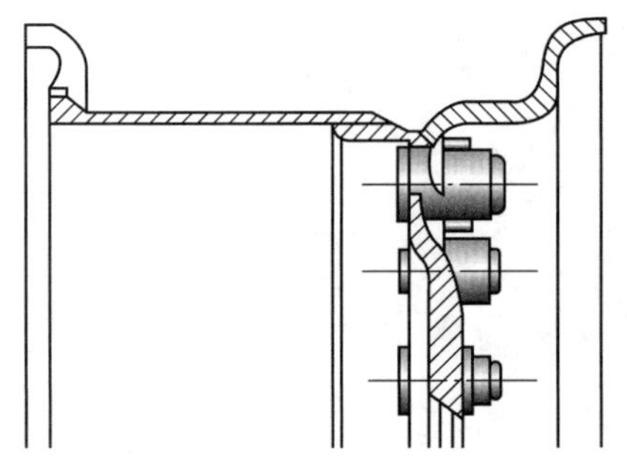

图6-44 对开式轮辋

近几年来,为了适应提高轮胎负荷能力的需要,开始采用宽轮辋。试验表明,采用宽轮辋可以提高轮胎的使用寿命,并可以改善汽车的通过性和行驶稳定性。

五、轮胎

按轮胎内空气压力的大小，轮胎分为高压胎（0.5～0.7MPa）、低压胎（0.2～0.5MPa）和超低压胎（0.2MPa 以下）三种。

按轮胎有无内胎，轮胎分为有内胎轮胎和无内胎轮胎（又称真空胎）两种。

按胎体帘布层结构的不同，轮胎分为斜交轮胎和子午线轮胎。

1. 有内胎轮胎

内胎是一个环形的橡胶管，上面装有气门嘴，以便充入或排出空气。垫带是一个环形的橡胶带，它垫在内胎与轮辋之间，以保护内胎不被轮辋和胎圈磨伤。有内胎轮胎结构如图 6-45 所示。

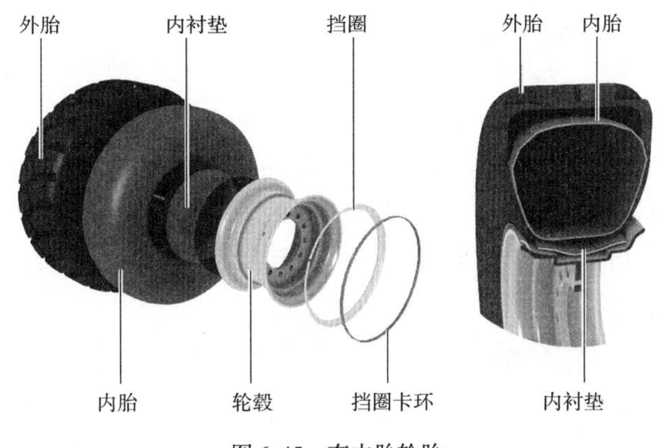

图 6-45　有内胎轮胎

2. 无内胎轮胎

无内胎轮胎俗称真空胎，在外观上与普通轮胎相似，但是没有内胎及垫带。无内胎结构如图 6-46 所示。

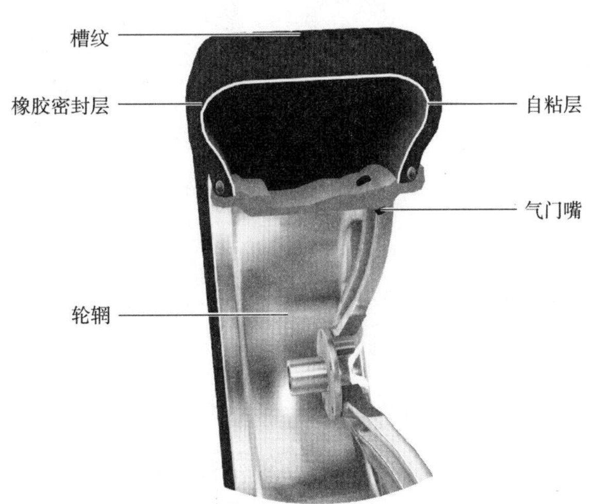

图 6-46　无内胎轮胎

课堂讨论：

（1）说出轮胎的构造。

(2)说出你所知道的轮胎花纹的类型。

3. 外胎结构

外胎由胎面、帘布层、缓冲层和胎圈组成。胎面是轮胎的外表面,可分为胎冠、胎肩和胎侧三部分。图6-47所示为外胎结构剖视图,图6-48所示为外胎结构局部剖视图。

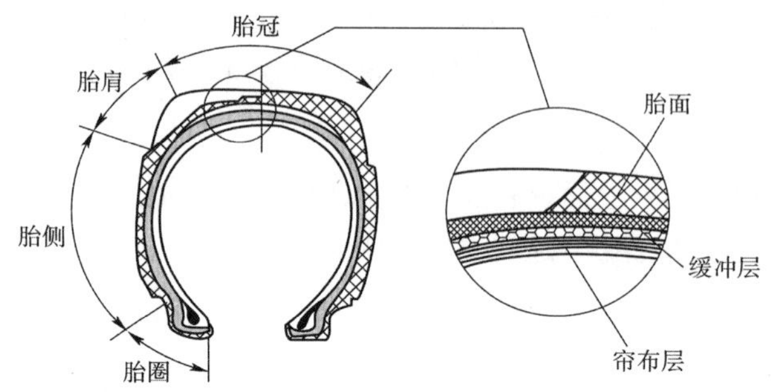

图6-47 外胎结构剖视图

帘布层是外胎的骨架,主要用于承受载荷,保持外胎的形状和尺寸,并使其具有足够的强度。按照帘布层帘线排列方式的不同,外胎可以分为斜交轮胎和子午线轮胎。子午线轮胎可分为三种:全钢丝子午线轮胎、半钢丝子午线轮胎和全纤维子午线轮胎等。带纤维层半钢丝子午线轮胎如图6-49所示。

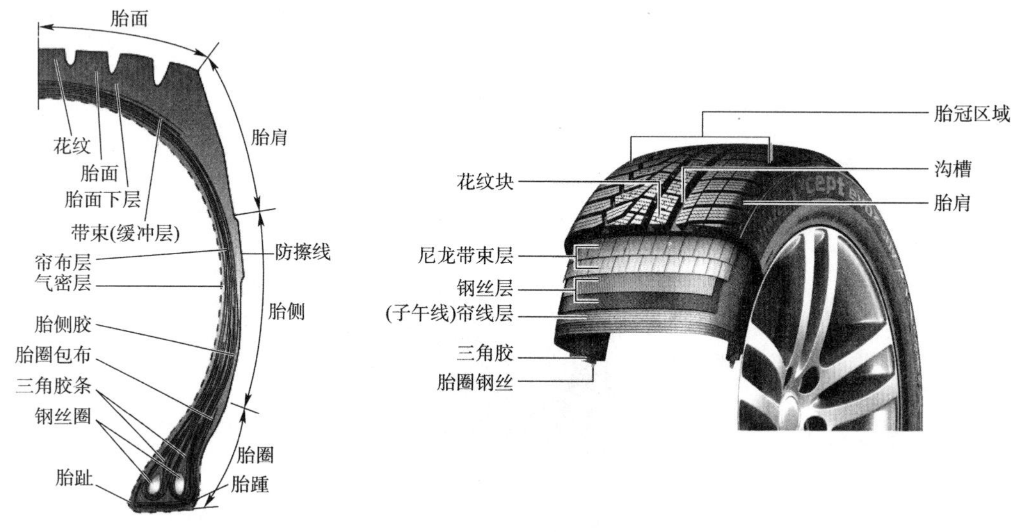

图6-48 外胎结构局部剖视图

图6-49 带纤维层半钢丝子午线轮胎

4. 子午线轮胎规格

以195/65 R 15 91T为例,子午线轮胎规格见表6-2。

子午线轮胎规格 表6-2

195	轮胎宽度(mm)	R	子午线轮胎	91	载荷等级615kg
65	高宽比(%)	15	轮辋直径(in)	T	速度等级190km/h

图6-50所示为子午线轮胎规格参数。载荷等级及对应的最大载荷质量见表6-3,速度

等级及对应的最高车速见表6-4。

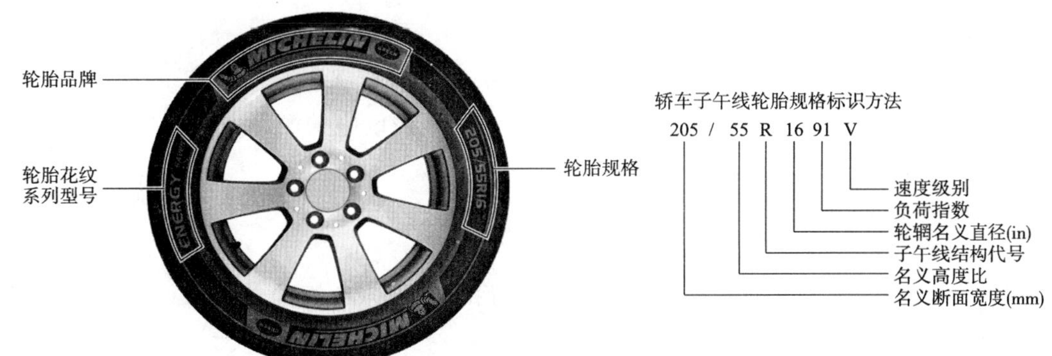

图6-50 轮胎规格

载荷等级及对应的最大载荷质量 表6-3

载荷等级	最大载荷质量(kg)	载荷等级	最大载荷质量(kg)
87	545	115	1237
88	560	116	1275
89	580	117	1315
90	600	118	1355
91	615	119	1397
92	630	120	1440
93	650	121	1485
94	670	122	1531
95	690	126	1578
96	710	124	1627
97	730	125	1677
98	750	—	—

速度等级及对应的最高车速表 表6-4

速度等级	最高车速(km/h)	速度等级	最高车速(km/h)
L	120	T	190
M	130	U	200
N	140	H	210
P	150	V	240
Q	160	Z	240 以上
R	170	W	270 以下
S	180	Y	300 以下

另外,在轮胎规格前加“P”表示轿车轮胎;在胎侧标有“REINFORCED”表示经强化处理,“RADIAL”表示子午线胎,“TUBELESS”(或TL)表示无内胎(真空胎),“M + S”(Mud and Snow)表示适于泥地和雪地,“→”表示轮胎旋向,不可装反。

操作指引

1. 组织方式

(1)场地设施:举升机一台,装有废气抽排系统和消防设施的场地。

(2)设备设施:2011 款迈腾轿车轮胎。

(3)工量具:常用工具1套、轮胎拆装器。

(4)耗材:轮胎、气门芯。

(5)学习方式:学生自主学习与小组合作学习相结合,以小组为单位进行查阅维修资料制定工作计划并开展任务实施。

2. 操作要求

(1)穿着干净整齐的工作服。

(2)遵守场地安全规定,注意用电安全。

(3)正确使用轮胎拆装器。

任务实施

更换轮胎

1. 拆卸轮胎

(1)拆下气门芯,放出轮胎中所有气体。

(2)用轮胎装配机上的边缘松开器压出轮胎,如图6-51所示。

(3)压下轮胎边缘,并在轮胎边缘涂上轮胎装配膏,如图6-52所示。

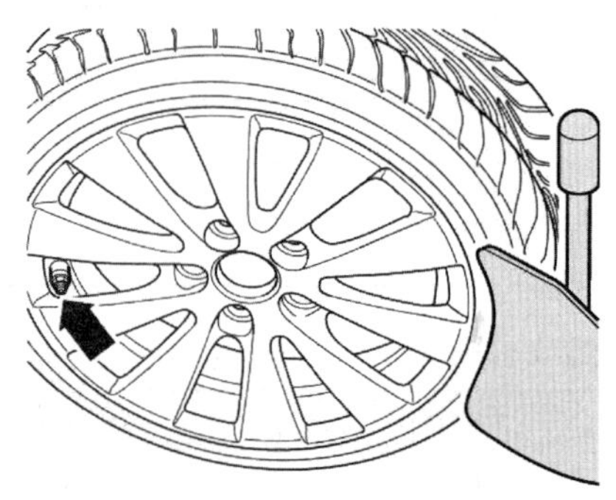

图6-51　压出轮胎边缘

图6-52　压下轮胎边缘并涂抹轮胎装配膏

(4)将轮胎安装到轮胎装配机上,用撬棍将轮胎边缘撬过装配头上的装配销,取下撬棍,顺时针转动轮胎装配机,直到轮胎上边缘完全脱下,如图6-53所示。

2. 安装轮胎

(1)在轮辋边缘、轮胎边缘涂上轮胎装配膏,首先安装轮胎下侧。

(2)用轮胎装配机压入轮胎至轮辋内,如图6-54所示。

(3)为轮胎充气,将轮胎充气压力充为0.4MPa,用于轮胎“回坐”,然后拧入新的气门芯,将轮胎压力调至规定值。

(4)对车轮进行动平衡操作。

(5)安装车轮到车上,以规定力矩拧紧螺栓。

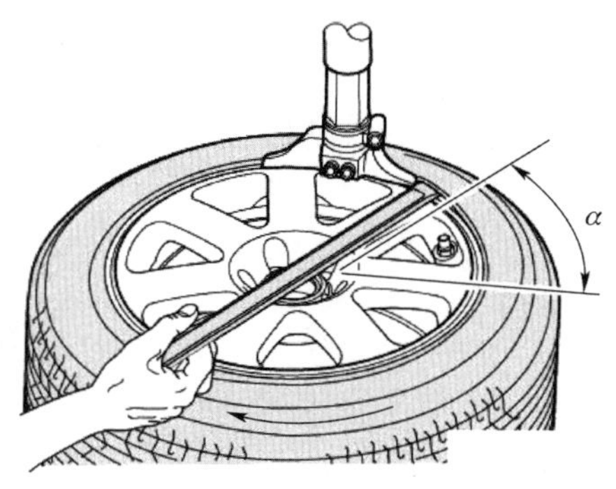

图 6-53 轮胎上边缘脱下

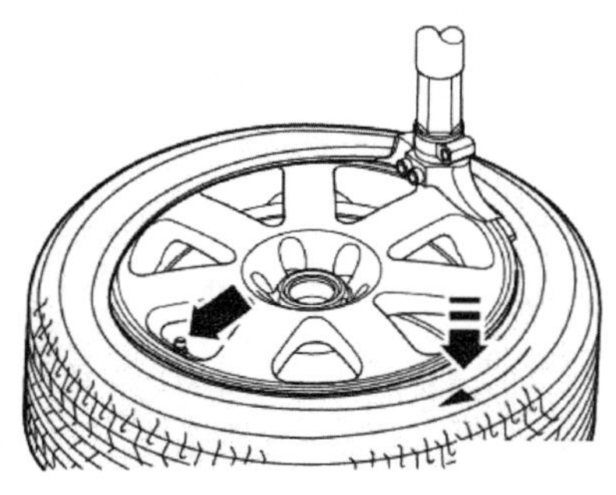

图 6-54 用轮胎装配机压入轮胎至轮辋内

任务小结

(1)车轮总成由车轮和轮胎组成。

(2)轮胎现在最常见的是子午线轮胎。

(3)子午线轮胎规格:以 175/70R 14 77H 为例,175 代表轮胎宽度是 175mm,70 表示轮胎断面的扁平比是 70%,即断面高度是宽度的 70%,轮辋直径是 14in,负荷指数为 77,车速等级是 H 级。

(4)在使用轮胎拆装机时,一定要注意对轮胎边缘的保护。

任务 4 车轮的动平衡

任务描述

客户李先生的汽车在高速行驶时一旦车速上 80km/h,转向盘就会剧烈抖动。

由于汽车车轮是高速旋转元件,若质心与旋转中心不重合,则会产生静不平衡,此时不平衡质量会在车轮旋转时产生离心力,离心力大小与不平衡质量、不平衡点与车轮旋转中心之间的距离和车轮转速有关。

转向盘在某时速发生抖动时,一般是要对车轮进行动平衡操作。

知识目标

(1)能描述车轮动平衡的功用。

(2)能描述车轮动平衡的类型。

车轮不平衡原理

技能目标

车轮平衡工作原理

(1)能依据故障现象,分析产生车轮动不平衡的原因。

(2)能依据维修规范,对车轮进行动平衡操作。

素质目标

(1)能在小组团队中完成学习活动,养成文明实践、精益求精的精神。

(2)能在任务实施过程中,争做有理想、敢担当、能吃苦、肯奋斗的新时代好青年。

建议学时:4 学时。

知识准备

由于车轮不平衡会造成振动,从而使汽车的附着力减小,车轮的跳动又会损坏减振器及其他零件,如果车轮动平衡不好会造成轮胎的异常磨损,也会影响车辆的稳定。造成车辆在行驶中车轮抖动、转向盘振动的现象。特别是前轮,振动会通过转向系统传到转向盘,不但影响驾驶,严重的还会导致转向系统的松旷。

如果在高速行车时感到转向盘抖动或是车轮出现有节奏的异响,这时可能就是车轮需要做动平衡。尤其是当更换轮胎、轮毂或是补过轮胎后、车轮受过大的撞击、由于颠簸导致平衡块丢失等都应该对车轮做动平衡。

现在所用的平衡块包括挂钩式和粘贴式两种。粘贴式平衡块如图 6-55 所示,常用于铝合金轮辋。挂钩式平衡块如图 6-56 所示,常用于钢制轮辋和部分铝合金轮辋。

图 6-55 粘贴式平衡块

图 6-56 挂钩式平衡块

产生车轮转动不平衡的原因有:

(1)前轮定位不当,尤其是前束和主销倾角。

(2)轮胎和轮辋以及轮辐等因变形或质量不均匀而先天形成的重心偏离。

(3)因轮毂和轮辋定位误差使安装中心与旋转中心难以重合。

(4)维修过程的拆装破坏了原有的重心。

操作指引

轮胎动平衡

1. 组织方式

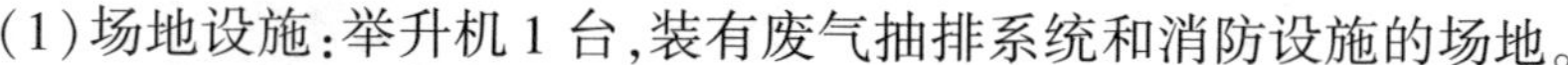

(1)场地设施:举升机1台,装有废气抽排系统和消防设施的场地。

(2)设备设施:迈腾轿车。

(3)工量具:常用工具1套、平衡机1台。

(4)学习方式:学生自主学习与小组合作学习相结合,以小组为单位进行查阅维修资料制定工作计划并开展任务实施。

2. 操作要求

(1)穿着干净整齐的工作服。

(2)遵守场地安全规定,注意用电安全。

(3)正确使用万用表、诊断仪等工量具。

任务实施

(1)检查轮胎外观,去掉泥土、砂石,如图6-57所示。

(2)去掉旧平衡块,如图6-58所示。

图6-57 检查轮胎外观

图6-58 去掉旧平衡块

(3)检查轮胎气压,并充气至规定气压值。

(4)选择合适的锥体并安装锥体,如图6-59所示。

(5)测量轮辋到仪器的距离,在平衡机中输入轮辋到仪器的距离,如图6-60、图6-61所示。

(6)测量轮辋的宽度,键入轮辋的宽度,如图6-62、图6-63所示。

(7)在轮胎上查找轮辋的直径(R后面的数值)。在平衡机上输入轮辋直径,如图6-64所示。

图6-59　安装合适的锥体

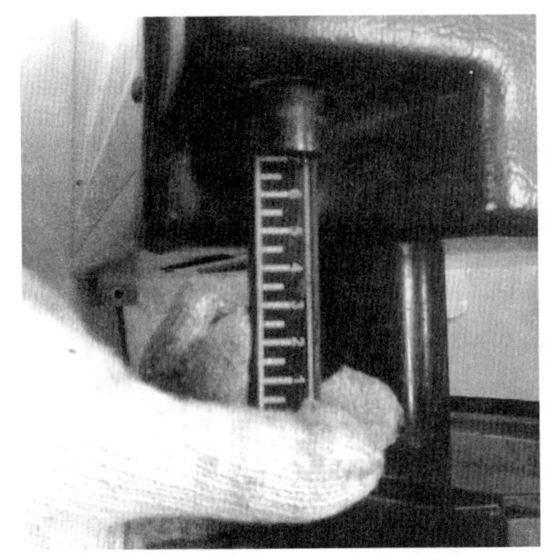
图6-60　测量轮辋到仪器的距离

图6-61　输入轮辋到仪器的距离

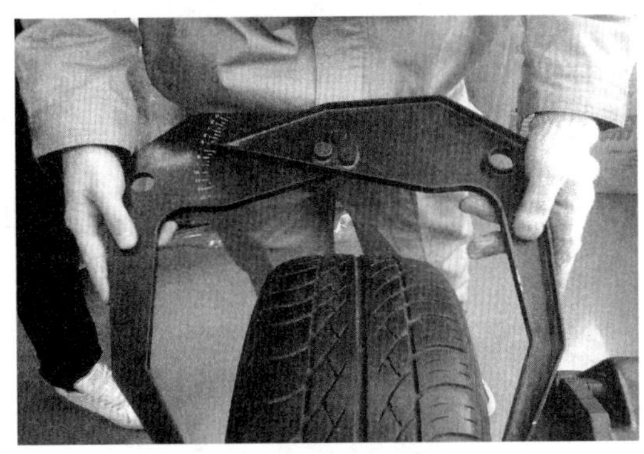
图6-62　测量轮辋的宽度

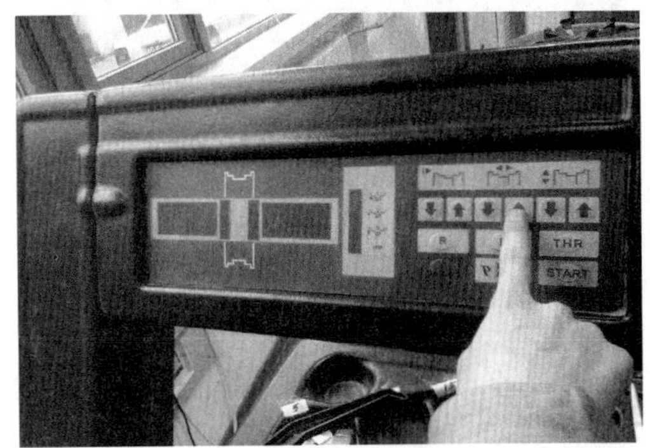

图6-63　键入轮辋的宽度

图6-64　在平衡机上输入轮辋直径

(8)按下启动键,开始测量。

(9)当车轮自动停转后,从显示器中读出车轮内、外动不平衡量,如图6-65所示。

(10)用手慢慢旋转车轮,当动平衡机右侧所有指示灯亮起时,停止转动车轮,如图6-66所示。

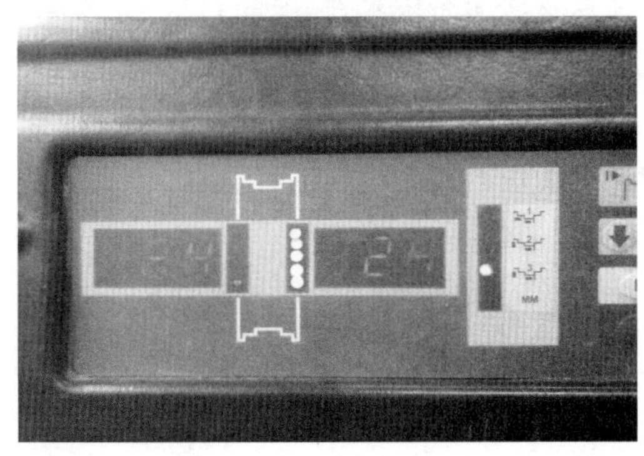

图 6-65 读出车轮内、外动不平衡量

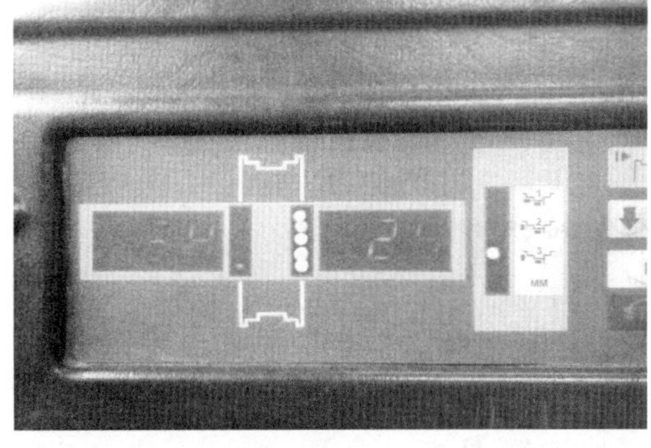

图 6-66 动平衡机右侧所有指示灯亮起

(11)根据动平衡机显示的动不平衡量,在轮辋外侧的上部(时钟 12 点位置)的边缘加装平衡块,如图 6-67 所示。

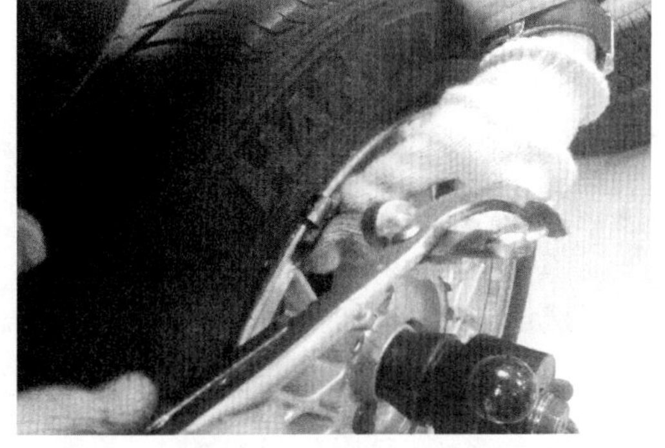

图 6-67 在轮辋外侧的上部的边缘加装平衡块

(12)用手慢慢旋转车轮,当动平衡机右侧所有指示灯亮起时,停止转动车轮。根据动平衡机显示的动不平衡量,在轮辋内侧的上部(时钟十二点位置)的边缘加装平衡块。

(13)重新启动动平衡机,进行动平衡试验,直至动不平衡量 <5g,机器显示"00"时为止。

(14)取下车轮,关闭电源,测试结束。

任务小结

(1)车轮的动不平衡会造成转向盘抖动。

(2)动平衡块分为挂钩式和粘贴式。

任务 5 车 轮 定 位

任务描述

客户李先生的汽车在行驶过程中发生行驶跑偏,经检查轮胎和转向系统都没有故障。

现代汽车的车轮定位是指车轮、悬架系统元件以及转向系统元件，安装到车架(或车身)上的几何角度与尺寸须符合一定的要求，保证汽车行驶的稳定性和安全性，减少汽车的磨损和油耗。

车辆发生行驶跑偏或轮胎偏磨，就要对车辆进行车轮定位操作。

知识目标

(1)能描述车桥的种类和结构。

(2)掌握车轮定位参数的含义(前束、主销内倾、主销后倾、车轮外倾等参数)。

技能目标

(1)能依据故障现象，分析转向盘跑偏、轮胎异常磨损等故障的原因。

(2)能依据维修规范，对车辆进行车轮定位操作。

素质目标

(1)在任务实施过程中，培养努力钻研的精神，不断提出真正解决问题的新理念、新思路、新办法。

(2)能在任务实施过程中养成垃圾分类处理、废弃物循环利用的环保意识。

建议学时:8学时。

知识准备

一、车桥的种类

车桥是通过悬架和车架(或承载式车身)相连，两端安装汽车车轮的桥式结构。

车桥能够传递车架(或承载式车身)与车轮之间各方向作用力及其力矩，其对汽车的动力性、稳定性、承载能力等性能有着重要的影响。如果是作为驱动桥，除了承载作用外还起到驱动、减速和差速的作用。

根据车桥的结构形式，车桥可以分为整体式和断开式两种，如图6-68和图6-69所示。

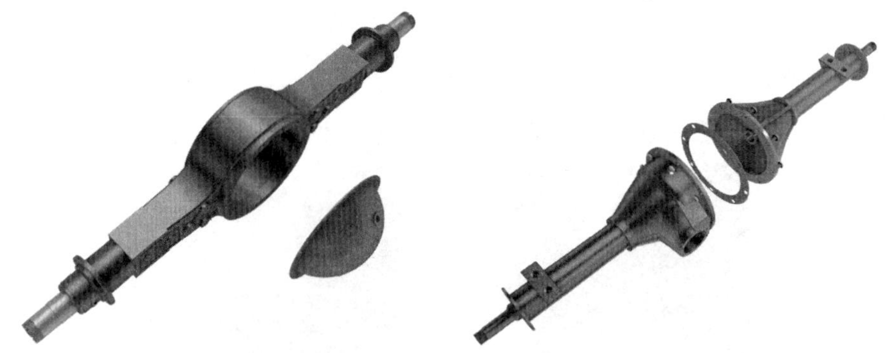

图6-68　整体式驱动桥　　图6-69　断开式驱动桥

根据车桥的作用不同，车桥可分为转向桥、驱动桥、支持桥和转向驱动桥。

二、车辆定位

1. 主销的形式

主销是传统汽车上转向轮转向时的回转中心,是一根较粗的销轴。现代许多独立悬架的汽车已经没有实体主销了。但在车轮定位中,仍然沿用主销这个名词,把它作为转向轮的转向轴线的代名词,这种虚拟主销采用上、下球头销代替主销,上、下球头销球头中心的连线相当于主销轴线。两种主销形式如图 6-70 所示。

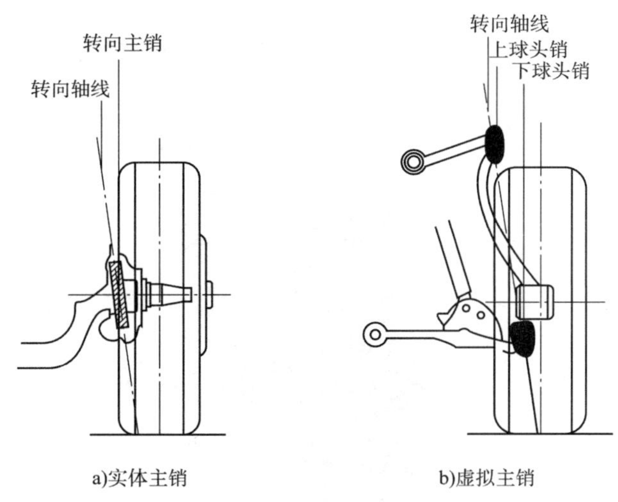

图 6-70 主销的形式

2. 主销后倾

在汽车纵向垂直平面内主销轴线与通过前轮中心垂线的夹角称为主销或倾角,如图 6-71 所示。向垂线后面倾斜的角度称为正后倾角,向前倾斜的角度称为负后倾角。

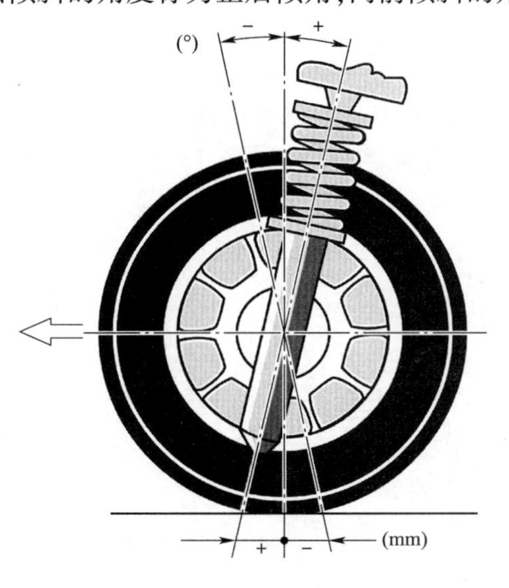

图 6-71 主销后倾

主销后倾原理

主销后倾角的作用：

(1)保证汽车直线行驶的稳定性。按照传统的汽车理论，主销后倾角越大，行驶中产生的离心力就越大，防止车轮发生偏转的反向推力就越大，所以主销后倾角越大，汽车直线行驶的稳定性就越好。但是主销后倾角越大，汽车转向时所克服的反向推力就越大，转向就越重，所以主销后倾角不能超过3°。

(2)适当加大主销后倾角是帮助车轮回正的有效方法。转向轮发生偏转时，主销后倾角帮助转向轮自动回正到中间位置。

3. 主销内倾

在汽车横向平面内主销轴线与铅垂线的夹角即为主销内倾角，如图6-72所示。

图6-72　主销内倾

主销内倾基本原理

主销内倾角有以下两个作用：

(1)帮助转向轮自动回正。

(2)使转向轻便。

4. 前束

从汽车正上方向下看，轮胎的中心与汽车的纵向线之间的夹角称为前束角。前束的作用是消除由于外倾角所产生的轮胎侧滑。如图6-73所示，A减去R的值为前束，如果此值为负，则为负前束。

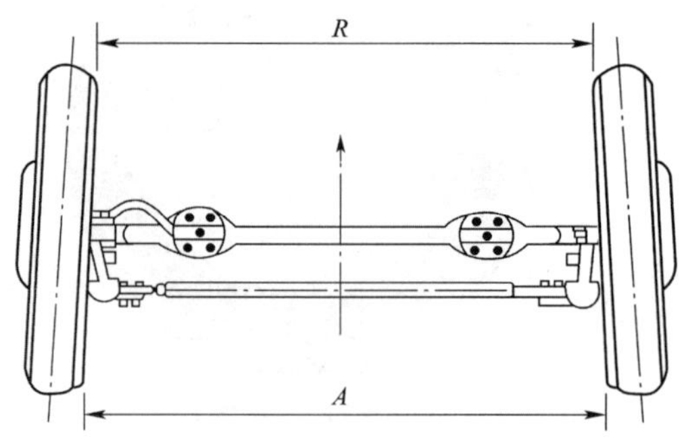

图6-73　前束

当正前束太大时，轮胎外侧磨损会有正外倾角太大所形成的磨损状态，胎纹磨损形式为羽毛状。当用手从内侧向外侧抚摸，胎纹外缘有锐利的刺手感觉。

当负前束太大时，轮胎内侧会有负外倾角太大所形成的磨损形态，胎纹磨损形式为羽毛状。当用手从外侧向内侧抚摸，胎纹外缘有锐利的刺手感觉。

羽状磨损如图6-74所示。

5. 车轮外倾

从汽车的前方看，轮胎的几何中心线与地面的铅垂线的夹角称为外倾角。轮胎的上缘偏向内侧（靠近发动机）或偏向外侧（偏离发动机）。如果车轮顶部偏向车的垂直中心线外侧则为正，反之为负。现代汽车多为车轮负外倾，这样在汽车转向时可避免车身过分倾斜。车轮外倾如图6-75所示，车轮负外倾如图6-76所示。

图6-74　羽状磨损

图6-75　车轮外倾

前轮外倾原理

车轮外倾角负方向过大，轮胎的内侧容易磨损，外倾角正向过大，轮胎的外侧容易磨损，同时会降低转向行驶的性能。轮胎的单侧磨损如图6-77所示。

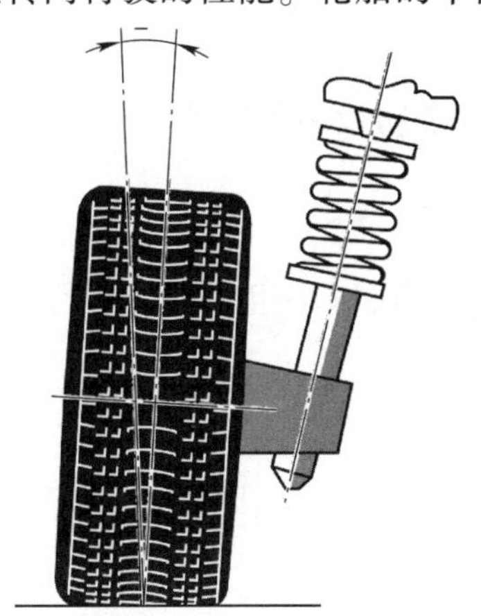

图6-76　车轮负外倾

图6-77　轮胎单侧磨损

6. 何时做车轮定位

（1）车辆年检前。

(2)新车行驶达3000km时。

(3)车辆每行驶半年或车辆行驶达1万km时。

(4)车辆更换或调整轮胎、悬架系统后。

(5)车辆更换转向系统及零件时。

(6)车辆直行时转向盘不正。

(7)车辆直行时需紧握转向盘。

(8)车辆转向时,转向盘太重或无法自动回正。

(9)轮胎不正常磨损。

(10)事故车维修后。

表6-5为更换前桥或后桥部件需要做四轮定位的说明表。

四轮定位

更换前桥或后桥部件需要做四轮定位的说明 表6-5

已更换前桥部件	必须进行四轮定位		已更换后桥部件	必须进行四轮定位	
	是	否		是	否
控制臂		×	下部横摆臂	×	
控制臂橡胶金属支座		×	上部横摆臂	×	
车轮轴承支座	×		横拉杆	×	
转向横拉杆/转向横拉杆头	×		车轮轴承支座	×	
转向器	×		副车架	×	
副车架	×		螺旋弹簧		×
减振器支柱		×	减振器		×
稳定杆		×	稳定杆		×
			纵摆臂	×	

操作指引

1.组织方式

(1)场地设施:举升机一台,装有废气抽排系统和消防设施的场地。

(2)设备设施:迈腾轿车。

(3)工量具:常用工具1套。

(4)学习方式:学生自主学习与小组合作学习相结合,以小组为单位进行查阅维修资料制定工作计划并开展任务实施。

2.操作要求

(1)穿着干净整齐的工作服。

(2)遵守场地安全规定,注意用电安全。

(3)正确使用万用表、诊断仪等工量具。

任务实施

(1)准备工作。四轮定位工位一般包括一个专用举升设备和一套四轮定位测量系统。

检查四轮定位系统升降平台的水平度,以确保其尽可能保持在同一水平面上。根据要求,转角盘和滑板安装面的最大高度误差:左、右侧最大允许高度误差为 ±0.5mm,前、后部最大允许高度误差为 ±1.0mm,对角线最大允许高度误差为 ±1.0mm。

使用时,在车辆驶上平台前,需要先根据车辆的轴距和轮距调整转角盘和滑板的位置,并使用固定销插入销孔以定位。设备使用后也要及时清理杂物,并用护罩罩在转角盘和滑板上,以保持清洁。

将车辆驶上升降平台,检查并确认四轮中心分别对正各自的转角盘和滑板中心。再一次检查轮辋内的定位孔和车轮的接触面是否清洁。

(2)打开四轮定位主机,进入软件界面。

(3)安装四个轮夹,如图 6-78 所示。

(4)依次在轮夹上安装 4 个传感器,如图 6-79 所示。

图 6-78 安装轮夹

图 6-79 安装 4 个传感器

(5)调平 4 个传感器,使指示灯显示绿色(有些传感器是气泡居中显示)。

(6)连接传感器进行轮辋补偿操作,如图 6-80 所示。

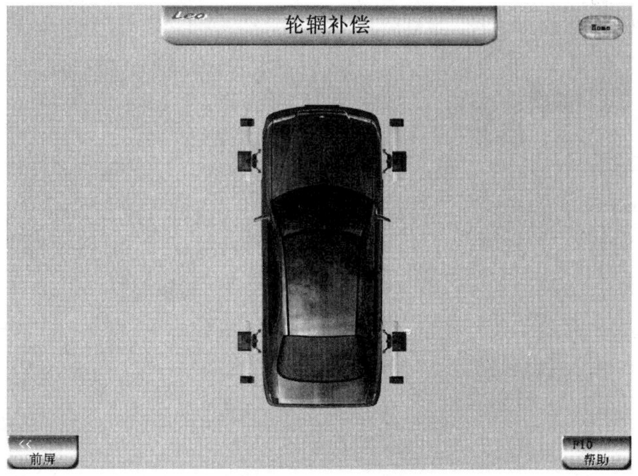

图 6-80 轮辋补偿

(7)按照屏幕提示转动转向盘,最后对正转向盘,如图 6-81 所示。

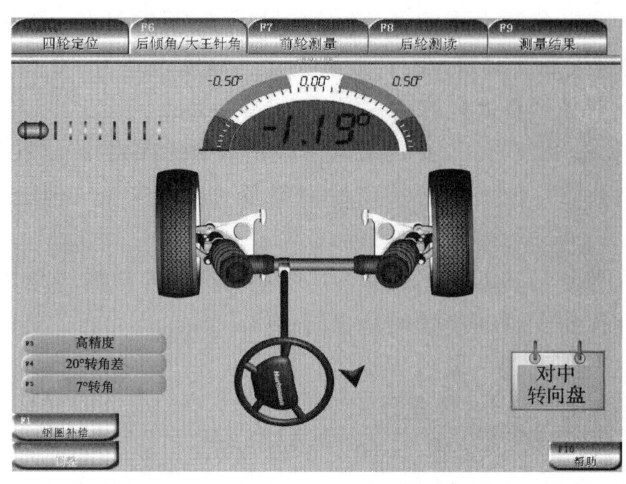

图6-81　转动转向盘操作

(8)用转向盘固定架和行车制动固定架固定转向盘和制动,如图6-82所示。

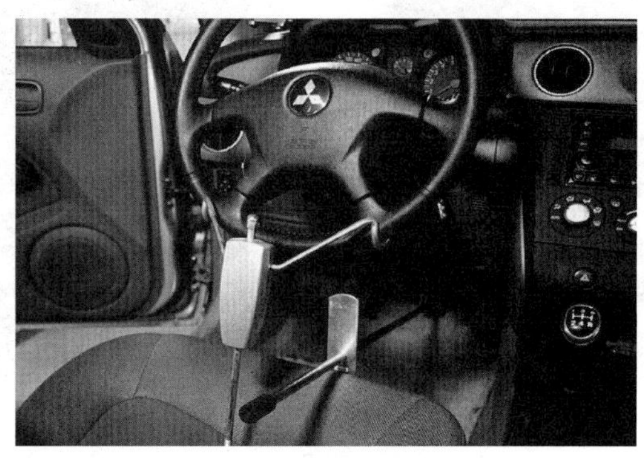

图6-82　固定转向盘和制动

(9)调整前轮外倾角。松动车身两侧副车架2(图6-83的螺栓1),可以通过如箭头3所示的方向推拉车轮外倾角调节到额定值,用新螺栓将副车架固定在车身上。

(10)调整后桥车轮外倾角。松开副车架上部横摆臂螺栓连接的螺母A,通过旋转偏心螺栓的六角头(图6-84)调节外倾角。

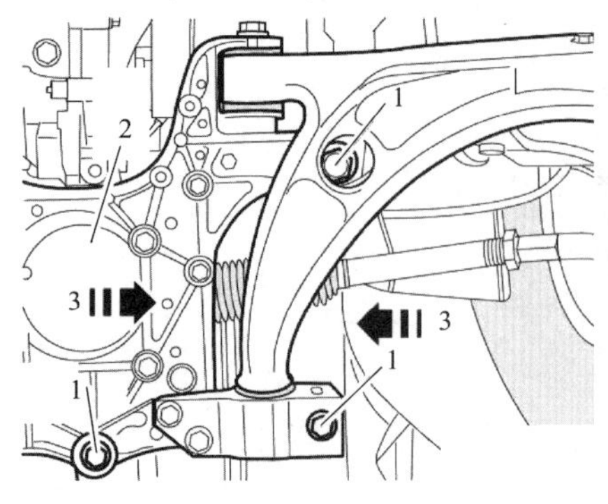

图6-83　松动螺栓

1-螺栓;2-副车架;3-箭头

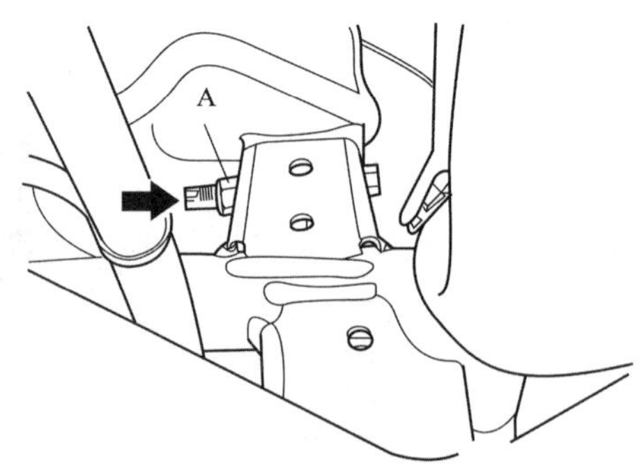

图6-84　旋转偏心螺栓

A-螺母

(11)调节后桥前束。松开图 6-85 所示螺母 1,旋转偏心螺栓 2,直至达到额定值,重新拧紧螺母。

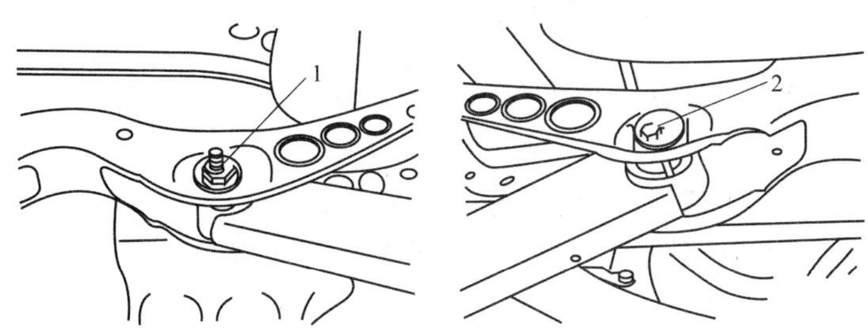

图 6-85 调整参数

1-螺母;2-偏心螺栓

(12)调节前桥前束(图 6-86),松开横拉杆防松螺母 3,通过选择横拉杆来调节前束,直至调至正常值,锁紧防松螺母。

图 6-86 调节前桥前束

1-转向横拉杆;2-转向横拉杆球头;3-锁紧螺母

(13)调整完后对比出产参数。

任务小结

(1)车桥分为驱动桥、转向桥、转向驱动桥和支持桥。

(2)车辆定位的参数包括前束、车辆外倾、主销后倾和主销后倾。

(3)车辆在行驶跑偏时就应当对车辆进行车辆定位检测并对参数进行调节。

习题

一、判断题

1. 减振器的工作原理就是利用液体流动的阻力来消耗振动的能量,使振动消失。 ( )

2. 主销后倾角越大,车速越高,转向轮的稳定效应越强,但转向越沉重。 ( )

3. 主销内倾角越大或转向轮转角越大,则汽车前部抬起越高,转向轮自动回正作用越强烈,但转向越费力。 ( )

4. 主销内倾角是在前轴制造加工时,使主销孔向内倾斜而获得的。 ( )

5. 前轮外倾角大时,虽然对安全和操纵有利,但是将使轮胎横向偏磨加剧。 ( )

6. 前轮外倾和主销内倾一样都不能调整其大小,但使用独立悬架的车辆,有的可以调整。 ( )

7. 双向作用筒式液力减振器在伸张行程产生的最大阻尼力远远超过了压缩行程内的最大阻尼力。 ( )

8. 螺旋弹簧悬架中必须装置传力、导向杆件和减振器。 ( )

9. 螺旋弹簧只能承受垂直载荷,本身没有摩擦,无减振作用。 ( )

10. 车架是整个汽车的基体,能将行驶系联结成一个整体。 ( )

二、单选题

1. 转向轮围绕( )摆动。

A. 转向节　B. 转向节轴　C. 主销　D. 前轴

2. 一辆4×4的越野汽车的前桥属于( )。

A. 转向桥　B. 转向驱动桥　C. 驱动桥　D. 支持桥

3. 转向轮定位中,使转向轮自动回正且转向轻便是靠( )。

A. 主销后倾　B. 主销内倾　C. 前轮外倾　D. 前轮前束

4. 无梁式车架是以( )兼代车架。

A. 车身　B. 机体　C. 变速器壳　D. 驱动桥壳

5. 能减轻汽车轮毂轴承锁紧螺母的负荷而提高前轮工作安全性使转向轻便的是( )。

A. 前轮前束　B. 前轮外倾　C. 主销后倾　D. 主销外倾

6. 为保证汽车行驶的稳定性,应( )。

A. 适当增加汽车底盘的质量　B. 增大前轮转向角

C. 尽可能地降低汽车的重心　D. 减轻车架质量

7. 能使车轮自动回正,而保证汽车直线行驶稳定性的是( )。

A. 前轮前束　B. 前轮外倾

C. 主销后倾　D. 主销外倾

8. 前轮定位的四个参数中,通过改变横拉杆长度进行调整的是( )。

A. 主销后倾　B. 主销内倾　C. 前轮外倾　D. 前轮前束

9. 能使前轮在每一瞬间的滚动方向都接近正前方的是( )。

A. 主销后倾　B. 主销内倾　C. 前轮外倾　D. 前轮前束

10. 使转向轮自动回正,并使转向轻便的是( )。

A. 主销后倾　B. 主销内倾　C. 前轮外倾　D. 前轮前束

三、多选题

1. 下面哪一项属于车轮定位项目( )。

A. 前束　B. 主销后倾　C. 主销内倾　D. 主销外倾

2. 下面哪个属于悬架的组成( )。

A. 弹性元件　B. 减振器　C. 导向机构　D. 横拉杆

3. 下面(　　)悬架属于独立悬架。

A. 麦弗逊式独立悬架　　B. 双叉臂悬架

C. 多连杆悬架　　D. 钢板弹簧悬架

4. 弹性元件包括有(　　)。

A. 螺旋弹簧　　B. 扭杆弹簧　　C. 钢板弹簧　　D. 气体弹簧

5. 轮胎的花纹有(　　)。

A. 横向花纹　　B. 纵向花纹　　C. 混合花纹　　D. 单导向花纹

6. 独立悬架一般与(　　)式车桥配用,非独立悬架与(　　)式车桥配用。

A. 断开　　B. 整体　　C. 柔性　　D. 支持

7. 根据车桥作用的不同,车桥可分为(　　)、(　　)、(　　)和(　　)4 种类型。

A. 转向桥　　B. 转向驱动桥　　C. 驱动桥　　D. 支持桥

8. 下面属于后轮定位内容的是(　　)。

A. 前束　　B. 主销后倾　　C. 主销内倾　　D. 车轮外倾

9. 下面属于车轮总成的一部分的是(　　)。

A. 轮毂　　B. 轮辐　　C. 轮辋　　D. 轮胎

10. 轮胎按照帘布层可分为(　　)。

A. 斜交轮胎　　B. 子午线轮胎　　C. 横向轮胎　　D. 纵向轮胎

项目七　电控悬架系统故障诊断与修复

项目概述

电控悬架系统主要有半主动悬架和主动悬架两种。半主动悬架是指悬架元件中的弹簧刚度和减振器阻尼力之一可以根据需要进行调节。而主动悬架能根据需要自动调节弹簧刚度和减振器的阻尼力，从而能够同时满足汽车行驶平顺性和操纵稳定性等各方面的要求。主动悬架按照弹簧的类型，又可以分为空气弹簧主动悬架和油气弹簧主动悬架。

电控悬架系统结构复杂，如果传感器执行器或控制系统出现故障，就要对电控悬架系统进行检修。

主要学习任务

1. 电控悬架传感器和执行器检修
2. 电控悬架综合故障检修

任务1　电控悬架传感器和执行器检修

任务描述

李先生的奥迪A8轿车车身高度无法自动调节，也即在按下模式按钮后，无论在任何速度，车身高度均无任何变化。

如果电控悬架的传感器或执行器出现故障,就会导致这种车身高度无法调节,这时,应对电控悬架的传感器和执行器进行检修。

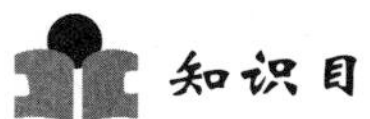

知识目标

(1)能够正确描述电控悬架的结构与功用。
(2)能够正确描述电控悬架的类型及特点。
(3)能够正确描述电控悬架的工作原理。

技能目标

(1)能用万用表,对电控悬架传感器和执行器进行检测。
(2)能使用诊断仪等设备,对电控悬架系统进行故障诊断与排除。

素质目标

(1)通过任务实施,培养吃苦耐劳的好品质。
(2)通过任务实施,培养良好的劳动意识和劳动能力,树立正确的劳动观念。

建议学时:6 学时。

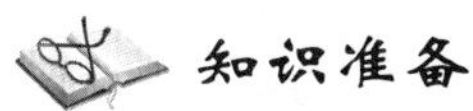

知识准备

一、奥迪 A8 自适应空气悬架组成

奥迪 A8 轿车作为奥迪品牌的顶级车型,配备了新开发的自适应空气悬架。它利用电子减振调控装置,可以实时跟踪汽车当前的行驶状态,测得车轮的运动状态(非簧载质量)和车身的运动状态(簧载质量)。在四个可选模式范围内,实现不同的减振特性曲线。每个减振器都可单独进行调控。因此,在设定好的每种模式(舒适型或运动型)下均能够保证汽车具有最佳的舒适性和行车安全性。在设定的模式的框架下,车身高度自动调控程序和减振特性曲线被整合成一个系统。奥迪 A8 自适应空气悬架组成如图 7-1 所示。奥迪 A8 空气悬架原理图如图 7-2 所示。

二、奥迪 A8 自适应空气悬架结构原理

1. 空气弹簧

空气弹簧采用外部引导式。它被封装在一个铝制的圆筒内。为了防止灰尘进入圆筒和(空气弹簧)伸缩囊之间,用一个密封圈密封线圈活塞和气缸之间的区域。密封圈可在维修时更换,空气弹簧伸缩囊不能单独更换。出现故障时,必须更换整个弹簧/减振支柱。

2. 减振器

减振器使用了一个无级电子双管气压减振器(无级减振控制系统二 COC 减振器)。活塞上的主减振阀门通过弹簧机械预紧。在阀门上方安装有电磁线圈,连接导线经由活塞杆的空腔与外部连接。减振力主要取决于阀门的通流阻力。流过油的通流阻力越大,减振力也就越

大。当电磁线圈上没有电流作用时,减振力达到最大。减振力最小时,电磁线圈上的电流大约为1800mA。在紧急运行时不对电磁线圈通电。这样就设定了最大减振力,并通过其来保证车辆行驶时动态稳定。减振器结构如图7-3所示,奥迪A8减振器工作原理如图7-4所示。

图7-1　奥迪A8自适应空气悬架

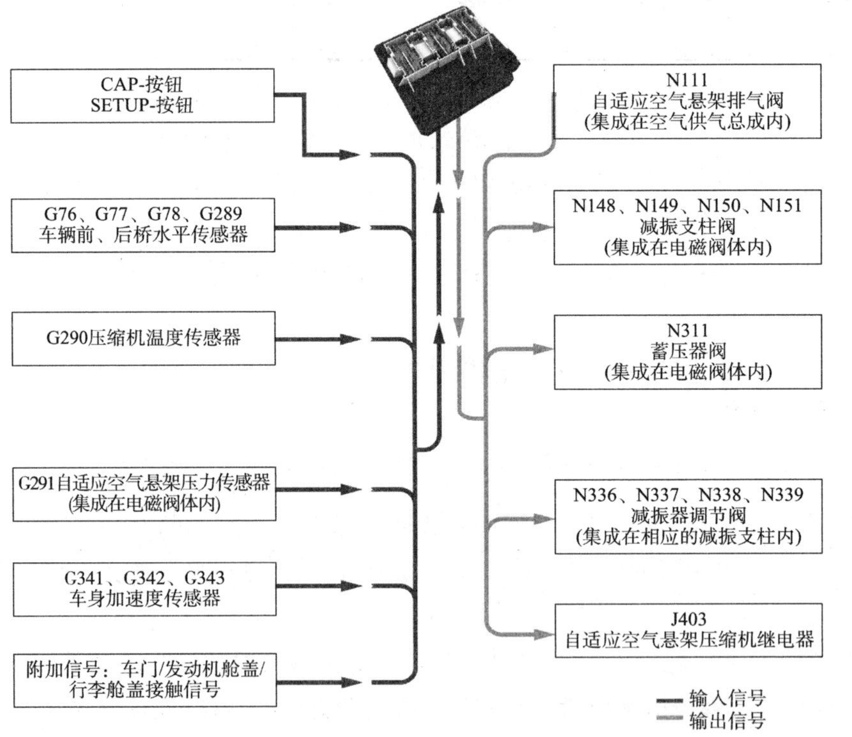

图7-2　奥迪A8空气悬架原理图

图 7-3　奥迪 A8 减振器结构

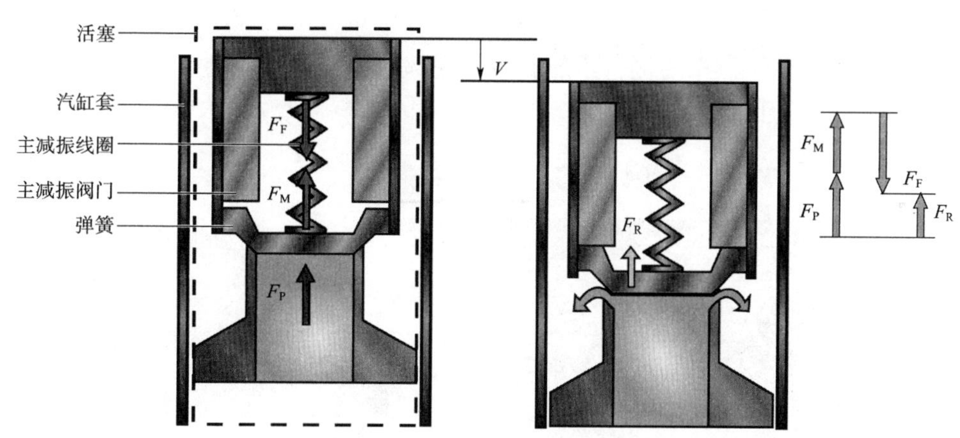

图 7-4　奥迪 A8 减振器工作原理

3. 空气供应机组

空气供应机组安装在发动机舱的左前方。由此可以避免工作噪声传入汽车内部。除此之外还能实现有效的冷却。这样能提高压缩机的可能开启持续时间并且由此提高调控质量。为保护压缩机不至过热,在需要时(如汽缸盖温度过高时)会将其关闭。最大系统静态压力为 1.6MPa。奥迪 A8 空气供应机组如图 7-5 所示。

4. 电磁阀组

电磁阀组(图 7-6)包括了压力传感器以及用于控制空气弹簧和储气罐的阀门,它安装在汽车左侧车轮外壳和 A 柱之间的车轮罩内。

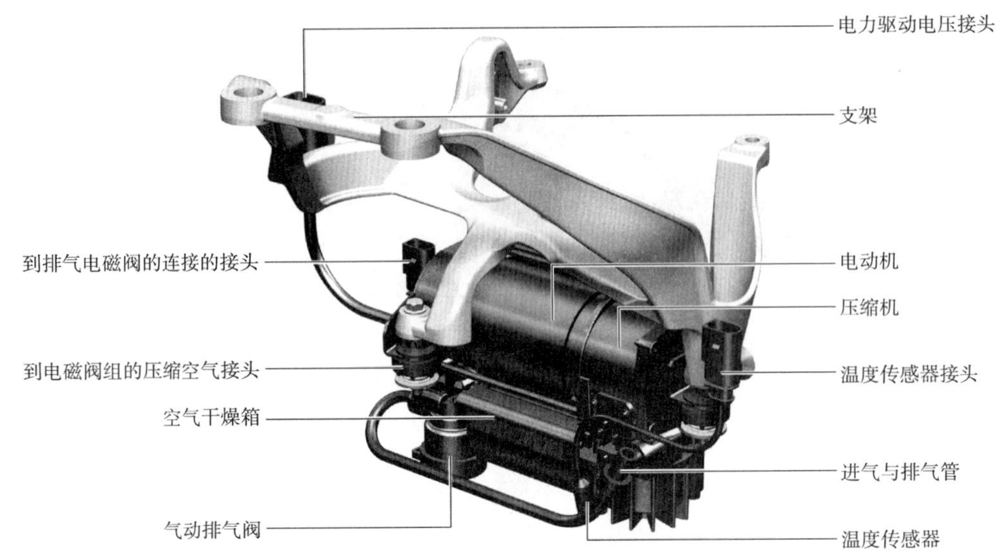

图7-5　奥迪A8空气供应机组

5. 储气罐

储气罐(图7-7)位于汽车左侧行李舱底板和底部消声器之间。储气罐由铝材制成,其容积为5L、8L,最大工作压力为1.6MPa。

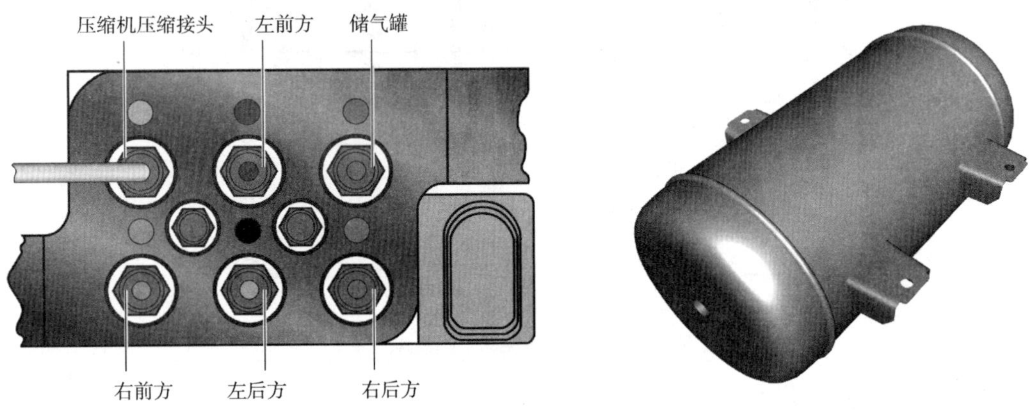

图7-6　奥迪A8电磁阀组

图7-7　奥迪A8储气罐

6. 传感器

(1)压缩机温度传感器(G290)用于探测压缩机气缸盖的温度。它的电阻随温度的升高急剧降低(NTC:负温度系数)。此电阻的变化由控制单元进行处理。空气压缩机最大运行时间取决于当前温度。维修时不得单独更换零件。

(2)根据电磁阀的控制情况,压力传感器(G291)用于测量前桥和后桥弹簧支柱或储气罐间的压力变化情况。

(3)车身加速度传感器(G341、G342、G343)。为对每种行驶状态实行最理想的减振调控,必须知道车身运动(簧载质量)和车轴运动(非簧载质量)的时间曲线。使用三个传感器测量车身的加速度。其中有两个位于前桥的弹簧支柱拱顶上,第三个位于右后轮罩内。通过处理车身高度传感器信号来获取车轴部件(非簧载质量)的加速度。图 7-8 所示为车身加速度传感器。

(4)车身高度传感器(G76、G77、G78、G289)如图 7-9 所示,4 个传感器在结构上相同,支架和连接杆位于车轴的侧面和特定的位置上,传感器测得悬臂和车身之间的距离并由此测得车辆的高度状态。以 800Hz 频率进行感应探测(全时四轮驱动车为 200Hz)。采样频率可以确定非簧载质量的加速度。

车身高度传感器(G76、G77、G78、G289)4 个传感器在结构上相同,支架和连接杆位于车轴的侧面和特定的位置上,传感器测得悬臂和车身之间的距离并由此测得车辆的高度状态。

图 7-8 车身加速度传感器

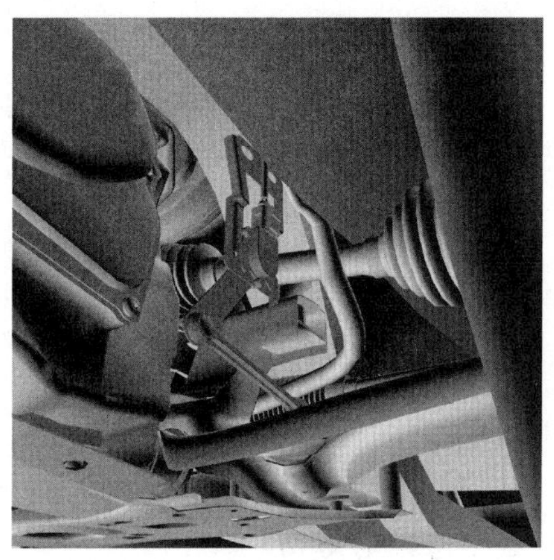

图 7-9 车身高度传感器

7. 奥迪 A8 高度调节方案

1)自动模式

目标车身高度,以舒适性为目标,沿着相应的减振曲线自适应调控。以超过 120km/h 行驶 30s 后下降 25mm(“高速公路车身降位”)。当车速低于 70km/h 的时间超过 120s 或车速低于 35km/h 时,又自动提升至标准车身高度。

2)舒适模式

车身高度与自动模式一样,在低速范围内减振功能比自动模式弱,比自动模式更舒适为依据进行调控。

3)提升模式

此模式只在车速小于 80km/h 时才能选用。从 100km/h 开始,此模式自动退出。然后调控为先前所选模式(“自动”“动态”或“舒适”)。

4)动力性模式

与标准型底盘的区别:弹性和减振以运动型为依据进行调控;在车速小于 120km/h 时,

“自动”“动态”和“舒适”模式下的高度位置相同,但减振特性曲线不同;车身标准高度比标准型底盘低 20mm。

奥迪 A8 高度调节模式工作原理如图 7-10 所示。

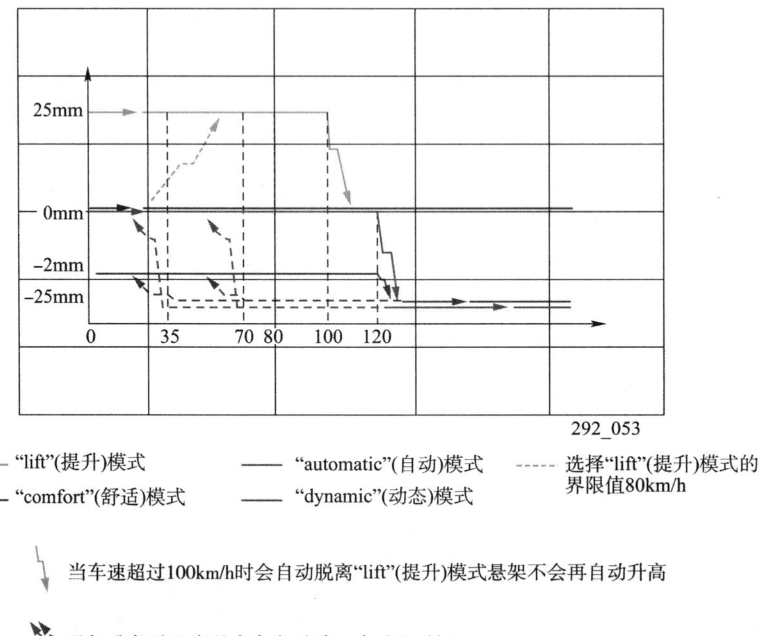

图 7-10　奥迪 A8 高度调节模式工作原理

8. 空气悬架电路图

奥迪 A8 空气悬架电路图如图 7-11 所示。

 操作指引

1. 组织方式

(1)场地设施:举升机一台,装有废气抽排系统和消防设施的场地。

(2)设备设施:奥迪 A8 轿车或空气悬架台架。

(3)工量具:常用工具 1 套、通用诊断仪、万用表等。

(4)耗材:熔断丝、线束、空气流量计等。

(5)学习方式:学生自主学习与小组合作学习相结合,以小组为单位进行查阅维修资料制定工作计划并开展任务实施。

2. 操作要求

(1)穿着干净整齐的工作服。

(2)遵守场地安全规定,注意用电安全。

(3)正确使用万用表、诊断仪等工量具。

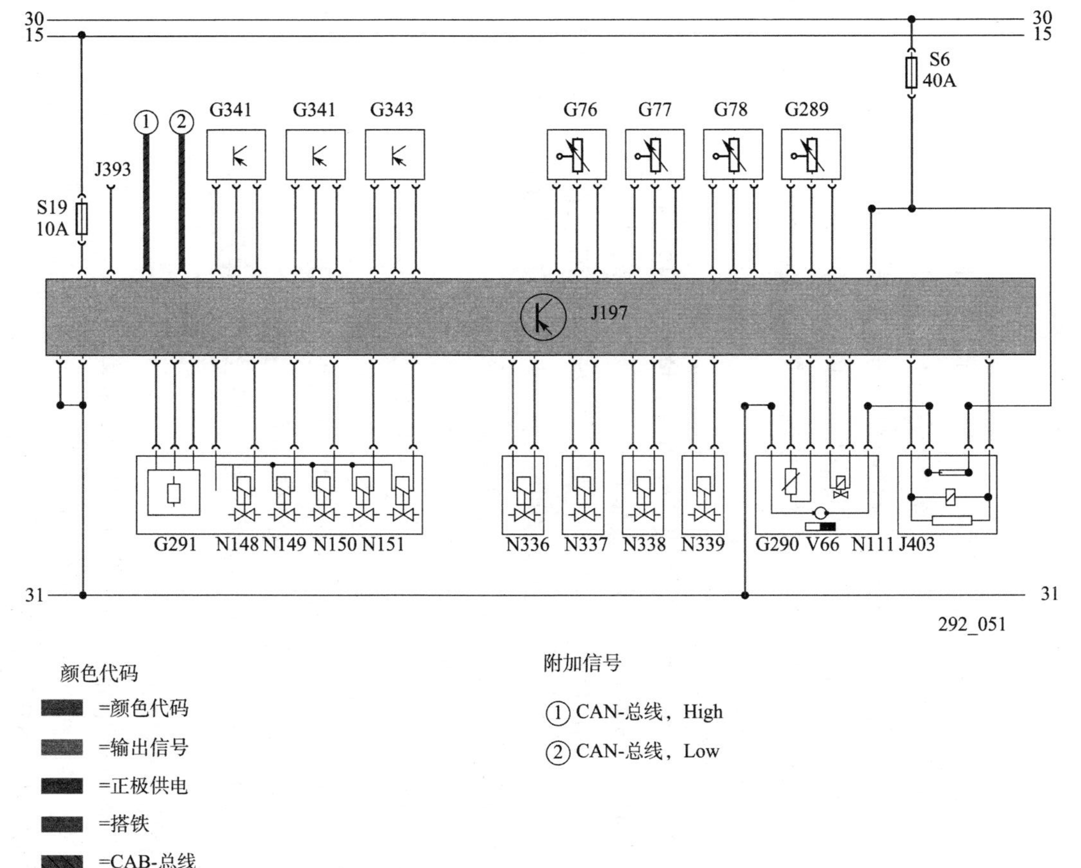

图 7-11　奥迪 A8 空气悬架电路图

G76-左后底盘高度传感器；G77-右后底盘高度传感器；G78-左前底盘高度传感器；G290-自适应空气悬架压缩机温度传感器；G291-自适应空气悬架压力传感器；G393-舒适系统中央控制单元（用于车门信号）；G341-左前车身加速传感器；G342-右前车身加速传感器；G343-后部车身加速传感器；J197-自适应空气悬架控制单元；J403-自适应空气悬架压缩机继电器；N111-右自适应空气悬架排气阀；N148-左前减振支柱阀；N149-右前减振支柱阀；N150-右后减振支柱阀；N311-自适应空气悬蓄压气阀；N336-左前减振器调节阀；N337-右前减振器调节阀；N338-左后减振器调节阀；N339-右后减振器调节阀；V66-自适应空气悬架压缩机电动机

任务实施

电控空气悬架系统利用传感器(包括开关)对汽车行驶时路面的状况和车身的状态进行检测,将检测信号输入 ECU 进行处理。ECU 通过驱动电路控制空气悬架系统的执行器动作,完成悬架特性参数的调整。即在车辆行驶过程中,根据实际需要,使悬架系统的基本控制参数(如刚度、阻尼)可随时调节,从而达到最佳的平顺性与稳定的行车状态。

1. 传感器的检测

1)压力传感器 G291 的检测

压力传感器 G291 电路接线中,3 根导线均与电控单元 J197 相连,分别为电源线(红色)、信号线(绿色)、搭铁线(棕色)。检测时的操作步骤如下:

(1)打开点火开关,用万用表 20 V 电压挡测量电源线与搭铁线之间电压。电压值应在标准值范围内,否则,电控单元 J197 发生故障或传感器与 J197 之间导线发生故障。

(2)运转发动机,用万用表 20 V 电压挡测量信号线与搭铁线之间电压。电压值应在标准值范围内,否则,为传感器损坏。

2)压缩机温度传感器 G290 的检测

压缩机温度传感器 G290 电路接线中,2 根导线均与电控单元 J197 相连,分别为电信号线(绿色)、搭铁线(棕色)。检测时的操作步骤如下:

(1)断开传感器插接器,测量传感器电阻值。电阻值应在标准值范围内,否则,传感器损坏。

(2)打开点火开关,测量信号线与搭铁线之间电压。电压值应在标准值范围内,否则,电控单元 J197 发生故障或传感器与 J197 之间导线发生故障。

3)车身高度传感器 G77 的检测

车身高度传感器 G77 电路接线中,分别为电源线(红色)、信号线(绿色)、搭铁线(棕色)。检测时,打开点火开关,其操作步骤如下:

(1)用万用表 20V 电压挡测量电源线与搭铁线之间电压。电压值应在标准值范围内,否则,电控单元 J197 发生故障或传感器与 J197 之间导线发生故障。

(2)弹跳车身,用万用表 20V 电压挡测量信号线与搭铁线之间电压。电压应产生变化,否则,为传感器损坏。

4)车身加速度传感器 G343 的检测

车身加速度传感器 G343 电路接线中,3 根导线均与电控单元 J197 相连,分别为电源线(红色)、信号线(绿色)、搭铁线(棕色)。检测时,打开点火开关,其操作步骤如下:

(1)用万用表 20V 电压挡测量电源线与搭铁线之间电压。电压值应在标准值范围内,否则,电控单元 J197 发生故障或传感器与 J197 之间导线发生故障。

(2)在快速移动传感器的过程中,用万用表 20V 电压挡测量信号线与搭铁线之间电压应产生变化,否则,为传感器损坏。

5)压缩机继电器 J403 的检测

压缩机继电器 J403 电路接线中,4 根导线中第一根和第四根与电控单元 J197 相连,分别为搭铁线、ECU 供电线;第二根和第三根分别为压缩机供电线、蓄电池电源线。检测时的操作步骤如下：

(1)断开继电器插接器，打开点火开关，用万用表20V直流电压挡测量第一根与第四根导线之间电压。电压值应在标准值范围内，否则，电控单元J197发生故障或传感器与J197之间导线发生故障；测量第三根导线电压是否为蓄电池电压，否则该线至蓄电池之间电路发生故障。

(2)连接继电器插接器，打开点火开关，用万用表20V直流电压挡测量第二根线，即压缩机供电线电压应为蓄电池电压，否则，继电器损坏。

2.执行器的检测

1)压缩机电动机V66的检测

压缩机电动机V66仅看两根导线，分别为压缩机电动机的搭铁线和供电线。检测时，断开电动机插接器，其操作步骤如下：

(1)测量电动机绕组的阻值。阻值应在标准值范围内，否则，电动机损坏。

(2)打开点火开关，用万用表直流20V电压挡测量供电线电压。电压值应在标准值范围内，否则，检查压缩机继电器。

(3)关闭点火开关，用万用表电阻挡测量电动机搭铁线搭铁是否良好，否则，该电路发生故障。

2)减振器调节阀N336的检测

减振器调节阀N336的电路接线中，2根导线均与电控单元J197相连，分别为电源线(红色)、信号线(绿色)、搭铁线(棕色)。检测时，断开调节阀插接器，其操作步骤如下：

(1)测量调节阀绕圈阻值。阻值应在标准值范围内，否则，调节阀损坏。

(2)打开点火开关，模拟调节阀工作条件，用万用表20V交流电压挡测量信号线与搭铁线之间的电压。电压值应在标准值范围内，否则，电控单元J197发生故障或调节阀与J197之间导线发生故障。

3)减振支柱阀N148的检测

减振支柱阀N148的电路接线中，2根导线均与电控单元J197相连，分别为电源线(红色)、信号线(绿色)。检测时，断开支柱阀插接器，其操作步骤如下：

(1)测量支柱阀绕圈阻值，阻值应在标准值范围内，否则，支柱阀损坏。

(2)打开点火开关，用万用表20V电压挡测量电源线电压。电压值应在标准值范围内，否则，电控单元J197发生故障或调节阀与J197之间导线发生故障。

(3)打开点火开关，模拟支柱阀工作条件，用万用表20V交流电压挡测量信号线与搭铁之间的电压变化。电压值应在标准值范围内，否则，电控单元J197发生故障或调节阀与J197之间导线发生故障。

4)排气阀N111的检测

排气阀N111的电路接线中，2根导线均与电控单元J197相连，分别为信号线(绿色)、搭铁线(棕色)。检测时，断开排气阀插接器，其操作步骤如下：

(1)测量排气阀绕圈阻值。阻值应在标准值范围内，否则，排气阀损坏。

(2)打开点火开关，模拟排气阀工作条件，用万用表20V电压挡测量信号线与搭铁线之间电压。电压值应在标准值范围内，否则，电控单元J197发生故障或排气阀与J197之间导线发生故障。

3. 空气弹簧压力不足故障诊断

1)漏气检测

首先用 VAS5054A 诊断设备检测,故障码所表示的故障内容为"系统检测到漏气(偶发)"。接下来清除故障码,使空气悬架系统工作。将车辆在水平地面上停放 2h 后,如果车身高度没有下降,说明空气悬架的空气减振器没有漏气。

2)气泵检测

通过数据流测试气泵的工作情况,并进行数据分析。通过车身高度匹配发现,气泵的充气压力应达到 1.6MPa 以上,如果不能达到,说明存在以下可能:①系统漏气;②气泵存在故障。用漏气检测法可以排除了漏气的可能,之后检测气泵的最高压力,若不能达到,更换新气泵。

任务小结

(1)电控悬架系统能够根据车身高度、车速、转向角度及速率、制动等信号,由电子控制单元(ECU)控制悬架执行机构,使悬架系统的刚度、减振器的阻尼力及车身高度等参数得以改变,从而使汽车具有良好的乘坐舒适性和操纵稳定性。

(2)奥迪 A8 高度调节方案有四种模式以适应不同车速。

任务 2　电控悬架综合故障检修

任务描述

客户李先生的奥迪 Q7 汽车车身高度无法自动调节,即在按下模式按钮后,无论在任何速度,车身高度均无任何变化。

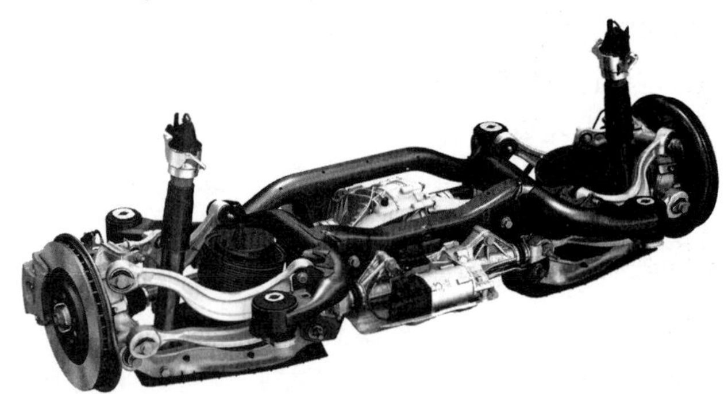

现在你要对李先生车辆的电控悬架系统进行检测。

知识目标

(1)能够正确描述奥迪电控悬架的结构组成。

(2)能够正确描述电控悬架的工作模式及操作方法。

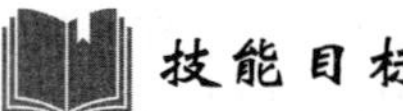

(1)能使用万用表等设备,对电控悬架系各部件进行检测。

(2)能依据企业规范,对电控悬架系统进行故障诊断与排除。

素质目标

(1)通过任务实施,培养学生爱岗敬业、肯于钻研的精神。

(2)通过完成检测任务,培养认真严谨的工作作风。

建议学时:4 学时。

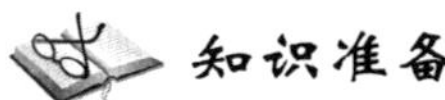

奥迪 Q7 汽车四级空气悬架主要由空气弹簧、空气供给装置、气动装置、电磁阀、温度传感器(G290)、压力传感器(G2)、水平传感器(G76、G77、G78、G289)、指示灯(K134)和操纵单元 E281 等组成,其元件安装位置如图 7-12 所示。

图 7-12　奥迪 Q7 四级空气悬架元件安装位置

一、水平调节操控单元

水平调节操纵单元 E281 用于操纵四级空气悬架及显示/控制系统状态,如图 7-13 所示。

在正常的行驶工况时,某些底盘高度变化过程是自动完成的,驾驶人也可以通过"升高"或"降低"按键可随时选择相应的底盘高度。如果只按"升高"键一次,那么底盘高度就切换到下一个较高的高度上。如果多次按压"升高"键,那么就可以多次切换(如从低直接切换到高 1)。但是,只有当已经到达高 1 后才能选择高 2。可按上述按"降低"按键来选择较低的底盘高度。多次按压(三次)可直接从高 2 切换到低。

显示区上有 4 个重叠安装的常亮 LED,用于表示当前的底盘高度状态。只有底盘高度切换所触发(不管是手动的还是自动的)的调节过程才会由一个或多个 LED 的闪烁来表示。一旦达到了所需要的高度,闪烁就变成常亮了。“升高”按键和“降低”按键内的 LED 表示操纵的方向,如果 LED 闪烁,就表示拒绝进行底盘高度调节(例如因车速过快)。如果实际高度值与规定高度值偏离较大,那么 LED 就会闪烁以提醒驾驶人(按相应的高度切换)。

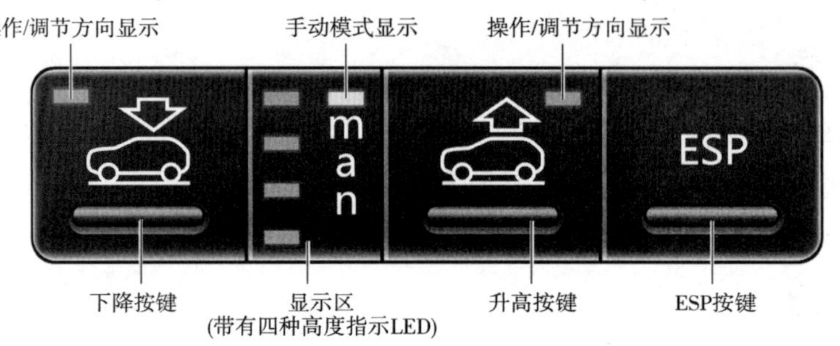

图 7-13　水平调节操控单元 E281 面板

按住“降低”按键或“升高”按键至少 3s,即可接通或再次关闭所谓的“手动模式”。黄色并带有“man”字样的 LED 就表示现在处于手动模式状态。在手动模式时,“驻车高度调节”和“高速公路模式”的自动功能就被关闭了。

如果同时按住这两个调节按键的时间超过 5s,那么调节功能就会被关闭或接通。在调节功能被关闭时,操纵单元上的手动模式 LED、两个高度调节按键以及指示灯 K134 就会亮起。高度 LED 常亮来表示高度状态。当车速超过 10km/h 时,如果在此之前调节功能已被关闭,那么该功能会被自动接通(但是在识别出车是在升降台模式时该功能不会被接通)。也可以使用诊断仪器来关闭调节功能。

二、奥迪 Q7 空气悬架工作模式

1. 自动降低模式

当车辆处于高 2 状态时,若车速 >35km/h,那么底盘高度会自动降到高 1 状态。只有当车速 <30km/h 时才可能进入高 2 状态。在高 1 状态时,若车速 >80km/h,会自动降至正常状态。只有当车速 <75km/h 时才能(手动)进入高 1 状态。车辆在行驶时,不会自动进入高 1 或高 2 状态。必须要驾驶人通过手动来选择。驻车时的状态是例外。驻车时,当发动机关闭且车门上锁后,汽车底盘自动进入高 1 状态。

2. 高速公路模式

如果车辆以超过 120 km/h 的速度行驶 30s 以上(车辆此时已经处于正常状态),那么底盘高度会自动降至低状态。这样就可降低风阻(节省燃油)并且降低车辆重心(改善了行驶动力性)。

3. 驻车模式

驻车状态可保证车辆在关闭发动机停放较长时间后还能保持足够的底盘高度(由于冷却和扩散,容积减小是正常的)。另外,还可方便上人和装载货物,也改善了停放车辆的外观。驻车时底盘高度相当于高 1(HN1)。

在下述情况下,车辆底盘会被调至驻车状态:

(1)该系统还在继续运行且已从外面将车辆上锁时。

(2)蓄压器内还有足够的压力时。

(3)当该系统未被切换到手动模式时。

在达到下述车速值和时间值时才会重新进入正常状态:

(1)车速小于70km/h,时间大于120s。

(2)车速小于35km/h;时间大于30s。

(3)车速小于5km/h 时,立即进入正常状态。

当车速超过80 km/h或手动切换到一个较低的底盘高度时,才会脱离驻车(PN = HN1)状态。如果车辆此时已在高2(HN2)状态,那么不会进入到驻车状态。在手动模式时,高速公路模式和驻车调节就被关闭了。

4. ESP 安全切换模式水平高度调节控制单元 J197

根据四个水平传感器信号来判断车辆是否在转弯。出于安全原因,车辆在转弯时是不能进行底盘高度切换的。如果识别出车辆在转弯,那么就不会执行调节过程,正在进行的调节过程也会被终止。想要设定的底盘高度会被存储起来,在识别出车辆直线行驶后会重新按此来调节。在奥迪四驱车(quattro)上,可以通过"ESP"按键来启动 ESP 干涉功能。如果启动了 ESP 干涉功能(通过"ESP"按键,ESP 指示灯亮起),那么横向动态调节(防侧滑功能)就不工作了(但在制动时是工作的)。

三、部件的结构和工作原理

1. 空气弹簧

前部空气弹簧是新开发的。与后桥一样,空气弹簧与减振器一同构成减振支柱。后桥空气弹簧在结构和功能上与奥迪 A6 quattro 的自水平调节装置是一样的。后减振支柱上的空气弹簧(开卷活塞)与减振器之间的连接/密封,是采用双层卡口式连接件来实现的。而前减振支柱则是采用一个单层的密封式插头连接来实现的。

在安装带有减振器的空气弹簧时不要使用润滑剂或油脂。插头连接和O形环必须绝对干净且无油脂。安装空气弹簧前,先将O形环装在减振器的第二段上,注意圆周方向要均匀。将空气弹簧(活塞)插到减振器上,用力往一起推。于是O形环随移动的活塞运动到第三段上,O形环在此处支撑并密封空气弹簧,如图7-14所示。

安装后减振支柱时,卡口式连接必须绝对干净,在装配前应涂上专用润滑脂。装配时要先推上空气弹簧,然后再转动空气弹簧。装配和运输减振支柱总成时,不可抓住活塞,因为在无压力状态时,活塞很容易被推回去。如果密封圈在被推动(由空气弹簧压力来推动)安装的过程中出现不均匀的情况,那就会引起空气弹簧泄漏。在无压力状态下,不要移动空气弹簧,因为在这种情况下管状气囊无法在活塞上展开,会造成其损坏。如果车上的空气弹簧已经没有压力了,那么在举升和降下车辆前(如使用举升平台或举升器),必须使用诊断仪器来给相应的空气弹簧充气。

空气弹簧的工作压力:前弹簧工作压力为0.6~0.9MPa;后弹簧工作压力为0.61~0.9MPa。

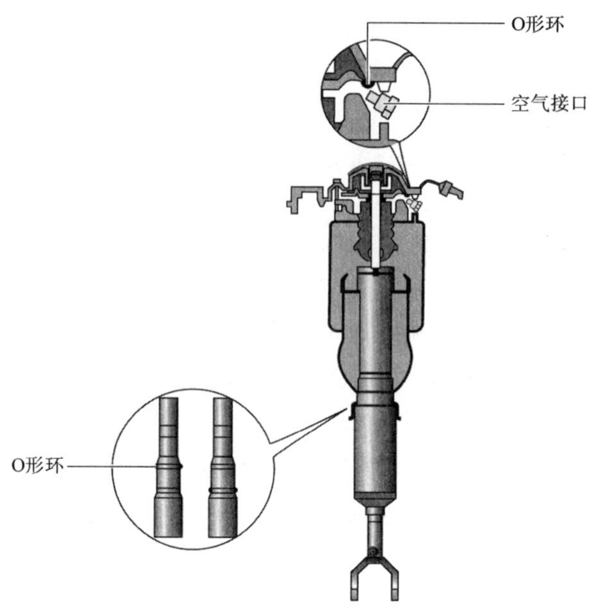

图7-14 前减振支柱

2. 空气压缩机

四级空气悬架压缩机安装在车外,且无隔音板(在备胎坑前部),如图7-15所示。因压力存储系统的原因,压缩机工作压力升至1.6MPa,由于压缩机转速低,因而噪声小。压缩机通过备胎坑内的一个空气滤清器/噪声消除器来吸气和排气(车内),吸气-排气管中还有一个噪声消除器,它用于将气流噪声降至最低(尤其是排气时)。压缩机的温度是通过压缩机缸盖上的一个温度传感器来进行监控。正常工作状态时,只有发动机运转才允许压缩机工作,但在执行元件诊断、系统基本设定、识别出底盘极低时的预运行时,压缩机不工作。四级空气悬架气动原理如图7-16所示。

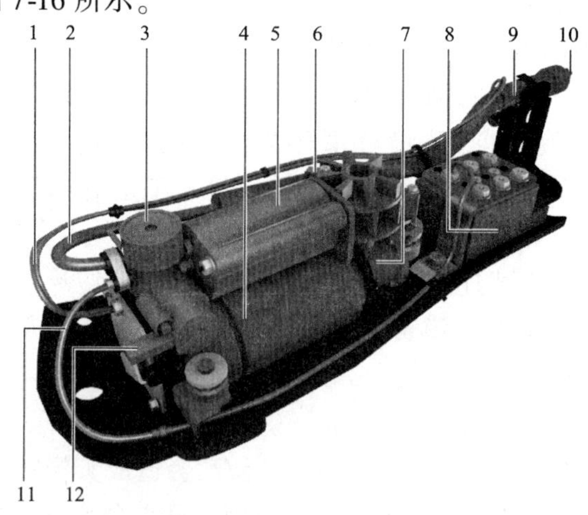

图7-15 四级空气悬架压缩机安装位置

1-压缩机供电插头;2-吸气/排气管;3-气动排气阀;4-电动机;5-空气干燥器;6-温度传感器G290;7-压缩机;8-阀单元(带有压力传感器G291);9-辅助噪声消除器;10-接空气滤清器/噪声消除器;11-压力管;12-排气阀N111

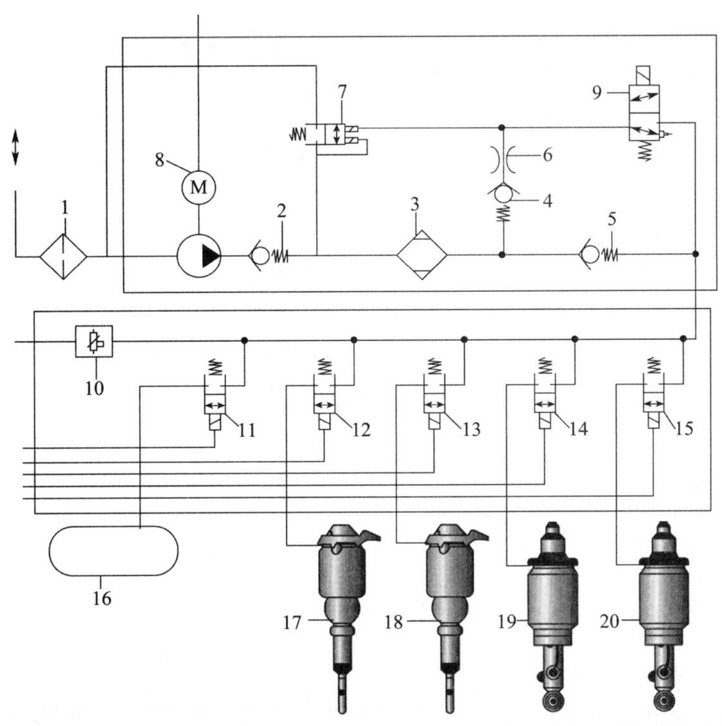

图 7-16 四级空气悬架气动原理

1-辅助噪声消除器;2-单向阀 1;3-空气干燥器;4-单向阀 3;5-单向阀 2;6-排气节流阀;7-气动排气阀;8-压缩机;9-电动排气阀;10-压力传感器;11-蓄压器阀;12-左前减振支柱阀;13-右前减振支柱阀;14-左后减振支柱阀;15-右后减振支柱阀;16-蓄压器;17-左前空气弹簧;18-右前空气弹簧;19-左后空气弹簧;20-右后空气弹簧

3. 蓄压器

蓄压器是铝制的,如图 7-17 所示。其容积约为 6.5L,最大工作压力约为 1.6MPa。当车速 <36km/h 时,空气基本上是由蓄压器供给的(如果蓄压器内有足够的压力)。只有当车速 >36km/h 时才会给蓄压器充气。当车速 >36km/h 时主要由压缩机供气。这种空气供给策略使得系统运行噪声小,且可降低电流消耗。蓄压器可使底盘快速升高,而噪声又最小,这是因为只有在车辆行驶时才给蓄压器充气,而在行驶时压缩机运行的噪声就不那么明显了。只要蓄压器内有足够的压力,就可以不借助压缩机来升高底盘高度。足够的压力指的是在底盘升高之前,蓄压器与空气弹簧之间的压力差要不低于 0.30MPa。

图 7-17 蓄压器安装位置

4. 电磁阀

四级空气悬架总共有 6 个电磁阀,如图 7-18 所示。

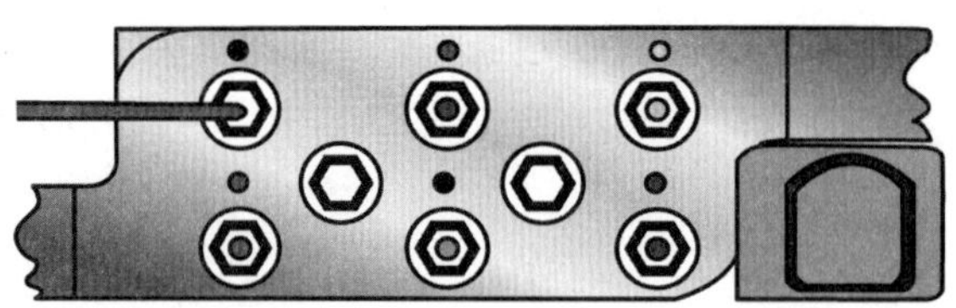

图7-18　电磁阀位置示意图

排气阀N111与气动排气阀一起构成一个功能单元,该单元集成在干燥器壳体内。排气阀N111是一个二位三通阀,不通电时关闭。气动排气阀的作用是限制压力以及保持残余压力。四个空气弹簧阀N148、N149、N150、N151和蓄压阀N311组成一个阀单元。它们都是二位二通阀,不通电时关闭。空气弹簧一侧或蓄压器一侧的压力是沿关闭方向作用的。为了避免在连接压力管路时出现混淆的情况,压力管路上都标有颜色。阀体的接口上有颜色点,用于指示匹配状况。

5. 温度传感器G290

为了提高系统的工作可靠性,压缩机缸盖上装有温度传感器G290。控制单元J197内有一个温度模型曲线(计算公式),该曲线用于在底盘升高调节的时间最长时防止压缩机过热。为此,控制单元要根据压缩机的运行时间和温度信号计算出压缩机的最高允许温度,并在超过某个界限值时关闭压缩机或不让压缩机接通。

6. 压力传感器G291

压力传感器G291集成在阀单元内,如图7-19所示。

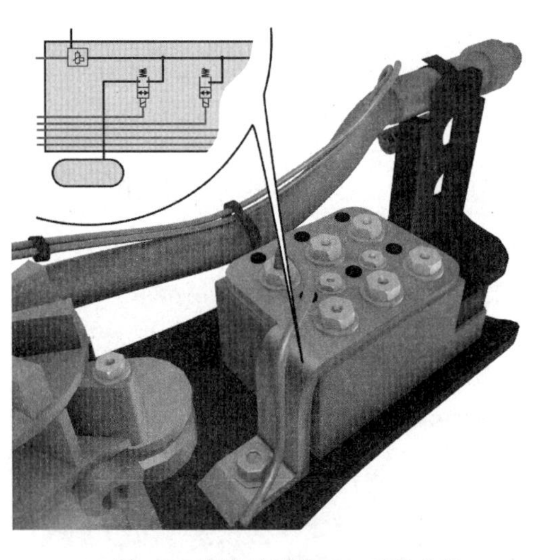

图7-19　压力传感器G291安装位置

用于监控蓄压器和空气弹簧的压力。在检验底盘升高功能的可靠性和自诊断时,需要使用蓄压压力这个信息。通过操纵相应的电磁阀就可确定空气弹簧的压力和蓄压器压力。测量压力是在空气弹簧或蓄压器排气或充气时来进行的。这样测得的压力由控制单元存储并更新。

另外,蓄压器内的压力在车辆正在行驶时,每6min就重新测量一次(更新)。

7. 车辆水平传感器G76、G77、G78、G289

水平传感器就是所谓的转角传感器,借助一个连杆机构可将车身水平变化转换成角度变化。转角传感器主要由定子和转子组成。定子由多层电路板构成,电路板上有励磁线圈、三个接收线圈以及控制分析电子装置。这三个接收线圈布置成多角星形,相位彼此错开。励磁线圈装在电路板的背面。转子由一个封闭的线匝构成,线匝上连着传感器臂(匝与传感器臂一同转动)。线匝的形状与接收线圈的形状是一样的。

奥迪全驱车(quattro)上使用的角度传感器是非接触式的,利用的是感应原理。这种水平传感器的一个特点是:它可产生两个不同的且与转角成比例的输出信号。这个特点使得这种传感器既可用于四级空气悬架,也可用于前照灯照程调节。

这 4 个水平传感器结构是相同的,只是支架和连杆根据左右和车桥的不同而有所不同。左、右传感器臂的偏转方向是相反的,所以输出的信号也是相反的。例如:车身一侧的传感器输出信号在空气悬架压缩时如果是增大的话,那么在车身另一侧该输出信号则是减小的。

左侧的水平传感器(左前 G78 和左后 G76)是由前照灯照程调节控制单元 J431 来供电的;右侧的水平传感器(右前 G289 和右后 G77)是由四级空气悬架控制单元 J197 来供电的。这样可保证在 J197 出故障时,前照灯照程调节功能仍能正常工作。

8. 水平高度调节操纵单元 E281

操纵单元 E281 与控制单元 J197 采用数据线(K－线)连接。在操纵单元内集成有一个电子单元,这个电子单元会分析水平按键信号,并将信号作为相应的数据协议经 K－线发送到控制单元 J197 上。

控制单元 J197 将车辆水平/系统状态方面的信息经 K－线返给 E281,电子单元根据这些信息控制相应的 LED。由于自诊断的原因,“升高”按键被设计成冗余附加接口,如图 7-20 所示。

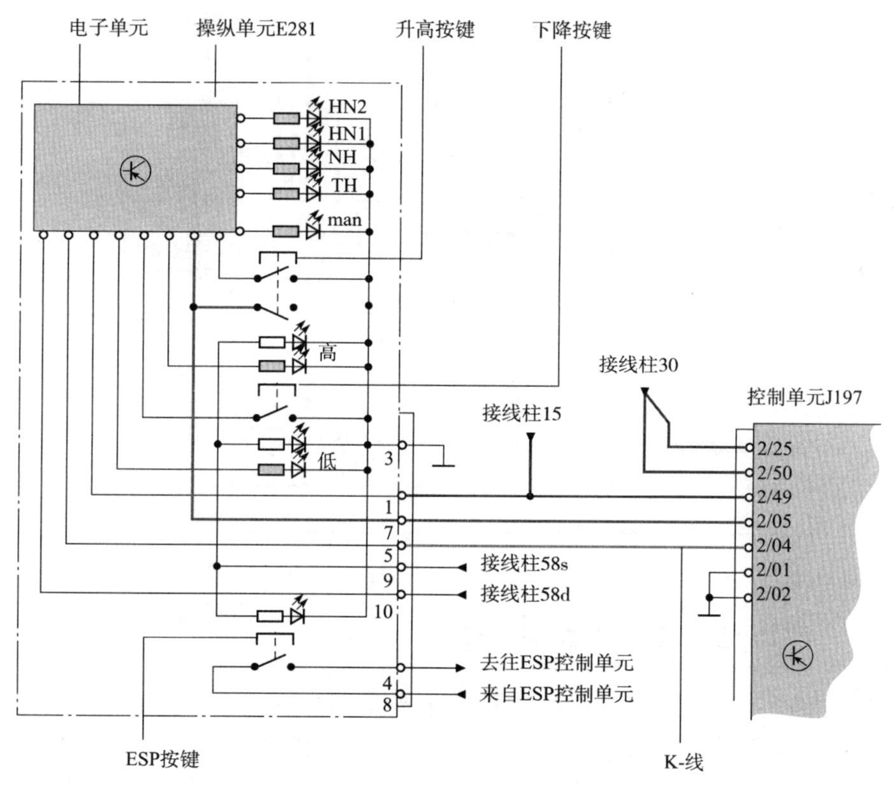

图 7-20 E281 与 J197 单元之间的连接

9. 水平高度调节控制单元 J197

该系统的中心部件就是这个控制单元,它除了执行调节功能外,还对整个系统进行监控和诊断。该控制单元接收来自水平传感器的信号,根据这些信号计算出当前车辆的水平高度状态。当前的水平高度状态与规定的状态值进行对比,再根据其他输入量(接口)以及内部调节参数(反应时间和水平高度偏差)进行相应的校正,各种调节状态是有区别的,它们是通过不同的调节结构来实现。奥迪Q7四级空气悬架电路控制图如图7-21所示。

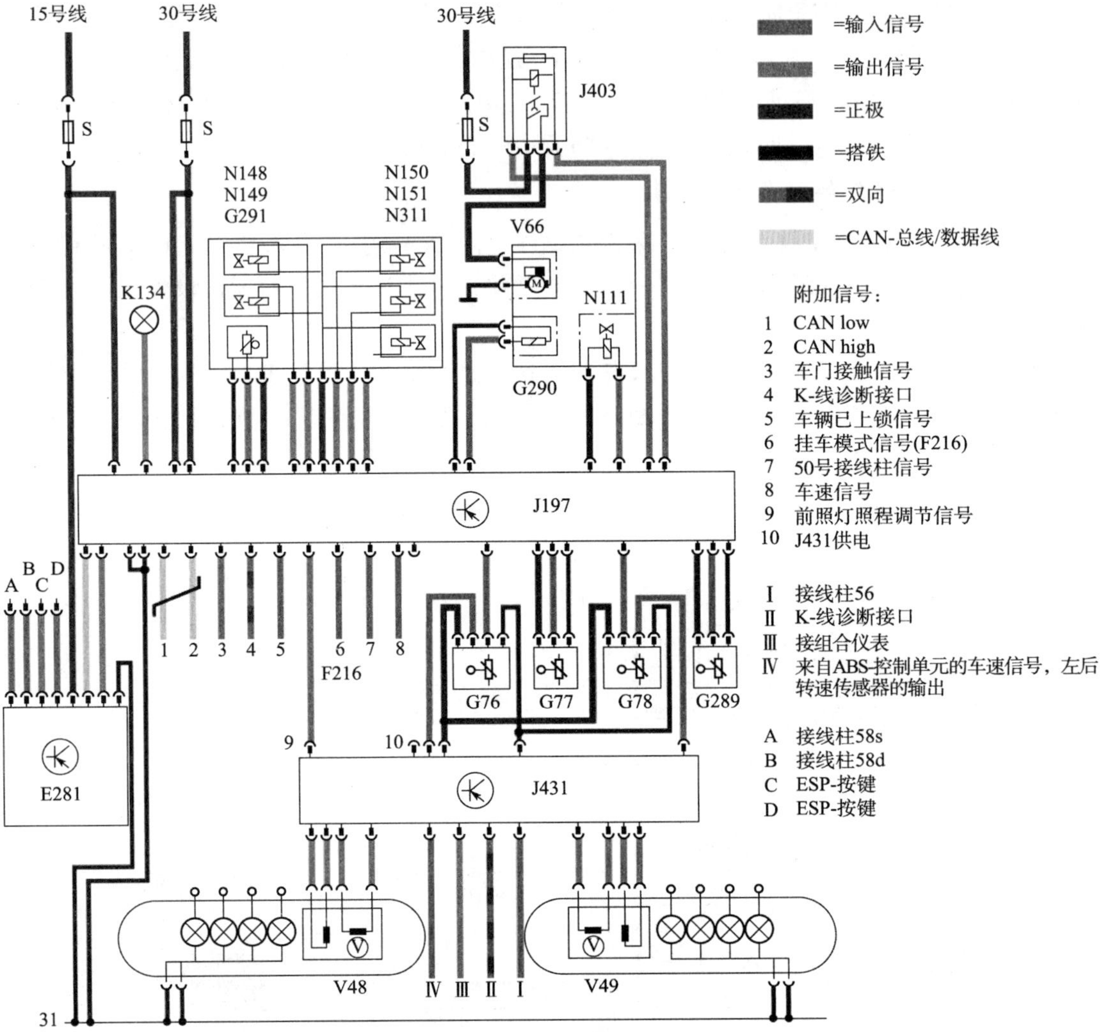

15号线 30号线 30号线
S S S
J403
N148 N149 G291
N150 N151 N311
V66
K134
N111
G290
J197
A B C D
1 2 3 4 5 6 7 8
F216
G76 G77 G78 G289
E281
9 10
J431
V48 Ⅳ Ⅲ Ⅱ Ⅰ V49
31

=输入信号
=输出信号
=正极
=搭铁
=双向
=CAN-总线/数据线

附加信号:
1 CAN low
2 CAN high
3 车门接触信号
4 K-线诊断接口
5 车辆已上锁信号
6 挂车模式信号(F216)
7 50号接线柱信号
8 车速信号
9 前照灯照程调节信号
10 J431供电

Ⅰ 接线柱56
Ⅱ K-线诊断接口
Ⅲ 接组合仪表
Ⅳ 来自ABS-控制单元的车速信号,左后转速传感器的输出

A 接线柱58s
B 接线柱58d
C ESP-按键
D ESP-按键

图7-21 奥迪Q7四级空气悬架电路控制图

四、水平调节机构四个水平高度等级

奥迪Q7的四级空气悬架是一种全支撑式水平调节机构,它在前桥使用了传统的减振器,而后桥使用了与载荷有关的减振器。共有4个水平传感器,它们分别用于获知每个车桥上车身的水平状况。每个空气弹簧悬架都配有一个所谓的空气弹簧阀(横向截止阀),这样,每个车桥就可以单独调节。该系统共有4个水平高度等级,最小离地间隙在这4个水平高度等级中可变化66mm,可手动或自动来调节。其中,第一级(低(TN))最小离地间隙为142mm;第二级(正常(NN))最小离地间隙为167mm;第三级[高1(HN1)]最小离地间隙为192mm;第四级[高2(HN2)]最小离地间隙为208mm。

操作指引

1. 组织方式

(1)场地设施:举升机一台,装有废气抽排系统和消防设施的场地。

(2)设备设施:奥迪 Q7 轿车或者台架。

(3)工量具:常用工具 1 套、VAS5054 诊断仪、万用表等。

(4)学习方式:学生自主学习与小组合作学习相结合,以小组为单位进行查阅维修资料制定工作计划并开展任务实施。

2. 操作要求

(1)穿着干净整齐的工作服。

(2)遵守场地安全规定,注意用电安全。

(3)正确使用万用表、诊断仪等工量具。

任务实施

一辆奥迪 Q7 配置有自适应空气悬架系统,突然出现车身明显是前高后低,并且仪表上的悬架黄色指示灯点亮。

按照电子信息服务查询系统得知,确定高度(Q7 的标准高度)X = 车轮中心至翼板底边缘的数值,单位为 mm。前桥规格为 449mm,后桥规格为 465mm。

测量前桥的标准高度,与原厂数据对比,图 7-22 中实测高度为 515mm,比标准高度高出 66mm。

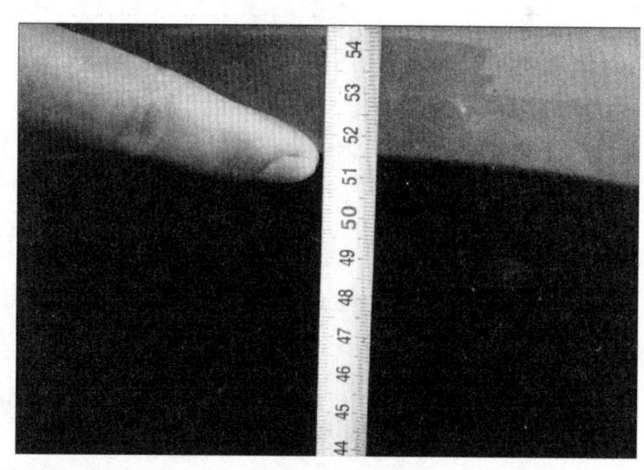

图 7-22 测前桥高度

分析可能的原因:

(1)匹配默认位置没有成功执行。

(2)悬架系统存在硬件或软件故障:余压保持阀、分配阀、高度传感器及其线路、水平高度控制模块 J197 故障。

(3)系统关联部分故障,为了保证空气弹簧系统能正常工作,下述控制单元都不能有故障:J104、J623、J533、J527、J431、J523(或 J794)、J285、J345、J518。

诊断过程:

(1)连接 VAS5054 进入车辆自诊断检测,读取故障码,如图 7-23 所示。

车辆车载诊断　　WAUAYD4L7AD012971

选择车辆系统

车辆系统	已设	实际安	KD	GW信
02 - 变速箱电控系统	是	可以达到	正常	传动系C
55 - 大灯照明距离调节装置	是	可以达到	正常	传动系C
0E - 媒体播放器位置1	是	可以达到	正常	Most
56 - 无线电（CAN）	是	可以达到	正常	Most
57 - 电视调谐器	是	可以达到	正常	Most
47 - 音响系统	是	可以达到	正常	Most
5F - 信息电子设备1	是	可以达到	故障	Most
76 - 声控停车辅助设备	是	可以达到	正常	舒适系统
4F - 中央电子装置系统2	是	可以达到	正常	舒适系统
6F - 舒适系统中央模块2	是	可以达到	正常	舒适系统
28 - 空调操作面板，后部	是	可以达到	正常	舒适系统
4C - 轮胎压力监测器2	是	可以达到	正常	传动系C
34 - 高度控制系统	是	可以达到	故障	传动系C

图7-23　读取故障码

(2)点击故障选项,可以看到故障详细情况,如图7-24、图7-25所示。

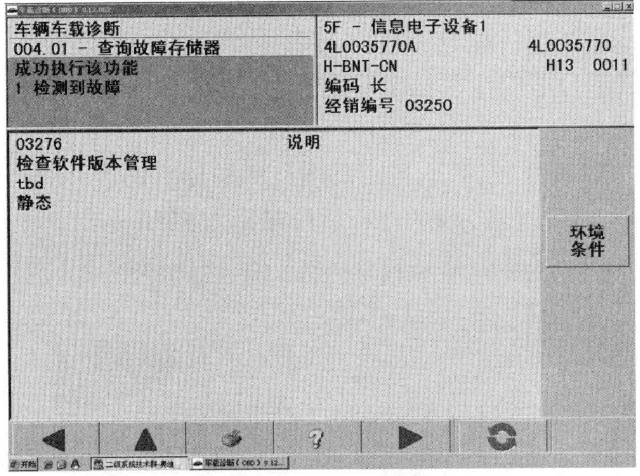

图7-24　故障详细情况1

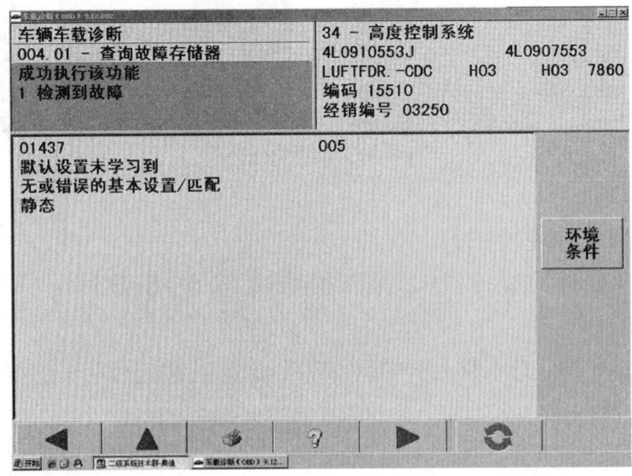

图7-25　故障详细情况2

(3)根据分析,余压保持阀、分配阀、J197 最有可能发生故障。利用解码器的动作测试功能。测试顺序为左前轮→右前轮→左后轮→右后轮,如图 7-26 所示。此项检查悬架系统的余压保持阀、分配阀、J197 的功能。

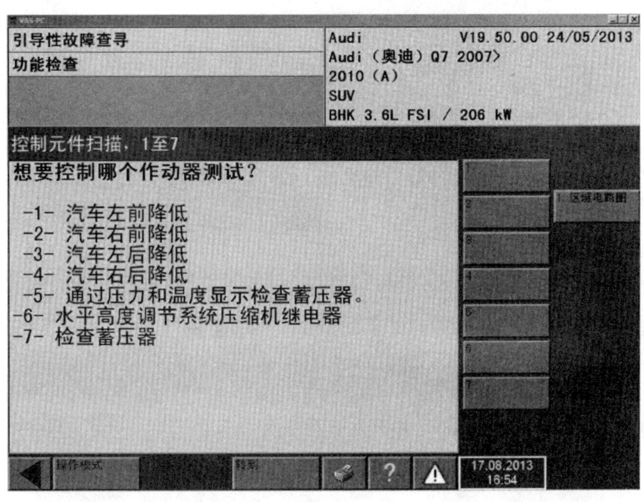

图 7-26 动作测试

(4)若动作测试没发现故障,在解码器中读取检查读取测量值块 5 组显示如下:左前与右前高度绝对值相差值如图 7-27 所示。

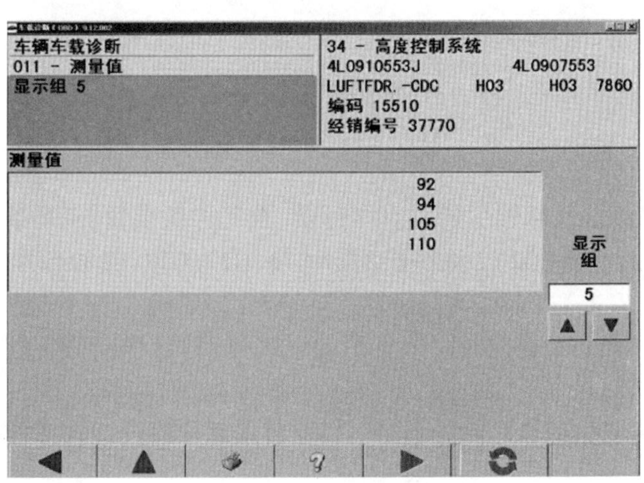

图 7-27 传感器高度值

(5)因为动作测试中各传感器并没有故障码,分析应该是高度传感器位置发生了偏移。调整相应高度传感器位置,如图 7-28 所示。向上调整,车身适应高度下降向下调整,车身适应高度上升。将固定高度传感器的支架的下部向上转动至合适位置,最终以读取数据块的值为准,初步紧固夹紧螺栓。

(6)在诊断仪中得到调整后的高度传感器位置值如图 7-29 所示。

重新匹配默认位置成功,故障排除。

图7-28　调整高度传感器位置

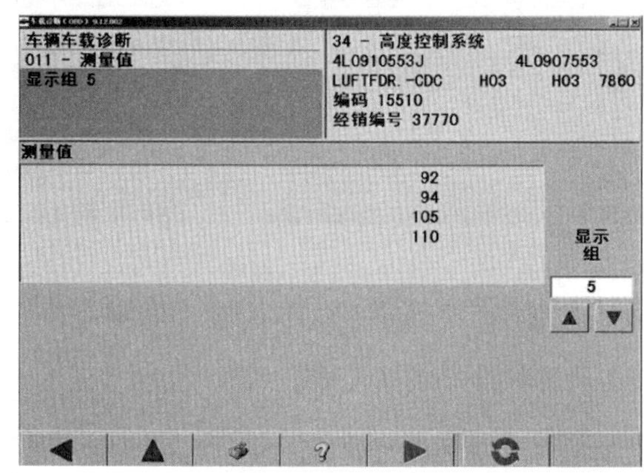

图7-29　调整后的高度传感器位置值

任务小结

(1)奥迪Q7四级空气悬架主要由空气弹簧、空气供给装置、气动装置、电磁阀、温度传感器(G290)、压力传感器(G2)、水平传感器(G76、G77、G78、G289)、指示灯(K134)和操纵单元E281等组成。

(2)每个空气弹簧悬架都配有一个所谓的空气弹簧阀(横向截止阀),这样每个车桥就可以单独来进行调节。

(3)在进行电控悬架综合故障诊断时不要盲目依靠诊断仪,要根据数据信息进行分析故障找出故障原因。

习题

一、判断题

1. 装有电控悬架系统的汽车无论车辆负载多少,都可以保持汽车高度一定,车身保持水平。　(　　)

2. 装有电控悬架系统的汽车在高速行驶时,可以使车高降低,以减少空气阻力,提高操纵的稳定性。　(　　)

3. 装有电控悬架系统的汽车可以防止汽车急转弯时车身横向摇动和换挡时车身纵向摇动。（　　）

4. 半主动悬架可分为有级半主动式和无级半主动式两种。（　　）

5. 转向盘转角传感器用于检测转向盘的中间位置、转动方向、转向角度和转动速度。（　　）

6. 在电控悬架系统中，电子控制单元根据车速传感器和转角传感器的信号，判断汽车转向时侧向力的大小和方向，以控制车身的侧倾。（　　）

7. 当选择手动挡时，悬架系统的阻尼力只有标准（中等）和运动（硬）两种状态的转换。（　　）

8. 在检测汽车电子控制空气悬架时，当用千斤顶将汽车顶起时，应将高度控制 ON/OFF 开关拨到 ON 位置。（　　）

9. 在检测汽车电子控制空气悬架时，在开动汽车之前，应起动发动机将汽车的高度调整到正常状态。（　　）

10. 电控悬架的弹性元件有油气弹簧和空气弹簧两种。（　　）

二、单选题

1. 下面（　　）不是电控悬架的功能。

A. 调节车身高度　B. 调节悬架软硬　C. 调节悬架刚度　D. 自动跟车

2. 下面（　　）不是电控悬架的组成部分。

A. 空气弹簧　B. 转速传感器　C. 电磁减振器　D. 车身高度传感器

3. 下面（　　）不是电控悬架的传感器。

A. 车身加速度传感器　B. 车速传感器

C. 车身高度传感器　D. 转速传感器

4. 下面（　　）是电控悬架的执行机构。

A. 空气压缩机　B. 储气罐　C. 电磁阀组　D. 加速度传感器

5. 下面（　　）是电控悬架的弹性元件。

A. 螺旋弹簧　B. 空气弹簧　C. 扭杆弹簧　D. 钢板弹簧

6. 下面（　　）是电控悬架的减振器。

A. 电磁减振器　B. 单筒减振器

C. 双筒充气式减振器　D. 绞牙减振器

7. 电磁减振器靠（　　）控制电流大小从而控制减振器软硬。

A. 电磁线圈　B. 电磁阀　C. 空气压缩机　D. 传感器

8. 电控悬架中的空气供应机组的作用是（　　）。

A. 为空气弹簧提供空气　B. 为轮胎提供空气

C. 为整车提供空气　D. 为发动机提供空气

9. 电控悬架中的电磁阀组的作用是（　　）。

A. 控制空气弹簧　B. 控制空气弹簧和储气罐的阀门

C. 控制减振器　D. 控制车身高度

10. 压缩机温度传感器的作用是(　　)。

A. 监控空气弹簧的温度　　B. 监控减振器的温度

C. 监控压缩机汽缸盖的温度　　D. 监控储气罐的温度

三、多选题

1. 下面(　　)是电控悬架的组成部分。

A.. 空气弹簧　　B. 转速传感器　　C. 电磁减振器　　D. 车身高度传感器

2. 下面(　　)是电控悬架的传感器。

A. 车身加速度传感器　　B. 车速传感器

C. 车身高度传感器　　D. 转速传感器

3. 下面(　　)不是电控悬架的执行机构。

A. 空气压缩机　　B. 储气罐　　C. 电磁阀组　　D. 加速度传感器

4. 下面(　　)不是电控悬架的弹性元件。

A. 螺旋弹簧　　B. 空气弹簧　　C. 扭杆弹簧　　D. 钢板弹簧

5. 下面(　　)不是电控悬架的减振器。

A. 电磁减振器　　B. 单筒减振器

C. 双筒充气式减振器　　D. 绞牙减振器

6. 下面(　　)是奥迪 A8 电控悬架的调节模式。

A. 自动模式　　B. 舒适模式　　C. 提升模式　　D. 普通模式

7. 下面(　　)是空气弹簧压力不足的故障原因。

A. 空气供应机组故障　　B. 空气管道漏气

C. 空气弹簧漏气　　D. 减振器损坏

8. 电控悬架安装控制方式可分为(　　)。

A. 主动悬架　　B. 半主动悬架　　C. 被动悬架　　D. 麦弗逊悬架

9. 电控悬架中可采用的弹性元件有(　　)。

A. 螺旋弹簧　　B. 空气弹簧　　C. 扭杆弹簧　　D. 油气弹簧

10. 奥迪空气悬架的电磁阀组控制(　　)的阀门。

A. 空气弹簧　　B. 储气罐　　C. 减振器　　D. 发动机

项目八　转向系统故障诊断与修复

项目概述

汽车在行驶过程中，经常需要改变行驶方向（转向）。改变行驶方向的方法是，驾驶人通过一套专设的机构使汽车转向桥上的车轮（转向轮）相对于汽车纵轴线偏转一定角度。有时转向轮也会受到侧向力的干扰而自动偏转，改变行驶方向。驾驶人也可以利用这套机构使转向轮向相反方向偏转，使汽车恢复原来的行驶方向。

用来改变或恢复汽车行驶方向的专设机构称为汽车转向系统。

主要学习任务

1. 转向器检修
2. 机械液压助力转向系统检修
3. 电动液压助力转向系统检修

任务1　转向器检修

任务描述

车主李先生反映，最近自己的汽车在行驶过程中当转动转向盘时会出现异常响声，当车辆在直线行驶过程中响声会消失。经过技师判断是由于齿轮齿条式转向器磨损间隙过大造成异常响声。

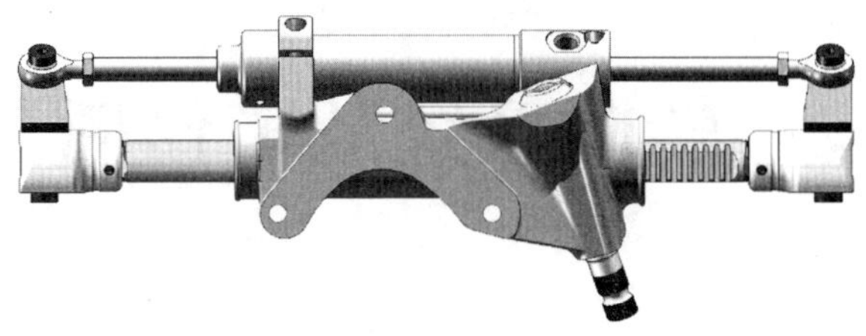

转向系统的基本组成包括转向盘、转向柱、转向器、转向横拉杆、转向节、转向节臂等。车辆在转向过程中出现异常响声怀疑是转向系统出现故障,如转向器磨损、间隙过大造成异常响声,由于转向系统机械部件较多,具体是什么部件造成的异响需要通过进一步检查来判断。

知识目标

(1)能描述机械转向系统功用、基本组成。

(2)能够区分不同类型的转向系统。

(3)能够说出转向器的功用,并区分不同类型转向器。

技能目标

(1)能够指认不同类型转向器各部件名称,并说出其工作原理。

(2)会运用所学知识和经验,为客户提供转向系统日常维护的建议。

(3)具备信息查询和手册使用的基本能力。

素质目标

(1)能够按照企业 5S 要求和安全生产规范进行操作。

(2)能与同学密切合作,规范安全地完成学习活动。

(3)养成自主学习、操作规范的习惯,树立环保意识。

建议学时:12 学时。

知识准备

转向系统是指由驾驶人操纵,能实现转向轮偏转和回位的一套机构。转向系统的功用是按照驾驶人的意愿改变汽车的行驶方向和保持汽车稳定的直线行驶。

转向系统分为机械式转向系统和动力转向系统两大类。机械式转向系统由转向操纵机构、转向器和转向传动机构三部分组成,汽车转向时,驾驶人作用于转向盘上的力,经过转向轴(转向柱)传到转向器,转向器将转向力放大后,又通过转向传动机构的传递,推动转向轮偏转,致使汽车行驶方向改变,如图 8-1 所示。

一、转向盘

转向盘主要由轮圈、轮辐和轮毂组成。转向盘内部由成形的金属骨架构成,骨架外一般包有柔软的合成橡胶、树脂或皮革,这样有良好的手感,并防止操作时打滑。转向盘上还安装汽车喇叭开关按钮及控制开关等,以方便驾驶人操作,如图 8-2 所示。

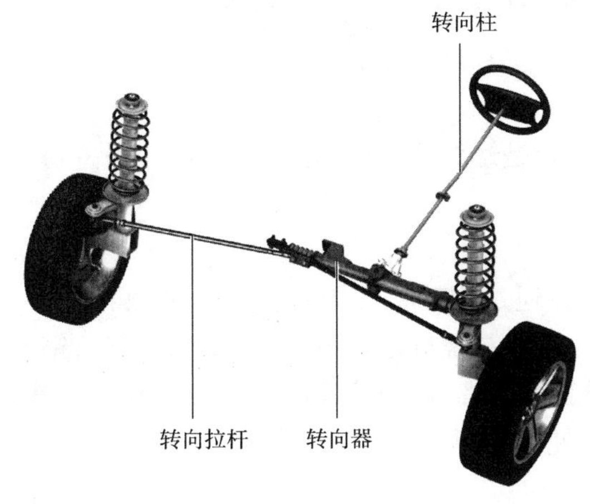

图 8-1 机械式转向系统

图 8-2 转向盘

二、转向柱

转向柱主要由转向轴、中间轴和万向节等零件组成,如图 8-3 所示。转向轴是将驾驶人作用于转向盘的操纵力传给转向器的传力轴。转向轴通过轴承支承于转向柱管,转向柱管固定在车身上。转向轴上部与转向盘相连,下部装有转向器。与转向器的连接方式有两种:一种是与转向器的输入轴直接连接,另一种是通过十字万向节或柔性万向节间接与转向器连接。轿车转向轴装有改变转向盘工作角度和转向盘高度的机构,以方便不同体型的驾驶人的操纵。驾驶人确定合适位置之后,向上扳起调整手柄,就可将转向盘锁定。

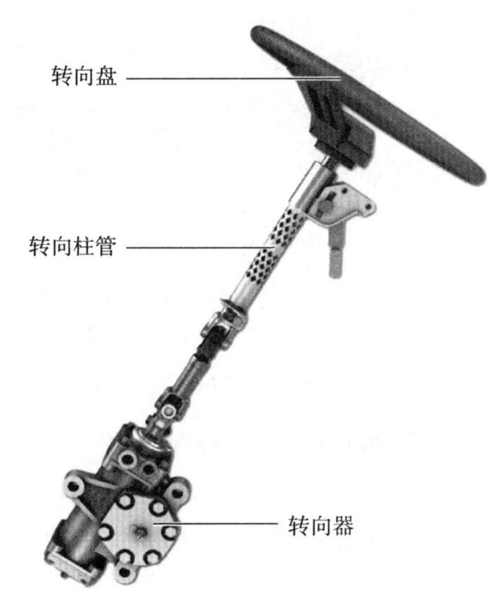

图 8-3 转向柱

三、转向器

转向器的作用是增大由转向盘传到转向节的力并改变力的传递方向,获得所要求的摆动速度和角度。

转向器按结构形式,可分为蜗杆指销式、循环球式和齿轮齿条式三种。按其作用力的传递情况,可分为可逆式、不可逆式和极限式三种。

1. 蜗杆指销式转向器

1)组成

东风 EQ140 型汽车采用的蜗杆双指销式转向器主要由壳体、蜗杆、曲柄、指销、转向摇臂轴、上盖、下盖、调整螺塞及螺钉等组成,如图 8-4 所示。

2)工作过程

汽车转向时,通过转向盘和转向轴使蜗杆转动,嵌于螺杆螺旋槽的锥形指销一边自转,一边绕转向摇臂轴摆动,并通过转向传动机构,使汽车转向轮偏转,实现汽车转向。

2. 循环球式转向器

1)组成

循环球式转向器由二套传动副组成,一套是螺杆螺母传动副、一套是齿条齿扇传动副或滑块曲柄销传动副,如图8-5所示。

2)工作过程

当转动转向盘时,转向螺杆也随之转动,通过钢球将作用力传给螺母,螺母即产生轴向移动,同时,由于摩擦力的作用,所有钢球在螺杆与螺母之间滚动,形成“球流”。钢球在螺母内绕行两周后,流出螺母进入导管,再由导管流回螺母,随着螺母沿螺杆做轴向移动,其齿条带动齿扇运动,齿扇带动垂臂轴转动,从而使转向垂臂产生摆动,通过转向传动机构使转向轮偏转完成汽车转向。

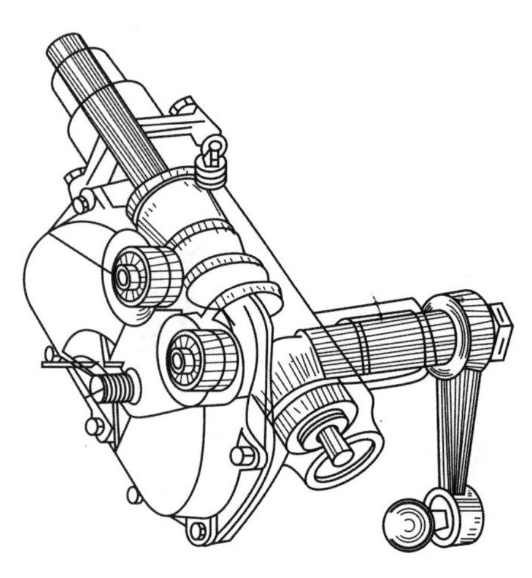

图8-4　蜗杆曲柄指销式转向器

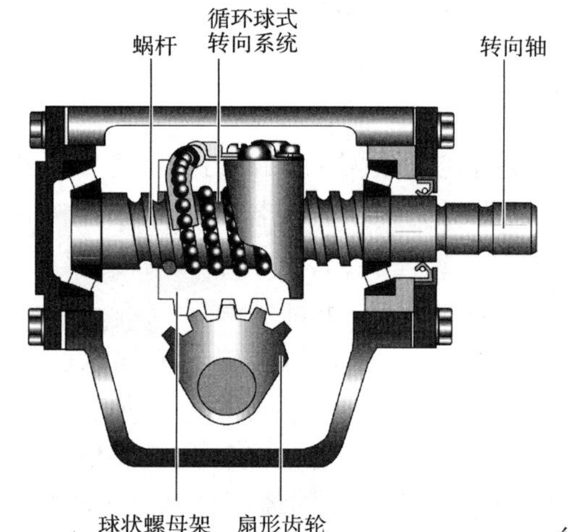

图8-5　循环球式转向器

循环球式转向器工作原理

3. 齿轮齿条式转向器

齿轮齿条式转向器主要由转向器壳体、转向齿轮(主动)、转向齿条(从动)等组成。齿轮齿条式转向器具有结构简单、传动效率高,操纵轻便,质量轻、安装方便等特点,因此 被广泛应用在乘用车上。

齿轮齿条式转向器分两端输出式和中间(或单端)输出式两种。两端输出的齿轮齿条式转向器如图8-6所示,作为传动副主动件的转向齿轮轴11通过轴承12和13安装在转向器壳体5中,其上端通过花键与万向节10和转向轴连接。与转向齿轮啮合的转向齿条4水平布置,两端通过球头座3与转向横拉杆1相连。弹簧7通过压块9将齿条压在齿轮上,保证无间隙啮合。弹簧的预紧力可用调整螺塞6调整。当转动转向盘时,转向器齿轮11转动,使与之啮合的齿条4沿轴向移动,从而使左右横拉杆带动转向节左右转动,使转向车轮偏转,从而实现汽车转向。

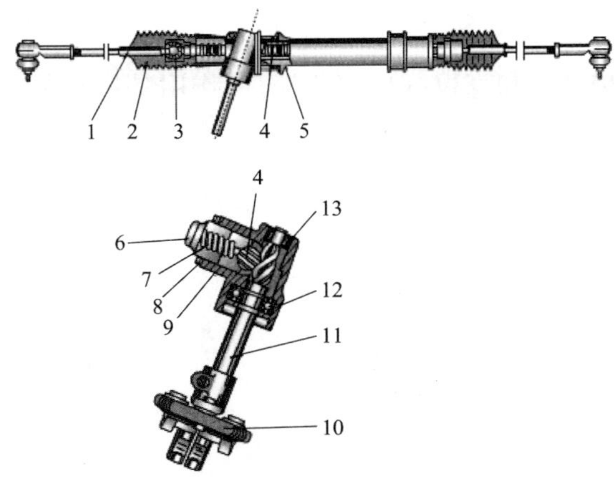

图 8-6 两端输出的齿轮齿条式转向器

1-转向横拉杆;2-防尘罩;3-球头座;4-齿条;5-转向器壳;6-调整螺塞;7-弹簧;8-转向器壳;9-压块;10-万向节;11-转向齿轮轴;12、13-轴承

中间输出的齿轮齿条式转向器如图 8-7 所示,其结构及工作原理与两端输出的齿轮齿条式转向器相同。

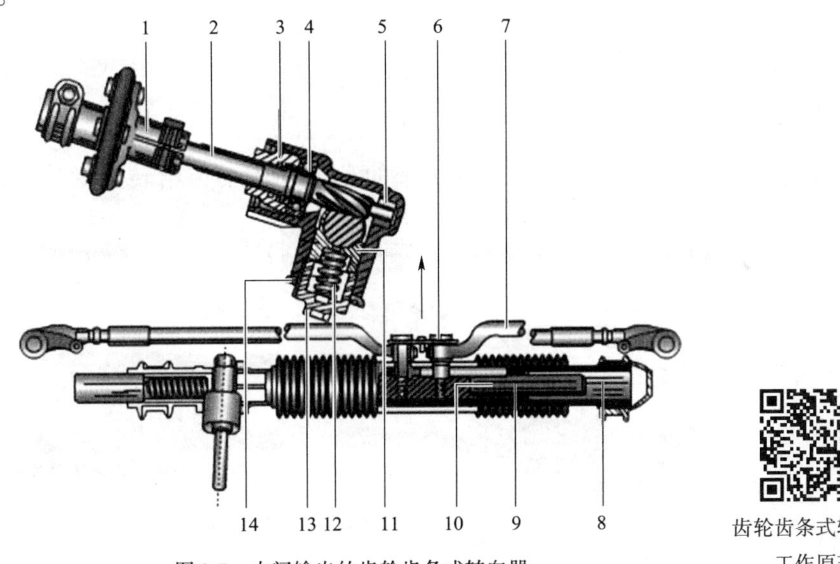

齿轮齿条式转向器工作原理

图 8-7 中间输出的齿轮齿条式转向器

1-万向节;2-转向齿轮轴;3-调整螺母;4-向心球轴承;5-滚针轴承;6-固定螺栓;7-转向横拉杆;8-转向器壳体;9-防尘罩;10-转向齿条;11-调整螺塞;12-锁紧螺母;13-压紧弹簧;14-压块

当驾驶人转动转向盘时,转向力通过转向传动轴、万向节传给转向主动齿轮,从而带动转向从动齿条转动,并经由转向横拉杆、拉杆球头和转向节臂带动车轮摆动。齿轮齿条式转向器的动力传递特点是传递直接、复位简单。

四、转向传动机构

转向传动机构主要由转向摇臂、转向直拉杆、转向节臂、转向梯形臂和转向横拉杆等组成。

1. 转向摇臂

转向摇臂是转向器传动副和直拉杆件的传动件,作用是将转向器输出的动力和运动传给直拉杆使转向轮偏转。转向摇臂如图8-8所示。

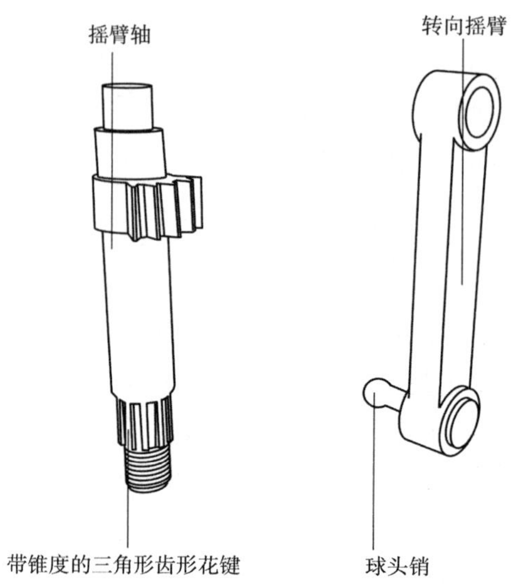

图8-8　转向摇臂

2. 转向直拉杆

转向直拉杆的作用是将转向摇臂传来的动力和运动传给转向梯形臂。转向直拉杆如图8-9所示。

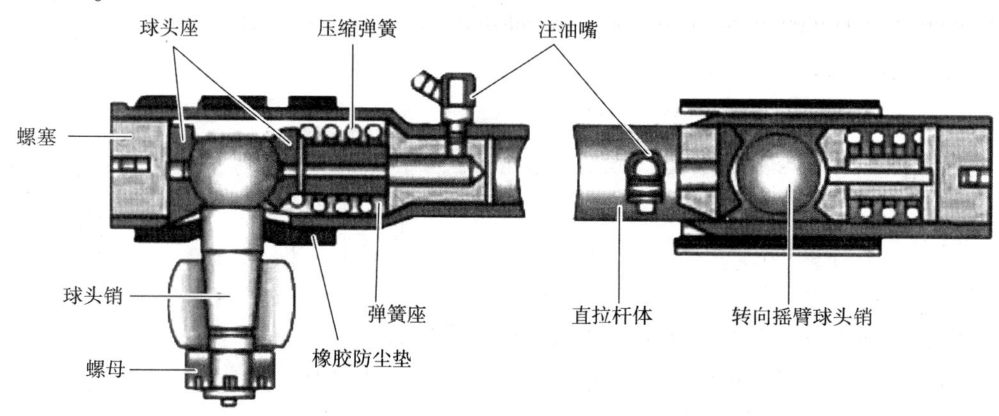

图8-9　转向直拉杆

 操作指引

轿车转向传动机构工作原理

1. 组织方式

(1)场地设施:举升机一台,装有废气抽排系统和消防设施的场地。

(2)设备设施:奥迪A8轿车或空气悬架台架。

(3)工量具:常用工具1套、通用诊断仪、万用表等。

(4)耗材:熔断丝、线束、空气流量计等。

(5)学习方式:学生自主学习与小组合作学习相结合,以小组为单位进行查阅维修资料制定工作计划并开展任务实施。

2. 操作要求

(1)穿着干净整齐的工作服。

(2)遵守场地安全规定,注意用电安全。

(3)正确使用万用表、诊断仪等工量具。

任务实施

1. 转向器的拆卸

(1)松开仪表板上罩板,拆下阻风门拉手,取下阻风门操纵杆。

(2)拆下仪表板下饰板,将密封衬套从前围穿线板中向驾驶人方向抽出。

(3)从发动机罩中松开夹紧箍并取出螺栓。

(4)从转向器壳体上拆下减振器的固定螺栓,并从另一端拆下与支架连接的固定螺栓,取下转向减振器。

(5)拆下齿条与支架(横拉杆连接件)连接的螺栓,将齿条、支架脱开。

(6)拆下转向器和车身的连接螺栓和防松螺母,即可将转向器从车上拆下。

2. 分解转向器

(1)拆卸补偿器,拧下紧固螺柱、锁紧螺母及调整螺栓,取下O形密封圈及调整弹簧。

(2)拆卸转向齿轮密封环、卡簧、轴承,取出转向齿轮。

(3)拆卸齿条杆的防尘罩、挡圈、密封圈,抽出齿条,并作行程记号。

3. 齿轮齿条式转向器的检修

(1)检查转向齿轮端头及衬套(液压转向是轴承)的磨损情况,是否与上面滚珠轴承同心。如磨损严重或不同心,应更换。

(2)检查齿条各部的磨损程度,有无缺齿。如有,则应更换齿条,如图8-10所示。

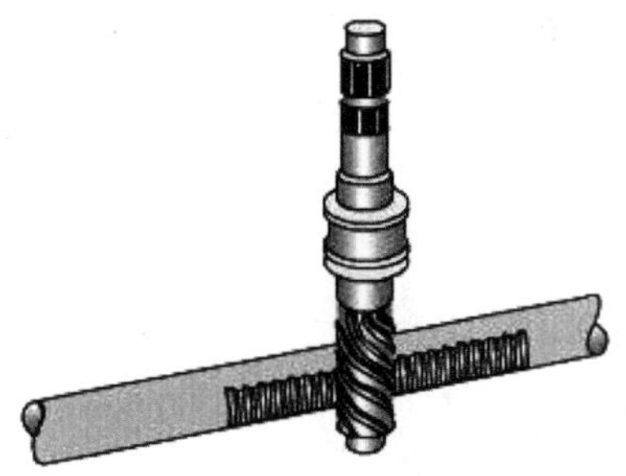

图8-10　齿轮齿条的检查

(3)检查转向器外壳有无磨损及破裂,如破裂或磨损严重,应更换。

(4)检查波形管是否破损,如有破损应更换,如图8-11所示。

(5)检查各密封圈及密封环,如有渗漏必须更换。

图8-11　波形管检查

(6)自锁螺母和螺栓一经拆卸,必须更换。

(7)检查补偿弹簧是否过软或断裂。否则,应更换。

注意:不准对转向器零件进行焊接和整形。

4. 转向器的调整

操作前提:转向器的调整应在车轮位于直线行驶位置进行。

(1)把自锁调整螺钉小心地拧进约20°。

(2)进行道路试验。

(3)转向器如能自己回到直线位置,则把调整螺钉松开一点。

(4)转向器如还有间隙,则把调整螺钉拧紧一点。

5. 转向器的安装

装配的过程与拆卸的过程顺序相反,但需注意以下几点:

(1)转向器壳的固定螺栓,不可拧得太紧,应按规定力矩拧紧。

(2)转向齿轮与转向柱下段连接时,夹紧箍应推到转向柱下段,密封环应嵌入转向器壳体上的环形槽中。

(3)波纹管可在转向器安装后进行调整,这时在齿条上涂 AUF06300004 转向器润滑脂,将波纹管一端用夹紧箍夹紧在环槽中。

(4)波纹管挡圈应推至齿条限位处。

(5)转向器装配后,应检查转向齿轮与齿条间隙。调整时,松开锁紧螺母,拧紧调整螺栓至止推垫圈挡块为止,再拧紧锁止螺母。

(6)组装正确的转向器用手可直接转动转向齿轮。转向器啮合间隙的调整,应在车轮着地且处于直行状态下进行,向里旋补偿装置调整螺钉,直至螺钉与压块相接触。此时,转向齿轮应处于间隙变小状态,且转动灵活,如图8-12所示。

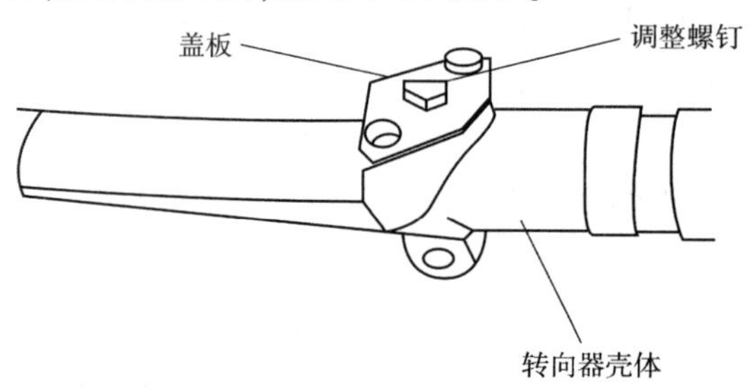

图8-12 补偿装置

任务小结

(1)机械式转向系统由转向操纵机构、转向器和转向传动机构三部分组成。

(2)转向操作机构包括转向盘、转向轴、转向柱管等。它的功用是产生转动转向器所必需的操作力,并具有一定的调节和安全性能。

(3)转向器是转向系统中的降速增矩传动装置,其功用是增大由转向盘传到转向节的力,并改变力的传动方向。

(4)转向传动机构的功用是将转向器输出的力和运动传给转向轮,使两侧转向轮偏转以实现汽车转向,并保证左右转向轮的偏转角以一定关系变化。转向传动机构包括转向摇臂、转向直拉杆、转向横拉杆。

任务2　机械液压助力转向系统检修

任务描述

车主李先生自己的凯越1.6汽车行驶10万km,最近发现车辆在行驶过程中当转动转向盘时感觉转向盘明显比以往沉重,需要较大力气才能够实现转向。

为了减轻驾驶人的疲劳强度,改善转向系统的技术性能,目前很多汽车都采用了动力转向装置。采用动力转向的汽车在转向时,所需的力在正常情况下,只有小部分是由驾驶人提供,而大部分是由转向油泵压力提供。机械液压动力转向系统是常见的一种动力转向形式。

凯越汽车采用的是机械液压动力转向系统,转向沉重可能是机械系统出现问题,或是液压系统出现泄漏、转向助力油不足等原因造成的,具体原因需要进一步检查。

知识目标

(1)能够正确描述机械液压转向系统功用。

(2)能够在实车上指认机械液压转向助力系统的部件。

(3)能够指认不同类型转向器各部件名称,并说出其工作原理。

技能目标

(1)会运用所学知识和经验,为客户提供转向系统日常维护的建议。

(2)具备信息查询和手册使用的基本能力。

素质目标

(1)能够按照企业5S要求和安全生产规范进行操作。

(2)能与同学密切合作,规范安全地完成学习活动。

建议学时:12学时。

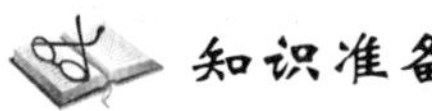

知识准备

一、机械液压式转向系统功用

为了减轻驾驶人的疲劳强度,改善转向系统的技术性能,转向系统采用了动力转向装置。常用的动力转向系统有机械液压式动力转向系统、电动液压式动力转向系统和纯电动动力转向系统。机械液压式动力转向系统通过助力泵将发动机机械能转化为压力,并将压力施加于转向器上,为转向提供助力。

二、机械液压式转向系统的组成

机械液压式转向系统包括转向盘、转向柱、转向传动轴、横拉杆、动力缸、转向助力泵、储油罐及油管等,如图8-13所示。

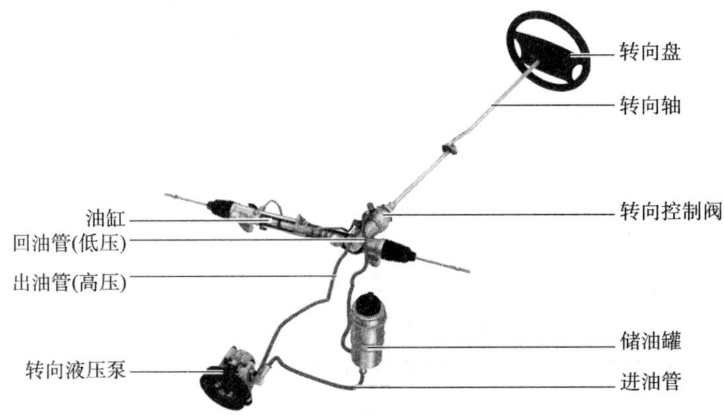

图8-13　机械液压转向助力系统结构图

1. 储油罐

储油罐用来储存、滤清转向动力缸所用的油液。

2. 转向助力泵

转向助力泵由发动机驱动,将储油罐内的油吸出,压送入转向控制阀,将发动机输出的部分机械能转换为油液的压力能。

3. 动力缸

动力缸固装在车架(或车身)上,主要由缸筒和活塞组成。活塞将动力缸分成两个腔,活塞杆的伸出端与转向摇臂中部铰接。动力缸的作用将油液的压力能转换成机械能,实现转向加力。

三、机械液压式转向系统工作原理

液压动力转向装置按液流形式分为常流式和常压式两种。

常压式机械液压助力转向系统的特点是无论转向盘处于正中间位置还是转向位置,无论转向盘静止还是在转动,系统管路中的油液总是保持高压状态,如图 8-14 所示。在汽车直线行驶,转向盘保持中立位置时,转向液压泵输出的压力油充入储能罐。当储能罐压力增长到规定值后,转向液压泵即自动卸荷空转,从而储能罐压力得以限制在该规定值以下。当转动转向盘时,机械转向器通过转向摇臂等杆件使转向控制阀转入开启位置。此时储能罐中的压力油即流入转向系统动力缸,动力缸输出的液压作用力,作用在转向传动机构上,以助机械转向器输出力不足。当转向盘停止运动,转向控制阀随之恢复到关闭位置,转向加力作用停止。

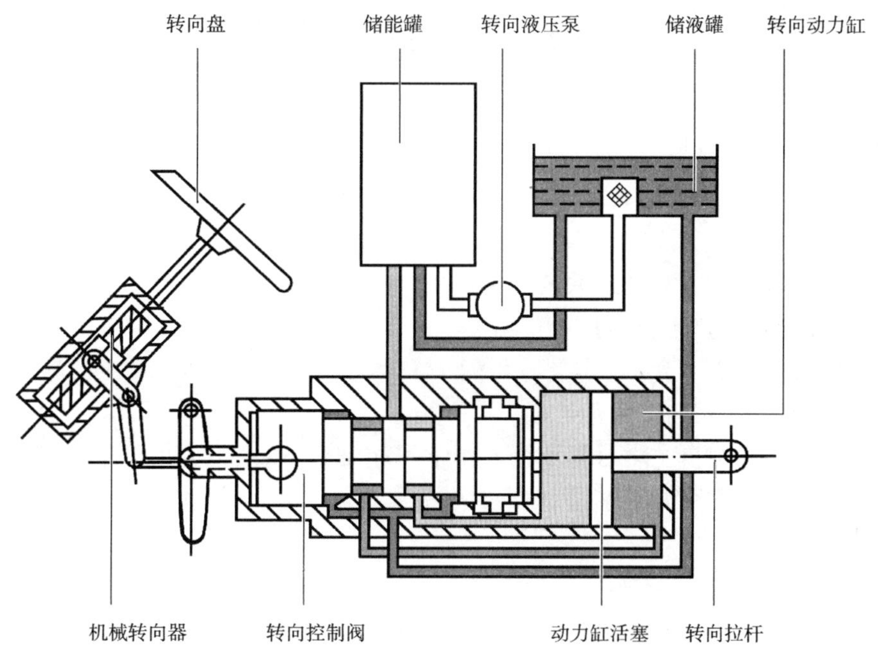

图 8-14 常压式机械液压助力转向系统

常流式机械液压助力转向系统的转向液虽然始终工作,但液压助力系统不工作时,液压泵处于空转状态,管路的负荷要比常压式小,现在大多数机械液压转向助力系统都采用常流式,如图 8-15 所示。不转向时,转向控制阀保持开启。转向动力缸的活塞两边的工作腔,由于都在低压回油管路相通而不起作用。转向液压泵输出的油液流入转向控制阀,又由此流回转向油罐。因转向控制阀的节流阻力较小,故转向油泵输出压力也很低,转向油泵处于空载状态。当驾驶人转动转向盘,通过机械转向器使转向控制阀处于某一转弯方向相应的工作位置时,转向动力缸的相应工作腔与回油管路隔绝,转而与转向液压泵输出管路相通,而动力缸的另一腔则仍然通回油管路。地面转向阻力经转向传动机构传到转向动力缸的推杆和活塞上,形成比转向控制阀节流阻力高得多的转向液压泵输出管路阻力。于是转向液压泵输出压力急剧升高,直到足以推动转向动力缸活塞位置。转向盘停止转动后,转向控制阀随即恢复到中立位置,使动力缸停止工作。

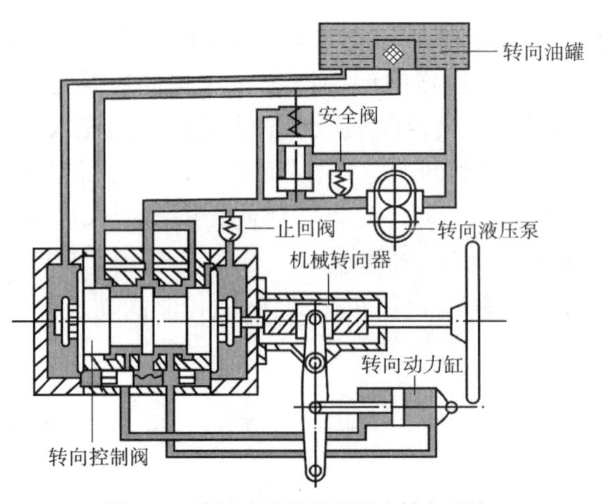

图8-15　常流式机械液压助力转向系统

常流式机械液压助力转向系统原理

操作指引

1. 组织方式

(1)场地设施:剪式或双柱式举升器4台。

(2)设备设施:捷达车辆4辆。

(3)工具:常用工具4套。

(4)耗材:吸油纸、转向助力油4桶。

(5)学习方式:学生自主学习与小组合作学习相结合,以小组为单位进行查阅维修资料制定工作计划并开展任务实施。

2. 操作要求

(1)穿着干净整齐的工作服。

(2)遵守场地安全规定,注意举升器使用安全。

(3)正确使用拆装工具。

任务实施

1. 转向助力油油位检查

(1)打开发动机罩(图8-16)。

(2)在实车上找到转向助力油储油罐的位置(图8-17)。

图8-16　打开发动机罩

图8-17　转向助力油储油罐位置

(3)检查储油罐液位(图8-18)。储油罐刻度含义如图8-19所示。

如果发现转向助力油油位低于规定下限,需要进一步检查储油罐、转向系统管路、动力缸及连接处是否有损坏或卡子松动,导致转向助力油泄漏。如果存在损坏或松动等现象,请先更换损坏部件,再进行转向助力油的添加。

图8-18 转向助力油储油罐刻度线

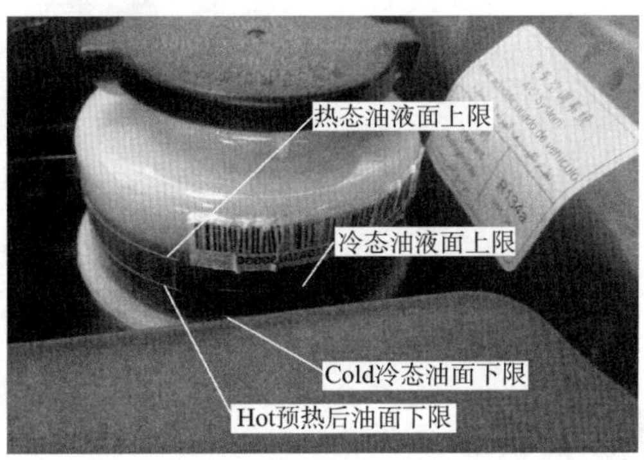

图8-19 储油罐刻度含义

2. 转向系统转向助力油泄漏检查

如果发现转向助力油液面低于下限,请先检查转向助力泵、转向助力油管路、管路连接处(包括卡箍是否卡紧)、转向压力开关等位置是否有泄漏。如果发现有泄漏,先进行泄漏处理后,再进行转向助力油添加。

转向助力油添加必须符合原厂要求。在汽车行驶过程中需要转动转向盘时,应该尽量避免将转向盘打死,因为当转向盘打死时,会使管路里的转向助力油压力升高,各个油管接口处橡胶管路就有可能出现泄漏。

任务小结

(1)机械液压式助力转向系统由储油罐、转向动力泵、转向控制阀、动力缸、转向器动部件组成。

(2)转向动力泵的功用将发动机的机械能转化为液压能。

(3)动力缸的功用是将液压能转化为机械能。

任务3 电子液压助力转向系统检修

任务描述

车主李先生反映,最近自己的汽车在行驶过程中当转动转向盘时会出现异常响声,当车辆在直线行驶过程中响声会消失。

由于机械液压助力需要大幅消耗发动机动力,所以人们在机械液压助力的基础上进行改进,开发出了更节省能耗的电子液压助力转向系统。这套系统的转向油泵不再由发动机直接驱动,而是由电动机来驱动,并且在之前的基础上加装了电控系统,使得转向辅助力的大小不仅与转向角度有关,还与车速相关。机械结构上增加了液压反应装置和液流分配阀,新增的电控系统包括车速传感器、电磁阀、转向ECU等。

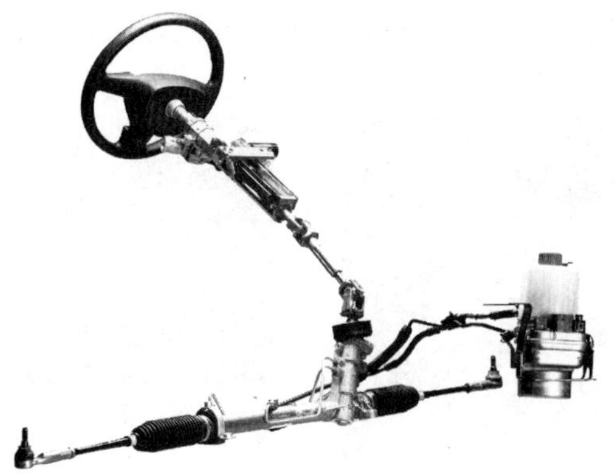

 知识目标

(1)认识电子液压式动力转向系统功用、基本组成。

(2)能够说出转向器的功用,并区分不同类型转向器。

(3)能够指认不同类型转向器各部件名称,并说出其工作原理。

 技能目标

(1)会运用所学知识和经验,为客户提供转向系统日常维护的建议。

(2)具备信息查询和手册使用的基本能力。

(3)能够按照企业5S要求和安全生产规范进行操作。

素质目标

(1)能与同学密切合作,规范安全地完成学习活动。

(2)养成自主学习、操作规范的习惯,树立环保意识。

建议学时:6学时。

 知识准备

电子液压式动力转向系统英文简称为EHPS(Electro Hydraulic Power Steering),是以电动机驱动油泵实现动力转向的装置。

一、电子液压式动力转向系统组成

电子液压式动力转向系统主要由储油罐、助力转向控制单元、电动泵、转向机、助力转向传感器等构成,其中助力转向控制单元和电动泵是一个整体结构。电子液压式动力转向系统如图8-20所示。

二、电子液压式动力转向系统特点

电子液压转向助力系统克服了传统的液压转向助力系统的缺点。它所采用的液压泵不

再靠发动机皮带直接驱动，而是采用一个电动泵，动力来自于蓄电池。它所有的工作的状态都是由电子控制单元根据车辆的行驶速度、转向角度等信号计算出的最理想状态。

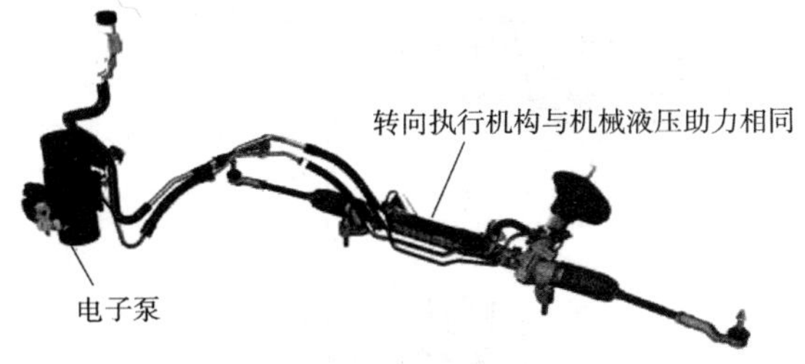

图 8-20　电子液压式动力转向系统

在低速大转向时，电子控制单元驱动电子液压泵以高速运转输出较大功率，使驾驶人方向省力；汽车在高速行驶时，液压控制单元驱动电子液压泵以较低的速度运转，在不至于影响高速打转向的需要同时，节省一部分发动机功率。电子液压动力转向系统结构示意图如图 8-21 所示。

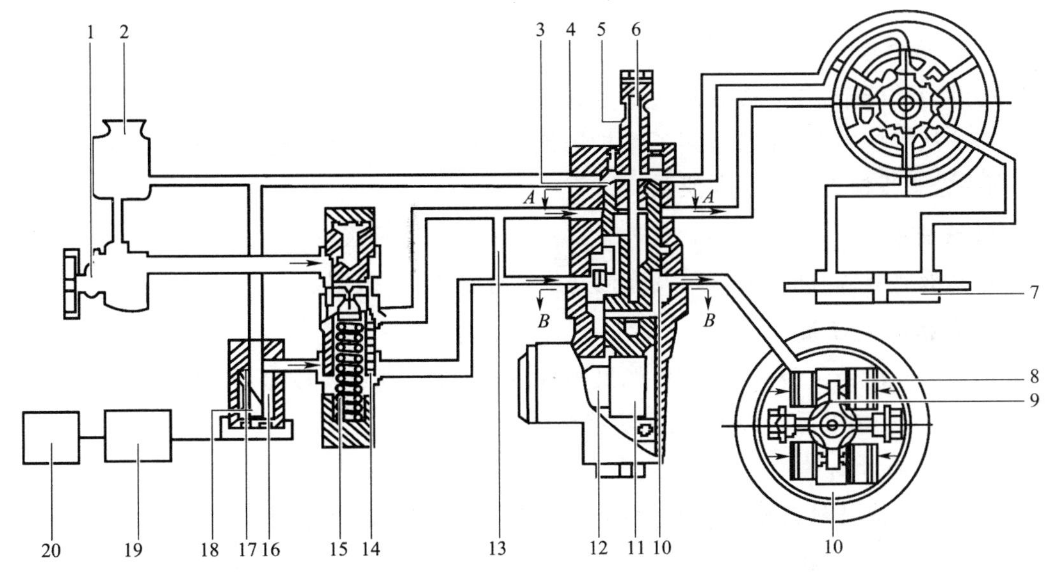

图 8-21　电子液压动力转向系统结构示意图

1-转向液压泵；2-储油罐；3-转向器壳体；4-转阀阀体；5-转阀阀芯；6-扭杆；7-转向动力缸；8-液压反力活塞；9-控制杆；10-液压反力腔；11-转向器齿轮；12-转向器齿；13-节流孔；14-液流分配阀柱塞；15-液流分配阀弹簧；16-电磁阀线圈；17-电磁阀滑阀；18-电磁阀弹簧；19-动力转向 ECU；20-车速传感器

电子液压助力转向系统是目前采用较为普遍的助力转向系统。转向盘上还安装汽车喇叭开关按钮及控制开关等，以方便驾驶人操作。

三、电子液压动力转向系统工作原理

电子液压助力的原理与机械液压助力基本相同，不同的是油泵由电动机驱动，同时助力力度可变。车速传感器监控车速，电控单元获取数据后通过控制转向控制阀的开启程度改变油液压力，从而实现转向助力力度的大小调节。电子液压动力转向系统如图 8-22 所示。

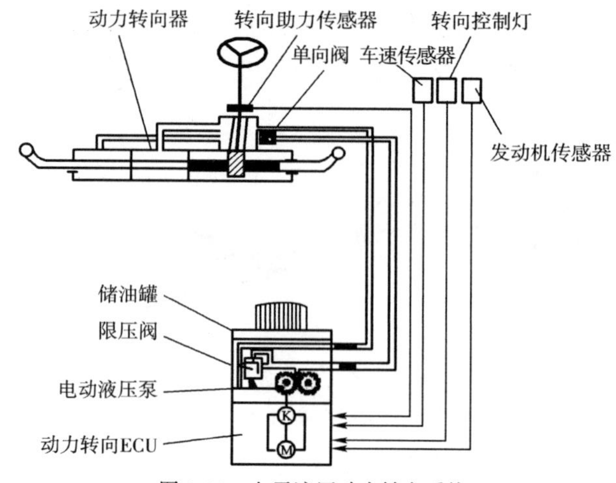

图8-22 电子液压动力转向系统

四、电子液压动力转向系统转向沉重原因分析

1. 缺少转向助力油

转向助力油低于下限,造成转向助力下降造成的转向沉重。需添加专用转向助力油,在添加前需确认维护周期,如果是到了维护周期则添加转向助力油至上下限。如果未到维护周期,则要进一步检查是否存在泄漏。

2. 泄漏检查

检查储液罐、转向助力油管路及连接处是否存在老化,破损。

3. 检查电动液压泵

电动液压泵皮带是否松动打滑,如果出现皮带打滑,则更换皮带;检查电动液压泵压力是否达到规定值,如果低于规定值,需更换电动液压泵。

4. 检查转向万向节

检查转向万向节是否缺油发卡,如果转向万向节发卡,则添加润滑脂。

5. 检查转向器内漏

检查转向器分流阀和转向活塞皮圈是否有内漏。

操作指引

1. 组织方式

(1)场地设施:剪式或双柱式举升器4台。

(2)设备设施:凯越车4辆。

(3)工具:常用工具4套、诊断仪。

(4)耗材:吸油纸、转向助力油4桶。

(5)学习方式:学生自主学习与小组合作学习相结合,以小组为单位进行查阅维修资料制定工作计划并开展任务实施。

2. 操作要求

(1)穿着干净整齐的工作服。

(2)遵守场地安全规定,注意举升器使用安全。

(3)正确使用拆装工具。

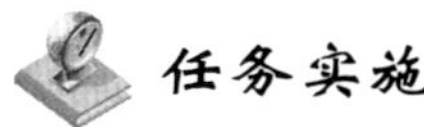

任务实施

1. 转向沉重故障检查

(1)液压助力转向泵在使用时注意选择正确型号的助力油,否则会影响助力转向泵的工作效率和使用寿命。

(2)经常检查助力油的使用情况,使用的助力油必须保持清洁。定期更换助力油,车主在自行加注助力油时必须备有过滤装置。

(3)汽车若较长时间停驶,在重新起动时,不要立即满负荷工作,至少应空载运转 10min 时间,待助力油及其他油液达到正常工作状态再行车。

(4)操纵汽车转向时留意观察助力转向系统运转是否正常,有无冲击或噪声,助力油路有无渗漏现象,以便及时发现并排除故障。

当出现转向油泄漏、转向助力油不足等现象按照前面方法进行排除。如怀疑转向助力油泵损坏造成转向沉重,需要进一步对转向助力油泵进行拆解。

2. 转向助力油泵的拆解步骤

(1)排出动力转向油。

(2)分离空气滤清器软管总成。

(3)拆下空气滤清器总成。

(4)拆下右前轮。

(5)拆下右发动机下护板。

(6)拆下风扇和发动机 V 形带。

(7)脱开储液罐到泵的 1 号软管。拆下夹子,脱开储液罐到泵的 1 号软管。

(8)拆下压力供给管接头螺栓。拆开压力开关接头,拆下油压接口头。注意:不要把压力开关掉到地上或使其严重损坏,如果损坏,更换新零件。

(9)脱开压力供给管总成和垫圈。

(10)拆下 2 个螺栓和叶轮泵总成。

(11)使用专用工具,把叶轮泵安装在台虎钳上。

(12)拆下动力转向吸油口接头。拆下螺栓和吸油口接头,从吸油口接头拆下 O 形圈。

(13)拆下流量控制阀。拆下压力口接头,从压力口接头上拆下 O 形圈。拆下流量控制阀和流量控制阀压缩弹簧。

(14)拆下叶片泵后壳体。从叶片泵前壳体上拆下 4 个螺栓和叶轮泵后盖,从叶轮泵前壳体上拆下 O 形圈。

(15)拆下带皮带轮轴总成。使用卡簧钳,从皮带轮轴总成上拆下卡簧。拆下皮带轮轴总成。

(16)拆下叶片泵转子。拆下10个叶片,拆下叶片泵转子。

(17)拆下叶片泵凸轮环。

(18)拆下叶片泵前端板。从叶片泵前盖上拆下前端板,从前端板上拆下O形圈,从叶轮泵前壳体上拆下O形圈。

(19)拆下叶片泵壳体油封。使用专用工具和锤子,拆下叶轮泵壳体油封。注意:不要损伤叶片泵壳体。

3. 转向油泵各部件的检查

(1)动力转向油泵所有金属元件的清洗只能使用酒精。

(2)检查泵壳是否有磨损、裂纹、铸造砂眼和损坏,发现其中任何一种损坏,都应更换泵壳。

(3)检查泵轴花键是否磨损,泵轴、泵轴轴套、轴承是否有裂纹和其他损坏,更换所有过度磨损和损坏的零件。

(4)检查游隙:检查叶轮泵轴与前壳体衬套间的游隙,其计算方法为

$$油隙 = 衬套内径 - 泵轴外径$$

使用螺旋测微器和游标卡尺测量游隙,如图8-23所示。

标准间隙:0.021~0.043mm,最大间隙:0.07mm。如大于最大值,更换新的叶轮泵总成。

(5)检查叶轮泵转子和叶片。

①检查所有转子叶片在转子槽中是否运动自如。测量叶片与转子的槽侧隙,最大间隙值应为0.003mm,超过该极限时,应更换叶轮泵总成,如图8-24所示。

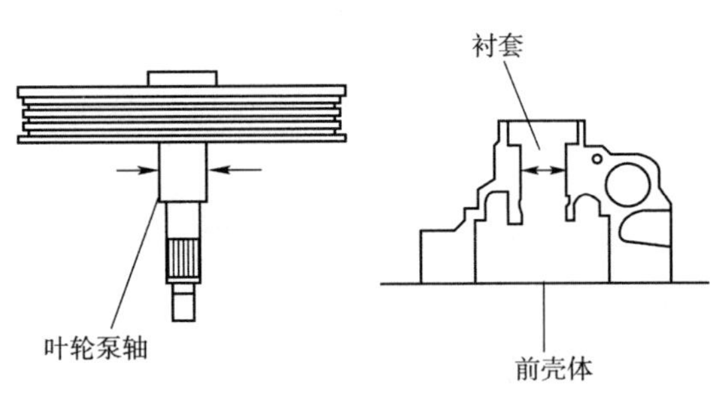

图8-23　检查游隙

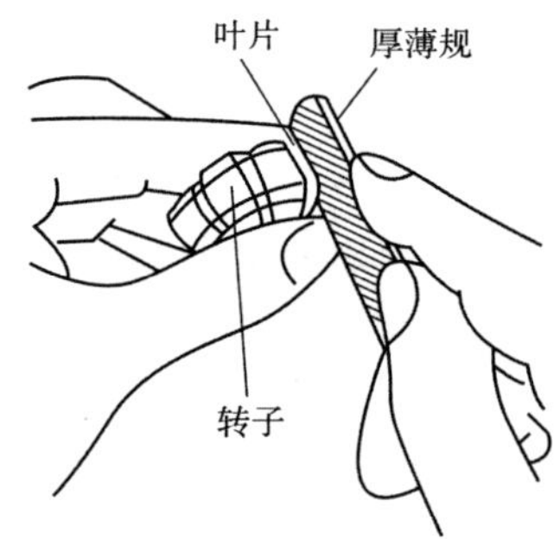

图8-24　测量叶片与转子的槽侧隙

②用千分尺测量叶片高度、厚度和长度,如图8-25所示。最小高度为7.6mm;最小厚度为1.405mm;最小长度为11.993mm。不在限制值内应更换叶片泵总成。

(6)检查流量控制阀。

①如图8-26所示,用转向动力油涂抹流量控制阀,检查在其自身重力作用下是否可以平顺滑入阀孔。若有卡住现象,应检查控制阀的泵壳、泵体孔是否存在杂质、刮痕和毛刺。毛刺可用细砂布去掉,若阀或泵壳、泵体有损坏而不能修复,则应对损坏件进行更换。

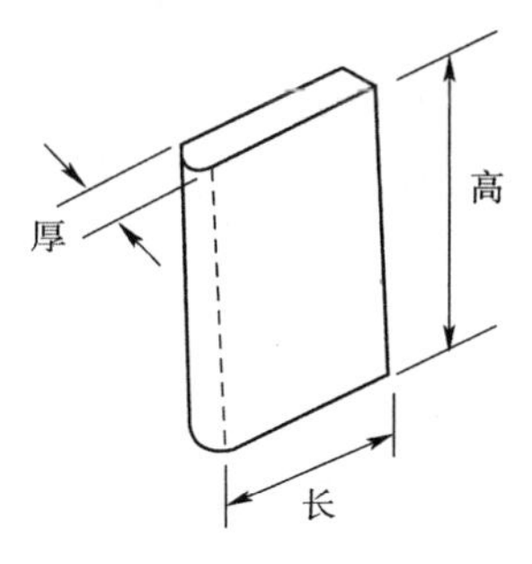

图 8-25 测叶片长、宽、高

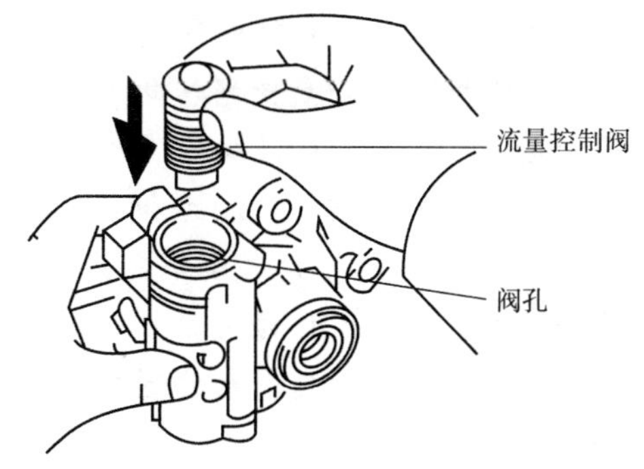

图 8-26 检查流量控制阀

②检查流量控制阀是否泄漏。堵住其中一个孔,向相对的另一个孔中吹入压缩空气(压力为 392～490kPa),观察末端是否有空气漏出,如图 8-27 所示。

(7)检查流量控制阀弹簧。用游标卡尺测量弹簧自由长度,如图 8-28 所示。最小自由长度为 29.2mm。不在限制值内应更换叶片泵总成。

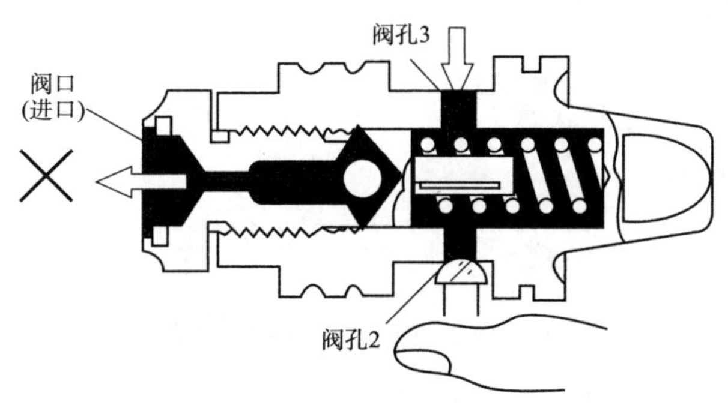

图 8-27 检查流量控制阀泄漏

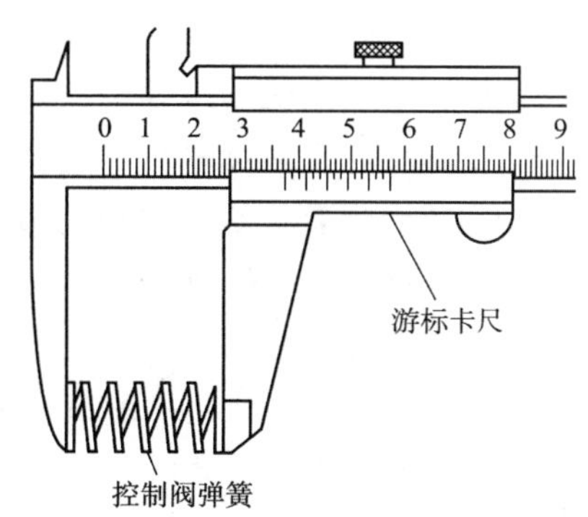

图 8-28 测量弹簧自由长度

(8)检查压力孔接头。如果压力孔接头座明显受到损伤,则可能导致漏油,更换叶轮泵总成。

4. 转向油泵的安装

按相反的顺序进行装配,但应注意:确保油封按正确方向安装;不要损伤叶轮泵前盖中的叶轮泵前盖油封凸缘;确保前端板按正确方向进行安装。

任务小结

(1)电子液压动力转向系统使用转向油泵,由电动机驱动,电动机由蓄电池供电,不直接消耗发动机动力。

(2)电子液压动力转向系统由电子液压泵、限压阀、转向传感器等部件组成。

习题

一、单选题

1.(　　)是产生转动转向器所必需的操作力,并具有一定的调节和安全性能。

A. 转向盘　　B. 转向器　　C. 转向操作机构　　D. 转向传动机构

2. (　　)能够增大转向盘传到转向节的力,并改变力的传动方向。

A. 转向盘　　B. 转向器　　C. 转向操作机构　　D. 转向传动机构

3. (　　)能够将转向器输出的力和运动传动转向轮,使两侧转向轮偏转以实现汽车转向,并保证左右转向轮的偏转角发生一定关系的变化。

A. 转向盘　　B. 转向器　　C. 转向操作机构　　D. 转向传动机构

4. (　　)功能是增大由转向盘传到转向节的力,并改变力的传动方向。

A. 转向器　　B. 转向传动机构

C. 转向操纵机构　　D. 转向横拉杆

5. (　　)通过转向泵将发动机机械能转化为压力,并将压力施加于转向器上,为转向提供助力。

A. 机械液压动力转向　　B. 电动液压式动力转向

C. 纯电动动力转向　　D. 机械转向

6. 常流式机械液压助力转向系统的特点是(　　)。

A. 当液压系统不工作时,转向油泵不工作

B. 液压助力系统不工作时,液压泵处于空转状态

C. 助力油管路的负荷一般比常用式大

7. 设转向系的角传动比为 iw,转向器的角传动比为 iw_1,转向传动机构的角传比为 iw_2,则下式正确的为(　　)。

A. $iw = iw_1 + iw_2$　　B. $iw = iw_1 \times iw_2$　　C. $iw = iw_1 - iw_2$　　D. $iw = iw_1 / iw_2$

8. 下列说法正确的是(　　)。

A. 机械液压式助力转向系统不需要消耗发动机动力

B. 电子液压助力转向系统的转向油泵由电动机直接驱动

C. 电子液压助力转向系统在低速时,转向助力小

D. 电子液压转向助力系统在高速时,转向助力大

9. EHPS 的中文名称是(　　)。

A. 机械式转向系统　　B. 机械液压式转向系统

C. 电动式转向系统　　D. 电子液压式动力转向系统

10. 低速转向时,希望转向助力(　　)。

A. 转向助力大,使驾驶人操纵轻便　　B. 转向助力大,确保转向安全

C. 转向助力小,确保转向安全　　D. 转向助力小,使驾驶人操纵轻便

二、判断题

1. 转向系的功用是按照驾驶人的意愿改变汽车的行驶方向和保持汽车稳定的直线行驶。(　　)

2. 液压式转向系统属性动力转向系的一种。(　　)

3. 转向器的作用是增大转向盘传到转向节的力并改变力的传递方向。(　　)

4. 车辆发生碰撞后,转向器零件发生变形,可以通过整形后继续使用。(　　)

5. 齿轮齿条式转向器具有机构简单、传动效率高、操纵轻便、质量重、安装复杂的特点。
( )

6. 转向器的主要功用是降低驾驶人打转向盘的速度,增大转矩。 ( )

7. 汽车的转弯半径越大,汽车的机动性越好。 ( )

8. 电子液压式动力转向系的电控系统包括车速传感器、电磁阀、转向 ECU 等。 ( )

9. 汽车在高速行驶时,液压控制单元驱动电子液压泵以较低的速度运转,在不至于影响高速打转向的需要同时,节省一部分发动机功率。 ( )

10. 电动液压泵皮带松动打滑可能导致转向沉重,如果出现皮带打滑应先更换皮带,再检查转向沉重现象是否消失。 ( )

三、多选题

1. 转向盘主要由( )组成。

A. 轮圈　　B. 轮辐　　C. 轮辋　　D. 轮毂

2. 齿轮齿条式转向器主要由( )等组成。

A. 转向器壳体　　B. 转向齿轮　　C. 转向横拉杆　　D. 转向齿条

3. 下列( )情况需要驾驶人操纵转向机构。

A. 行驶过程中需要减速或停车

B. 转向轮受侧向力干扰发生偏转,使转向轮回正

C. 汽车行驶过程中,需要改变行驶方向

D. 支撑总成部件

4. 可能造成转向助力油泄漏的原因有( )。

A. 储油罐损坏　　B. 转向系统管理损坏、连接处松动

C. 动力缸损坏　　D. 卡子松动

5. 造成转向沉重的原因有( )。

A. 液压系统泄漏　　B. 转向助力油不足

C. 转向器缺油　　D. 转向传动机构损坏

6. 液压动力转向机构包括( )。

A. 转向盘　　B. 转向柱　　C. 转向传动轴　　D. 动力缸

7. 电子液压助力转向系统的转向辅助力的大小与( )有关。

A. 转向角度　　B. 车速　　C. 驾驶人力量　　D. 蓄电池电压

8. 下列说法正确的是( )。

A. 电子液压助力转向系统液压泵靠电动泵驱动,能源来自蓄电池

B. 在低速大转向时,电子控制单元驱动电子液压泵以高速运转输出较大功率,使驾驶人打方向省力

C. 汽车在高速行驶时,液压控制单元驱动电子液压泵以较低的速度运转,在不至于影响高速打转向的需要同时,节省一部分发动机功率

D. 电子液压助力转向系统所有的工作的状态都是由电子控制单元根据车辆的行驶速度、转向角度等信号计算出的最理想状态

9. 造成电子液压动力转向系统转向沉重的原因有(　　)。

A. 缺少转向助力油　　B. 储液罐、转向助力油管路泄漏

C. 电动液压泵皮带松动打滑　　D. 转向器分流阀和转向活塞皮圈有内漏

10. 当拆解转向油泵时,正确的做法是(　　)。

A. 拆下进油管和回油管泄放螺栓,排放液压油

B. 先拆卸转向油泵后固定螺栓,再拆下前支架固定螺栓

C. 油泵按照完毕后应调整转向油泵 V 形带的张紧度

D. 将油泵固定在台钳上,拆卸 V 形带轮和中间支架

项目九　电控动力转向系统故障诊断与修复

项目概述

理想的动力转向系统应该能够在汽车低速时使转向轻便,减轻驾驶人劳动强度;而在汽车高速时则应具有一定的转动转向盘的力,给驾驶人一定的路感,防止转向发飘。

但是一般动力转向系统在设计时存在如下矛盾:如果所设计的固定放大倍率是为了减小汽车在停车或低速行驶状态下转动转向盘的力,那么汽车低速行驶时转向较轻便,但是当汽车高速行驶时,会使转动转向盘的力显得太小,不利于对高速行驶的汽车进行方向控制;如果所设计的固定放大倍率是为了增加汽车在高速行驶时的转向力,虽然汽车高速时转向具有一定的路感,但是当汽车停驶或减速行驶时,转动转向盘就会显得非常吃力。

由此可见,普通的动力转向系统可以使转向轻便,但是其转向力的放大倍率是不可变的,因此无法兼顾高速和低速时车辆对于转向助力的不同要求。

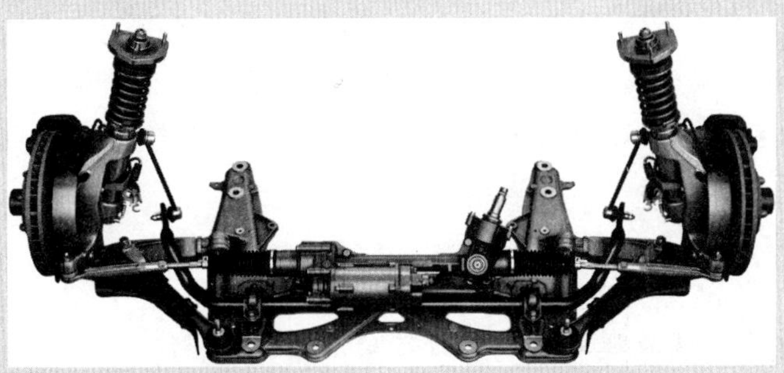

目前,大部分汽车上采用了电控动力转向系统,它是在普通动力转向系统的基础上增设了一套电子控制系统,因此具有可变的放大倍率。

主要学习任务

1. 液压式电控动力转向系统检修
2. 电动式电控动力转向系统检修

任务1　液压式电控动力转向系统检修

任务描述

车主李先生有一辆大众POLO轿车,行驶6万km,最近发现转动转向盘时出现转向沉重现象。经过服务顾问路试检验,发现李先生的轿车在车速低、大角度转动转向盘时转向沉重。

大众POLO轿车采用的是液压式电控动力转向系统。液压式电控动力转向系统仍然保留了液压式动力转向系统的储液罐、转向油泵、齿轮齿条转向器等部件,同时也保留了电子液压动力转向系统的直流电动机驱动油泵。只是增加了转向盘转角传感器、分配阀、扭力杆等部件,并且直流电动机的转速控制由EPS ECU根据车速和转向盘转角等信号计算出最佳转向助力,从而实现了放大倍率的可变。

知识目标

(1)能够在实车上指认液压式电控动力转向系统组成部件。

(2)能够对照实车介绍转向系统的结构与功用。

(3)能够正确描述液压式电控动力转向系统的工作原理。

(4)能够根据客户描述的故障现象分析故障原因。

技能目标

(1)会运用所学知识和经验,为客户提供汽车液压式电控动力转向系统日常维护的建议。

(2)具备信息查询和手册使用的基本能力。

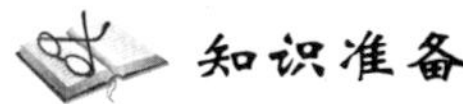

素质目标

(1)能够按照企业5S要求和安全生产规范进行操作。

(2)能与同学密切合作,规范安全地完成学习活动。

(3)养成自主学习、操作规范的习惯,树立环保意识。

建议学时:10学时。

知识准备

一、液压式电控动力转向系统的组成

电控液压动力转向系统一般由转角传感器、电控单元(EPS ECU)、直流电动机、转向油泵、分配阀、扭力杆、动力缸、齿轮齿条转向器、储油罐等组成,一汽大众POLO电控液压动力转向系统结构图如图9-1所示。其中,直流电动机、转向油泵和储油罐被制成一体,称为动力油泵总成,如图9-2所示。

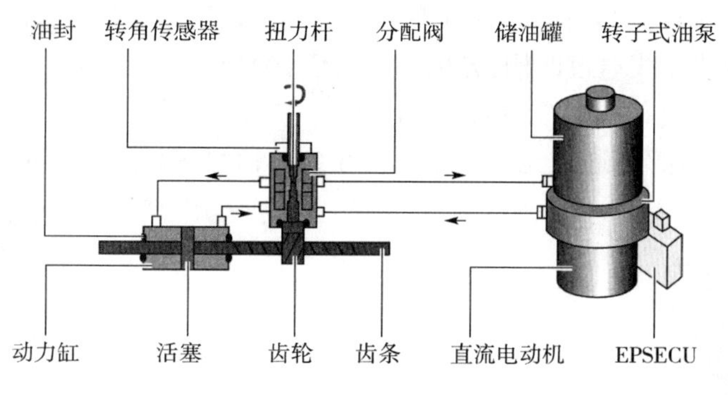

图9-1 大众POLO液压式电控动力转向系统组成

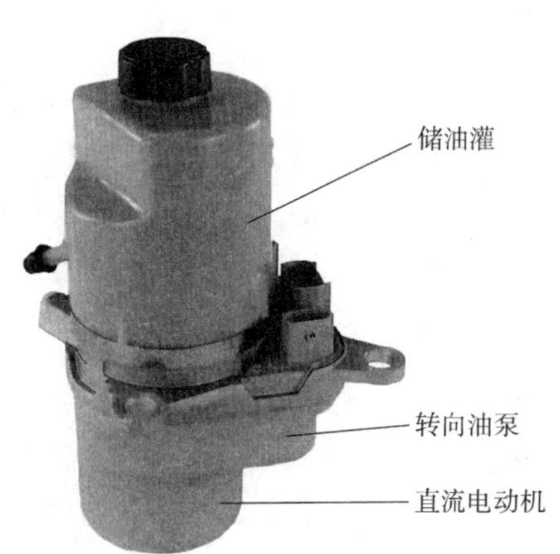

图9-2 动力油泵总成

1. 转角传感器

转角传感器安装于转向盘的转轴上,用于向EPS ECU输送转向盘的转动角度和角速度信号。转向盘大致可以旋转2.9圈,即1044°,通过转向机构以固定的传动比带动前轮在左右40°内变化。一般转角传感器可以分为模拟式转向盘转角传感器(齿轮式)和数字式(光码盘式)转向盘转角传感器。

(1)齿轮式转角传感器是一种接触的有源角度传感器,它采用三个齿轮的机械结构,来测量转角和转过的圈数。大齿轮随转向管一起转动,两个小齿轮齿数相差1个,与传感器外壳一起固定在车身上,不随转向盘转动而转动。两个小齿轮分别采集到随转向盘转动的角度,由于相差一个齿,不同的圈数就会相差特定的角度,ECU通过计算得到转向盘的绝对转角,如图9-3所示。

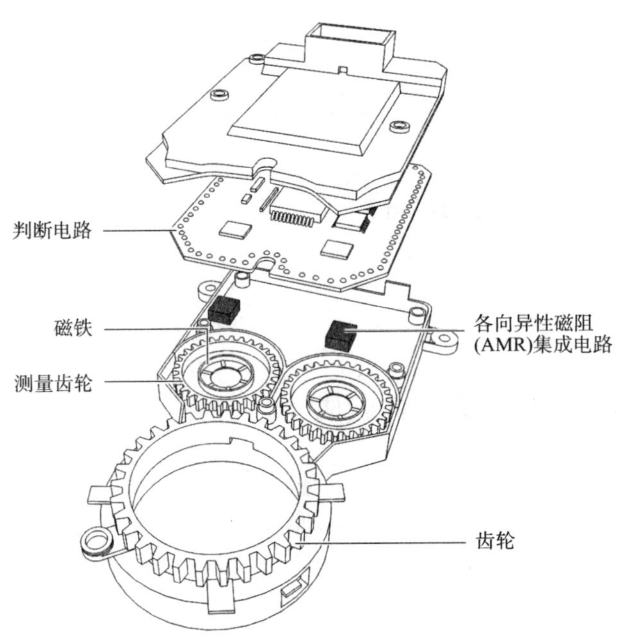

图 9-3　齿轮式转角传感器

(2)光电式转角传感器是一种数字脉冲式传感器。遮光盘在光耦器件的凹槽中转动,槽口进入凹槽时,发光二极管(LED)发出的光线通过凹槽,光敏晶体管管接收到脉冲信号。当发光二极管(LED)发出的光线被遮挡时,光敏晶体管接收不到信号。光敏晶体管能接收到与槽口数一样的脉冲信号。转向盘转角传感器通过光敏晶体管接收到的信号数计算出转向盘转过的角度,如图 9-4 所示。

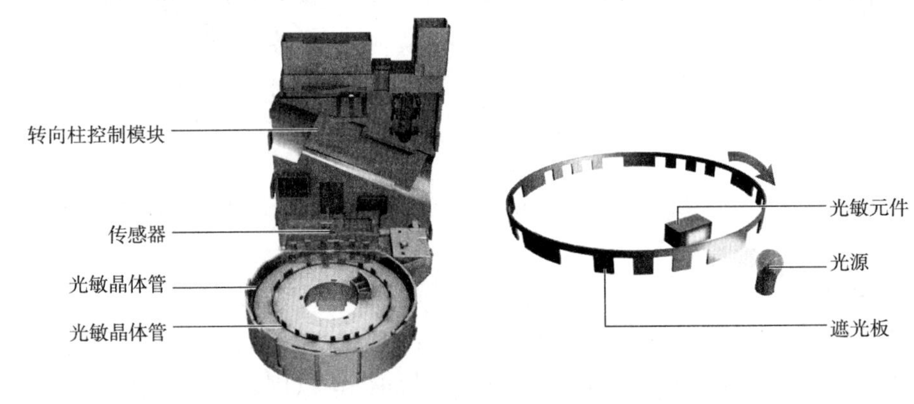

光电式转角传感器

图 9-4　光电式转角传感器

2. 油泵

油泵有齿轮式和转子式两大类型,两种都是属于容积泵,其工作原理是利用容积变化来实现吸油和泵油。转子和定子之间存在齿数差,在转子和定子之间形成多个密闭腔室。当腔室容积增大时,压力下降,处于进油口的油被吸入。在直流电动机驱动下不断旋转,当腔室容积减小时,压力升高,转向助力油被压出出油口。大众 POLO 转向油泵采用的是转子式油泵,由直流电动机驱动。油泵壳上装有过载保护限压阀,如图 9-5 所示。

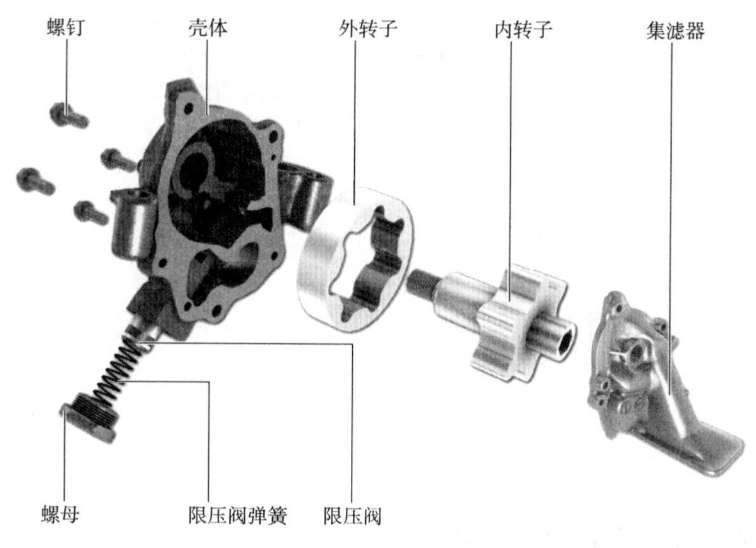

图 9-5　转子式油泵

转子式油泵工作原理

3. 控制阀

控制阀利用扭力杆及分配阀的变形位移进行反馈控制和渐进随动的需求。

二、工作原理

电控液压动力转向系统控制单元(EPS ECU)接收转角传感器的信号,经过分析处理后输出不同的电流,通过直流电动机控制油泵的工作。在转向时油泵提供瞬时工作油压,不转向时油泵不工作,无动力消耗。EPS ECU 控制油泵的供油量脉谱图如图 9-6 所示,EPS ECU 根据转角传感器传输的信号和车速传感器信号计算出油泵供油量。通过改变直流电动机通电电流来改变油泵转速,从而实现对油泵供油量的控制。

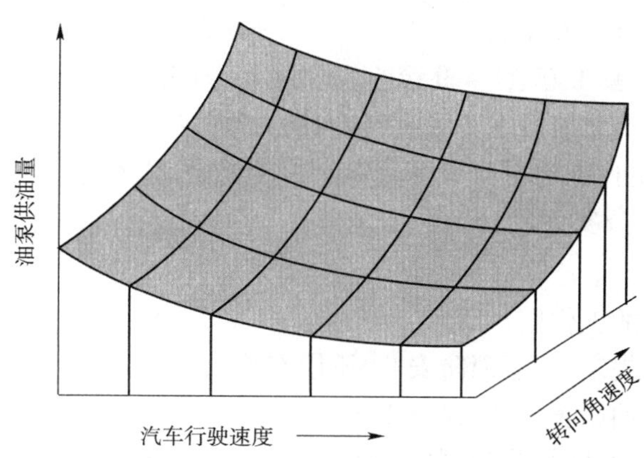

图 9-6　EPS ECU 控制油泵的供油量脉谱图

EPS ECU 的控制电路如图 9-7 所示。通过 30 常电源线给 EPS ECU 供电,EPS ECU 通过 CAN－H 读取 VSS、SP 等信号,结合转角传感器信号计算给电动机供电电流,通过电动机控制电路实现对电动机转速控制,从而改变油泵供油量。

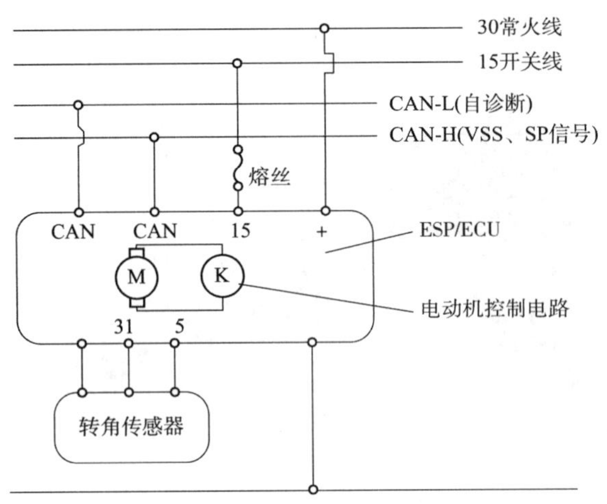

图9-7　EPS ECU 的控制电路

三、液压式电控动力转向系统常见故障

(1)油封漏油。动力缸左右两端油封老化、损坏造成漏油,分配阀上下两端油封老化、损坏造成漏油。分配阀密封圈漏油(内漏)、动力缸活塞密封圈漏油(内漏)等。

(2)转向油泵失效。

(3)EPS ECU 本身或电路故障。

如果是油封损坏,需要更换油封。油泵失效需要更换油泵。EPS ECU 本身或电路故障需要借助诊断仪进行检测确认故障位置,并进行修理或更换。

操作指引

1. 组织方式

(1)场地设施:举升机1台,装有废气抽排系统和消防设施的场地。

(2)设备设施:POLO 汽车1辆。

(3)工量具:常用工具1套、IT-Ⅱ诊断仪、专用压力表等。

(4)耗材:分配阀、动力缸活塞密封圈、转向助力油、油泵。

(5)学习方式:学生自主学习与小组合作学习相结合,以小组为单位进行查阅维修资料制定工作计划并开展任务实施。

2. 操作要求

(1)穿着干净整齐的工作服。

(2)遵守场地安全规定,注意消防安全,不能有明火。

(3)正确使用专用油压表、诊断仪等工量具。

(4)在检测空气流量计时,严禁用力拉扯线束。

任务实施

1. 油泵检测

通过对油泵泵油压力的检测,可以判断油泵的好坏,具体操作步骤如下。

(1)将专用油压表串接于油泵输出管口上,并使油压表的截止阀处于“通油”位置。

(2)排除液压管路中的空气。加足专用助力油;使发动机怠速运转;不断地全行程转动转向盘直至储油罐助力油中无气泡或乳状物冒出。

(3)将专用油压表的截止阀转到“关断”位置,使无助力油输出,并使油温达到80℃。

(4)起动发动机,使发动机怠速运转,然后转动转向盘,观察10s内油压是否能达到6MPa以上,接着迅速将转向盘转回到直行位置或使发动机熄火,以防止直流电动机和油泵因过载而损坏。如油压达不到标准值,则油泵或直流电动机失效。

2. 液压管路内油压的检测

通过检测液压管路内的油压可以判断分配阀和动力缸活塞密封圈的状态,具体方法如下:

(1)使油压表的截止阀处于“通油”位置,然后起动发动机并使发动机怠速运转。

(2)在汽车行驶状态下,向左、向右转动转向盘到极限位置,并在极限位置保持2~3s,连续重复3~4次,同时观察油压。如油压低于6MPa,则分配阀和动力缸活塞密封圈漏油。

注意:在停车、发动机怠速运转时,不要不断地来回转动转向盘,否则直流电动机的电流会增大,导致其绕组烧坏。

3. 转向盘操作力的检测

在发动机怠速运转条件下,用弹簧秤沿切线方向拉动转向盘,拉力应不大于39N。

4. 电控系统部件的检测

电控系统部件,如EPS ECU、直流电动机、转角传感器、相关传感器及线路故障,可用故障检测仪调取故障码的方法来检查、判断故障部位。

5. 液压式电控动力转向系统性能的路试检验

液压式电控动力转向系统性能的路试检验,应在故障检查灯显示系统无故障的情况下进行,检验内容为:

(1)车速低,转向角度大时,由于油泵泵油量大、油压高,转动转向盘应省力。

(2)车速高、转向角度小时,油压油泵泵油量小,油压低,转动转向盘应感觉费力,不发飘,安全性高。

(3)左右转向时,在相同的转角下所用的操纵力应该一致。

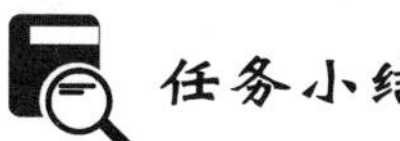

任务小结

(1)液压式电控动力转向系统是在电子液压式动力转向系统的基础上发展起来的,它能够实现转向助力放大倍率的变化。当低速行驶时,转向助力放大倍率大,保证转向轻便;当高速行驶时,为了使驾驶人增强路感,保证行驶安全,放大倍率要小。

(2)液压式电控动力转向系统增加了转角传感器、EPS ECU、直流电动机等部件,实现转向助力放大倍率的变化。

(3)转角传感器常见类型有两种:一种是齿轮式转角传感器,另一种是光电式转角传感器。

(4)液压式电控动力转向系统常见故障有油封漏油、转向油泵失效、EPS ECU本身或线路故障。

任务2　电动式电控动力转向系统检修

任务描述

车主李先生有一辆大众迈腾1.8TSI汽车,行驶里程约6.3万km,车辆停放一夜,第二天起动后出现了仪表上的发动机故障灯和其他报警灯都点亮的现象,发动机起动正常,但是转动转向盘时感觉很沉重。

大众迈腾1.8TSI汽车采用的是电控动力转向系统。该系统由电动机直接提供转向动力,省去了液压动力转向系统所必需的动力转向油泵、软管、液压油、传动带和装于发动机上的皮带轮,既节省能量,又保护了环境。另外,还具有调整简单、装配灵活以及在多种状况下都能提供转向助力的特点。

车主车辆出现转向沉重的现象,说明转向系统出现了问题,具体原因需要进一步检查。

知识目标

(1)对比液压动力转向系统,能够描述电动式电控动力转向系统的优点。

(2)对照实车能够说出电动式电控动力转向系统组成部件名称。

(3)能够正确说出电动式电控动力转向系统工作原理。

技能目标

(1)能够运用所学知识,分析造成电动式电控动力转向系统转向沉重的原因。

(2)具备信息查询和手册使用的基本能力。

素质目标

(1)能够按照企业5S要求和安全生产规范进行操作。

(2)能与同学密切合作,规范安全地完成学习活动。

(3)养成自主学习、操作规范的习惯,树立环保意识。

建议学时:6学时。

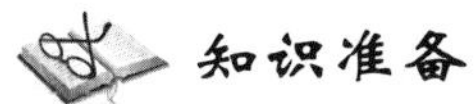

知识准备

一、电控动力转向系统

电控动力转向系统(Electric Power Steering)简称EPS,驾驶人在操纵转向盘进行转向时,转矩传感器检测到转向盘的转向以及转矩的大小,将电压信号输送到电子控制单元,电子控制单元根据转矩传感器检测到的转矩电压信号、转动方向和车速信号等,向电动机控制器发出指令,使电动机输出相应大小和方向的转向助力转矩,从而产生辅助动力。汽车不转向时,电子控制单元不向电动机控制器发出指令,电动机不工作。

电动助力转向系统组成

二、电动式电控动力转向系统的特点

1. 节能环保

由于发动机运转时,液压泵始终处于工作状态,液压转向系统使整个发动机燃油消耗量增加了3%~5%,而EPS以蓄电池为能源,以电动机为动力元件,可独立于发动机工作,EPS几乎不直接消耗发动机燃油。EPS不存在液压动力转向系统的燃油泄漏问题,EPS通过电子控制,对环境几乎没有污染,更降低了油耗。

2. 安装方便

EPS的主要部件可以配集成在一起,易于布置,与液压动力转向系统相比减少了许多元件,没有液压系统所需要的油泵、油管、压力流量控制阀、储油罐等,元件数目少,装配方便,节约时间。

3. 效率高

液压动力转向系统效率一般在60%~70%,而EPS的效率较高,可高达90%以上。

4. 路感好

传统纯液压动力转向系统大多采用固定放大倍数,工作驱动力大,但却不能实现汽车在各种车速下驾驶时的轻便性和路感。而EPS系统的滞后特性可以通过EPS控制器的软件加以补偿,使汽车在各种速度下都能得到满意的转向助力。

5. 转向盘回正性好

EPS系统结构简单,不仅操作简便,还可以通过调整EPS控制器的软件,得到最佳的回正性,从而改善汽车操纵的稳定性和舒适性。

三、电动式电控动力转向系统组成

电控动力转向系统由集成在转向柱上的转向传感装置、车速传感器、机械助力装置、转向机及控制单元组成,如图9-8所示。

1. 转向力矩传感器作用

在行车过程中,驾驶人通过转向力矩传感器G269来确定所施加的转向力矩的大小,从而得到需要的转向助力力矩。

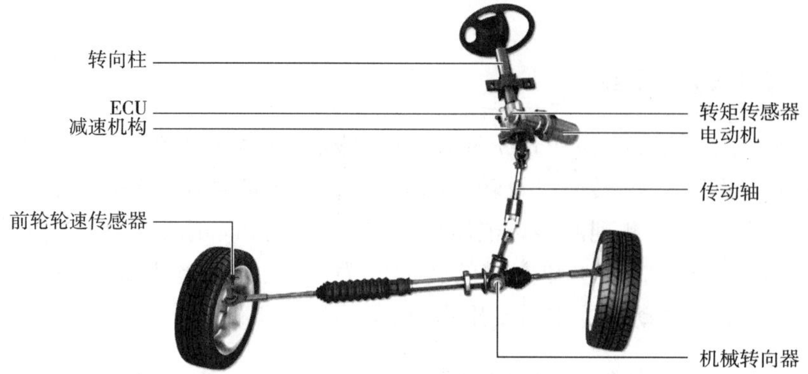

图9-8　电动式电控动力转向系统组成

电动助力转向系统原理

通过CAN数据总线将信号传递到转向柱电子系统控制单元J527,转向柱电子系统控制单元中的电子装置分析转向角大小信号。

2. 转向力矩传感器工作原理

转向主动齿轮与转向轴通过一个扭力杆连接,与带有转向阀的普通液压转向系统是一样的。如果驾驶人转动转向盘,那么扭力杆和转向轴相对于转向主动齿轮的位置就发生了扭转,扭转程度取决于驾驶人所施加的转动力矩的大小。转向力矩传感器G269可以测量出扭转程度。

四、工作原理

当驾驶人转动转向盘时,位于转向柱上的转向力矩传感器将转动信号传递到转向柱控制单元,转向柱控制单元通过运算修正给电动机提供适当的电压,驱动电动机转动。而电动机输出的转矩经减速机构减速增矩后推动转向柱或转向拉杆,从而提供转向助力。电动式电控动力转向系统可以根据速度改变助力的大小,能够让转向盘在低速时更轻盈,而在高速时更稳定,如图9-9所示。

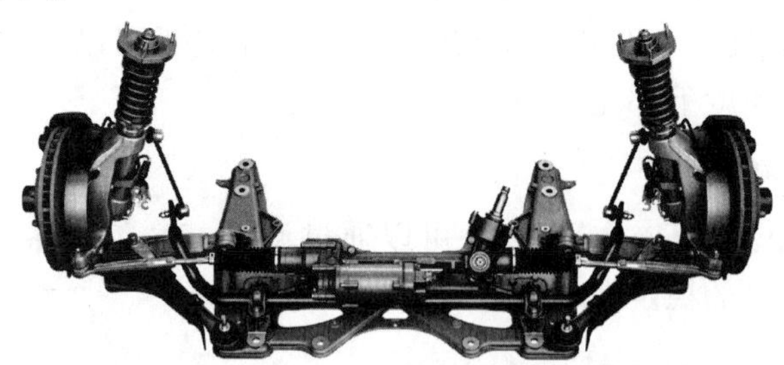

图9-9　电动式电控动力转向系统工作原理图

操作指引

1. 组织方式

(1)场地设施:举升机一台,装有废气抽排系统和消防设施的场地。

(2)设备设施:大众迈腾汽车一辆。

(3)工量具:常用工具1套、IT-Ⅱ诊断仪、专用压力表等。

(4)耗材:分配阀、动力缸活塞密封圈、转向助力油、油泵。

(5)学习方式:学生自主学习与小组合作学习相结合,以小组为单位进行查阅维修资料制定工作计划并开展任务实施。

2. 操作要求

(1)穿着干净整齐的工作服。

(2)遵守场地安全规定,注意消防安全,不能有明火。

(3)正确使用专用油压表、诊断仪等工量具。

(4)在检测空气流量计时,严禁用力拉扯线束。

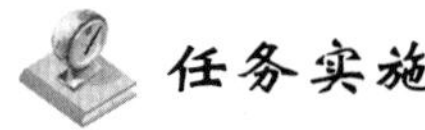

任务实施

1. 使用诊断仪读取故障

首先连接故障诊断仪VAS5052A进行检测,故障诊断仪显示多个系统的控制单元均存储有相同的故障记录,即“与转向控制单元J500无通信”。各控制单元之间采用CAN总线通信,如果某个控制单元出现问题,则会导致其他控制单元与之失去联系,而从读取网关列表中各系统故障信息可以看出,动力转向“无法达到”,如图9-10所示。这说明动力转向系统控制单元与其他控制单元失去通信。

2. 读取数据流

电动转向系统控制单元连接在动力CAN总线中,通过故障诊断仪的引导性功能,读取6组(转向盘电子装置)的数据流,如图9-11所示,转向控制单元J500温度和传动齿轮状态等数据没有任何显示,而从数据125组(ABS系统控制单元J104)和126组(组合仪表)可以看到其他控制单元的CAN信息状态良好。

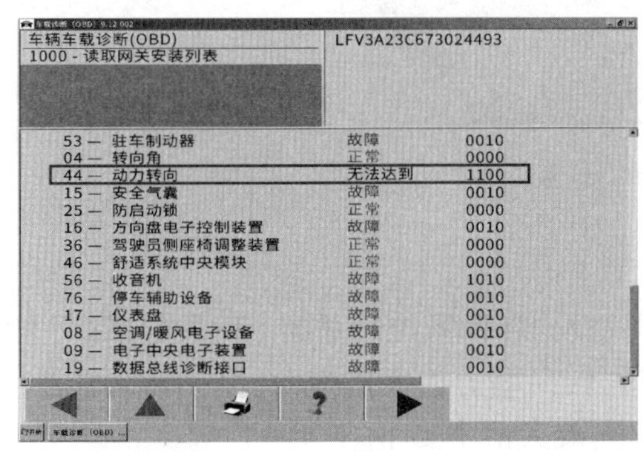

图9-10 VAS5052A显示故障

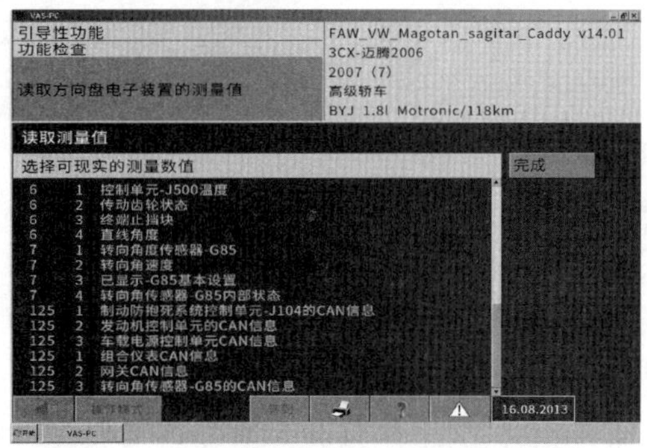

图9-11 数据流

分析转向控制单元J500无法与其他控制单元通信的原因,可能是CAN网络传输线或J500的供电线路出现问题所致。

3. 电路测量

J500 供电电路图如图 9-12 所示,由熔断丝 SA2 为转向电动机的 T2fn/2 脚提供电源,熔断丝 SC3 为 J500 的 T5s/4 脚提供电源,T5s/1 脚中间通过 T6e/3 连接到 CAN - L,T5s/2 脚中间通过 T6e/2 连接到 CAN - H。J500 的工作电源 T5s/4 同样经过 T6e 插头,同时 T2fn/1 为 J500 提供搭铁。使用万用表测量发现熔断丝 SA2 和 SC3 正常,J500 的 T2fn/2 脚电压正常,但 T5s/4 脚无电压。至此可以断定线路存在问题,检查最终发现 T6e 线束插头(车身左前侧空气滤清器壳体正下方)有线路被老鼠咬断了,如图 9-13 所示。

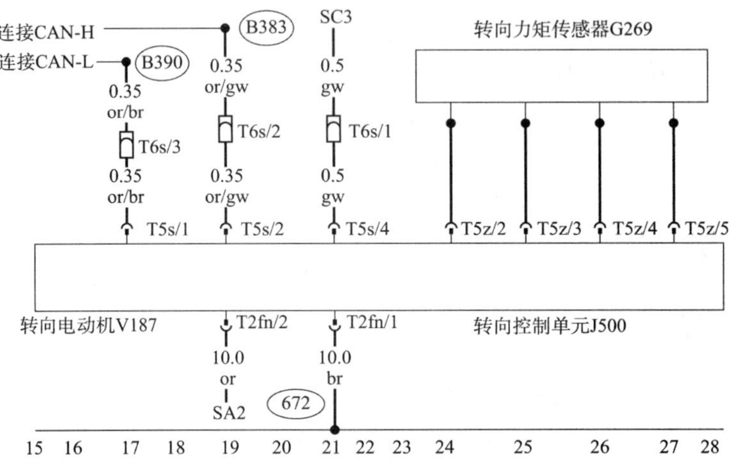

图 9-12　J500 供电电路

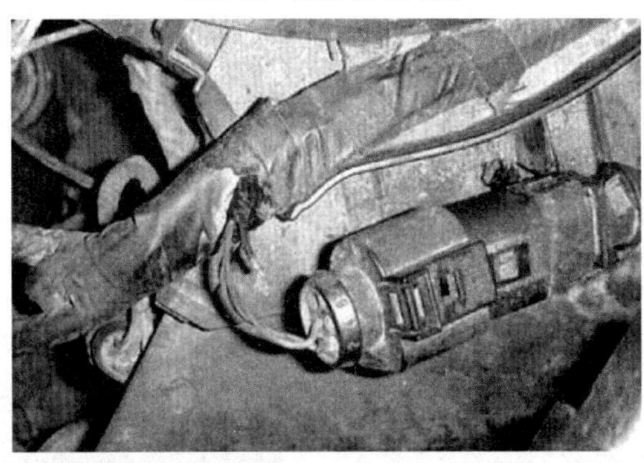

图 9-13　故障部位线束

任务小结

(1)液压式电控动力转向系统是在电子液压式动力转向系统的基础上发展起来的,它能够实现转向助力放大倍率的变化。当低速行驶时,转向助力放大倍率大,保证转向轻便;当高速行驶时,为了使驾驶人增强路感保证行驶安全,放大倍率要小。

(2)液压式电控动力转向系统增加了转角传感器、EPS ECU、直流电动机等部件,实现转向助力放大倍率的变化。

(3)转角传感器常见类型有两种:一种是齿轮式转角传感器,另一种是光电式转角传感器。

(4)液压式电控动力转向系统常见故障有油封漏油、转向油泵失效、EPS ECU 本身或线路故障。

习题

一、单选题

1. EPS ECU 通过(　　)读取 VSS、SP 等信号。

A. CAN-L　　B. CAN-H　　C. LIN-H　　D. LIN-H

2. EPS 的中文名称是(　　)。

A. 电子稳定程序系统　　B. 电子转向助力系统

C. 电子驻车制动系统　　D. 电子牵引力空转系统

3. 给 EPS ECU 供电的是(　　)。

A. 蓄电池正极(30 +)　　B. 15 +

C. 发动机 B +　　D. 发动机 F +

4. ECU 控制油泵的供油量脉谱图是(　　)。

A. 油泵供油量随车速和转向角速度变化而变化关系图

B. 车速随油泵供油量和转向角速度变化而变化关系图

C. 转向角速度随油泵供油量和车速变化而变化关系图

D. 油泵供油量、车速、转向盘转角之间的关系图

5. 如果缺少转向角传感器的信息,ESP 就无法得知所需要的行驶方向,不会造成(　　)。

A. ESP 灯点亮　　B. ESP 无法正常工作

C. 报故障码　　D. ESP 工作延迟

6. 电动式动力转向系统需要控制电机电流的方向和(　　)。

A. 频率　　B. 电压　　C. 幅值　　D. 功率

7. EPS 电子控制动力转向系的目的是,甲称使车辆低速时转向轻便,乙称使车辆高速时转向轻便,则(　　)

A. 甲正确　　B. 乙正确　　C. 两人均正确　　D. 两人均不正确

8. 整体式液压动力转向系统是将(　　)。

A. 转向器、转向动力缸、转向控制阀三者分开布置

B. 转向动力缸和转向控制阀组成制成一个整体

C. 转向器、转向动力缸、转向控制阀三者组合成一个整体

D. 以上都不正确

9. 下列原因不会造成转向控制单元无法与其他控制单元通信的是(　　)。

A. CAN 网络传输线损坏　　B. 温度传感器损坏

C. 转向柱控制单元供电线断路　　D. 转向柱控制单元搭铁线断路

10. EPS 故障指示灯点亮,下列方法不能够找到故障点的是(　　)。

A. 读取故障码　　B. 读取数据流

C. 万用表测电压　　D. 电流钳

二、判断题

1. 光电式转角传感器由光敏二极管、发光二极管和信号转子等组成。 ( )

2. 电控液压动力转向系统控制单元(EPS ECU)接收转角传感器的信号,经过分析处理后输出不同的电流,通过直流电动机控制油泵的工作。 ( )

3. EPS ECU 根据转角传感器传输的信号就可以计算出油泵供油量。 ( )

4. 当高速行驶时,液压式电控动力转向系统为了使驾驶人增强路感保证行驶安全,放大倍率要大。 ( )

5. 带 EPS 的控制单元在更换完转向盘转角传感器后必须进行校准,传感器需知道转向盘的正中位置。 ( )

6. EPS 当汽车不转向时,电子控制单元向电动机控制器发出指令,电动机低速运转。 ( )

7. 转向液压泵的作用是将发动机产生的机械能转变为驱动转向动力缸工作的液压能,再由转向动力缸驱动转向车轮。 ( )

8. 电动式 EPS 利用直流电动机作为动力源,电子控制单元根据转向参数和车速等信号,控制电动机转矩的大小和方向。 ( )

9. 转矩传感器的作用是测量转向盘与转向器之间的相对转矩。 ( )

10. 电动式动力转向系统是一种根据车速控制电磁阀,通过直接改变动力转向控制阀的油压增益来控制油压。 ( )

三、多选题

1. 转角传感器可以分为( )两种转向盘转角传感器。

A. 模拟式转向盘转角传感器　　B. 数字式转向盘转角传感器

C. 机械式转向盘转角传感器　　D. 电动式转向盘转角传感器

2. 转向油泵是( )泵,利用( )变化压力改变的原理。

A. 容积泵　　B. 容积　　C. 流量泵　　D. 流量

3. ECU 控制油泵的供油量脉谱图中的变量有( )。

A. 油泵供油量　　B. 车辆行驶速度　　C. 控制阀　　D. 转向角速度

4. 关于液压式电控动力转向系统下列说法正确的是( )。

A. 车速低,转向角度大时,油泵泵油量大、油压高,转动转向盘应省力

B. 车速高、转向角度小时,油压油泵泵油量小,油压低,转动转向盘应感觉费力,不发飘,安全性高

C. 左右转向时,在相同的转角下所用的操纵力应该一致

D. 无论车速和转向盘转角大小,转向助力应越大越好

5. 液压式电控动力转向系统常见故障有( )。

A. 油封漏油　　B. 转向油泵失效

C. EPS ECU 本身故障　　D. 线路故障

6. 电控动力转向系统控制单元根据( )信号输入通过计算发出指令。

A. 转矩传感器　　B. 转角传感器　　C. 车速传感器　　D. 电机转速传感器

7. 在行车过程中，驾驶人通过(　　)来确定所施加的转向力矩的大小，从而得到需要的转向助力力矩。

A. 转矩传感器　　B. 转角传感器　　C. 车速传感器　　D. 电机转速传感器

8. 根据控制方式不同，液压式电子控制动力转向系统可分(　　)三种形式。

A. 滑阀控制式　　B. 反力控制式　　C. 阀灵敏度控制式　　D. 控制式

9. 通过改变直流电动机通电(　　)来改变油泵转速，从而实现对油泵(　　)的控制。

A. 电流　　B. 电压　　C. 流速　　D. 流量

10. EPS ECU 根据(　　)和(　　)计算出油泵供油量。

A. 转角传感器传输的信号　　B. 车速传感器信号

C. 转矩传感器　　D. 电控单元

项目十　制动系统故障诊断与修复

项目概述

汽车制动系统是汽车底盘的一个重要组成部分，它直接影响汽车的行驶安全。

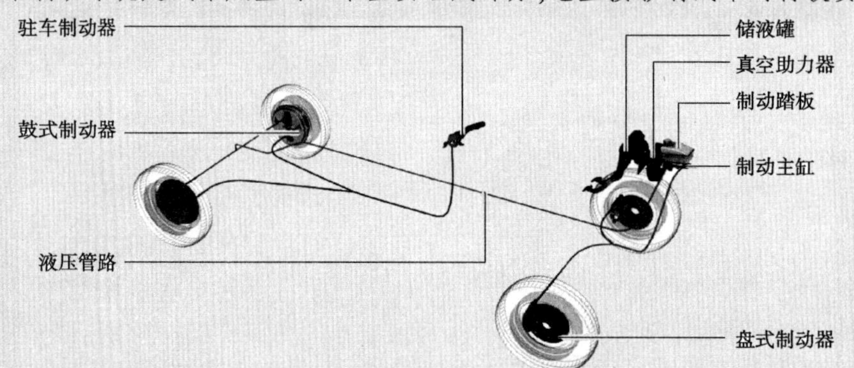

制动系统能够使行驶中的汽车按照驾驶人的要求减速至停车；使已停驶的汽车在各种道路条件下(包括在坡道上)稳定驻车；使下坡行驶的汽车速度保持稳定。在汽车行驶过程中，驾驶人需要频繁操作制动踏板，使用制动系统，从而导致制动器总成和液压系统的磨损甚至损坏，出现制动不灵、制动失效、制动拖滞、制动跑偏和侧滑等故障，因此，需进行车轮制动器检修、驻车制动系统检修和液压传动装置检修。

主要学习任务

1. 车轮制动器检修
2. 驻车制动系统检修
3. 液压传动装置检修

任务1　车轮制动器检修

任务描述

客户李先生反映自己的1.8T迈腾轿车在行车制动时产生摩擦噪声，制动摩擦片磨损指示器亮起，而且噪声越来越明显。

行车过程中制动时产生摩擦噪声，一般故障出现在制动器本身，需要通过路试验证故障现象。若判断故障在车轮制动器，则需要对制动器进行检修。

(1)能够正确描述制动系统的组成、结构与功用。

(2)能够正确描述整车上制动系统各部件的位置及作用。

(3)能够分析造成制动系统各种故障的原因。

(4)能够初步进行制动系统的检查维护。

技能目标

(1)能够运用所学知识和经验，为客户提供汽车制动系统日常维护的建议。

(2)能够正确选用工具设备对制动器总成进行检修。

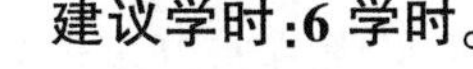

(1)通过查阅维修手册或技术资料对检查结果进行判断，培养科学精神。

(2)具备规范操作、沟通协调、自主学习、安全环保等意识。

建议学时:6 学时。

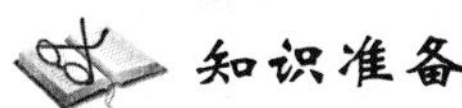

制动系统功用

一、制动系统功用

制动系统的主要作用是使行驶中的汽车按照驾驶人的要求减速至停车；使已停驶的汽车在各种道路条件下(包括在坡道上)稳定驻车；使下坡行驶的汽车速度保持稳定。

制动系统主要由供能装置、控制装置、传动装置和制动器 4 部分组成，如图 10-1 所示。

1. 供能装置

供能装置包括供给、调节制动所需能量以及改善传能介质状态的各种部件。如气压制动系统中的空气压缩机、液压制动系统中人的肌体。

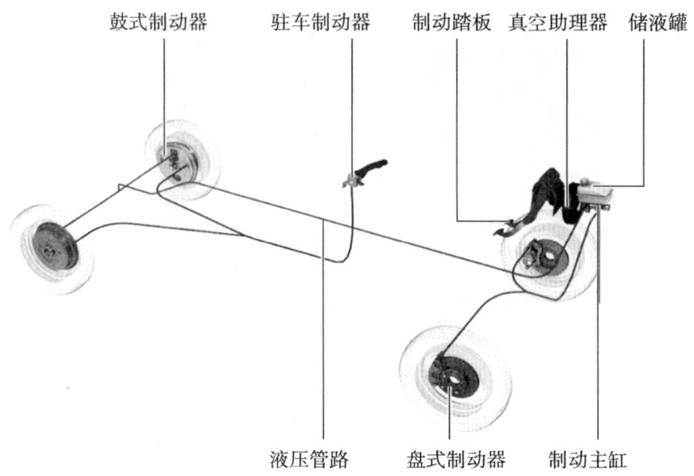

图 10-1　制动系统组成

2. 控制装置

控制装置包括产生制动动作和控制制动效果的各种部件,如制动踏板等。

3. 传动装置

将驾驶人或其他动力源的作用力传到制动器,同时控制制动器的工作,从而获得所需的制动力矩。包括将制动能量传输到制动器的各个部件,如制动主缸、制动轮缸等。

4. 制动器

产生阻碍车辆的运动或运动趋势的力的部件。

常见的制动器主要有鼓式制动器和盘式制动器,制动系统组成如图 10-1 所示。车轮制动器由旋转元件和固定元件两大部分组成。旋转元件与车轮相连接,固定元件与车桥相连接。利用旋转元件和固定元件之间的摩擦,产生制动器制动力。盘式制动器已广泛应用于轿车,现在大部分轿车用于全部车轮,少数轿车只用作前轮制动器,与后轮的鼓式制动器配合,以使汽车有较高的制动时的方向稳定性。

当制动摩擦块或制动蹄摩擦片压紧旋转的制动盘或制动鼓时,两者接触面之间产生摩擦,通过摩擦将汽车的动能转变为热能,并将热量散发到空气中,最终使车辆减速以至停车。

二、制动系统的分类

按功能的不同,汽车制动系统可以分为行车制动系统、驻车制动系统以及应急制动、安全制动和辅助制动系统,如图 10-2 所示。应急制动装置是用独立的管路控制车轮的制动器作为备用系统,其作用是当行车制动装置失效的情况下保证汽车仍能实现减速或停车;安全制动装置是当制动气压不足时起制动作用,使车辆无法行驶;辅助制动装置是为了下长坡时减轻行车制动器的磨损而设置,其中利用发动机排气制动应用最广。

按照制动能源分类,汽车制动系统又可分为人力制动系统、动力制动系统和伺服制动系统。

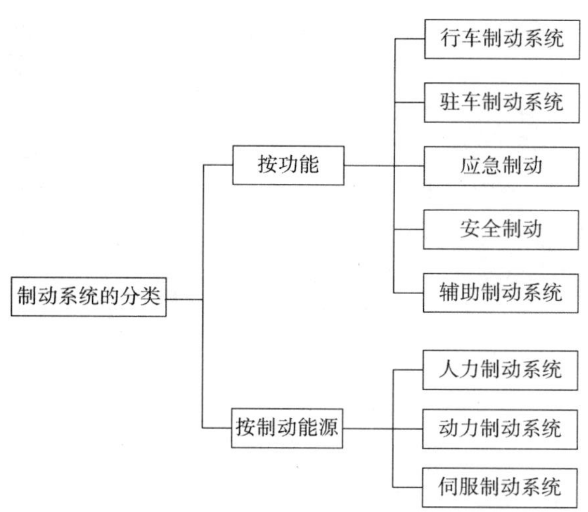

图 10-2 制动系统的分类

1. 制动系统工作原理

行车制动系统的基本结构如图 10-3 所示,其工作原理是将汽车的动能通过摩擦转换成热能,并释放到大气中。制动时,踩下制动踏板,制动主缸向各制动轮缸供油,活塞在油压的作用下把摩擦材料压向制动盘实现制动。

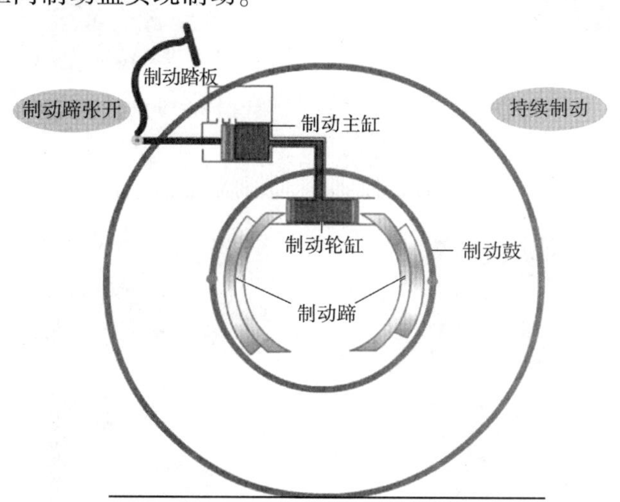

图 10-3 制动系统的基本结构及工作原理

2. 盘式制动器结构

盘式制动器又称碟式制动器,主要由制动盘、制动钳、摩擦块、轮缸、油管等部分构成,如图 10-4 所示。盘式制动器根据其固定元件的结构形式可分为钳盘式制动器和全盘式制动器。钳盘式制动器广泛应用在轿车或轻型货车上,近年来前后轮都采用钳盘式制动器的结构日渐增多。可分为普通盘式制动器和通风盘式制动器,以一汽大众迈腾车制动系统为例,其前轮采用通风盘式制动器,后轮采用实心盘式制动器,如图 10-5 所示。

钳盘式制动器按制动钳固定在支架上的结构形式不同,可分为:定钳盘式和浮钳盘式,如图 10-6 所示。

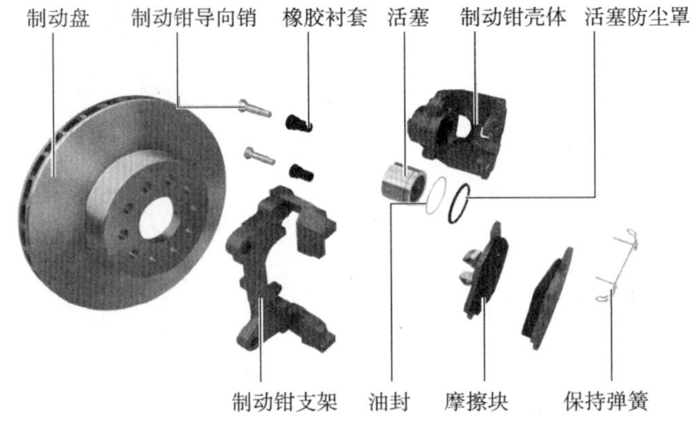

图10-4　盘式制动器结构组成

盘式制动器类型

图10-5　通风盘式制动器和实心盘式制动器

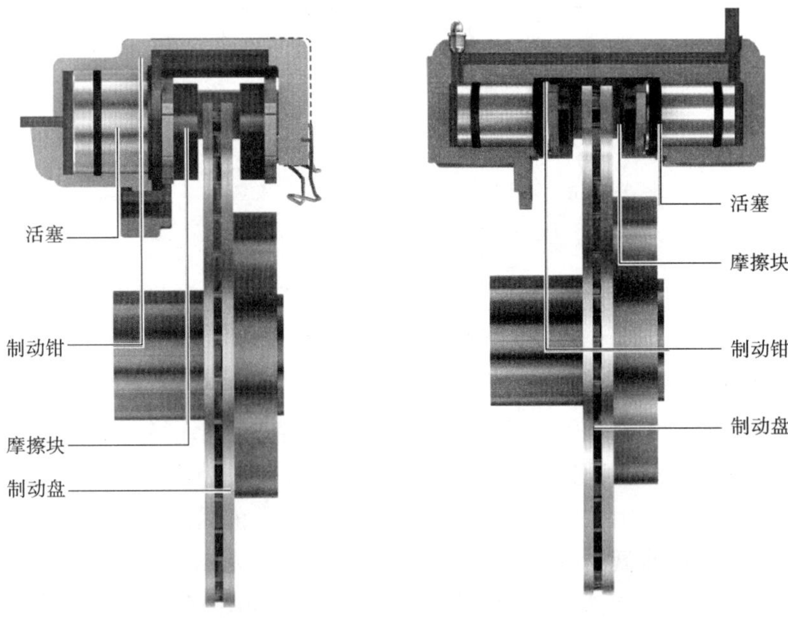

a)浮钳盘式制动器　　b)定钳盘式制动器

图10-6　浮钳盘式和定钳盘式制动器

定钳盘式制动器的结构原理如图 10-7 所示，其旋转元件是制动盘，它和车轮固装在一起旋转，以其端面为摩擦工作表面。跨置在制动盘上的制动钳体固定安装在车桥上，它不能旋转也不能沿制动盘轴线方向移动，其内部的两个活塞分别位于制动盘的两侧。制动时，制动油液由制动主缸经进油管进入钳体中两个相通的液压腔中，将两侧的摩擦块压向与车轮固定连接的制动盘，从而产生制动。

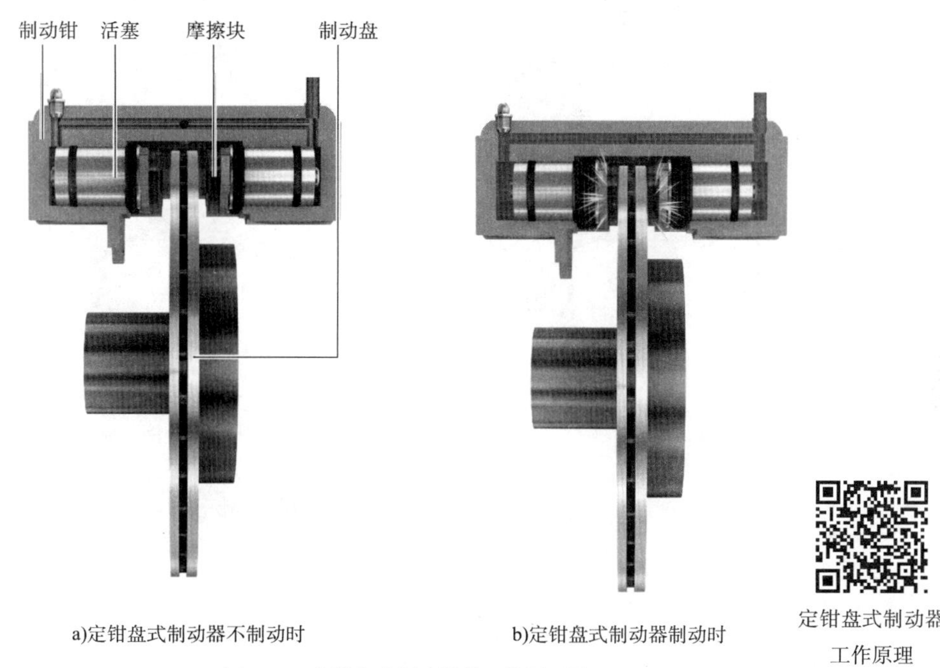

a)定钳盘式制动器不制动时　　b)定钳盘式制动器制动时

定钳盘式制动器工作原理

图 10-7　定钳盘式制动器的工作原理图

浮钳盘式制动器的工作情况如图 10-8 所示。制动钳通过导向销（图中未画出）与车桥相连，可以相对于制动盘轴向移动。制动钳体只在制动盘的内侧设置油缸，而外侧的制动块则附装在钳体上。制动时，液压油通过进油管进入制动轮缸，推动活塞及其上的摩擦块向右移动，并压到制动盘上，并使得油缸连同制动钳整体沿导向销向左移动，直到制动盘右侧的摩擦块也压到制动盘上，夹住制动盘并使其制动。

3. 鼓式制动器结构

鼓式车轮制动器由旋转部分、固定部分、促动装置和间隙调整装置组成，如图 10-9 所示。旋转部分为制动鼓；固定部分是制动底板和制动蹄，制动底板固装在车桥的凸缘盘上，通过支承销与制动蹄相连；促动装置的作用是对制动蹄施加力使其向外张开，常用的促动装置有凸轮或制动轮缸；间隙调整装置的作用是保持和调整制动蹄和制动鼓间正确的相对位置。

制动时，轮缸活塞在制动液压力的作用下向外推动制动蹄，制动力克服复位弹簧的弹力使制动蹄向外张开，压向制动鼓，产生制动力矩使汽车制动。解除制动时，制动液压力消失，在复位弹簧的作用下制动蹄复位。

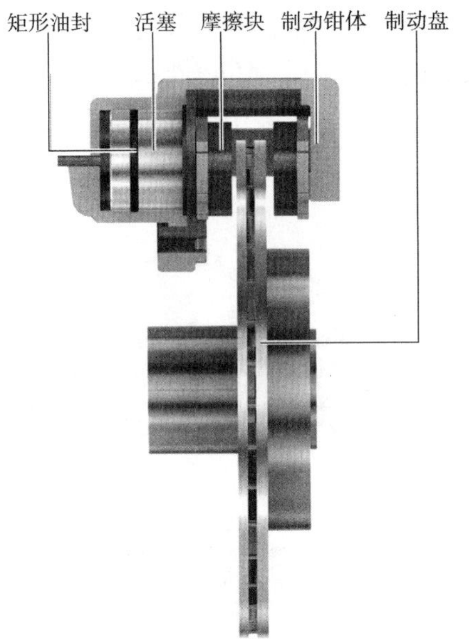

a)浮钳盘式制动器不制动时　　b)浮钳盘式制动器制动时

浮钳盘式制动器工作原理

图 10-8　浮钳盘式制动器的工作原理图

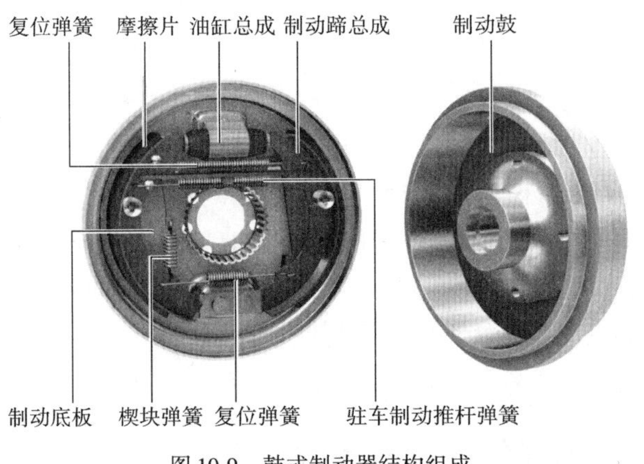

鼓式制动器工作原理

图 10-9　鼓式制动器结构组成

按产生制动力矩的不同分类。在制动过程中,如果制动蹄绕支承销转动与制动鼓旋转方向相同,在制动鼓上压得更紧,起到增势的作用,称为“增势蹄”或称“领蹄”;如果制动蹄绕支承销转动与制动鼓旋转方向相反,有使制动蹄离开制动鼓的趋势,起着减势作用,称为“减势蹄”或称“从蹄”。根据制动过程中两制动蹄产生制动力矩的不同,鼓式制动器可分为领从蹄式、双领蹄式、双向双领蹄式、双向从蹄式、单向自增力式和双向自增力式等,如图 10-10 所示。

桑塔纳轿车后轮制动器的结构如图 10-11 所示。制动时,轮缸活塞在制动液压力的作用下向外推动制动蹄,制动力克服复位弹簧的弹力使制动蹄向外张开,压向制动鼓,产生制动力矩使汽车制动。解除制动时,制动液压力消失,在复位弹簧的作用下制动蹄复位。

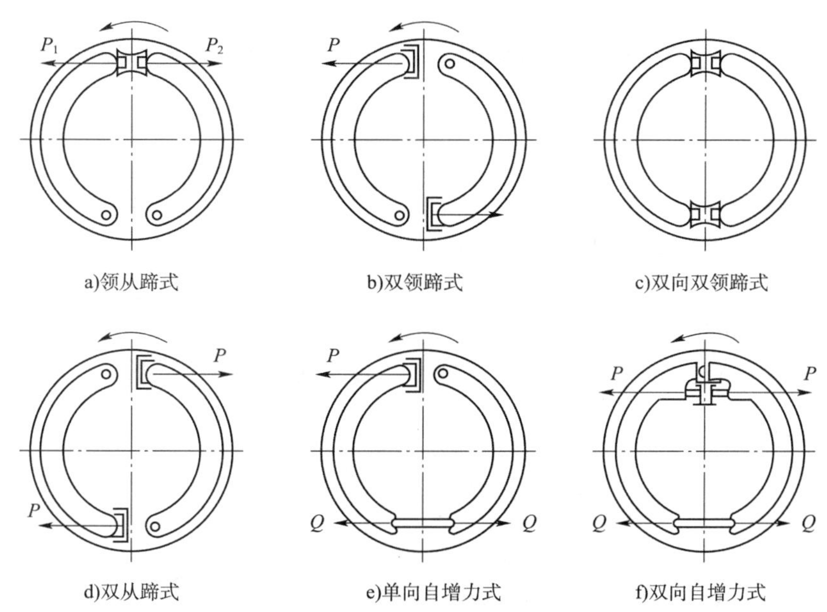

图 10-10 鼓式制动器分类

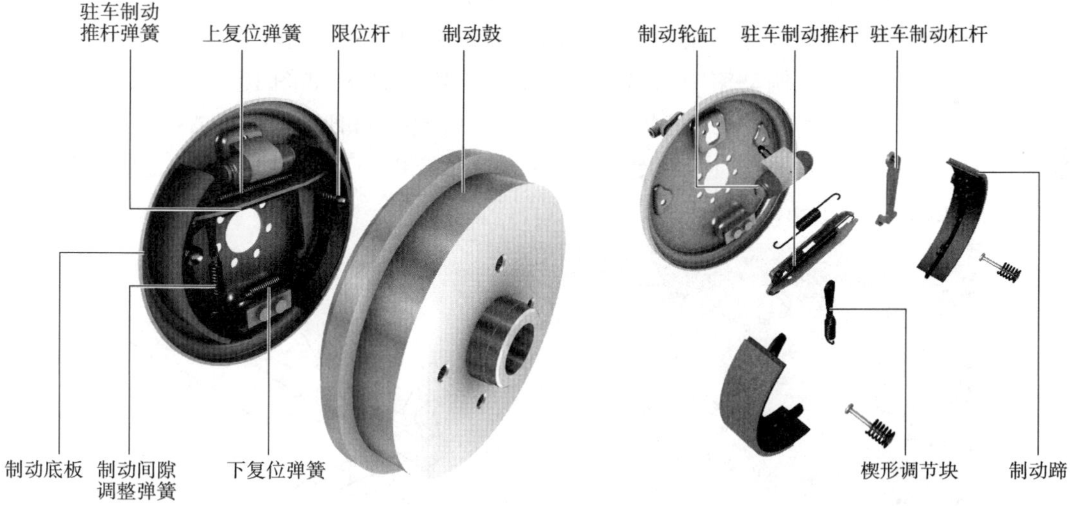

图 10-11 桑塔纳轿车后轮鼓式制动器

操作指引

1. 组织方式

(1)场地设施:举升机一台,装有废气抽排系统和消防设施的场地。

(2)设备设施:捷达轿车、自动挡迈腾轿车、转向盘护套、变速杆手柄套、座位套、脚垫、翼子板和前格栅磁力护裙等。

(3)工量具:常用工具1套、配套的制动片、游标卡尺、弓形内径百分表、车轮扳手、接杆、棘轮扳手、扭力扳手、尖嘴钳、鲤鱼钳、粗砂布、防护手套、车轮支架、棉纱。

(4)耗材:硅基润滑脂、摩擦块等。

(5)学习方式:学生自主学习与小组合作学习相结合,以小组为单位进行查阅维修资料制定工作计划并开展任务实施。

2. 操作要求

(1)穿着干净整齐的工作服。

(2)遵守场地安全规定,注意用电安全。

(3)正确使用游标卡尺、扭力扳手等工量具。

(4)安装时,禁止将油液、油脂和水等黏附到制动片上。

(5)不同车型的技术要求可能不同,具体数据参考对应的维修手册。

 任务实施

盘式制动器制动摩擦衬片更换

1. 盘式制动器制动摩擦块的更换

(1)举升并适当支承车辆。

(2)标记车轮相对于轮毂的位置,拆卸车轮总成。

(3)用螺丝刀将制动摩擦块的止动弹簧从制动钳中撬出并取下。

(4)脱开制动摩擦块磨损显示的插头连接。拆下盖罩。

(5)松开两个导向螺栓并从制动钳上取出。取下制动钳并用钢丝固定。

(6)将制动摩擦块从制动钳中取出或从制动器支架上取下,如图10-12所示。

注意:彻底清洁制动器支架上制动摩擦块的支承面,清除锈蚀。只能用酒精清洁制动钳。

(7)检查内摩擦块的厚度,以确保摩擦块尚未过早磨损。可透过卡钳顶部的检查孔观察内摩擦块,如图10-13所示。

图10-12 拆卸摩擦块

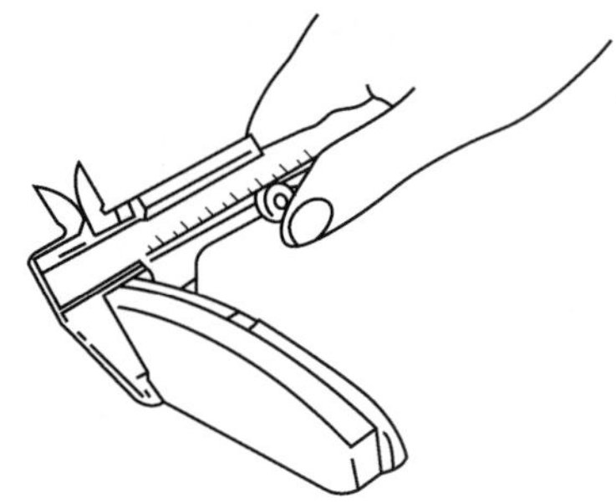
图10-13 检查内摩擦块的厚度

(8)检查外摩擦块两端。磨损最大的部位通常出现这些位置。记录检测数据并与极限值对比(表10-1)。

如果摩擦块厚度(不计背板厚度)为2mm,则表明制动摩擦块已达到磨损极限,必须予以更换(维修措施)。

摩擦块极限值及标准值 表 10-1

检测项目	极限值(不计背板厚度)	标准值(不计背板厚度)
摩擦块厚度(mm)	2	14

(9)检查制动盘是否存在下列故障:裂缝、刮痕、锈蚀(无锈层)、制动盘边缘的毛刺。如出现上述现象,可更换制动盘。

(10)注意:更换盘式制动器摩擦块时,必须检查制动盘的磨损情况。检测制动盘,必要时更换,这是一种维修措施。制动盘磨损极限及标准厚度见表 10-2。

制动盘磨损极限及标准厚度 表 10-2

检测项目	磨损极限	标准厚度
制动盘厚度(mm)	22	25

(11)复位活塞。将外侧制动摩擦块安装在制动器支架上,如图 10-14 所示。

注意:在用活塞复位装置将活塞压入汽缸前,必须从制动液储液罐内吸出制动液。否则,如果在此期间添加制动液,制动液会溢出并造成损坏。

(12)将带有止动弹簧的内部制动摩擦块装入制动钳(活塞)中。

(13)用两个导向螺栓将制动钳拧在制动器支架上。

(14)装上两个盖罩。将止动弹簧装入制动钳里。

图 10-14 制动摩擦块安装

(15)连接制动摩擦块磨损显示的插头。

(16)安装车轮。使车轮和轮毂上原有的标记一致,安装车轮总成后,降下车辆。

注意:每次更换制动摩擦块后要在静止状态下多次将制动踏板用力踩到底,以便制动摩擦块进入与其运行状态相对应的位置。

更换制动摩擦块后检查制动液液位。

(17)更换摩擦块后,新制动面需要进行磨合。

(18)表面修整或更换制动盘后,磨合新制动面。

(19)从 48km/h 的车速下,进行 20 次制动,将新制动面进行磨合。

(20)用中等偏大的力踩制动踏板,制动器不能过热。

(21)复位和安装。

(22)最终检查和 5S。

鼓式制动器检查

2. 鼓式制动器制动蹄片检查

(1)举升并适当支承车辆。

(2)拆卸车轮总成。用气动工具拆卸轮胎螺栓并取下轮胎,如图 10-15 所示。

(3)拆下碗形塞,拧出六角凸缘螺母,力矩为 60N · m。敲出制动鼓,如图 10-16 所示。

图 10-15　拆卸车轮总成

图 10-16　敲出制动鼓

注意:如果后制动鼓难以拆下,可在制动鼓螺孔中拧进 M8 螺栓将制动鼓顶出。

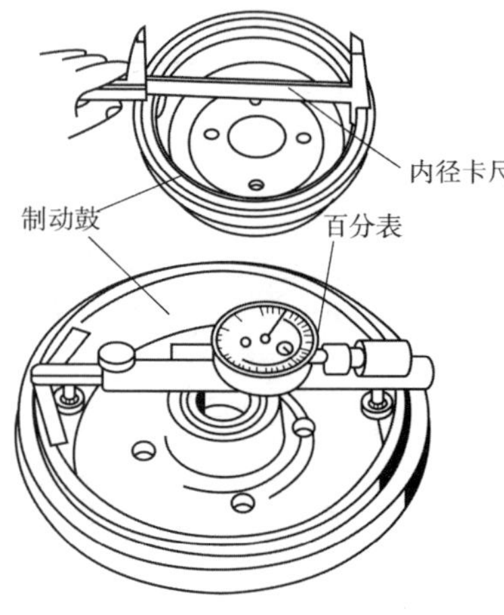

图 10-17　用内径卡尺检查制动鼓内径

(4)清洁制动鼓。拆卸制动鼓后必须使其清洁无杂物,并且,制动鼓工作面不能遗留任何油污。

(5)用内径卡尺检查制动鼓内径,超过极限值必须更换制动鼓,如图 10-17 所示。制动鼓内径极限值及标准值见表 10-3。

注意:制动鼓的常见损伤主要是工作表面的磨损、变形和裂纹。制动鼓出现裂纹或有缺损时必须及时更换,制动鼓有严重擦痕或划伤时将加剧制动器衬片磨损,不能继续使用,必须更换。

(6)用仪器测量制动鼓内圆柱面的圆度误差,制动鼓内表面的圆度误差不得大于0.15mm,圆柱度误差不得大于0.05mm。超过极限应更换新件。

制动鼓内径极限值及标准值　　表 10-3

检测内容	极限直径(mm)	标准直径(mm)
制动鼓内径检测	185	180

(7)取下轮毂密封圈。拆下弹簧座。

(8)取下制动蹄下拉力弹簧。

(9)取下制动蹄间隙自动调节装置,如图 10-18 所示。

(10)依次取下左、右制动蹄压力弹簧帽、压力弹簧和夹紧销。

(11)取下调节螺杆总成。

(12)取下右制动蹄。

(13)取下拉力弹簧,拆下左制动蹄。

(14)制动蹄衬片的磨损不得超过规定值。摩擦片铆钉头的沉入量不得小于0.5mm,摩擦片表面应清洁无油污。

用游标卡尺测量制动衬片厚度(包括钢背厚度),当制动器摩擦衬片的厚度超过磨损极限时,就应更换制动器摩擦衬片,如图 10-19 所示。制动蹄衬片厚度标准值及极限值见表 10-4。

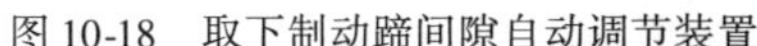
图 10-18 取下制动蹄间隙自动调节装置

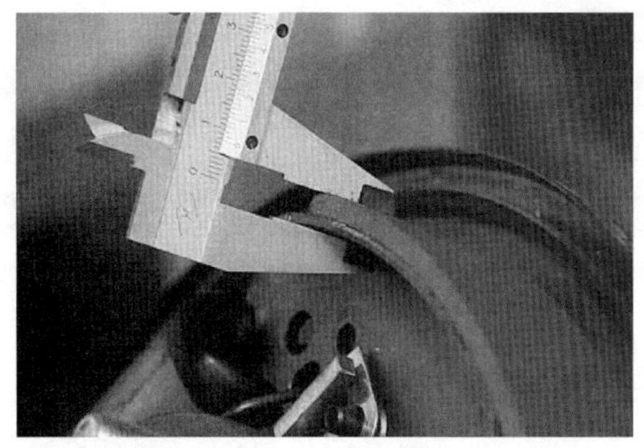
图 10-19 测量制动衬片厚度

制动蹄衬片厚度标准值及极限值 表 10-4

检测内容	极限厚度(mm,含底板)	磨损极限(mm,含底板)
制动蹄衬片厚度	8	4

(15)如果某一制动蹄须更换,则左右制动器制动蹄必须同时成对更换。

(16)拆下驻车制动蹄拉索。

(17)拆下轮速传感器。

(18)拆下制动油管,取下制动轮缸总成。

(19)拧出紧固螺栓,拆下制动底板总成。

(20)挂上定位弹簧,将制动蹄片装到推杆上,插入调整楔。

(21)将制动蹄片和制动杆装到推杆上,装上复位弹簧。

(22)把驻车制动拉索连接到制动杆上。

(23)把制动蹄片装到车轮制动缸的活塞上。

(24)装上下复位弹簧,并把制动蹄片举到下支撑上,连接调整楔弹簧。

(25)装上带有弹簧座的弹簧,装上制动鼓,调整车轮轴承间隙。

(26)用力踏一次制动踏板,使后制动蹄片就位。

(27)最终检查和5S。

任务小结

(1)制动系统的主要作用是使行驶中的汽车按照驾驶人的要求进行强制减速甚至停车;使已停驶的汽车在各种道路条件下(包括在坡道上)稳定驻车;使下坡行驶的汽车速度保持稳定。

(2)盘式制动器已广泛应用于轿车,现在大部分轿车用于全部车轮,少数轿车只用作前轮制动器,与后轮的鼓式制动器配合,以使汽车有较高的制动时的方向稳定性。

(3)盘式制动器一旦出现故障,制动效能将明显下降,是汽车出现制动失效、制动距离过长、制动跑偏和侧滑。

(4)当摩擦片磨损指示器灯亮时,需要检测盘式制动器的摩擦块厚度和制动盘的状况。

(5)简单的鼓式车轮制动器由旋转部分、固定部分、促动装置和间隙调整装置组成。

(6)根据制动过程中两制动蹄产生制动力矩的不同,鼓式制动器可分为领从蹄式、双领蹄式、双向双领蹄式、双向从蹄式、单向自增力式和双向自增力式等。

(7)鼓式制动器一旦出现故障,常见的检修项目包括:制动鼓和制动蹄片的检修。

任务2 驻车制动系统检修

任务描述

客户李先生反映自己的1.8T迈腾轿车在一次车辆停车执行电子驻车制动时,仪表板提示“电子驻车制动故障,请立即检修”。

此故障一般出现在电子驻车制动系统,需要通过路试验证故障现象。若判断故障在电子驻车制动系统,则需要对电子驻车制动系统进行检修。

知识目标

(1)能够正确描述驻车制动系统的组成、结构与功用。

(2)能够正确描述整车上驻车制动各组成部件的位置及作用。

技能目标

(1)能够运用所学知识和经验,为客户提供汽车驻车制动系统日常维护的建议。

(2)能够正确选用工具设备对驻车制动系统进行检修。

素质目标

(1)能够通过查阅维修手册或技术资料对检查结果进行判断,培养科学精神。

(2)具备规范操作、沟通协调、自主学习、安全环保等意识。

建议学时:6学时。

知识准备

一、驻车制动系统的功用

驻车制动装置的作用是使停驶后的汽车驻留原地不动;便于坡道起步;当行车制动失效

后临时使用或配合行车制动器进行紧急制动。驻车制动,也就是俗称的“手刹”,锁住变速器输出齿轮,驻车制动比行车制动的力小很多。

二、驻车制动系统的类型

驻车制动系统按操作方式可以分为驻车制动器、行车制动器和电子驻车三种,如图 10-20 所示。操纵手柄一般安装在换挡杆附近,其操纵方式也很简单,直接拉起即可;按住手柄端部的按钮稍微向上提,推回原位即可释放“手刹”。

图 10-20 传统式“驻车制动器”

脚控式驻车制动左脚一脚将踏板踩到底,即可起效;左脚再用力一踩,然后松开,即可释放驻车。当然还有其他的方式,部分车比如奔驰汽车的脚控式驻车制动需要手动辅助释放:在转向盘的左侧有一个把手,用手一拉,即可释放脚控式驻车制动,如图 10-21 所示。

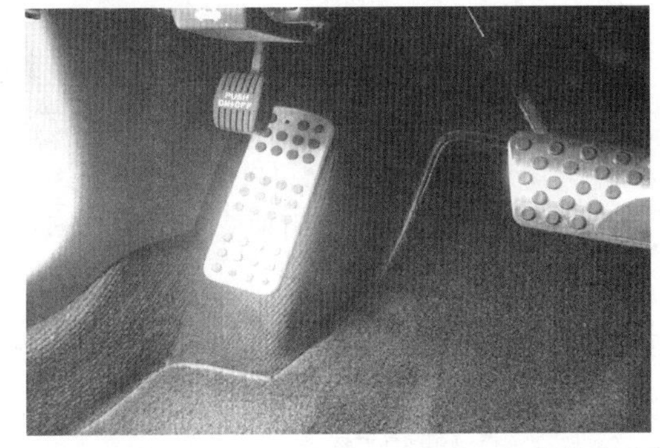

图 10-21 脚控式驻车制动和其他方式驻车制动

电子驻车制动(EPB,Electrical Park Brake)是由电子控制方式实现停车制动的技术,其工作原理与机械式驻车制动相同,均是通过制动盘与制动片产生的摩擦力来达到控制停车制动,只不过控制方式从之前的机械式驻车制动拉杆变成了电子按钮,如图 10-22 所示。电子驻车是指将行车过程中的临时性制动和停车后的长时性制动功能整合在一起,并且由电子控制方式实现停车制动的技术。迈腾配备电子驻车制动和 AUTOHOLD 功能,这将带来更好的驻车感受以及自动驻车功能。

图 10-22 电子驻车制动

以迈腾轿车为例,其电子驻车系统主要由驻车控制单元 J540、ABS 控制单元 J104(通过 CAN 网络与 J540 交换相关的信号)、驻车制动器按钮 E538 和自动驻车“AUTO HOLD”按钮 E540、左后轮制动执行器(含制动电动机 V282)、右后轮制动执行器(含制动电动机 V283)、驻车制动装置指示灯 K118、电子机械式驻车制动系统故障指示灯 K214 等部件组成,如图 10-23 所示。通过按下驻车制动按钮 E540,激活 EPB 电控单元,使位于两个后轮上的驻车制动电动机运转,施加一定的制动力,同时 EPB 指示灯点亮。

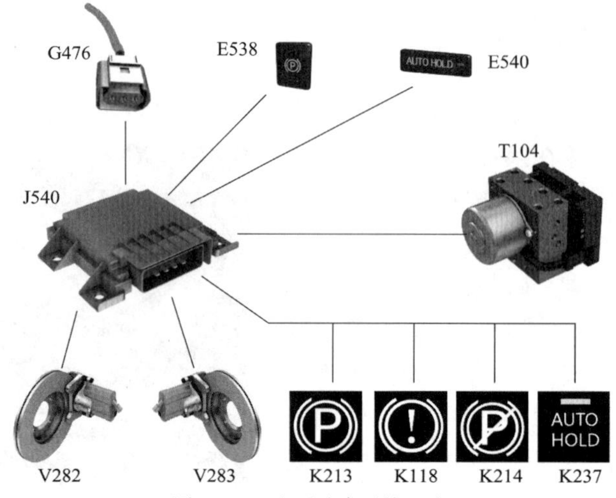

图 10-23　电子驻车系统组成

三、驻车制动系统的组成

按驻车制动器在汽车上安装位置的不同,驻车制动装置分中央制动式和车轮制动式两种。前者的制动器通常安装在变速器后面,其制动力矩作用在传动轴上;后者和行车制动装置共用制动器(通常为后轮制动器),又称复合制动器,只是传动装置互相独立。驻车制动传动装置一般采用人力机械式,通过钢索或杠杆来驱动。

驻车制动装置主要由驻车制动操纵杆、制动拉索及后轮制动器中的驻车制动器等组成,如图 10-24 所示。

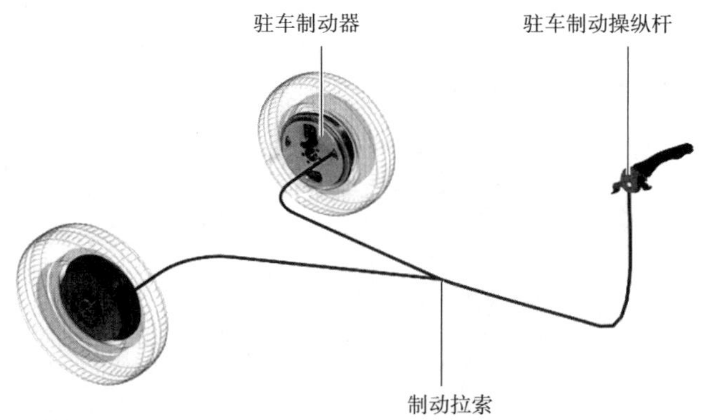

图 10-24　驻车制动装置

四、驻车制动系统的工作原理

驻车制动时,拉起驻车制动操纵杆,操纵杆力通过操纵机构使驻车制动拉索收紧,拉索则拉动驻车制动杠杆的下端,使之绕上端支点顺时针转动,制动杠杆转动过程中,其中间支点推动驻车制动推杆左移,使前制动蹄压向制动鼓。前制动蹄压向制动鼓后,制动推杆停止运动,则驻车制动杠杆的中间支点变成其继续移动的新支点,于是驻车制动杠杆的上端右移,使后制动蹄压靠在制动鼓上,产生制动作用。此时,驻车制动操纵杆上的棘爪嵌入齿扇上的棘齿内,起锁止作用。

解除驻车制动时,按下驻车制动操纵杆上的按钮,使棘爪脱离棘齿,将操纵杆回到释放制动位置,松开驻车制动拉索,则制动蹄在复位弹簧的作用下复位,如图 10-25 所示。

(制动器OFF)

驻车制动推杆
制动鼓
制动蹄
拉索
平头销
制动蹄
复位弹簧

(制动器ON)

推杆促动式驻车制动机构驻车制动工作原理

图 10-25 驻车制动工作原理

对于4 个车轮采用盘式制动器的轿车来说,驻车用的小型鼓式驻车制动器内置于后轮盘式制动器中,并通过拉索和连杆等机构固定在盘式制动器上,图 10-26 所示为驻车制动器的结构。

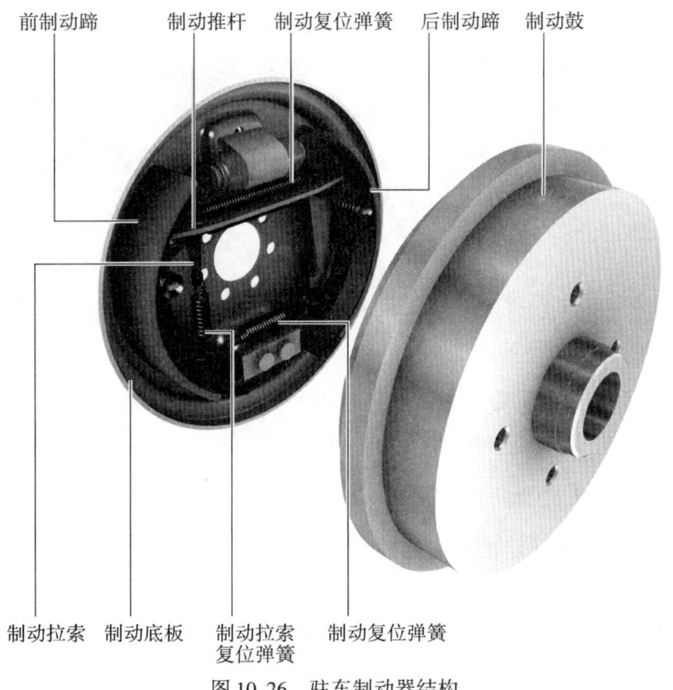

图 10-26 驻车制动器结构

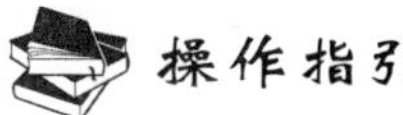

操作指引

1. 组织方式

(1)场地设施:举升机一台,装有废气抽排系统和消防设施的场地。

(2)设备设施:自动挡迈腾轿车、捷达轿车。

(3)工量具:常用工具1套、故障诊断仪、万用表、组合工具、游标卡尺、螺丝刀、扭力扳手、转向盘护套、变速杆手柄套、座位套、脚垫等。

(4)耗材:熔断丝、线束等。

(5)学习方式:学生自主学习与小组合作学习相结合,以小组为单位进行查阅维修资料制定工作计划并开展任务实施。

2. 操作要求

(1)穿着干净整齐的工作服。

(2)遵守场地安全规定,注意用电安全。

(3)正确使用万用表、诊断仪等工量具。

电子驻车制动器故障诊断

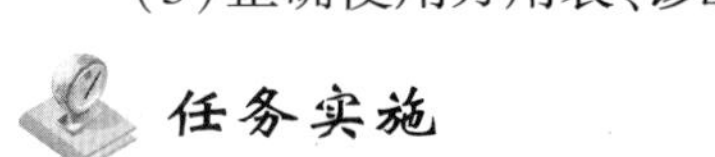

任务实施

1. 电子驻车制动故障诊断

(1)用VAS5052A、VAS5052、VAS5051B(V15.00.00)版本,对迈腾车电子驻车制动器失效故障诊断。

故障码:03200 12 电气机械式停车制动器按钮E538电路电气故障,偶尔发生(图10-27)。

(2)故障排除:经确认线路正常,更换驻车制动器按钮E538(图10-28)。

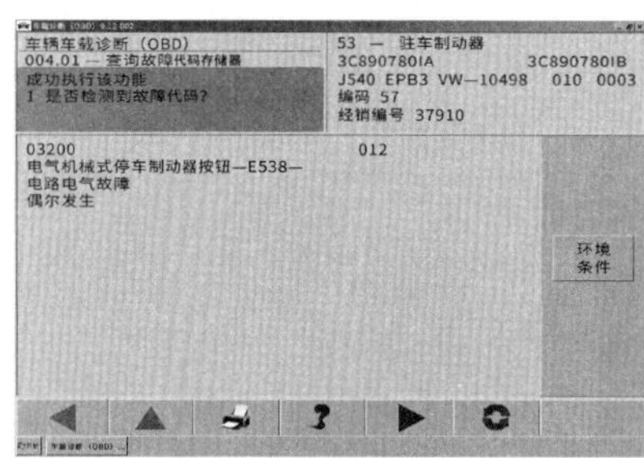

图10-27 故障码

图10-28 电子驻车按钮

注意:故障诊断过程中,如果用VAS5051(V08.00.00版本)诊断故障码含义不明确,运用VAS5052A、VAS5052、VAS5051B(V15.00.00版本)诊断。

2. 电子驻车制动无法释放

(1)用VAS5052A检查,驻车制动系统有1个静态故障码:“02432 左侧驻车制动器电动机供电电压断路静态”,如图10-29所示。

(2)使用VAS5052A进功能引导读取驻车制动系统数据块(图10-30)。当按驻车制动开关时,左边供电电压为0V,右边供电电压为13.5V。

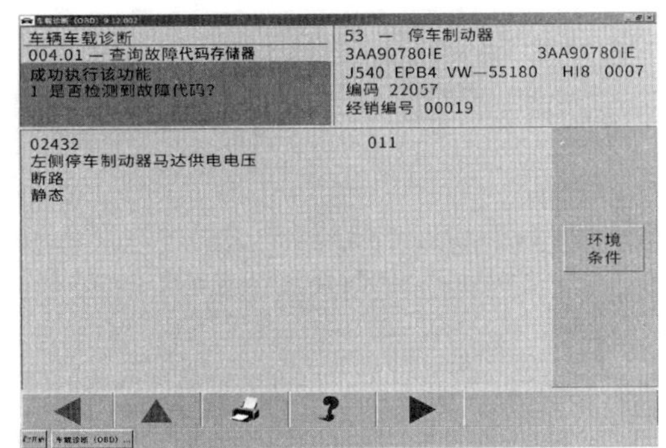

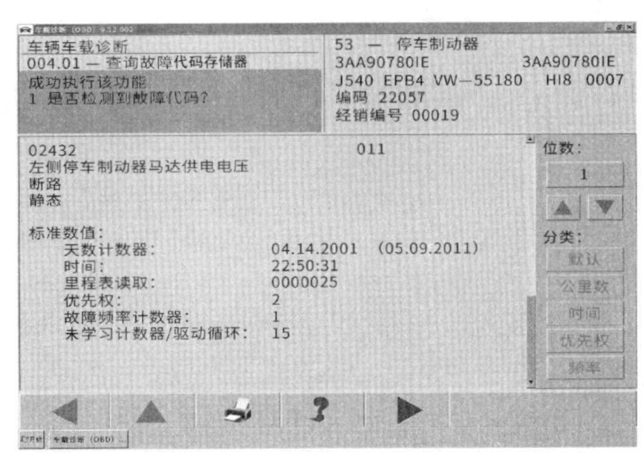

图 10-29 静态故障码

(3)当驻车制动器操纵杆拉紧时,左边达到截至电流显示错误,右边达到截至电流为17.8A,如图 10-31 所示。

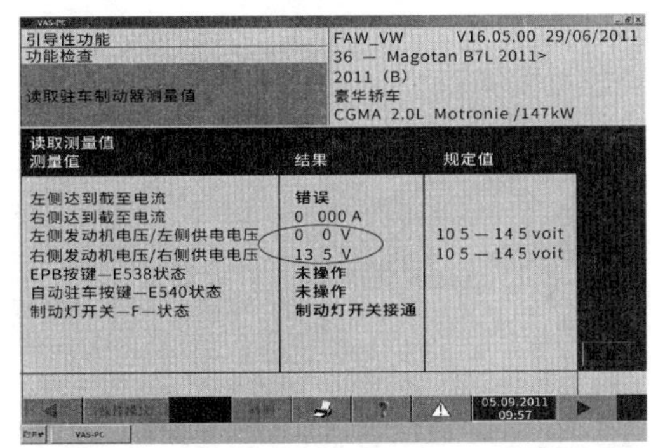

图 10-30 驻车制动系统数据块

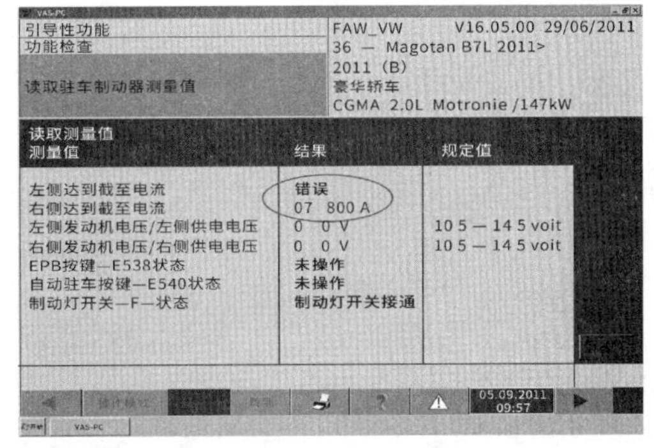

图 10-31 驻车制动系统数据

(4)使用万用表检查左右两侧驻车电动机电压(图 10-32),左侧驻车电动机 V282 的 1、2 号针脚之间为 0V,右侧驻车电动机 V283 的 1、2 号针脚之间为 5.5V(此电压为驻车控制单元的占空比电压)。

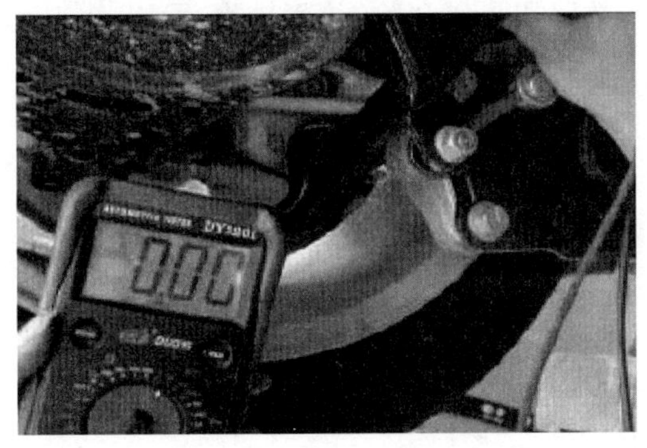

图 10-32 万用表检查左右两侧驻车电动机电压

根据故障码“02432 左侧停车制动器马达供电电压断路静态”,以及实际值读数、电压表测量值可以判断:左侧驻车电动机 V282 供电不正常(左侧电动机没有供电到达),右侧驻车电动机 V283 供电正常。

(5)检查驻车控制单元插头和线束插头状况,以及插头的连接状况,均正常(图 10-33)。

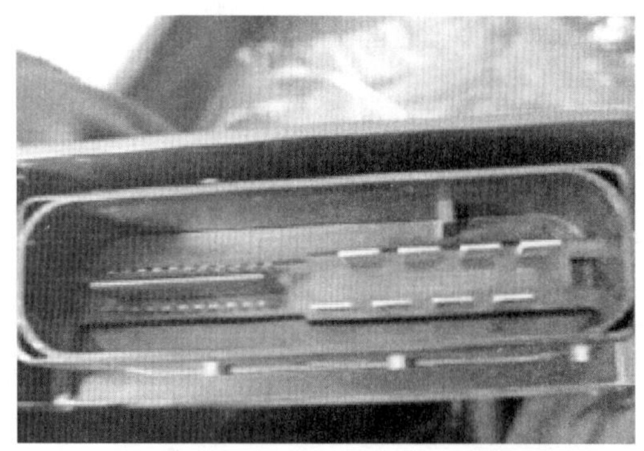

图10-33　检查驻车控制单元插头和线束插头状况

(6)用万用表检查线束导通性:驻车控制单元J540 14号针脚到左侧驻车电动机V282的1号针脚之间的线束,导通正常;驻车控制单元J540 29号针脚到左侧驻车电动机V282的2号针脚之间的线束,断路。

(7)检查线束,发现稍微用力拉扯左侧驻车电动机线束,T30/29导线从插头中脱落(图10-34)。

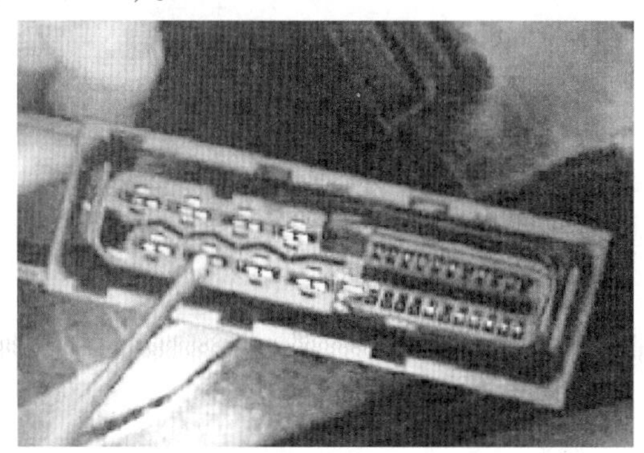
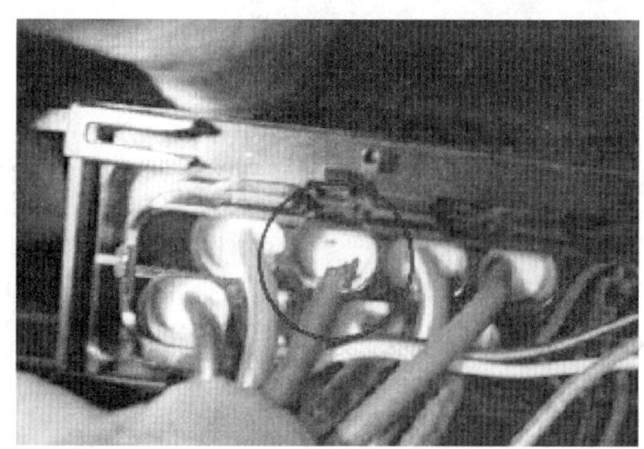

图10-34　检查线束

(8)测试:使用导线将插头29脚与导线连接,故障码可以清除,故障排除,可以确定断路点在此处(图10-35)。

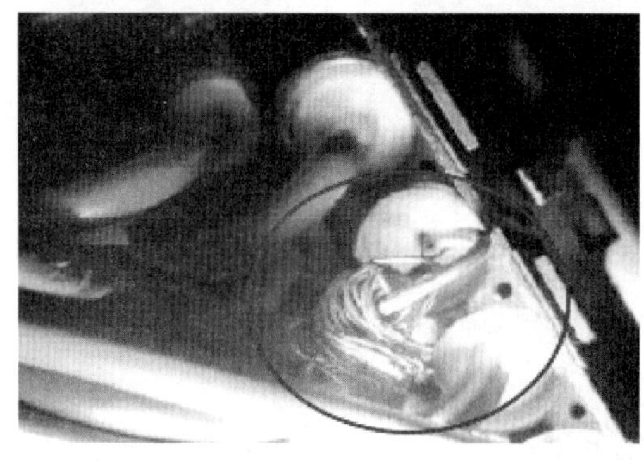
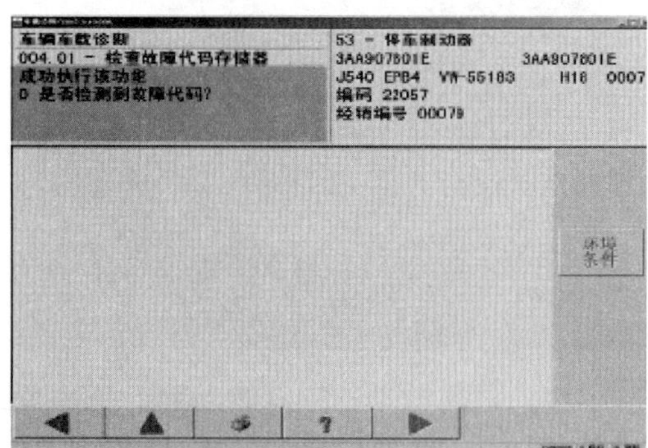

图10-35　故障排除

故障原因:线束插头内部,导线压入线卡太紧,造成导线大部分被切断,产生虚接(图10-36)。

图 10-36　线束插头

故障排除:更换新的线卡,修复线束,并重新装配(图 10-37)。

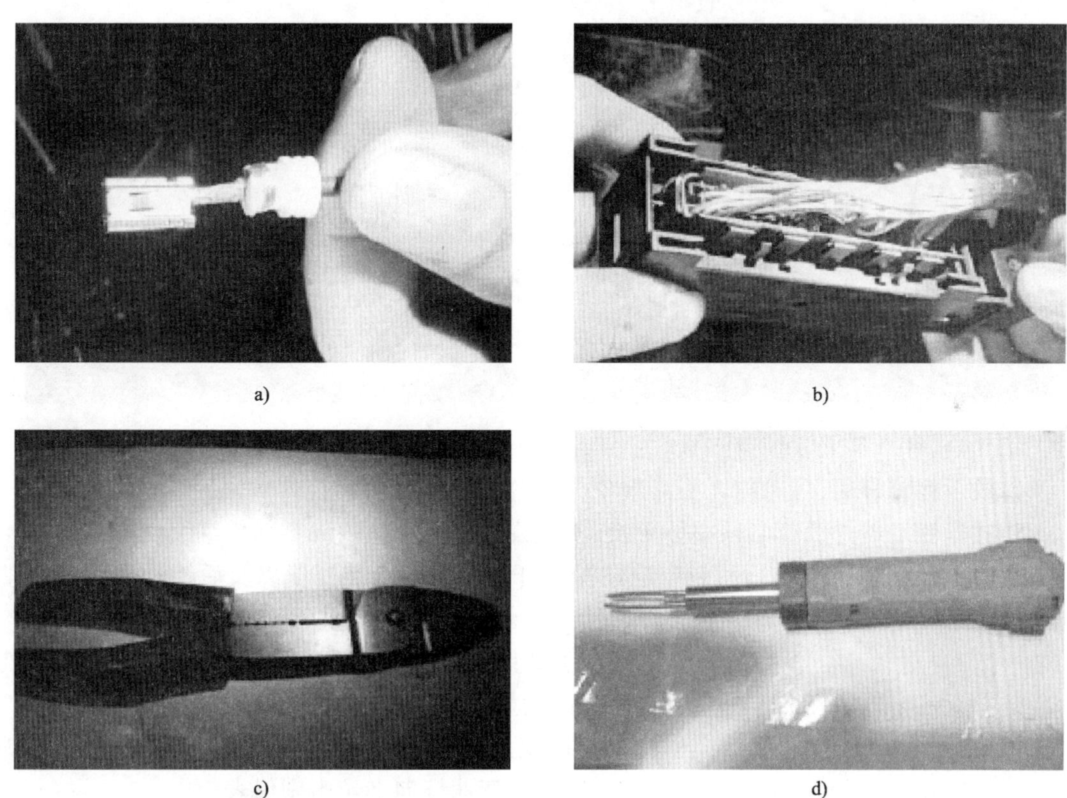

a)　b)　c)　d)

图 10-37　更换新的线卡

3. 电子驻车制动无法工作应急释放方法

拆开中央扶手,如图 10-38 所示。用力拉动应急解除拉线,即可释放驻车制动。

4. 驻车制动器操纵机构的检查

(1)驻车制动器操纵杆拉起时(图 10-39),应能在任意齿数位置可靠停驻,按下操纵杆前端按钮,应能顺利放下操纵杆。

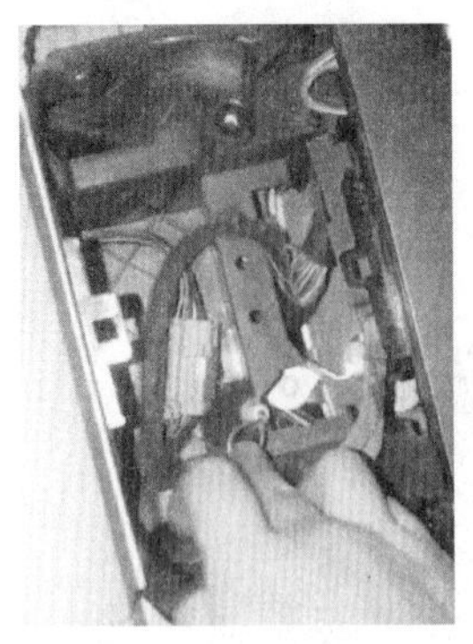
图 10-38　应急解除拉线

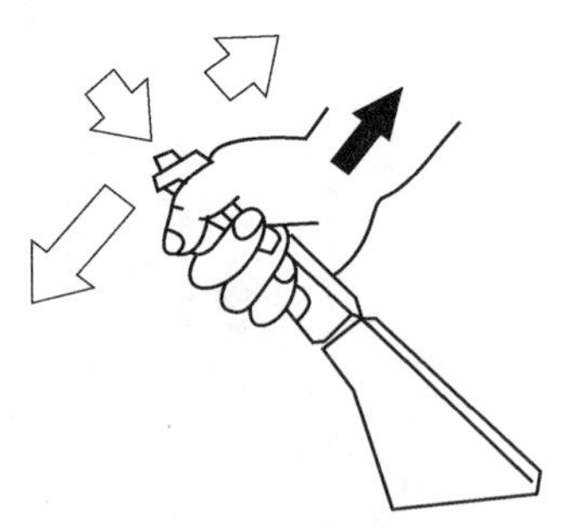
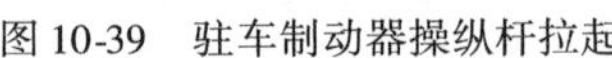
图 10-39　驻车制动器操纵杆拉起

驻车制动器检查

(2)操纵杆拉至第一齿,驻车制动灯(图 10-40)必须显示,操纵杆放下后,驻车制动灯必须熄灭,否则需调整或更换驻车制动灯开关。

(3)以 400N 的力拉起操纵杆(图 10-41),其行程应在 6 ~ 9 齿之间,超过时必须调整。

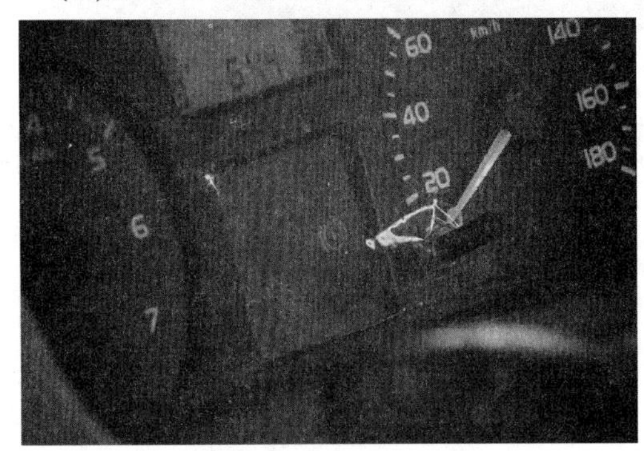

图 10-40　驻车制动灯

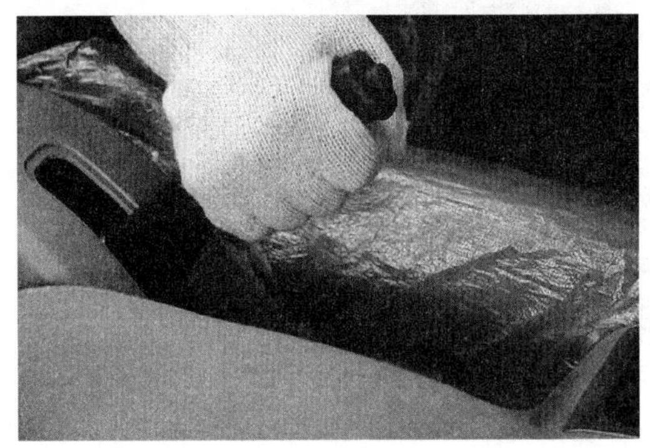
图 10-41　拉起操纵杆

(4)放下操纵杆后,后轮应无拖滞现象,否则需重新调整。

(5)驻车制动器操纵杆必须整体更换,不允许分解后更换内部零部件继续使用。

(6)驻车制动(操纵杆)行程调整应在操纵杆和拉索都安装完毕以及后制动器间隙调整合适后进行。

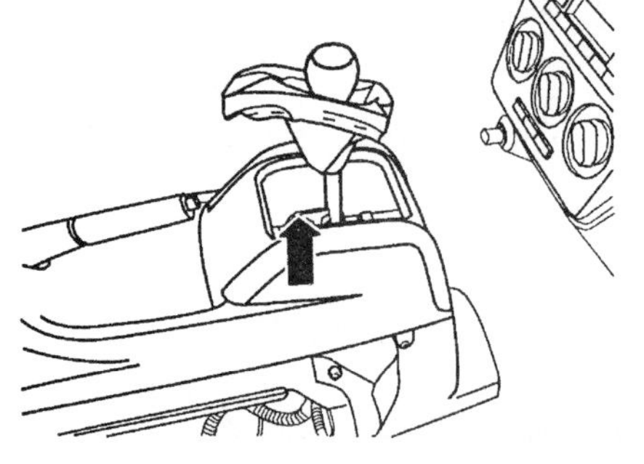
图 10-42　拆下副仪表板

(7)拆下副仪表板(图 10-42)。将驾驶人座椅和前排座椅向后翻开,从副仪表板侧面卸下安装螺钉。

上拉变速杆,从中央控制台开孔处拉脱变速杆护罩,然后通过变速杆向上拉出副仪表板。

沿着变速杆向上拉出副仪表板。

(8)放下驻车制动器操纵杆,松开锁紧螺母,如图 10-43 所示。

(9)旋进(出)调节螺母,直至驻车制动器操纵杆行程符合满足(以 400N 的力拉起操纵杆,行程在 6 ~ 9 齿之间)。

(10)调整完毕后转动后轮应无拖滞现象,否则,需重新调整或检查更换有关零部件。

(11)拧紧锁紧螺母,装上副仪表板(图10-44)。

沿着变速杆和驻车制动手套方向,安装副仪表板至座椅下框架组件上。

套上变速杆护罩。

安装副仪表板,紧固副仪表板螺栓。

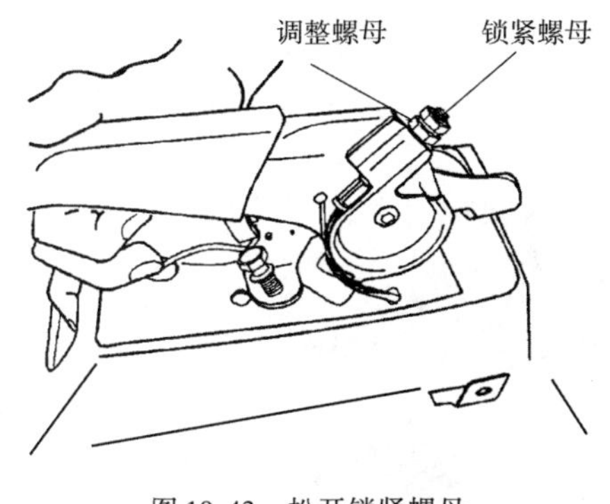

图10-43 松开锁紧螺母

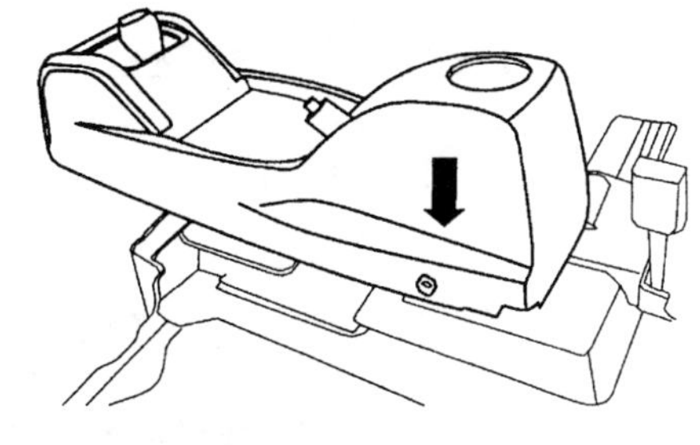

图10-44 安装副仪表板

(12)安装变速杆。

任务小结

(1)驻车制动装置的作用是使停驶后的汽车驻留原地不动;便于坡道起步;当行车制动失效后临时使用或配合行车制动器进行紧急制动。

(2)驻车制动类型是指驻车制动的操作方式,现在乘用车上驻车制动的操作方式可以分为驻车制动器、行车制动器和电子驻车三种。

(3)操纵手柄一般安装在换挡杆附近,其操纵方式也很简单。直接拉起即可起作用;按住手柄端部的按钮稍微向上一提,然后推回原位即可释放驻车制动器。

(4)脚控式驻车制动,顾名思义,用脚来操纵的驻车制动,多见于自动挡车型。左脚一脚将制动踏板踩到底,即可起效;左脚再用力一踩,然后松开,即可释放驻车制动器。

(5)电子驻车是指将行车过程中的临时性制动和停车后的长时性制动功能整合在一起,并且由电子控制方式实现停车制动的技术。迈腾配备电子驻车制动和AUTOHOLD功能,这将带来更好的驻车感受以及自动驻车功能。

(6)按驻车制动器在汽车上安装位置的不同,驻车制动装置分中央制动式和车轮制动式两种。驻车制动传动装置一般采用人力机械式,通过钢索或杠杆来驱动。

(7)驻车制动装置主要由驻车制动操纵杆、制动拉索及后轮制动器中的驻车制动器等组成,它作用于后轮,主要是在坡路或平路上停车时使用或在紧迫情况下作紧急制动。

(8)对于4个车轮采用盘式制动器的轿车来说,驻车用的小型鼓式驻车制动器内置于后轮盘式制动器中,并通过拉索和连杆等机构固定在盘式制动器上。

(9)对于利用车轮制动器充当驻车制动器的汽车,驻车制动的调整应将车轮顶起,然后将驻车制动杆拉到起作用位置,调整传动拉索或拉杆使车轮不能转动时锁紧调整螺母。然后进行驻车制动性能检查,不合格则重新调整。

任务3　液压制动装置检修

任务描述

客户李先生反映自己的1.8T迈腾轿车最近在起动汽车后,仪表板上出现制动警告灯。

起动汽车后,仪表板上出现制动警告灯。故障可能出现在液压传动装置,需要通过路试验证故障现象。若判断故障在液压传动装置,则需要对液压传动装置进行检修。

知识目标

(1)能够正确描述液压传动装置的种类、基本组成和工作原理。

(2)能够正确描述整车上液压传动装置各组成部件的位置及作用。

(3)能够初步进行液压传动装置的检查维护。

(4)能够分析进行液压传动装置的检查维护。

技能目标

(1)能够运用所学知识和经验,为客户提供汽车液压传动装置日常维护的建议。

(2)能够正确选用工具设备对制动器总成进行检修。

素质目标

(1)能够通过查阅维修手册或技术资料对检查结果进行判断,培养科学精神。

(2)具备规范操作、沟通协调、自主学习、安全环保等意识。

建议学时:6学时。

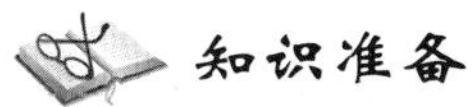

知识准备

一、液压装置的作用

以制动液为介质，将驾驶人施加在制动踏板上的控制力通过主缸由机械能转换为液压力，再通过装在车轮制动器内的轮缸，将液压能转换为机械力，促使制动器进入工作状态。其优点是制动柔和灵敏，结构简单，维护方便，不消耗发动机功率；但操纵较费力，制动力不大，制动液受温度变化而降低其制动效能。

二、液压装置的类型

液压装置的类型

制动传动装置按传力介质的不同，可分为液压式、气压式和气—液综合式；按制动管路的套数可分为单管路和双管路制动传动装置。按照交通法规的要求，现代汽车的行车制动系统须采用双管路制动传动装置，若其中一套管路损坏时，另一套仍然起制动作用，从而提高了制动的可靠性和安全性。

双管路液压制动传动装置是利用彼此独立的双腔制动主缸，通过两套独立管路，分别控制两桥或三桥的车轮制动器。常见的双管路的布置方案有前后独立式和交叉式两种形式，如图 10-45 所示。

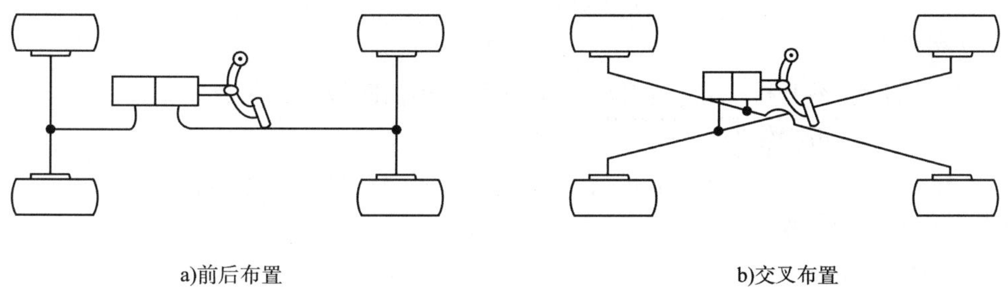

a)前后布置　　b)交叉布置

图 10-45　制动管路的布置

三、液压传动装置的组成

液压传动装置的组成

液压传动装置由制动踏板、制动主缸、储液罐、制动轮缸、油管等组成，如图 10-46 所示。现代汽车上采用了各种制动力调节装置，用以调节前后车轮制动管路的工作压力，常用的调节装置有限压阀、比例阀、感载比例阀和惯性阀等。

限压阀的功用是当前后制动管路压力由零同步增长到一定值后，即自动将后制动管路压力限制在该值不变，以防止后轮抱死；比例阀的功用是当油压达到一定的值后，让输出与输入的油压按一定比例增加，使实际油压分配曲线更接近理想曲线；感载阀的功用是随汽车实际装载质量而改变满载和空载下的理想油压分配及特性曲线；惯性阀的功用是用于调节液压系统的制动力。

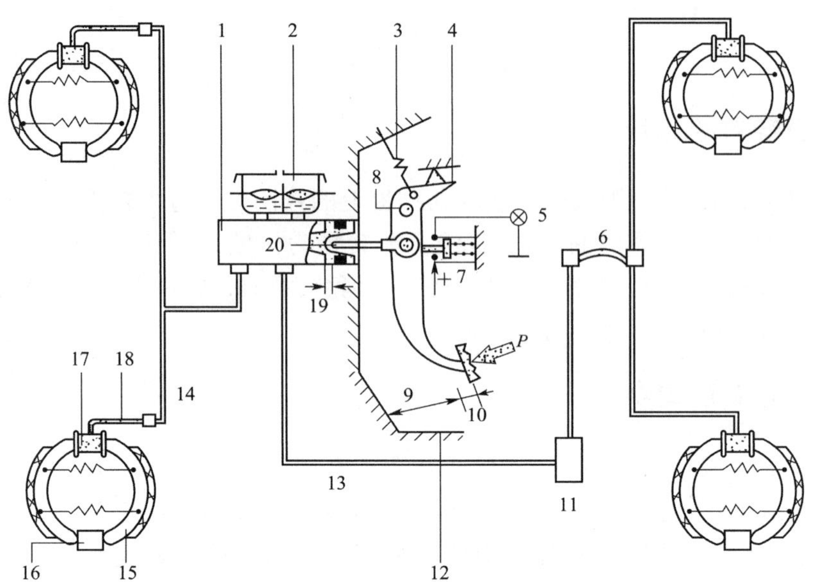

图10-46　液压传动装置组成

1-制动主缸;2-储液罐;3-复位弹簧;4-制动踏板;5-指示灯;6-软管;7-制动灯开关;8-支承销;9-有效行程;10-自由行程;11-比例阀;12-地板;13-后桥油管;14-前桥油管;15-制动蹄;16-支承座;17-制动轮缸;18-软管;19-自由间隙;20-主缸推杆

操作指引

1. 组织方式

(1)场地设施:举升机一台,装有废气抽排系统和消防设施的场地。

(2)设备设施:迈腾轿车。

(3)工量具:常用工具、组合工具、扭力扳手、透明塑料排气软管、容器、转向盘护套、变速杆手柄套、座位套、脚垫等。

(4)耗材:制动液等。

(5)学习方式:学生自主学习与小组合作学习相结合,以小组为单位进行查阅维修资料制定工作计划并开展任务实施。

2. 操作要求

(1)穿着干净整齐的工作服。

(2)遵守场地安全规定,注意用电安全。

(3)正确使用万用表、诊断仪等工量具。

(4)在检测空气流量计时,严禁用力拉扯线束。

任务实施

1. 制动液位的检查与补充

(1)检查制动液液面位置(图10-47),液面正常位置应接近于上限位置。

注意:过量加注制动液,会导致在制动系统工作过程中制动液溢流到发动机排气部件上。制动液是易燃品,如果接触发动机排气系统部件,会导致起火和伤人。

(2)如果制动液液面位置过低,应补充制动液至正常高度位置(图 10-48)。

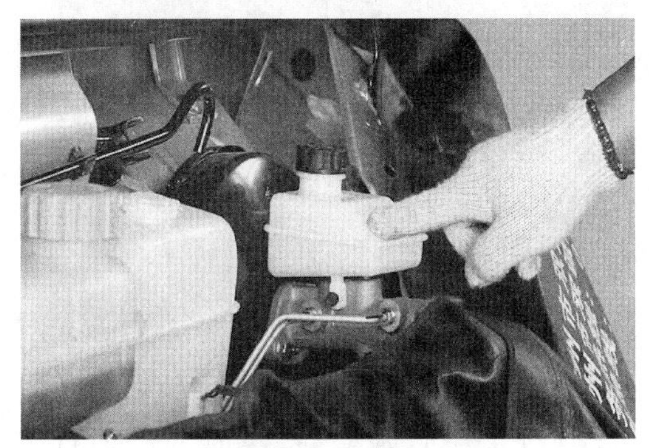

图 10-47 检查制动液液面位置

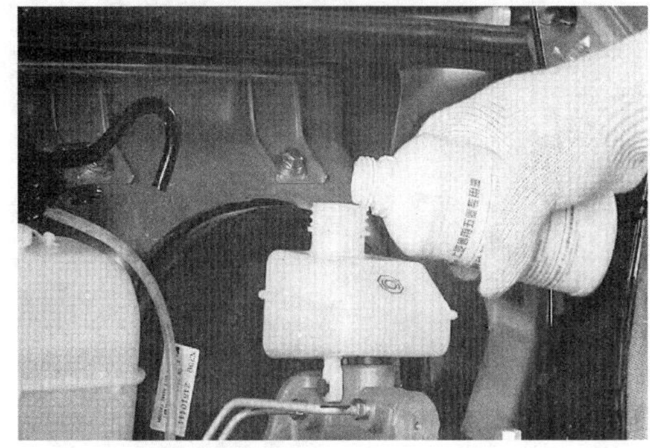

图 10-48 补充制动液

①打开储液罐盖前,先要进行清理,以免尘土进入储液罐。

②打开旋盖。

③加注制动液。

④安装旋盖。

2. 制动液泄漏的检查

(1)检查制动主缸储液罐液面位置。正常的摩擦衬片磨损会导致储液罐内的液面轻微下降。如果储液罐液位异常降低,会导致制动警告灯亮,这表明系统有泄漏。液压系统可能存在内部或外部泄漏。

(2)检查制动管和制动软管连接处是否有泄漏。如果存在泄漏,检查紧固件的拧紧力矩,更换油管或软管。

(3)检查连接制动器的元件是否损坏。如有必要,重装或更换连接制动器的元件。

(4)检查制动钳和制动轮缸的元件是否有泄漏。如确有泄漏,必要时重装或更换这些元件。

3. 排放液压制动系统中的空气

(1)检查制动主缸储液罐液面高度是否正常,必要时加注制动液至合适液面高度。

注意:用抹布擦掉溢出的制动液。

(2)举升并适当支承车辆。将透明塑料排气软管安装到右后排气阀上,如图 10-49 所示。

(3)将透明塑料排气软管的另一端浸入盛有部分清洁制动器的清洁容器中。

(4)打开排气阀。

(5)连续三次踩制动踏板(图 10-50),将制动踏板踩到全程约 75% 并保持。

(6)另一维修人员打开排气阀,再关闭排气阀。

(7)松开制动踏板。

(8)重复步骤(3)~(7),直到制动液中不再出现气泡。

(9)紧固排气阀至 8 ~12N · m,如图 10-51 所示。注意:应确保排气阀没有泄漏。

(10)从排气阀上拆卸透明塑料排气软管。

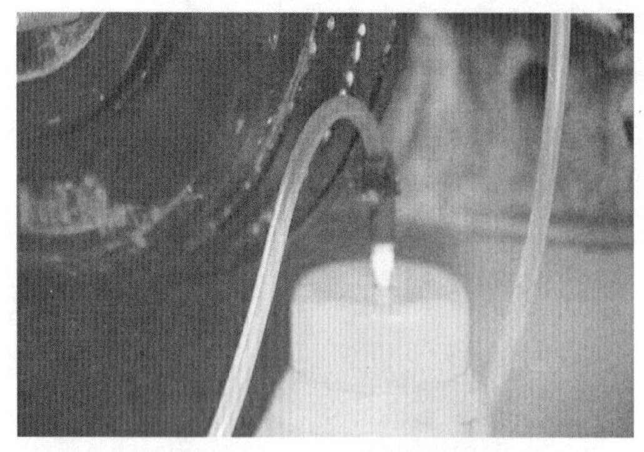

图10-49　安装塑料排气软管

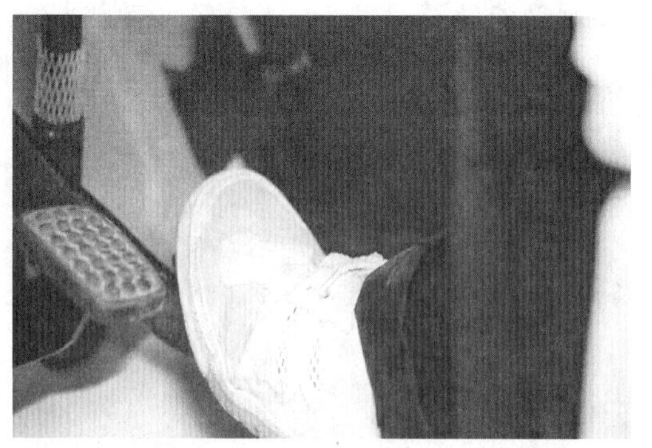

图10-50　踩制动踏板

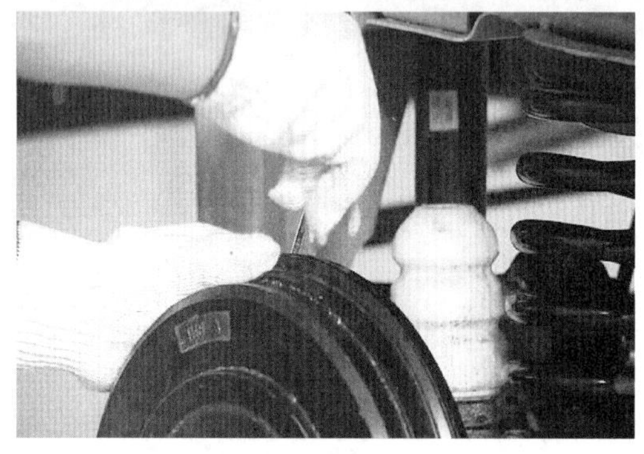

图10-51　紧固排气阀

(11)对于左后制动器、左前卡钳和右前卡钳,重复上述步骤(3)~(11),直到不再出现气泡为止。

(12)降下车辆。拆下制动液储液罐盖。

(13)检查储液罐中的制动液液位。必要时,将储液罐加注到正确的液面高度。

(14)安装制动液储液罐盖。

(15)将点火起动开关拨到START(运行)位置,然后关闭发动机。用中等力踩制动踏板并保持踏板的位置。注意踏板行程和脚感。

(16)如果制动踏板感到坚实而稳定且踏板行程不过大,则起动发动机。在发动机运行时,重新检查踏板行程。

(17)如果制动踏板仍感到坚实而稳定且踏板行程不过大,则进行车辆路试。以中速试几次正常制动,以确保制动系统功能正常。

(18)如果在开始时或发动机起动后制动踏板脚感软或行程过大,重复手动排气程序,从步骤(1)开始。注意:必须在踩实制动踏板后,方能移动车辆。在移动车辆前,如果制动踏板不坚实,会导致事故发生。

(19)路试车辆。以中速试几次正常制动,以确保制动系统功能正常。

4. 真空制动器的检查

(1)起动发动机运转1~2min后熄火,踩几次制动踏板,消除助力器内原有的真空。踩下的行程逐渐缩小,说明助力器工作良好,否则表明密封不良,有故障。

(2)发动机运转数分钟后熄火,用同样的力踩下踏板数次,确定踏板行程每次无变化,然后将踏板保持在踩下位置,起动发动机,如踏板稍有下降,表示真空助力器良好,否则有故障。

(3)在发动机运转时,踩下制动踏板不动,将发动机熄火。在30s内,踏板高度不允许下降。如有踏板回升现象,说明有故障。

(4)拆卸真空助力器前,应在前后壳体上做好记号,防止装复错误导致漏气。

(5)将分解的零件依次放好,橡胶密封件应避免油污,并防止膜片座的损伤。检查各零件有无变形、损伤,发现损伤和变形应修复或更换。

(1)以制动液为介质,将驾驶人施加的控制力通过装在车架上的主缸由机械能转换为液压能,再通过装在车轮制动器内的轮缸,将液压能转换为机械能,促使制动器进入工作状态。

(2)液压传动装置由制动踏板、制动主缸、储液罐、制动轮缸、油管等组成。

(3)制动传动装置按传力介质的不同,可分为液压式、气压式和气—液综合式;按制动管路的套数可分为单管路和双管路制动传动装置。

(4)液压制动系统的维护包括检查管路渗漏、排空气和制动踏板的调整等几个方面的内容。

习题

一、判断题

1. 制动时,不旋转的制动蹄对旋转着的制动鼓作用一个摩擦力矩,其方向与车轮旋转方向相反,所以车辆能减速甚至停止。 ( )

2. 简单非平衡式制动器的优点是左右蹄片单位压力相等,缺点是制动效能低。 ( )

3. 简单非平衡式制动器在车辆前进、后退时制动效能不一样,所以通过增大助势蹄片的周向尺寸来达到平衡。 ( )

4. 车辆在前进、后退制动时,如两制动蹄都是助势蹄时,则该制动器是双向平衡式制动器。 ( )

5. 两制动蹄通过机械杠杆连接,使两蹄片在制动时张力自增,称为自增力式制动器。 ( )

6. 鼓式驻车制动器可安装在变速器后边,也可以安装在主减速器输入轴的前端。 ( )

7. 驻车制动没有渐进控制的要求,所以驻车制动阀一般只是一个气动开关而已。 ( )

8. 驻车制动装置的作用仅仅是使停驶后的汽车驻留原地不动。 ( )

9. 驻车制动系统按操作方式可以分为驻车制动器、行车制动器和电子驻车三种。 ( )

10. 驻车制动器操纵方式很简单,直接拉起即可;按住手柄端部的按钮稍微向上提,推回原位即可释放驻车制动器。 ( )

11. 从开始制动到完全制动的过程中,油管、制动蹄和制动鼓都会有一些变形,所以轮缸活塞还会继续移动一小段距离。 ( )

12. 制动释放后,油管后会保持一定压力,可防止空气侵入液压系统。 ( )

13. 空气助力式液压制动传动装置,是利用真空阀开启高压空气,通过助力器帮助踏板推力来增大制动作用的。 ( )

14. 气压制动系统的工作压差远大于真空制动系统的工作压差,所以气压制动气室直径

比真空制动气室直径小得多,但气压控制阀活塞直径却比真空控制阀活塞大得多。 (   )

15. 限压阀一般串联于液压或气压制动回路的前、后制动管路中。 (   )

二、单选题

1. 制动时左右车轮制动力不相等会使汽车(   )。

A. 跑偏　B. 制动距离过长
C. 路面附着力左右不一致　D. 制动时车轮抱死

2. 制动时汽车跑偏的根本原因是(   )。

A. 左右车轮制动力不相等　B. 前束值不适当
C. 路面附着力左右不一致　D. 制动时车轮抱死

3. 盘式制动器,制动盘固定在(   )。

A. 轮毂上　B. 转向节上　C. 制动鼓上　D. 活塞上

4. 宝来车型汽车采用的是(   )驻车制动器。

A. 盘式　B. 鼓式　C. 盘鼓式　D. 中央

5. EQ1092 型汽车的车轮制动器为(   )式制动器。

A. 双从蹄式　B. 领从蹄式　C. 双领蹄式　D. 自动增力

6. (   )制动器可在行车制动装置失效后用于应急制动。

A. 盘式　B. 鼓式　C. 驻车　D. 行车

7. 桑塔纳汽车采用的是(   )驻车制动器。

A. 盘式　B. 鼓式　C. 盘鼓式　D. 中央

8. 以下诊断仪中,(   )属于大众公司专用诊断仪。

A. Tech-II　B. V. A. G1552　C. 电眼睛　D. 红盒子

9. 迈腾汽车采用的是(   )驻车制动器。

A. 盘式　B. 鼓式　C. 盘鼓式　D. 中央

10. 制动主缸装配前,应先用(   )清洗缸壁。

A. 制动液　B. 汽油　C. 柴油　D. 防冻液

11. 液压制动系统在(   )之前,一定要排出制动管路中的空气。

A. 添加制动液　B. 维修　C. 更换摩擦块　D. 制动试验

12. 下列选项中,(   )不符合汽车制动液性能的要求。

A. 制动迅速准确,安全可靠　B. 蒸发性要好
C. 化学安定性好　D. 对制动皮碗的侵蚀要小

13. 桑塔纳轿车的制动系管路均采用(   )布置。

A. LL 型　B. X 型　C. HH 形　D. II 型

14. 真空助力器安装在制动主缸(   ),制动踏板之前。

A. 之后　B. 之前　C. 左面　D. 右面

15. 真空助力器的助力作用在(   )。

A. 主缸的推杆上　B. 制动踏板上
C. 辅助缸活塞上　D. 主缸以后的液压管路上

项目十一　车辆稳定控制系统故障诊断与修复

项目概述

随着电子技术的发展，车辆的安全稳定性得到进一步提高，其电子控制控制系统也在不断增加，本学习任务主要介绍防抱死制动系统(Antilock Braking System，ABS)、驱动防滑系统(Acceleration Slip Regulation，ASR)和电子稳定系统(Electronic Stability Programme，ESP)。

防抱死制动系统(ABS)的作用是在汽车制动时，防止车轮抱死而在路面上拖滑，以提高汽车制动过程中的方向稳定性、转向控制能力和缩短制动距离，使汽车制动更为安全有效。

驱动防滑系统(ASR)又称牵引力控制系统，是继制动防抱死系统(ABS)之后应用于车轮防滑的电子控制系统。

电子稳定系统(ESP)是综合了防抱死制动系统(ABS)、制动辅助系统(BAS)和驱动防滑控制系统(ASR)三个系统，属于车辆的主动安全系统，也可称之为动态驾驶控制系统，简单地说它是一个防滑系统。

当车辆稳定控制系统警示灯持续点亮或感觉其系统工作不正常时，应及时对系统中的传感器或执行器等进行故障诊断和排除。

主要学习任务

1. 防抱死制动系统(ABS)故障检修
2. 驱动防滑控制系统(ASR)故障检修
3. 电子稳定系统(ESP)故障检修

任务1 防抱死制动系统检修

任务描述

车主李先生反映，其车辆已行驶6万km，在行驶过程中，发现仪表板上的ABS故障指示灯点亮，该车辆在制动过程中，感觉方向不稳，制动稳定性能降低，制动效能下降。

防抱死制动系统出现故障，可能是制动液损耗、液压压力降低或轮速信号消失，电控单元损坏，任何时候ABS故障指示灯点亮不灭，这说明电控单元检测到了ABS故障，此时ABS功能将会停止，只有常规制动。驾驶人或用户一定要进行检修。

知识目标

(1)能够正确描述ABS的功能、结构组成和工作原理。

(2)能够正确描述ABS的工作过程。

(3)能够根据ABS系统的工作原理分析其故障的原因。

技能目标

(1)能够依据维修手册要求正确选用工具量具对ABS进行检查维护。

(2)能够通过查阅维修手册对ABS进行故障检修。

(3)能够正确选用工具设备，依据维修标准完成轮速传感器、ABS液压控制单元的更换。

(4) 能够按照企业5S管理要求和安全生产规范进行操作。

素质目标

(1)能与本组成员密切合作，规范安全地完成学习活动。

(2)培养努力钻研的精神，不断提出真正解决问题的新理念、新思路、新办法。

建议学时:6学时。

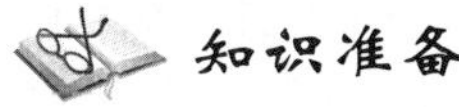

一、汽车防抱死制动系统(ABS)的结构原理

ABS 通常都由轮速传感器、液压控制单元(制动压力调节器)和电控单元(ECU)三部分组成(图 11-1、图 11-2),目前液压控制单元与电控单元基本都集成在一起。

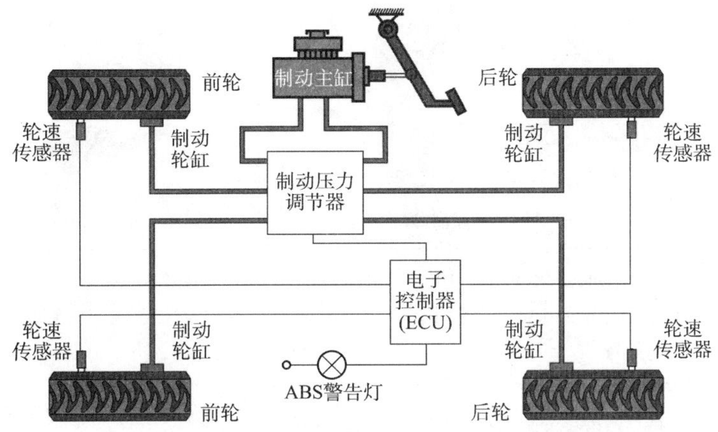

图 11-1 防抱死制动系统(ABS)的组成

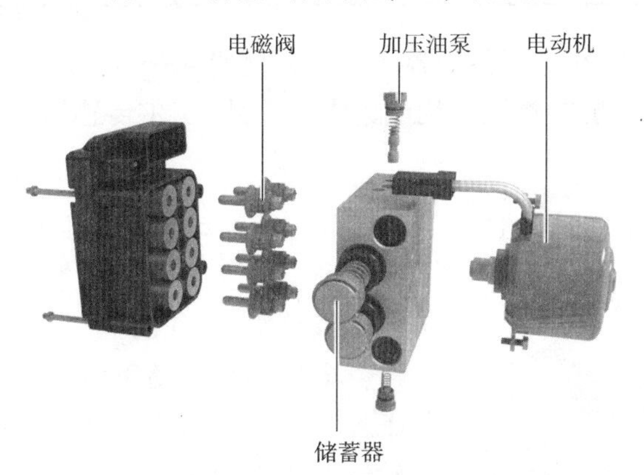

图 11-2 制动压力调节器组成

磁感应式传感器工作原理

霍尔式传感器工作原理

1. 轮速传感器

对于现代汽车而言,轮速信息是必不可少的,汽车动态控制系统(VDC)、汽车电子稳定程序(ESP)、防抱死制动系统(ABS)、自动变速器的控制系统等都需要轮速信息。如果轮速传感器出现故障,会导致 ABS 故障指示灯点亮,行驶稳定性下降。由于轮速传感器的工作环境恶劣,故障率较高。目前,维修站遇到关于 ABS、ASR 的抱怨,绝大多数是由于轮速传感器及其相关线路故障引起的。所以,掌握轮速传感器故障的诊断方法,在汽车维修的实际工作中将会很有用处。

1)轮速传感器功用

轮速传感器的功用是用来感受车轮旋转速度,向 ABS 控制单元提供系统控制所需要的基本信号,电控单元通过计算决定是否开始或准确地进行防抱死制动。因此,轮速传感器十分重要。

2)轮速传感器的结构原理

目前,用于 ABS 的轮速传感器主要有电磁式和霍尔式两种,其结构原理见表 11-1。

轮速传感器结构原理 表 11-1

类型	磁感应式传感器	霍尔式传感器
结构图	线路 永久磁铁 壳体 感应线圈 导磁体 脉冲轮	φ 脉冲轮 霍尔IC N S 永久磁铁 壳体
工作特性	利用磁通变化产生可变电压,电压的大小正比于轮速的大小,低速时无法提供可靠的轮速信号	利用霍尔原理产生感应电流,该电流的振幅与轮速无关,只是频率与转速有关,信号精度很高
对气隙和齿圈尺寸的要求	信号精度受气隙和齿圈尺寸的影响很大	信号精度受气隙的影响不大,不受齿圈尺寸精度的影响

相比磁感应式传感器,霍尔式传感器具有下列优点:一是输出信号电压幅值不受转速影响;二是频率响应高;三是抗电磁波干扰能力强。因此,霍尔传感器被广泛应用。

2. ABS 液压调节器

ABS 液压调节器接收 ECU 的指令,通过电磁阀的动作来实现车轮制动器制动压力的自动调节。它主要由功能装置(液压泵、储液器等)、电磁阀等组成,如图 11-3 所示。

图 11-3 液压控制单元

电磁阀是制动压力调节器的重要组成部分,电子控制单元通过控制电磁阀的电流大小来控制车轮制动压力的大小。

1)电磁阀的功用

ABS 电磁阀作用是接受 ABS 电控单元的信号,实施对制动系统实施增压、保压或减压的操作,以便让车轮处于理想的运动状态。

2)电磁阀的结构原理

电磁阀串联在制动主缸和制动轮缸之间,由 ECU 控制其通断,进而来控制油路的压力,实现制动管路的升压、保压、减压。电磁阀有 3/3、2/2 等多种类型。下面,以用得比较多的二位二通阀为例介绍其结构原理。

二位二通电磁阀又分为二位二通常开电磁阀和二位二通常闭电磁阀,如图 11-4 所示。两个电磁阀均由阀门、衔铁、电磁线圈、复位弹簧等组成。常态下,二位二通常开电磁阀阀门在弹簧张力作用下打开,二位二通常闭电磁阀阀门在弹簧张力作用下闭合。

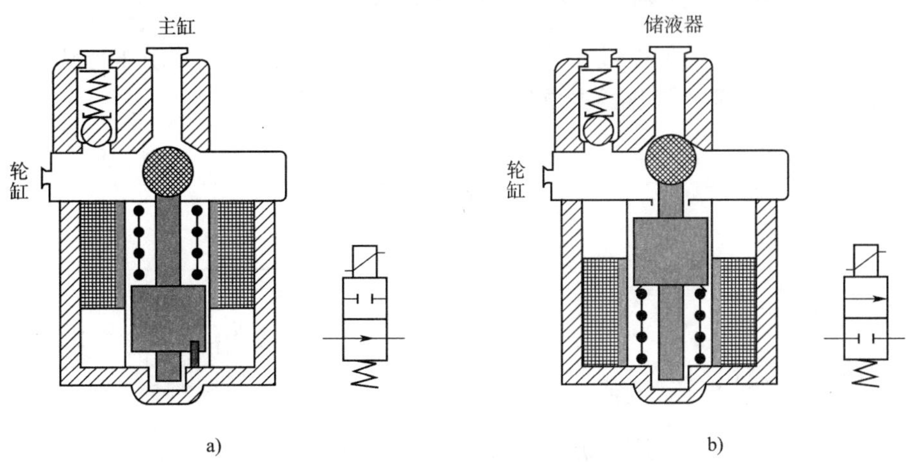

图 11-4　二位二通阀结构及表示符号

二位二通常开电磁阀用于控制制动主缸到制动轮缸的制动液通路,又称为二位二通常开进液电磁阀。二位二通常闭电磁阀用于控制制动轮缸到储液器的制动液回路,又称为二位二通常闭出液电磁阀。两个电磁阀配套使用,共同完成 ABS 工作中对制动压力调节的任务。

3. ABS 电控单元

ABS 电控单元是 ABS 的控制中心,它的本质是微型数字计算机,一般是由两个微处理器和其他必要电路组成,是不可分解的整体单元。电控单元的基本输入信号是四个轮上的传感器送来的转速信号,还有液位指示开关信号和压力报警开关信号,输出信号是:给液压控制单元的控制信号、输出信号的自诊断信号和输出给 ABS 故障指示灯的信号,如图 11-5 所示。

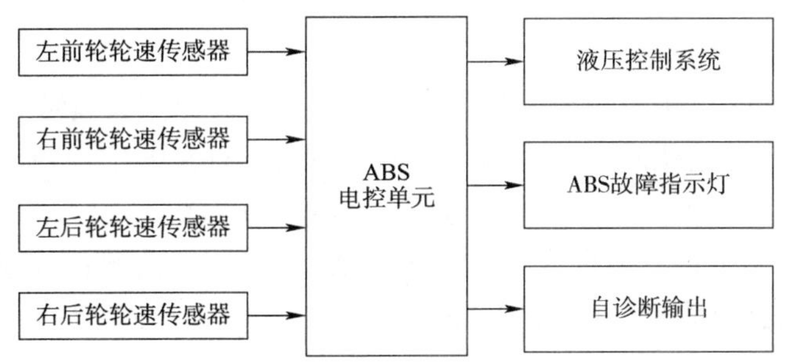

图 11-5　ABS 电控单元的基本输入和输出信号

电子防抱死制动系统(ABS)的主要任务是通过控制装置,对汽车制动过程中车轮的状态进行监测和有效控制,由 ABS 控制单元计算出每个车轮的线速度和车速,进而推算出车辆的减速度及车轮的滑移率,判断车轮是否有抱死的趋势,不断地调节制动系统的制动力,使车轮尽可能处于最佳运动状态,从而使汽车具有良好的抗侧滑能力和最短的制动距离,以提高汽车制动稳定性和安全性。

二、汽车防抱死制动系统(ABS)的工作过程

汽车防抱死制动系统的工作过程分为常规制动、制动压力保持、制动压力减小和制动压力增加几个阶段。制动压力调节器组成如图11-6所示。

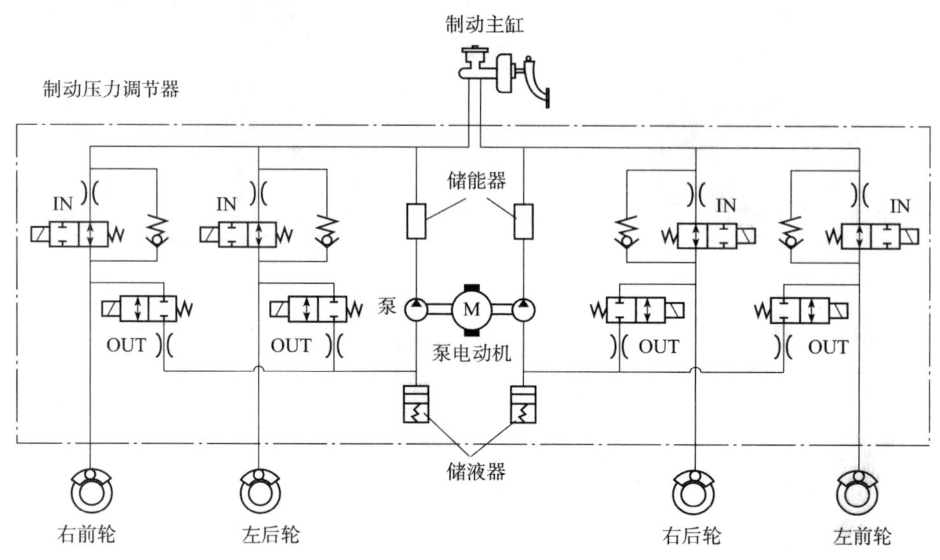

图11-6　制动压力调节器组成

1. 常规制动阶段

常规制动阶段ABS不介入控制,液压调节器电磁阀处于“建立制动液压力”的位置,各进液电磁阀断电导通,各出液电磁阀断电关闭,电动泵不通电运转,主缸与制动轮缸的制动管路接通,各制动轮缸与储液器隔绝,各制动轮缸的制动压力随制动主缸的输出压力而变化,此时的制动过程与常规制动系统的制动过程完全相同。

2. 制动压力保持阶段

在制动过程中,ABS电子控制单元根据轮速传感器输入的车轮转速信号判定有车轮趋于抱死时,ABS就进入防抱死制动压力调节过程。例如,ABS电子控制单元判定右前轮趋于抱死时,就控制右前轮制动压力的进液电磁阀通电,使右前轮的进液电磁阀转入关闭状态,制动主缸输出的制动液不再进入右前制动轮缸,此时,右前轮的出液电磁阀仍未通电而处于关闭状态,右前制动轮缸中的制动液也不会流出,右前制动轮缸的制动压力就保持一定。

3. 制动压力减小阶段

当趋于抱死的车轮制动轮缸的制动压力保持一定时,ABS电控单元判定该车辆仍然趋于抱死,将使该车轮的出液阀也通电而转入开启状态,该车轮制动轮缸中的部分制动液就会经过处于开启状态的出液电磁阀流回储液器,使该制动轮缸的制动压力迅速减小,该车轮的抱死趋势将开始消除。

4. 制动压力增加阶段

当抱死车轮的抱死趋势已经完全消除时，ABS 电控单元将控制该车轮的进液电磁阀和出液电磁阀都断电，使进液电磁阀转入开启状态，出液电磁阀转入关闭状态，主缸输出的制动液流向制动轮缸，实现增压过程。

ABS 通过使趋于抱死车轮的制动压力循环往复地经历保持—减小—增大过程，将抱死车轮的滑移率控制在峰值附着系统滑移率的附近范围内，直至车轮不再抱死。

操作指引

1. 组织方式

(1)场地设施：举升机一台，装有废气抽排系统和消防设施的场地。

(2)设备设施：迈腾轿车。

(3)工量具：常用工具 1 套。

(4)测量设备：大众诊断仪、万用表等。

(5)耗材：轮速传感器、ABS 控制单元、液压油。

(6)学习方式：学生自主学习与小组合作学习相结合，以小组为单位进行查阅维修资料制定工作计划并开展任务实施。

2. 操作要求

(1)穿着干净整齐的工作服。

(2)遵守场地安全规定，注意用电安全。

(3)正确使用万用表、诊断仪等工量具。

(4)在对轮速传感器、执行器检修时要切断电源。

(5)在进行底盘操作时要带上防护镜等防护设备。

(6)制动液有毒，不能接触。

(7)制动液具有腐蚀性，不得接触油漆。

(8)制动液有吸水性，必须保存在密闭容器中。

(9)如果有制动液溢出，要用大量的水冲洗。

轮速传感器
故障检修

任务实施

1. 制动管路的检查(图 11-7)

(1)检查金属管路是否有挤压变形。

(2)检查橡胶管路是否有磨损。

(3)检查油管接口处是否有渗油。

(4)关闭点火开关，反复踩制动踏板。

(5)观察橡胶管路是否有变形。

2. 轮速传感器的检查与更换

1)轮速传感器的外观检查(图 11-8)

(1)检查轮速传感器插头是否松动。

(2)检查轮速传感器线束连接是否可靠。

(3)看轮速传感器线束表面是否有破损。

(4)检查轮速传感器外观是否有变形,安装是否松动。

图11-7 制动管路的检查

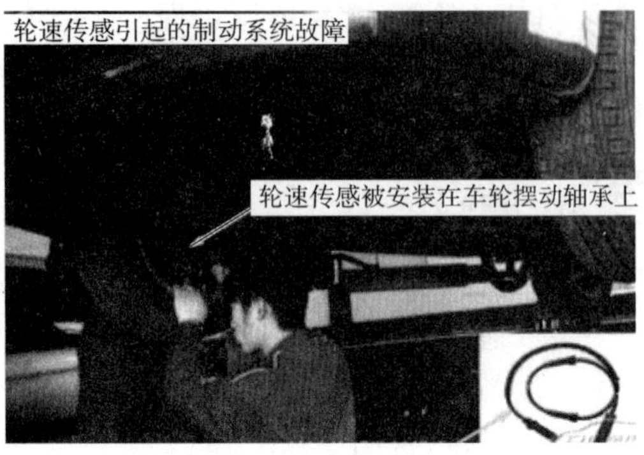

图11-8 轮速传感器外观检查

2)轮速传感器实际值的读取(图11-9)

(1)连接专用诊断仪。

(2)读取轮速传感器的数据流。

(3)举升车辆,让四轮离地。

(4)用手分别均匀地转动车轮,看数据流是否有数据变化。

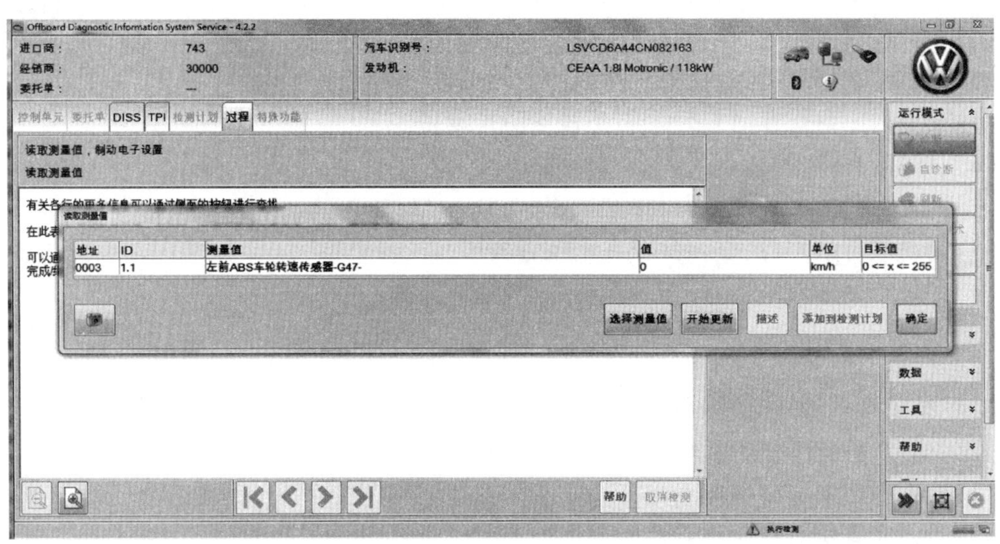

图11-9 轮速传感器实际值的读取

3. 轮速传感器线路的检查

1)没有数据流的轮速传感器线路检查

(1)打开点火开关,断开左前轮轮速传感器G47的阵脚1或2的插头,用专用工具9684

连接电流表,测量传感器电流是否在规定值内(7mA)。如果电流正常,则说明是传感器本身的故障(以左前轮轮速传感器为例)。

(2)如果电流不正常,断开传感器和控制单元,检查控制单元与传感器之间的线路电阻是否正常。

(3)检查控制单元与传感器之间的线路是否有搭铁短路现象,如果线路没问题,就判断是传感器本身的故障。

2)有数据流的轮速传感器线路检查

(1)起动车辆,让前轮空转,观察其数据流是否接近,通过对比两轮的数据流,判断哪个轮速传感器有故障。

(2)用同样的方法检查两个后轮传感器是否有故障,用手转动两个后轮,观察其数据流变化。

(3)如果数据流不正常,测量传感器的电流。

(4)检查线路电压。

轮速传感器与 ABS 控制单元 J104 之间的线路检查见表 11-2。

轮速传感器与 ABS 控制单元 J104 之间的线路检查 表 11-2

检测内容	检测条件	规定状态
T38/27 到 G47/1	点火开关处于打开状态	接近 0V
T38/28 到 G47/2	点火开关处于打开状态	接近 0V

4. 轮速传感器的更换

1)轮速传感器的拆卸(图 11-10)

(1)举升车辆。

(2)脱开转速传感器上的插头连接 1。

(3)旋出车轮轴承座中的螺栓 2。

(4)取出车轮轴承罩中的 ABS 转速传感器。

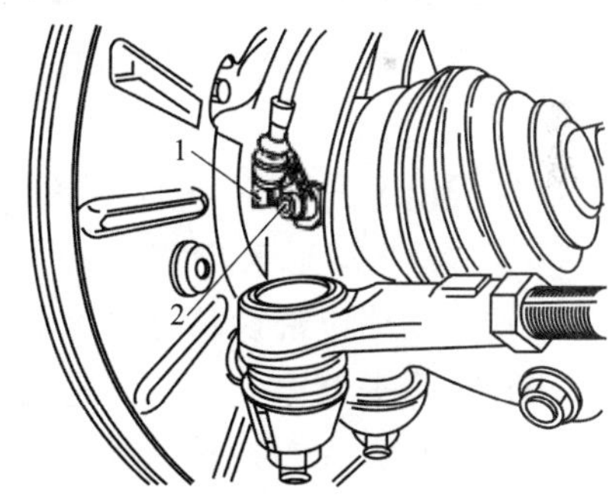

图 11-10 轮速传感器拆卸
1-插头;2-螺栓

2)轮速传感器的检查

(1)检查传感器与触发盘之间是否有污垢,进行清理。

(2)检查传感器本身是否有损坏。

(3)检查轴承间隙是否正常,如果间隙过大,则更换轴承。如果上述检查没问题,则更换轮速传感器。

3)轮速传感器的安装

(1)在装入轮速传感器前,要清洁孔的内表面,并在转速传感器四周涂上热螺栓装配膏 G052112A3。

(2)将转速传感器装入车轮轴承座的孔中,并用 8N · m 的力矩拧紧螺栓。

(3)连接转速传感器与转速传感器导线。

5. 制动压力调节器的检查与更换

1)电磁阀故障检查

(1)连接诊断仪(图11-11),进入ABS控制单元。

(2)驱动链接,使电磁阀工作,同时用手触摸ABS液压控制单元感知是否有振动。

(3)如果有振动说明电磁阀无故障,检查ABS液压控制单元供电是否正常,不正常则要对供电线路进行维修,供电正常则需要更换液压控制单元。

(4)如果无振动说明电磁阀有故障,更换ABS液压控制单元。

2)ABS液压控制单元更换

该控制单元与ABS控制单元用螺栓拧在一起,位于发动机舱内右侧。

(1)ABS液压控制单元的拆卸(1.8L和2.0L TSI－法发动机)。

①松开弹簧卡箍1和橡胶软管下部的卡箍(箭头所示),如图11-12所示。

图11-11　大众诊断仪

图11-12　通风管的拆卸

1-弹簧卡箍;2-螺栓;3-通风管;4-空气导管

②旋出螺栓2,拔下通风管3。

③将橡胶软管和空气导管4同时取下。

④用发动机密封塞套件VAS 6122封住涡轮增压器。

⑤沿箭头B方向按压红色止动滑块1,如图11-13所示。

⑥沿箭头A方向旋转控制单元插头的锁止装置2,并压出插头。

⑦将排气瓶上的排气软管插在左前和左后制动钳排气阀上,打开排气阀。

⑧安装制动踏板加载器V. A. G 1869/2。

⑨用制动踏板加载器V. A. G 1869/2压下制动踏板至少60mm。

⑩关闭左前和左后排气阀。

⑪标记制动主缸的两条制动管路,并从液压单元上拧下。

⑫拆下前围板上的制动管路盖板(如果有),并脱开制动管路。

⑬立即用维修套件中的密封塞(备件号1 H0 698 311 A)堵住制动管路和螺纹孔。

⑭标记、拧下并堵住其他制动管路(制动钳)。

⑮沿箭头方向从橡胶缓冲块中拉出液压单元和控制单元,并以合适角度取出液压单元与控制单元(图11-14)。

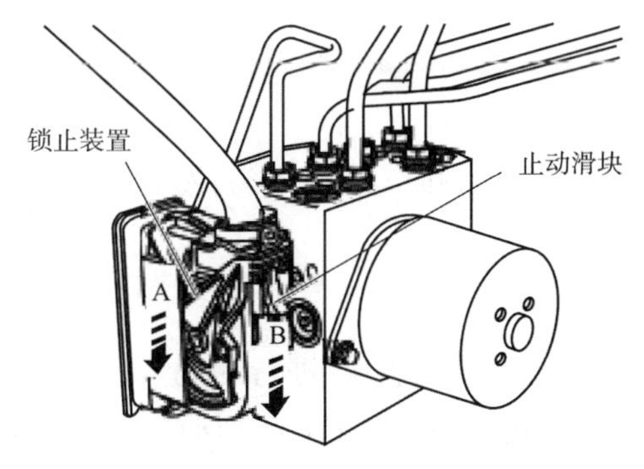

图 11-13 制动液管路的拆卸

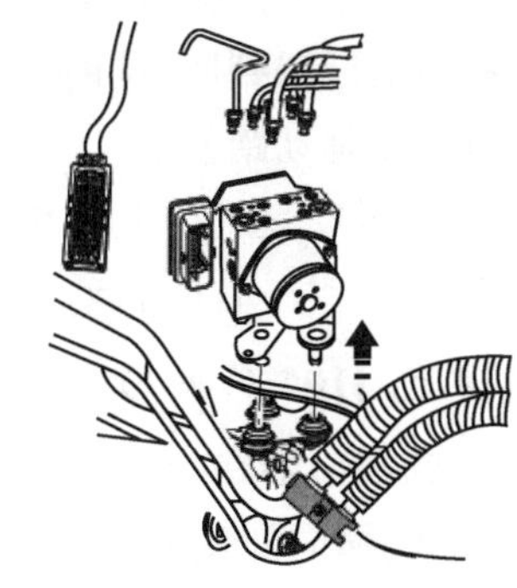

图 11-14 拆卸液压单元和控制单元

(2)液压控制单元的安装。液压控制单元的安装以拆卸的倒序进行,制动管路的拧紧顺序如图 11-15 所示。

6. 制动液的加注

向制动液储存罐里加入同一型号的制动液,在规定刻度内。制动液加注机如图 11-16 所示。

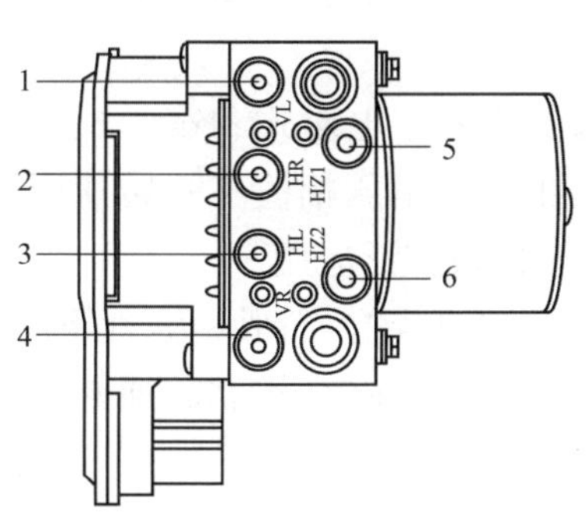

图 11-15 液压控制单元的安装

图 11-16 制动液加注机

7. 制动系统的排气

1)正常排气

用制动液加注和排放装置 VAS 5234 或制动液充排设备 V. A. G 1869 对制动系统进行排气。其步骤如下:

(1)使用合适的排气软管,将其紧固在排气阀上,以免空气进入制动系统。

(2)打开行李舱盖,清洁制动液储液罐外围,检查制动液液位,打开盖后清洁密封盖的螺纹,安装转接口,适当拧紧,连接制动液更换机,做好周围的防护,打开开关,调整压力 0. 2MPa,检查是否有泄漏。

(3)在插上排气瓶软管后打开制动钳排气阀,直至排出的制动液无气泡为止。注意,对制动钳进行排气的顺序为:左前制动钳→右前制动钳→左后制动钳→右后制动钳。

2)再排气

(1)用力踩下制动踏板并保持不动。

(2)打开制动钳上的排气阀。

(3)将制动踏板踩到底,同时关闭排气阀。

(4)慢慢松开制动踏板。

对每个制动钳反复进行上述5次排气,对制动钳进行排气的顺序为:左前制动钳→右前制动钳→左后制动钳→右后制动钳。

8. 控制单元J104的编码

用车辆诊断测试器在“引导型故障查询”中对控制单元J104进行编码。同时必须对转向角传感器G85、横向加速度传感器G200、纵向加速度传感器G251和制动压力传感器G201进行基本设置。

9. 试车并确认故障是否已修复

更换完ABS液压控制单元并进行排气后,必须要进行试车,同时必须进行至少一次ABS调试。

任务小结

(1)转速传感器作用:是用来检测车轮的速度,并将速度信号输入ABS的电控单元,电控单元通过计算决定是否开始或准确地进行防抱死制动。

(2)轮速传感器类型:目前,用于ABS的轮速传感器主要有电磁式和霍尔式两种,相比磁感应式传感器,霍尔式传感器具有下列优点:一是输出信号电压幅值不受转速影响;二是频率响应高;三是抗电磁波干扰能力强。因此,霍尔传感器被广泛应用。

(3)如果轮速传感器出现故障,会导致ABS故障指示灯会点亮,行驶稳定性下降。

(4)ABS电磁阀作用:串联在制动主缸和制动轮缸之间,由ECU控制其通断,进而来控制油路的压力,实现制动管路的升压、保压、减压。

(5)二位二通常开电磁阀作用:用于控制制动主缸到制动轮缸的制动液通路,又称为二位二通常开进液电磁阀。二位二通常闭电磁阀用于控制制动轮缸到储液器的制动液回路,又称为二位二通常闭出液电磁阀。两个电磁阀配套使用,共同完成ABS工作中对制动压力调节的任务。

(6)如果电磁阀出现故障,必须更换整个控制单元,即液压控制单元与ABS控制单元一起更换。

(7)ABS组成:车轮转速传感器、液压控制单元(制动压力调节器)和电控单元(ECU)。

(8)电子防抱死制动系统(ABS)通过控制装置,对汽车制动过程中车轮的状态进行监测和有效控制,不断地调节制动系统的制动力,使车轮尽可能处于最佳运动状态,以提高汽车制动稳定性和安全性。

(9)如果ABS出现故障,会导致行驶稳定性降低,制动效能下降。

(10)如果ABS出现综合故障时,其检测项目包括:

①检测轮速传感器。

②检查ABS执行器。

③检查 ABS 的管路。

④检查制动液。

(11)维修心得。维修故障之前,要多与客户沟通,了解客户对车辆的使用、维护情况,能够快速、有效地排除故障。

任务2 驱动防滑控制系统(ASR)故障检修

任务描述

客户李先生反映,自驾迈腾2.0T在湿滑路面行驶时,明显感觉到驱动轮打滑,同时车辆在起步、加速时驱动轮出现打滑,在附着系数不同的道路上还会出现车轮空转的情况,行驶稳定性变差。

上述故障现象一般是驱动防滑系统(ASR)出现了故障,通过路试进行故障现象验证,汽车动力系统、轮速传感器或网络系统出现故障时,都可能出现上述故障现象,需要对其故障进行排除。

知识目标

(1)能够正确描述 ASR 的功能、结构组成和工作原理。

(2)能够正确描述 ASR 的功能实现途径。

(3)能够正确描述 ABS 和 ASR 的异同。

技能目标

(1)能够通过查阅维修手册对 ASR 进行故障检修。

(2)能够按照企业5S管理要求和安全生产规范进行操作。

素质目标

(1)能与本组成员密切合作,规范安全地完成学习活动。

(2)培养独立思考、解决问题的能力。

建议学时:4 学时。

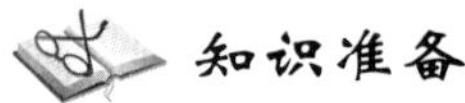

一、ASR与ABS的比较

ASR和ABS都是控制车轮和路面的滑移率，以使车轮与路面之间保持良好的附着力，因此两系统采用的是相同的技术，它们密切相关，常结合在一起使用，共享许多电子组件来控制车轮的运动，构成行驶安全系统。其不同之处为：

(1)ABS是防止制动时车轮抱死滑移，提高制动效果，确保制动安全；ASR(TRC)则是防止驱动车轮原地不动而不停地滑转，提高汽车起步、加速及滑溜路面行驶时的牵引力，确保行驶稳定性。

(2)ABS对所有车轮起作用，控制其滑移率；而ASR只对驱动车轮起制动控制作用。

(3)ABS是在制动时，车轮出现抱死情况下起控制作用，在车速过低时不起作用；而ASR则是在整个行驶过程中都工作，在车轮出现滑转时起作用。

(4)ABS只通过控制制动力进行控制，而ASR是通过控制车轮制动力和发动机输出功率进行控制。

ASR与ABS的对比见表11-3。

ASR与ABS的比较 表11-3

相同之处	不同之处	
	ASR	ABS
ASR和ABS都是控制车轮和路面的滑移率，以使车轮与路面之间保持良好的附着力，因此两系统采用的是相同的技术，它们密切相关，常结合在一起使用，共享许多电子组件来控制车轮的运动，构成行驶安全系统	防止车轮抱死滑移，提高制动效果，确保制动安全	防止驱动车轮原地不动而不停地滑转，在汽车起步、加速及滑溜路面行驶时，确保行驶稳定性
	针对所有车轮	只对驱动车轮起作用
	在制动作时起作用	在整个行驶过程中都工作
	控制制动力	控制制动力和发动机输出功率

二、ASR的结构原理

ASR作为一个控制系统，其组成也包括传感器、ECU和执行器(图11-17)，其传感器主要是轮速传感器，其执行器主要是制动压力调节器和发动机输出功率调节装置。

传感器将行驶汽车驱动车轮转速及非驱动车轮转速转变为电信号，输送给电控单元(ECU)。ECU根据轮速传感器的信号计算驱动车轮的滑移率，若滑移率超限，控制器再综合考虑节气门开度信号、发动机转速信号、转向信号等因素确定控制方式，输出控制信号，使相应的执行器动作，使驱动车轮的滑移率控制在目标范围之内。

三、ASR的控制方式

目前，ASR通常采用两种控制方法来防止驱动轮滑转。

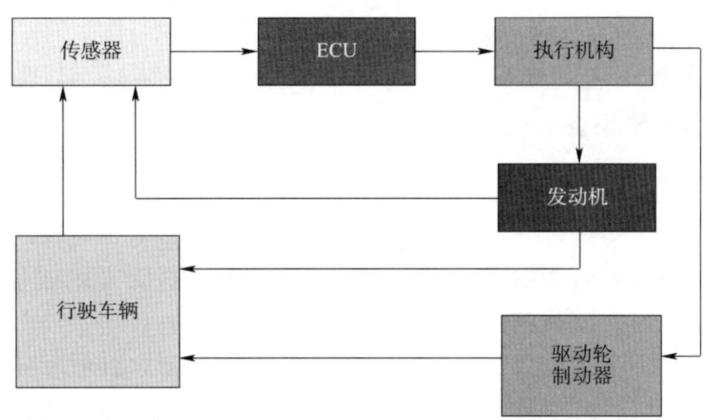

图 11-17 ASR 的基本组成

1. 发动机输出功率控制

在汽车起步、加速时,ASR 控制器输出控制信号,控制发动机输出功率,以抑制驱动轮滑转。常用方法有:减少喷油量、推迟点火时间、节气门位置调整及辅助控制装置。

2. 驱动轮制动控制

直接对发生滑移的驱动轮加以制动。普遍采用 ASR 与 ABS 组合的液压控制系统。

操作指引

1. 组织方式

(1)场地设施:举升机一台,装有废气抽排系统和消防设施的场地。

(2)设备设施:迈腾轿车。

(3)工量具:常用工具 1 套。

(4)测量设备:大众诊断仪、万用表等。

(5)耗材:轮速传感器。

(6)学习方式:学生自主学习与小组合作学习相结合,以小组为单位进行查阅维修资料制定工作计划并开展任务实施。

2. 操作要求

(1)穿着干净整齐的工作服。

(2)遵守场地安全规定,注意用电安全。

(3)正确使用万用表、诊断仪等工量具。

(4)在进行底盘操作时,要带上护目镜等防护装备。

任务实施

1. 动力系统故障检查

(1)检查点火系统故障。

(2)检查节气门控制的故障。

(3)检查喷油器控制的故障。

说明:具体操作参照DME系统。

2. 轮速传感器故障检查

具体操作,参照前面ABS的检修。

3. CAN 网络故障检查

(1)打开点火钥匙,按动ASR开关按钮E256,用万用表测量ABS控制单元J104的针脚T38/29上的电压信号有无变化,有变化则正常。

(2)用万用表的欧姆挡测量ABS控制单元J104与CAN总线之间线路的电阻,记录测量数据并与表11-4数据进行对比,判断其是否正常,若测量值不在规定范围内,则更换连接线。

ABS电控单元与CAN总线之间的电阻 表11-4

检测内容	检测条件	规定状态
T38/24与B390	关闭点火开关	接近0Ω
T38/22与B383	关闭点火开关	接近0Ω

(3)用万用表的欧姆挡测量CAN总线的终端电阻,记录测量数据并与表11-5数据进行对比,判断CAN总线线路是否正常,若测量值不在规定范围内,则检查线路。

CAN总线终端电阻的测量 表11-5

检测内容	检测条件	规定状态
B390与B383	关闭点火开关	60Ω

(4)用万用表的欧姆挡检测B390和B383与搭铁之间的电阻,记录测量数据并与表11-6数据进行对比,来判断这两根线是否搭铁短路,若测量值不在规定范围内,则检查线路。

CAN总线是否搭铁短路的测量 表11-6

检测内容	检测条件	规定状态
B383与搭铁	关闭点火开关	电阻∞
B390与搭铁	关闭点火开关	电阻∞

(5)用万用表的电压挡检测B390和B383与搭铁之间的电压,记录测量数据并与表11-7数据进行对比,来判断这两根线是否搭铁短路,若测量值不在规定范围内,则检查线路。

CAN总线与搭铁之间电压的测量 表11-7

检测内容	检测条件	规定状态
B383与搭铁	关闭点火开关	约2.7V
B390与搭铁	关闭点火开关	约1.7V

(6)用万用表的欧姆挡测量发动机控制单元J623与CAN总线之间线路的电阻,记录测量数据并与表11-8数据进行对比,判断其是否正常,若测量值不在规定范围内,则更换连接线。

发动机电控单元与 CAN 总线之间电阻的测量 表 11-8

检测内容	检测条件	规定状态
T94/68 与 B380	关闭点火开关	接近 0Ω
T94/67 与 B390	关闭点火开关	接近 0Ω

需要查找的电路图如图 11-18、图 11-19 所示。

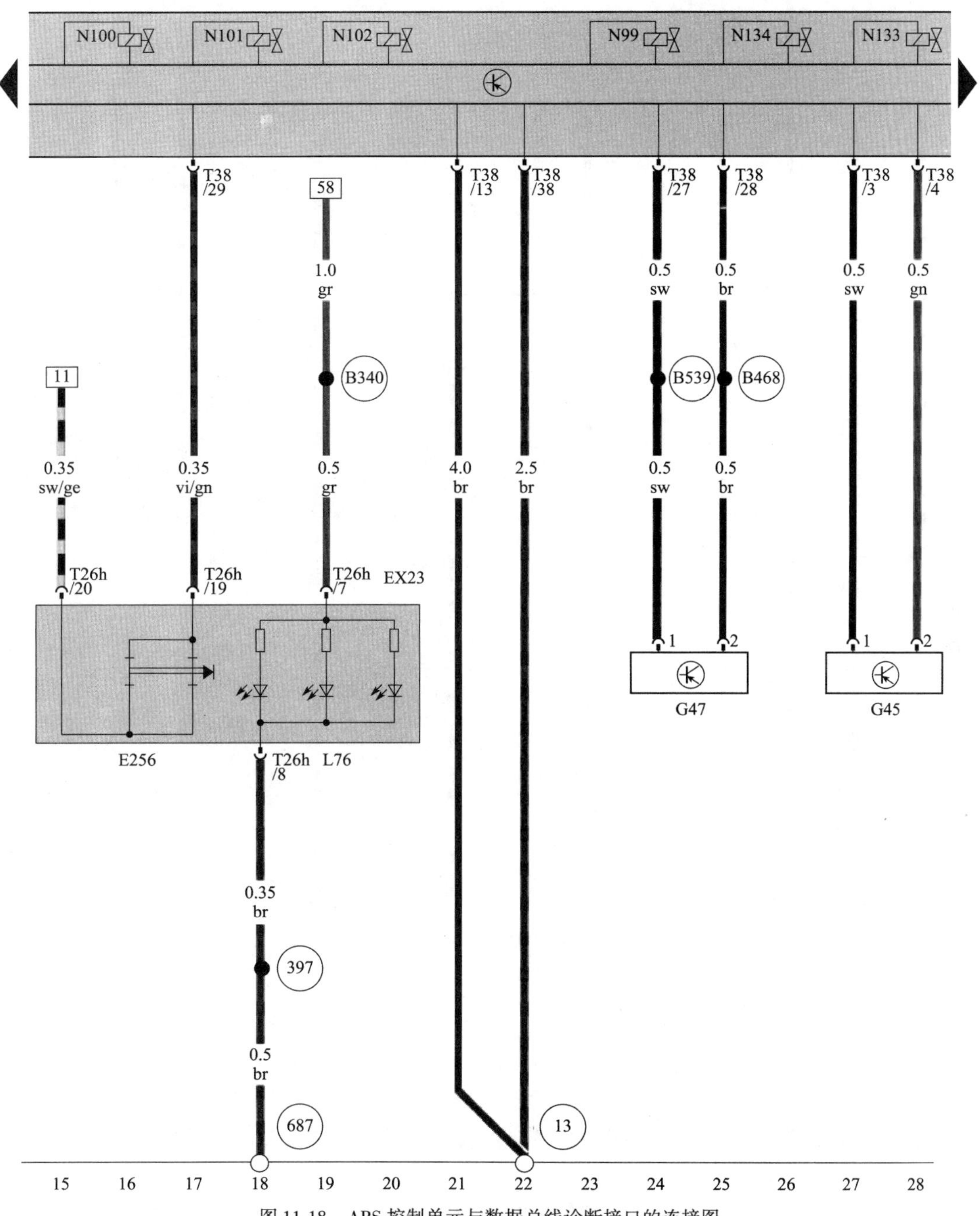

图 11-18 ABS 控制单元与数据总线诊断接口的连接图

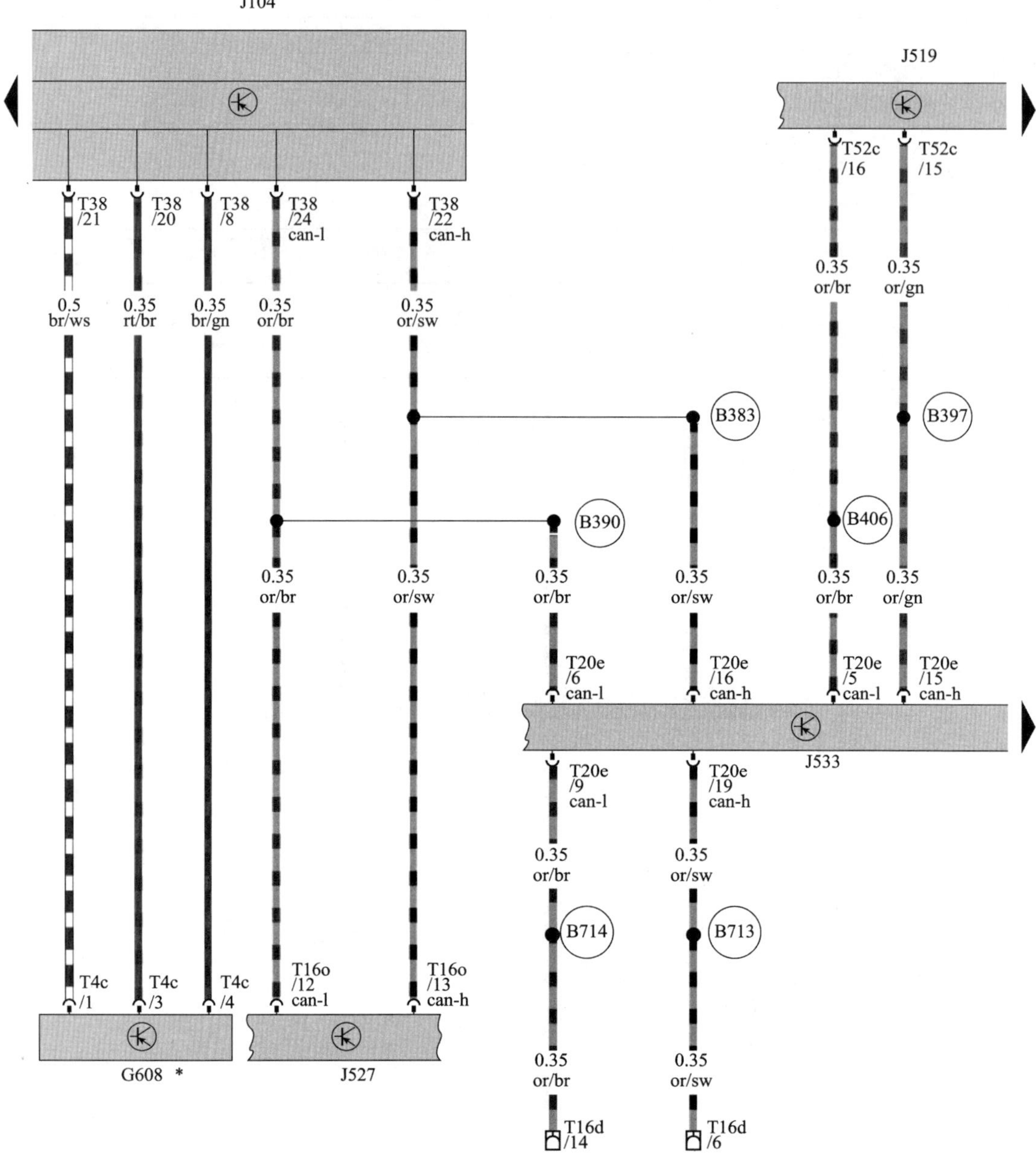

图 11-19　CAN 总线互联网

任务小结

(1)ASR(Anti Slip Reguliation)作用:应用于车轮防滑的电子控制系统,利用控制器控制车轮与路面的滑移率,防止汽车在加速过程中打滑,特别是防止汽车在非对称路面或转弯时驱动轮的空转,以保持汽车行驶方向的稳定性、操纵性和维持汽车的最佳驱动力以及提高汽车的平顺性。

(2)ASR 控制方式:一种是通过控制滑移率对驱动轮进行制动,另一种是通过辅助节气门控制、燃油喷射量控制和延迟点火控制来实现发动机输出功率控制。

(3) ABS 和 ASR 区别:ABS 对所有车轮起作用,控制其滑移率;而 ASR 只对驱动车轮起制动控制作用。

(4) ASR 的功能完成包含在车身稳定系统(ESP)功能内。

任务3 电子稳定系统(ESP)故障检修

任务描述

车主李先生反映,车辆在行驶过程中,ESP 指示灯出现闪烁现象,试查找故障原因。

出现上述故障现象一般是转向盘转角传感器、组合传感器(横向加速度传感器、纵向加速度传感器和横摆率传感器)、轮速传感器、液压控制单元或电子控制单元出现问题,需要对其故障进行一一排查。

知识目标

(1) 能够正确描述 ESP 的功能、结构组成和工作原理。

(2) 能够正确描述 ESP 的功能实现途径。

(3) 能够正确描述 ESP 和 ABS、ASR 的异同。

技能目标

(1) 能够运用所学知识,通过查阅维修手册对 ASR 进行故障检修。

(2) 能够按照企业 5S 管理要求和安全生产规范进行操作。

素质目标

(1) 能与本组成员密切合作,规范安全地完成学习活动。

(2) 牢固树立和践行社会主义核心价值观,提升劳动品德,激发劳动热情。

建议学时:4 学时。

知识准备

一、电子稳定系统(ESP)简介

电子稳定系统(Electronic Stability Programme,ESP)属于车辆的主动安全系统,也可称之为动态驾驶控制系统,简单地说它是一个防滑系统。电子稳定系统(ESP)能够识别车辆不稳定状态,在汽车急转弯时,通过对制动系统、发动机等实施控制,从而保持车身稳定,改善汽车操纵性,在转向过度或转向不足的情形下效果更佳明显。其特点如下:

(1)实时监控:ESP能够实时监控驾驶人的操控动作、路面反应、汽车运动状态,并不断向发动机和制动系统发出指令。

(2)主动干预:ABS等安全技术主要是对驾驶人的动作起干预作用,但不能调控发动机;ESP则可以通过主动调控发动机的转速,并调整每个轮子的驱动力和制动力,来修正汽车的过度转向和转向不足。

(3)事先提醒:当驾驶人操作不当或路面异常时,电子稳定系统(ESP)会以警告灯的形式警示驾驶人。

二、电子稳定系统(ESP)组成

电子稳定系统
工作原理

汽车电子稳定系统一般主要由传感器(轮速传感器、横向加速度传感器、纵向加速度传感器、横摆率传感器、转向角传感器、制动液压传感器等)、电子控制单元、执行器及警示装置组成,如图11-20所示。

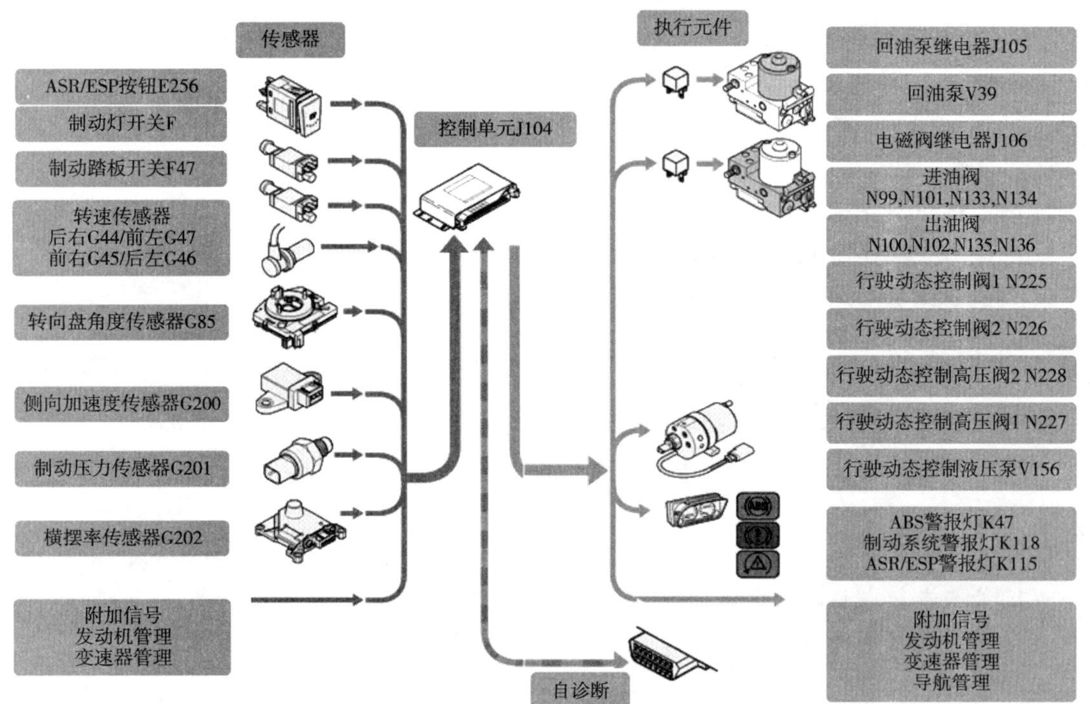

图11-20 ESP的结构组成图

1. 转向盘转角传感器

该传感器在转向柱锁开关和转向盘之间的转向柱上，与安全气囊时钟弹簧集成为一体。其作用是向带有 EDL/TCS/ESP 的 ABS 控制单元传递转向盘转角信号。测量范围为 ±720°，4 圈。

如果缺少转向盘转角传感器的信息，电子稳定系统(ESP)就无法得知所需要的行驶方向，其功能失效。

转向盘角度的测量是通过光栅原理来实现的，其基本构件有：光源(a)、编码盘(b)、光学传感器(c 和 d)、计数器(e)，其中计数器用于传递转动的圈数，编码盘由两个环构成，一个是绝对环，一个是增量环，两个环分别由两个传感器进行扫描，如图 11-21a)所示。

为了简化结构，如图 11-21b)所示，将两个带孔蔽光框放在一起，1 是增量蔽光框，2 是绝对蔽光框，在两个蔽光框之间有光源 3，其外侧是光学传感器 4 和 5。如果光透过缝隙照到传感器上，就会产生一个信号电压；如果光源被遮着，这个电压就又消失了，如图 11-21c)所示，如果移动蔽光框，就会产生两个不同的电压，增量传感器传送一个均匀的信号，这是因为间隙是均匀分布的；绝对传感器传送一个不均匀的信号，这是因为间隙是不均匀分布的。系统通过对比这两个信号，就可以算出蔽光框移动的距离，于是就确定了绝对部件运动的起始点。

转向盘转角传感器的工作原理与此相同，只是运动变成了旋转运动。

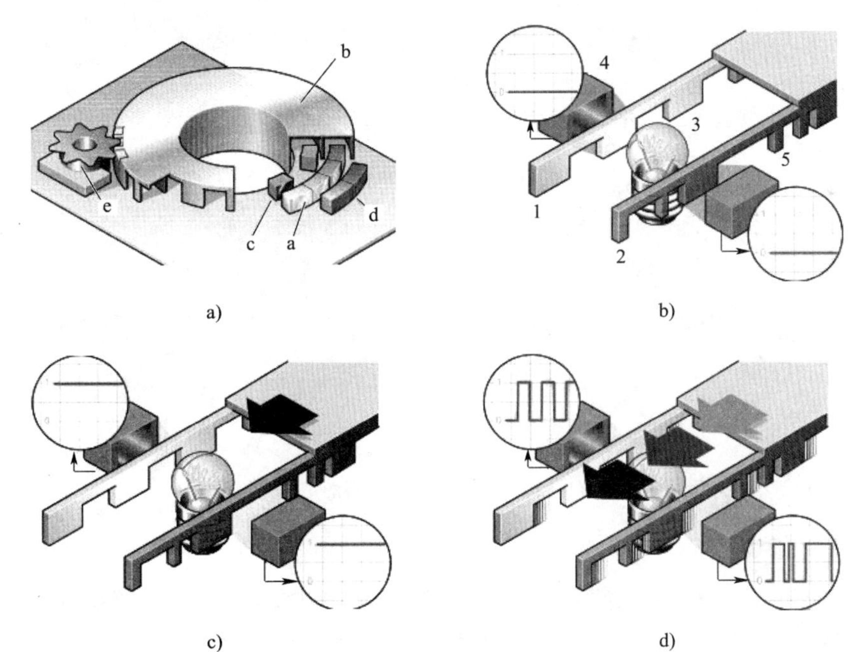

图 11-21 转向盘转角传感器

1-增量蔽光框；2-绝对蔽光框；3-光源；4、5-光学传感器；a-光源；b-编码盘；c、d-光学传感器；e-计数器

2. 横向加速度传感器

由于物理方面的原因，该传感器应尽量与汽车重心离得近一些，因此该传感器装在驾驶人座椅下。该传感器用于接收是否有侧向力及该侧向力的大小的信息，这个侧向力总是试

图使车脱离原行驶路线。

如果缺少横向加速度信息,控制单元就无法计算出车辆的实际状态,电子稳定系统(ESP)就会失效。其结构原理如下。

简单地说,横向加速度传感器由一块永久磁铁1,一个弹簧2,一个阻尼盘3及一个霍尔传感器4组成,如图11-22a)所示。

当横向加速度作用到车上时,永久磁铁也会有相应运动,但因惯性原因,这个运动要稍迟发生。也就是说,阻尼盘与传感器壳体及整车一同偏离永久磁铁(该磁铁先前处于静止状态),如图11-22b)所示。这个运动会在阻尼盘内产生电涡流,而电涡流又会产生一个与永久磁铁磁场极性相反的磁场。因此,总磁场的强度就被削弱了,这会使霍尔传感器的电压改变,电压的变化是与横向加速度的大小成比例的,如图11-22b)、c)、d)所示。也就是说,阻尼器与磁铁之间的运动幅度越大,那么磁场强度削弱得越厉害,霍尔传感器电压变化得就越明显。如果没有横向加速度,霍尔传感器电压保持恒定。

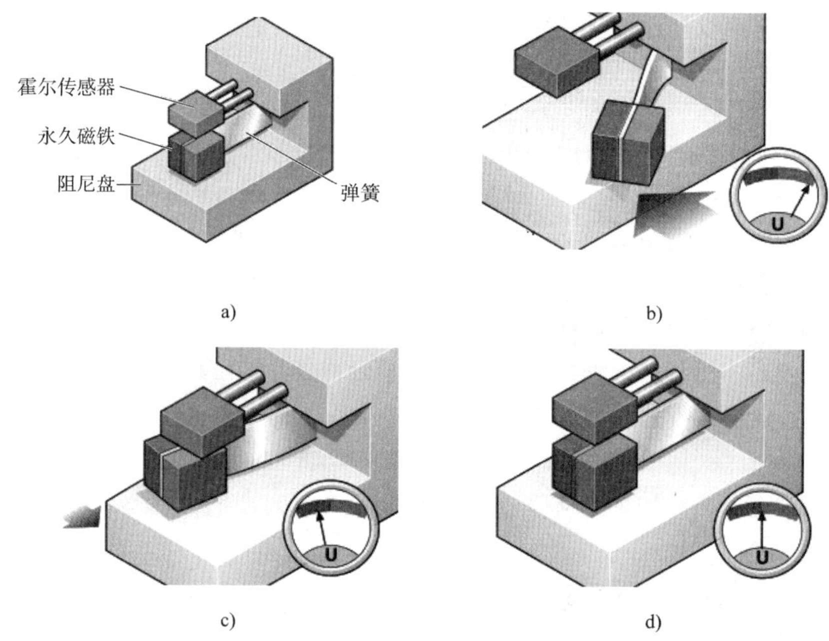

图11-22 横向加速度传感器的结构

3. 横摆率传感器

横摆率传感器又称偏转率传感器、偏航率传感器,一般装在汽车行李舱前部,与汽车垂直轴线平行,用于检测汽车横摆率(汽车绕垂直轴旋转的角速度),衡量转向过度或转向不足。当电子制动控制模块确定期望的横向偏摆率与横向偏摆率传感器测量的实际横向偏摆率不符时,会启动稳定性控制系统。

4. 制动压力传感器

制动压力传感器拧在行驶动态调节液压泵内,其作用是向控制单元提供制动管路内的实际压力信号。控制单元根据这个压力信号计算出车轮制动力作用在车上的纵向力。如果需要 ESP 工作,控制单元会将此值用于计算侧导向力。

如果缺少实际制动压力信号,那么系统就无法计算正确的侧导向力,电子稳定系统(ESP)也就失效了。

制动压力传感器的核心部件是一个压电元件 a,制动液的压力就作用在其上,另一个是传感器电子元件 b,如图 11-23a)所示。

如果制动液的压力作用到压电元件上,那么该元件上的电荷分布就会改变。如果没有压力作用,电荷分布是均匀的,如图 11-23b)所示。有压力作用时,电荷分布在空间发生变化,于是就产生了电压,如图 11-23c)所示。压力越大,电荷分离的趋势越强,产生的电压就越高。这个电压由电子装置放大,然后作为信号传给控制单元。电压的高低就是制动压力大小的直接反应。

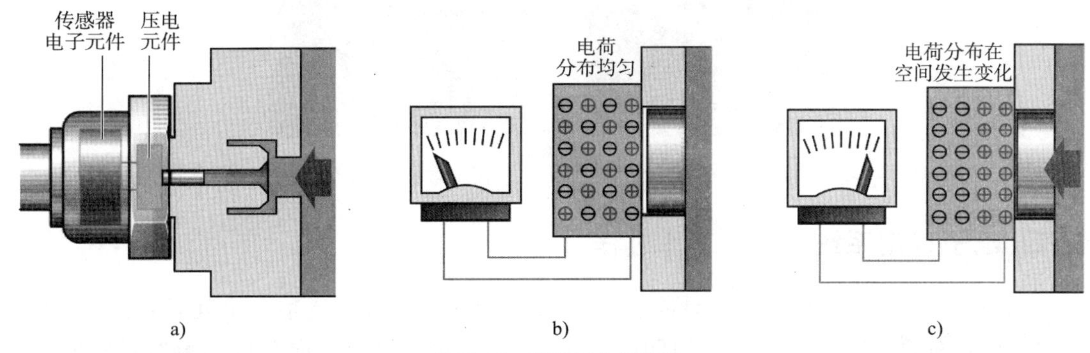

图 11-23 制动压力传感器

三、电子稳定系统(ESP)工作原理

光电式转角传感器

汽车在转弯过程中会出现打滑现象,当后轮出现打滑时产生转向过度,当前轮出现打滑时产生转向不足。当以上两种情况出现时,汽车电子稳定系统就开始工作。

电子控制单元通过转向盘转角传感器确定驾驶人想要的行驶方向;通过轮速传感器和横向偏摆率传感器来计算车辆的实际行驶方向。当电子稳定程序检测到车辆行驶轨迹与驾驶人要求不符时,电子稳定程序将首先利用牵引力控制系统中的发动机转矩减小功能并向发动机控制模块发送一个串行数据通信信号,请求减小发动机转矩。如果电子稳定程序仍然检测到车轮侧向滑移,则电子稳定程序将实行主动制动干预。

1. 转向过度

当汽车在行驶过程中,由于意外造成转向过度,而使后轮打滑车辆抛出转弯曲线,此时 ESP 系统把制动力加到外侧前轮,使车辆的转弯力减小,同时使后轮的打滑现象也减少,如图 11-24 所示。

转向盘转角传感器向电子控制单元发送一个驾驶人想要转向的信号,横向偏摆率传感器检测到车辆开始打转,同时车辆后端开始产生滑移,说明车辆开始转向过度,电子稳定程序将实行主动制动干预。

2. 转向不足

当汽车行驶过程中,如果出现前轮打滑,电子控制单元会发出指令降低发动机转矩,并给内侧前轮加制动力,使其向内侧移动,以达到驾驶稳定的目的,如图11-25所示。

转向盘转角传感器向电子控制单元发送一个驾驶人想要转向的信号,横向偏摆率传感器检测到车辆开始打转,同时车辆前端开始产生滑移,说明车辆出现转向不足,电子稳定程序将实行主动制动干预。

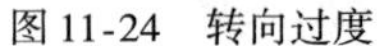
图11-24 转向过度

图11-25 转向不足

四、电子稳定系统(ESP)工作过程

为了能让电子稳定系统(ESP)在紧急时刻做出反应,必须弄清楚两个问题:a.驾驶人往哪边转向;b.车要往哪开。第一个问题的答案是:ESP接收来自转向角度传感器及轮速传感器的信号;第二个问题的答案是:ESP接收偏转率和横向加速度的信号。由接收到的两个信号a和b经过处理后,ESP即推知是否出现了紧急情况及是否应开始工作,如图11-26所示。

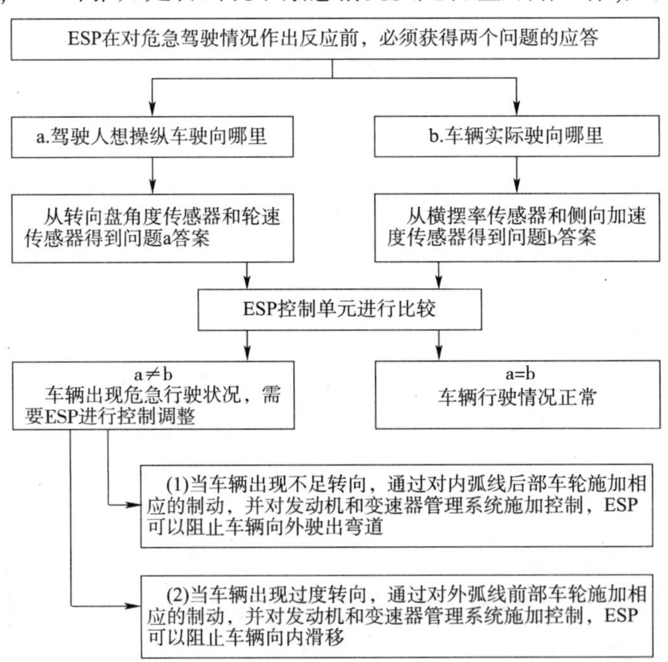

图11-26 电子稳定系统(ESP)的工作过程

制动器的相应动作及发动机和变速器管理系统的协调工作,ESP可防止侧滑。

操作指引

1. 组织方式

(1)场地设施:举升机一台,装有废气抽排系统和消防设施的场地。

(2)设备设施:迈腾轿车。

(3)工量具:常用工具1套。

(4)测量设备:大众诊断仪、万用表等。

(5)耗材:轮速传感器、组合传感器、转向盘转向角传感器、液压控制单元。

(6)学习方式:学生自主学习与小组合作学习相结合,以小组为单位进行查阅维修资料制定工作计划并开展任务实施。

2. 操作要求

(1)穿着干净整齐的工作服。

(2)遵守场地安全规定,注意用电安全。

(3)正确使用万用表、诊断仪等工量具。

(4)在进行底盘操作时要带上护目镜等防护装备。

任务实施

1. 转向角传感器故障检查

(1)读取故障码。如果故障码显示是损坏故障,则直接更换转向角传感器,如果显示未匹配,需要执行传感器的匹配,如果匹配条件不满足或中断,需要对传感器进行检查。

(2)读取数据流。用专用诊断仪进入诊断系统,寻找地址码16,读取该控制单元的数据流,找到转向角传感器数据,转动转向盘,观察在转动转向盘的过程中其数据流是否有变化,转向盘在中间时,数据是否为零。如数据无规律或不变化,则转向角传感器损坏,需要更换。

注意:转向角传感器更换后,需要重新匹配、编码。

2. 轮速传感器故障检查

查找过程见ABS故障检修部分。

3. 组合传感器故障检查

直接用专用诊断仪读取故障,看其是否有故障码,因为该传感器是集成在ABS控制单元J104内部,如果有故障码则直接更换ABS控制单元总成。

任务小结

(1)汽车电子稳定系统(ESP)的作用:实时监控、主动干预、事先提醒。

(2)汽车电子稳定系统(ESP)的组成:一般主要由传感器(轮速传感器、横向加速度传感器、纵向加速度传感器、横摆率传感器、转向角传感器、制动液压传感器、节气门位置传感)、电子控制单元、执行器及警示装置组成。

(3)汽车电子稳定系统(ESP)的调节过程:当汽车在行驶过程中,出现转向过度时,ESP

把制动力加到外侧前轮,使车辆的转弯力减小;出现转向不足时,ESP把制动力加到内侧前轮,使其向内侧移动,以达到驾驶稳定的目的。

(4)故障检修过程:传感器检修、执行器的检修、控制单元的检查和更换。

习题

一、填空题

1. ABS通常由________、________、________三部分组成。

2. ABS电磁阀是通过接收________的信号,实施对制动系统实施增压、减压活保压的操作,让车轮处于理想的运动状态。

3. ABS和ASR都是通过控制车轮和地面之间的________,使车轮与路面之间保持良好的附着力。

4. ASR作为一个控制系统,其组成包括________、________、________。

5. ESP的作用主要包括:________、________、________。

二、单选题

1. 当滑移率为100%时,横向附着系数降为(　　)。

A. 100%　　B. 50%　　C. 0　　D. 都不正确

2. 当出油阀打开,进油阀关闭时,ABS控制在(　　)。

A. 保压阶段　　B. 升压阶段　　C. 减压阶段　　D. 不确定

3. 汽车后轮上的车速传感器一般固定在后车轴支架上,转子安装于(　　)。

A. 车架　　B. 轮毂　　C. 驱动轴　　D. 车轮转向架

4. 下列叙述不正确的是(　　)。

A. 制动时,转动方向盘,会感到转向盘有轻微的振动

B. 制动时,制动踏板会有轻微下沉

C. 在制动过程中,只有当被控制车轮趋于抱死时,ABS才会对趋于抱死车轮的制动压力进行防抱死调节;在被控制车轮还没有趋于抱死时,制动过程与常规制动系统的制动过程完全相同

D. 装有ABS的汽车,在制动后期,不会出现车轮抱死现象

5. 在下列防滑控制方式中,反映时间最短的是(　　)。

A. 发动机输出功率控制　　B. 驱动轮制动控制

C. 防滑差速锁控制　　D. 差速锁与发动机输出功率综合控制

6. 以下关于ASR系统说法正确的是(　　)。

A. ASR指的是制动防抱死系统

B. 只对驱动车轮实施制动控制

C. ASR在汽车制动后车轮出现抱死时起作用

D. 以上答案均不正确

7. 下列关于防滑控制系统的叙述错误的是(　　)。

A. 车轮的抱死程度和滑转程度可分别用滑移率和滑转率表示

B. 当汽车的中心速度与车轮的线速度相等时,即 $V = r_w$、$S = 0$,车轮作纯滚动

C. 当汽车的中心速度 $V >$ 车轮线速度 r_w,且 $r_w \neq 0$ 时,车轮边滚边滑移

D. 当汽车的中心速度 $V <$ 车轮线速度 r_w,且 $V \neq 0$ 时,车轮边滚边滑移

8. 电控单元出现故障后,(　　)。

A. 制动系统保持常规制动;ABS/ASR/ESP 功能均失效

B. 制动系统不能保持常规制动;ABS/ASR/ESP 功能均失效

C. 制动系统保持常规制动:ABS/ASR/ESP 功能不受影响

D. 制动系统不能保持常规制动;ABS/ASR/ESP 功能不受影响

9. 侧向加速度传感器失效没有信号时,将(　　)。

A. 控制单元不能判断车辆是否转向,ESP 功能失效

B. 无法识别车辆状态,ESP 失效

C. 控制单元能识别车辆是否发生转向,ESP 功能正常

D. 控制单元不能识别车辆是否转向,ESP 功能正常

10. 侧向加速度传感器和偏转率传感器的安装位置的关系为(　　)。

A. 两者为一体　　B. 独立安装　　C. 无关系　　D. 以上都不对

三、多选题

1. ABS 系统有以下部件(　　)。

A. 方向盘传感器　　B. 液压控制单元

C. 转速传感器　　D. 刹车开关

2. 车轮速度传感器出现故障,以下(　　)项是可能的故障原因。

A. 传感头脏污　　B. 传感头与齿圈间隙不符合要求

C. 线圈短路　　D. 制动盘磨损

3. ASR 系统用到的传感器主要有(　　)。

A. 车速传感器　　B. 车轮转速传感器

C. 节气门位置传感器　　D. 温度传感器

4. ESP 通过(　　)传感器来去确定车辆实际驶向哪里。

A. 转向盘转角传感器　　B. 横摆率传感器轮

C. 轮速传感器　　D. 侧向加速度传感器

5. ESP 用到的传感器有(　　)。

A. 转向盘转角传感器　　B. 车轮传感器

C. 横摆角速度传感器　　D. 侧向加速度传感器

四、判断题

1. 装有 ABS 的汽车其制动距离总是小于未装 ABS 汽车的制动距离。(　　)

2. ABS 系统工作时,制动踏板会有抖动现象。(　　)

3. 评价制动性能的指标主要有制动效能和制动稳定性。(　　)

4. 地面制动力的最大值等于制动器制动力。(　　)

5. ABS 排气时间要比普通系统短,消耗的制动液也少。(　　)

6. ASR 控制系统通过改变发动机辅助节气门的开度来控制发动机的输出功率。

( )

7. ASR 系统和 ABS 系统一样,也是通过控制控制车轮的制动力才工作。 ( )

8. 当出现不足转向时,应制动汽车的内侧后轮。 ( )

9. ESP 是兼有防止汽车转向时滑移、不稳定和侧向输出车道的综合系统。 ( )

10. ESP 系统能够帮助驾驶人避免车辆出现不稳定状态,可以利用其进行冒险驾驶。

( )

项目十二　巡航控制系统故障诊断与修复

项目概述

汽车巡航系统(Cruise Control System,CCS)自1961年在美国首次应用以来,已经成了中高档轿车的标准装配。自适应巡航控制系统是一种智能化的自动控制系统,它是在早已存在的巡航控制技术的基础上发展而来的。在车辆行驶过程中,安装在车辆前部的车距传感器(雷达)持续扫描车辆前方道路,同时轮速传感器采集车速信号。当与前车之间的距离过小时,ACC控制单元可以通过与防抱死制动系统、发动机控制系统协调动作,使车轮适当制动,并使发动机的输出功率下降,以使车辆与前方车辆始终保持安全距离。

通过本任务的学习,了解定速巡航和自适应巡航控制系统的结构原理,知道其使用方法、控制策略,并掌握相关故障的诊断方法和修复方法。

主要学习任务

1. 定速巡航控制系统的检修
2. 自适应巡航控制系统的检修

任务1　定速巡航控制系统的检修

任务描述

车主李先生驾驶一辆迈腾B7L轿车,在最近一次自驾出游时,计划在高速行驶时采用定速巡航系统,以减轻高速长时间行驶的疲劳,在行驶过程中,李先生按照使用手册的操作方法进行设定,可是并没有出现任何反应,与正常行驶相同,定速巡航未起到作用,一路回来感觉很疲惫。

根据客户李先生的反应,该车定速巡航控制系统不能正常工作,现在需要对定速巡航控制系统进行检修。

 知识目标

(1)能说出定速巡航控制系统的组成、结构与功用。

(2)能指出整车上定速巡航控制系统的组成、各部件的位置及作用。

 技能目标

(1)能够依据维修规范进行定速巡航控制系统的检修。

(2)能够运用所学知识和经验,为客户提供定速巡航控制系统日常维护的建议。

(3)具备信息查询和手册使用的基本能力。

(4)能够按照企业5S要求和安全生产规范进行操作。

素质目标

(1)能与同学密切合作,规范安全地完成学习活动。

(2)养成自主学习、操作规范的习惯,树立环保意识。

建议学时:6学时。

 知识准备

一、定速巡航控制系统的定义

定速巡航控制系统缩写为CCS,又称为定速巡航行驶装置、速度控制系统、自动驾驶系统等。按驾驶人设定的速度,不用踩加速踏板就自动地保持车速,使车辆以固定的速度行驶。采用了这种装置,当在高速公路上长时间行车后,驾驶人就不用再去控制加速踏板,减轻了疲劳,同时减少了不必要的车速变化,可以节省燃料。汽车在行驶中通过操纵调整开关,驾驶人不必踩踏加速踏板调整车速,汽车也能以设定的车速进行定速行驶。

二、定速巡航控制系统的功用

汽车在采用了定速巡航控制系统(CCS)行驶时,驾驶人无须踩踏加速踏板,尤其在安装自动变速器的汽车中,因不需使用离合器,只需手握转向盘就可轻松驾驶,从而驾驶人的右

脚能过解放出来,减轻了驾驶人的疲劳强度,使整个驾驶过程变得舒适、轻松和简便,降低了交通事故发生概率、提高了行车安全。此外,使燃油的供给和发动机转速处于最佳配合状态,减少有害气体排放,有效降低燃油消耗,提高汽车的经济性和环保性,减少磨损,延长寿命。

三、定速巡航控制系统的类型

随着汽车技术的不断发展,纵观定速巡航控制系统的技术变化,目前定速巡航主要分为两大类:

(1)传统机械式定速巡航控制系统,适用于节气门控制方式采用机械拉索式控制的车辆,现已基本淘汰。

(2)电子智能式定速巡航控制系统,适用于节气门控制方式采用电子式控制的车辆,应用广泛。

传统机械式定速巡航控制系统是通过巡航控制模块给机械执行机构(真空泵或伺服电动机)发出指令,由执行机构机械的控制节气门的开度,来实现定速巡航功能。其优势为:通用型很强,大部分拉索式节气门的车都可以通用,开发成本低。其劣势在于:控制精确度低;有机械故障卡位的可能,安全性、可靠性稍差。

电子智能式定速巡航系统摒除了机械执行部分,能够完全精准地通过电子信号控制,通过行车电脑控制节气门。其优势为:安全性、可靠性得到了有效地保障,完全消除了节气门失控的可能性,消除了对定速巡航危险性的顾虑;可以实现多功能化,能够增加使用性价比。其劣势为:通用型差,专车专用,开发成本高。

四、定速巡航控制系统的组成与工作原理

1. 定速巡航控制系统的组成

定速巡航控制系统主要由取消巡航开关、巡航操作开关、控制器以及巡航执行器等组成。一般的定速巡航控制系统的组成如图 12-1 所示。

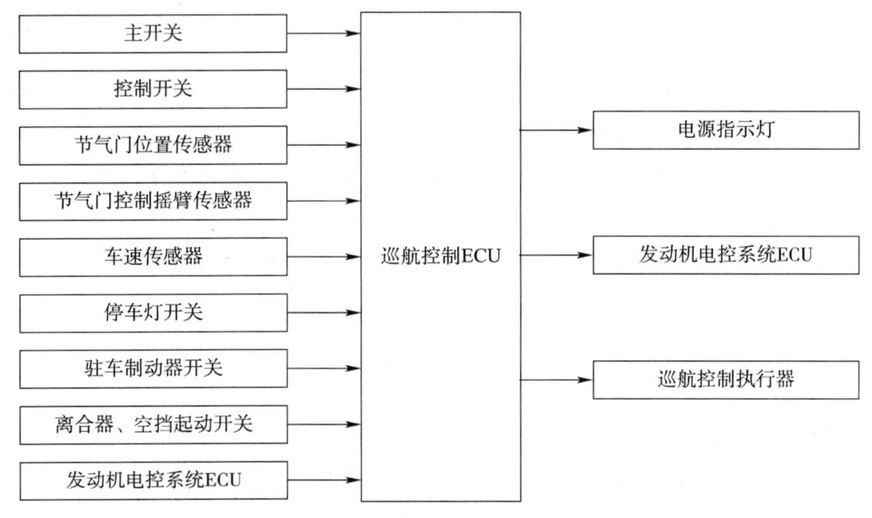

图 12-1　定速巡航控制系统组成图

定速巡航控制系统主要由以下几部分组成。

1)巡航操作开关

驾驶人在驾驶车辆时,可以通过操作定速巡航开关来进行巡航车速的设定、巡航系统的开启与关闭。巡航操作开关通常分为主开关和控制开关,如图12-2所示。

当驾驶人需要开启定速巡航时,只需拨动开关至ON挡,即定速巡航功能开启,此时仪表中指示灯亮起,处于待命状态。在开启定速巡航后,按下控制单元中的SET键就可以设定速度,不同品牌车型的起动速度限制是不一样的,大多数车型都是车速超过30km/h或40km/h后便可以起动,如图12-3所示。OFF为关闭挡位,CANCEL为取消挡位,RESUME为恢复功能挡位,其中CANCEL和RESUME功能是为了临时取消定速后再次恢复到之前的设定,即在巡航状态下按取消定速按键或者是踩了制动踏板后,按下此功能键可以恢复到之前设定的车速。部分车型的恢复功能更为人性化,即取消定速巡航后,如果车速再次达到之前预设的速度,则定速巡航会重新启动。

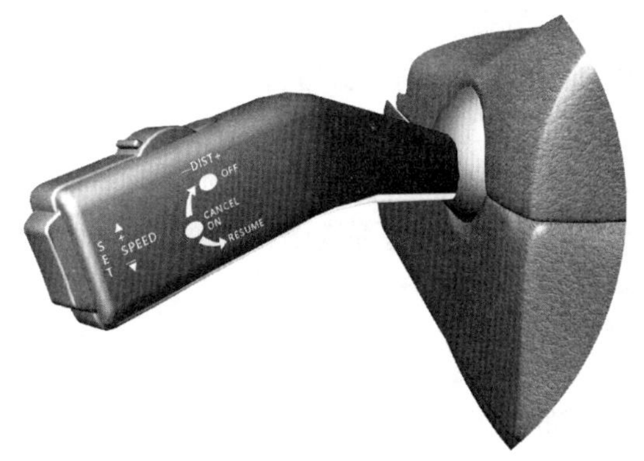

图12-2 定速巡航开关

图12-3 定速巡航指示灯

常见的定速巡航的控制方式有:转向盘按键式、控制杆式,另外还有其他一些设计得比较个性的位置,比如雷诺部分车型的定速巡航控制按键就在中央扶手箱附近,如图12-4所示。

2)CCS取消条件

(1)制动开关。当驾驶人踩下制动踏板时,这个开关会接通,会以信号的形式传递给定速巡航控制单元,定速巡航功能将自动取消。

(2)离合器开关。对于手动变速器车型,当驾驶人踩下离合器踏板时,定速巡航控制单元将接收到离合器开关信号,定速巡航功能将自动取消。

(3)空挡起动开关。对于自动变速器车型,当驾驶人将挂挡手柄置于P或N位时,定速巡航控制单元将接收到此开关信号,定速巡航功能将自动取消。

(4)驻车制动开关。当车辆处于驻车制动状态时,定速巡航控制单元将接收到此开关信号,定速巡航功能将自动取消。

3)定速巡航控制传感器

汽车在定速巡航行驶过程中,定速巡航控制单元将通过节气门位置传感器和车速传感器获得节气门开度和车辆行驶速度信号,从而进行车速稳定控制。

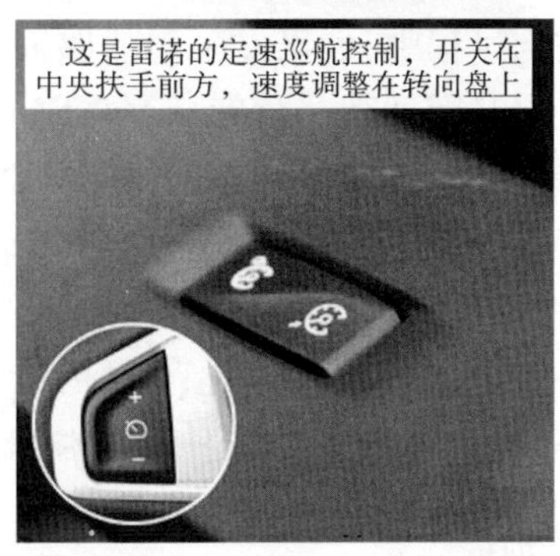

图 12-4　定速巡航控制方式图

(1)节气门位置传感器。节气门位置传感器是把节气门的位置或开度转换成电压信号，然后传输给电控单元，作为电控单元判定发动机运行工况的依据，实现喷油量在不同节气门开度下的控制。定速巡航控制单元一般与发动机控制单元和自动变速器控制单元共同使用节气门位置传感器发出的信号。

(2)车速传感器。车速传感器一般与轮速传感器共用，通过对车轮转速的速度检测计算出车速，安装在车轮内侧。

(3)定速巡航控制单元。定速巡航控制单元负责接收处理各种输入信号，从而控制发动机输出转矩，以平稳控制车速。定速巡航控制单元在有的车型中单独存在，有些车型集成在了发动机控制单元或 BCM 里。

2. 定速巡航控制系统的工作原理

控制器有两个不同的输入信号，其中一个是驾驶人设定的车速信号，另外一个是汽车实际行驶的车速反馈信号，如图 12-5 所示。当测出的实际的车速高于或者低于驾驶人所设定的车速时，ECU 就会自动把这两种信号进行比较，得出两种信号之差，就是误差信号，再将这误差信号经过放大处理后就成为节气门控制信号，将这一信号传给节气门的执行器，驱动节气门执行工作，从而调节节气门的开度大小，改变实际车速，从而得到驾驶人所设定的车速，并将其速度保持恒定。

定速巡航控制系统是根据目标车速维持汽车匀速性行驶。ECU 设置了输出控制线，输出控制线斜率应尽量使汽车车速变化范围较小，而该斜率还是变化的，当汽车车速下降时，

ECU就会将节气门的开放角度增大,使发动机的功率变大,转矩增大,从而使车速达到设定的车速,反之亦然,如图12-5所示。

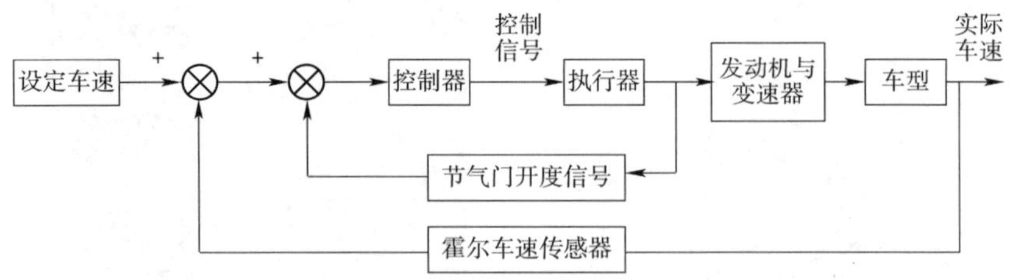

图12-5　定速巡航控制系统基本原理图

在巡航控制过程中,如果在平坦的路面上,车速为 V_0 时,按下设定开关进入巡航,这时系统控制节气门开度到某一角度,一旦遇到上坡路,行驶的阻力就会增加,如果不进行节气门的调节,车速就会下降,但是如果在巡航中,定速巡航控制系统就会调节节气门的开度,使节气门的开度增加,使车速稳定在 V_0,重新取得动力平衡。当遇到下坡路时,行驶的阻力变小,巡航控制系统调节节气门的开度减小,使汽车的车速保持动力平衡。所以,能汽车的行驶阻力发生变化时,车速的变化范围是很小的,使车速保持恒速行驶。当汽车速度低于40km/h或者高于120km/h时,定速巡航控制系统不工作。

定速巡航的激活

操作指引

1. 组织方式

(1)场地设施:举升机一台,装有废气抽排系统和消防设施的场地。

(2)设备设施:一汽大众或奥迪轿车。

(3)工量具:常用工具1套、专用诊断仪、万用表等。

(4)耗材:熔断丝、线束等。

(5)学习方式:学生自主学习与小组合作学习相结合,以小组为单位进行查阅维修资料制定工作计划并开展任务实施。

2. 操作要求

(1)穿着干净整齐的工作服。

(2)遵守场地安全规定,注意用电安全。

(3)正确使用万用表、诊断仪等工量具。

(4)在更换部件时,必须严格遵守维修手册规定。

任务实施

经过对一汽大众4S店的调研,对于定速巡航故障维修量很少,故障率很低,在日常维修中包括以下几个方面。

1. 定速巡航的激活

在部分大众车型中,定速巡航控制系统为选配装置,故需要对其进行激活或编码实现其功能。以高尔夫 6 为例,激活方法如下。

(1)将诊断仪 VAS6150 的测试接头 VAS5054 连接到诊断座上,点火开关置于 ON 位置(不起动发动机),打开诊断仪,如图 12-6 所示。

(2)选择以下菜单项进行操作。首先选择引导性功能,选择 01 – 发动机,从功能列表中选择激活/关闭定速巡航装置功能,即可完成定速巡航功能的激活与关闭,如图 12-7 所示。

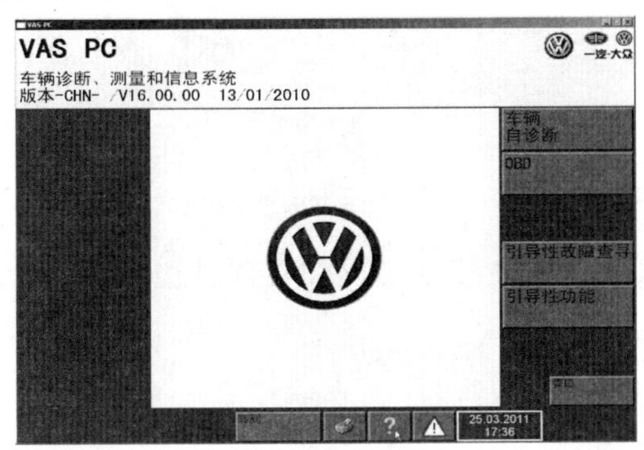

图 12-6 诊断仪主界面图

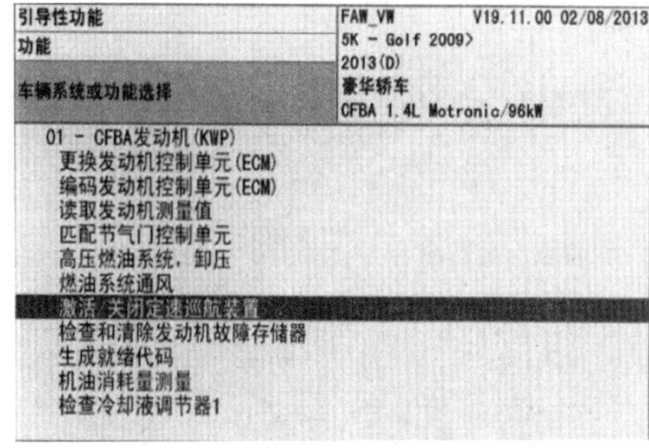

图 12-7 激活/关闭界面图

(3)读取工作状态。观察此车的发动机控制单元版本号 MED17.5.20 后面有“G”标志,如果有“G”标志,说明定速巡航功能被激活。或者从测量值 66 组数据 2 区“状态位”显示定速巡航功能处于激活状态是否为“1”,“1”为已被激活,如图 12-8 所示。

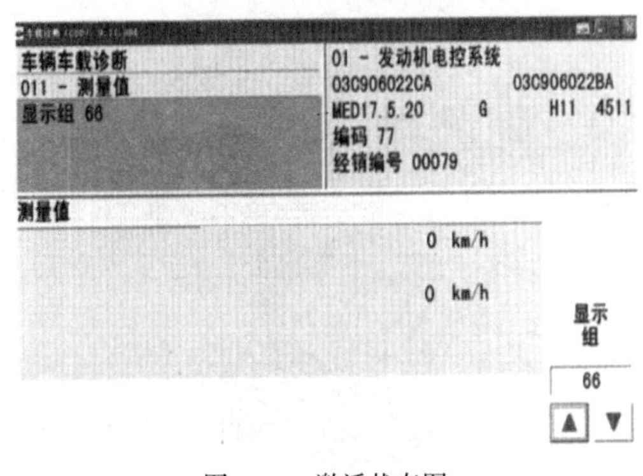

图 12-8 激活状态图

2. 定速巡航操作开关的检测与更换

如果定速巡航控制系统功能失效,首先应用诊断仪读取开关各个挡位的数据流,如果数据流异常,则应更换定速巡航操作开关。以迈腾 B7L 为例,检测方法如下。

(1)将诊断仪 VAS6150 的测试接头 VAS5054 连接到诊断座上,点火开关置于 ON 位置(不起动发动机),打开诊断仪。

(2)选择以下菜单项进行操作。首先选择自诊断功能,选择 16 – 转向柱电子装置,从功能列表中选择测量值功能,选择 004 组,操纵巡航开关分别置于关闭、打开、取消、加速,恢复各个挡位时,读取数据流,如图 12-9 所示。如果在操作开关各个挡位时,数据流中不能显示开关状态变化,则应更换操作开关。方法如下:

①关闭点火开关,断开蓄电池负极接线端子。

②拆下转向盘,如图 12-10 所示。

③拆下转向柱饰板。如图 12-11 所示,将上部转向柱饰板 1 从下部转向柱饰板的定位件 2 中松开,将上部转向柱饰板 1 从空隙盖板 3 中松开,去除 3 个螺钉 4(1.5N · m),将下部转向柱饰板 2 从定位件中松开,并取下。

(3)断开 16 针插头,并脱开线束卡子。

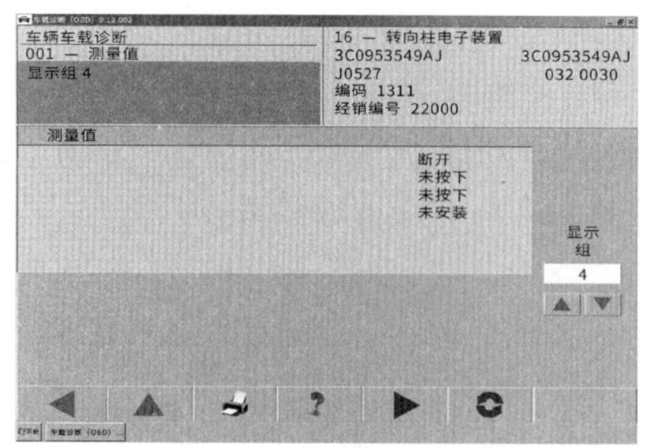

图 12-9　数据流图

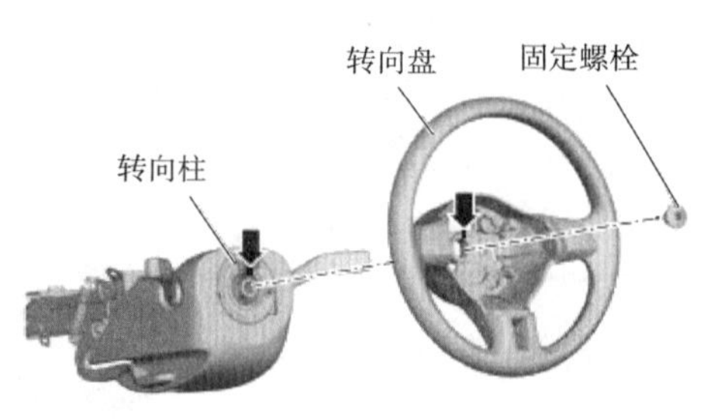

图 12-10　转向盘结构

(4)松开转向柱控制模块上的固定螺栓,取下转向柱控制模块和转向柱组合开关,如图 12-12 所示。

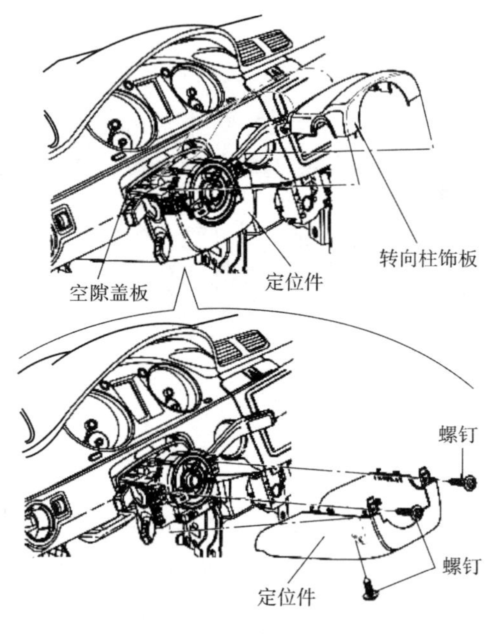

图 12-11　转向柱饰板结构图

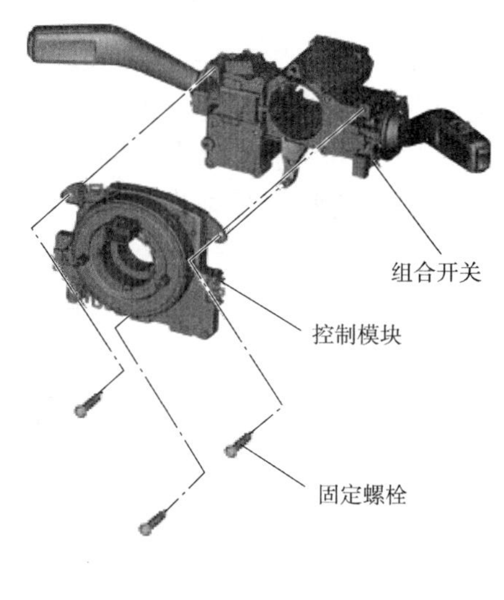

图 12-12　转向柱开关总成结构图

3. 制动开关的检测与更换

制动开关信号是定速巡航控制系统正常工作的主要信号之一,当该信号出现故障时将会影响定速巡航控制系统的正常工作。通过使用诊断仪读取与制动信号相关的故障码和异常数据流,则需要对此进行检修。制动踏板开关是与制动信号灯开关集成在一起的电子开关,按照霍尔原理进行工作。该开关安装在制动主缸上,它采用非接触的方式用一个霍尔元件扫描安装在制动主缸活塞上的磁环。控制电路如图 12-13 所示。

根据电路图可知,端子 2 为搭铁,端子 3 与 J519 相连提供制动信号,端子 4 为供电。检测方法如下:

(1)拔下制动开关插头。

(2)打开点火开关,用万用表直流电压挡测量端子2与端子4之间的电压,应为电源电压12V左右。

(3)如果端子2与端子4之间的电压正常,应进一步测量端子3与J519的T52c/17端子之间的线路电阻,阻值应小于0.5Ω。若电阻正常,则应更换制动开关。

(4)如果端子2与端子4之间的电压异常,应进一步测量端子4搭铁电压,标准值为12V左右,若电压异常,则应进一步检查上游电路是否存在故障。然后测量端子2搭铁电压,标准值应小于0.5V。

若以上检测均正常,则需更换制动开关,方法如下:

(1)关闭点火开关,断开蓄电池负极端子。

(2)拆下进气软管和空气滤清器壳体。

(3)拆下蓄电池。

(4)拔下制动主缸上制动开关的插头。

(5)拆下制动开关。

按倒序进行更换安装。

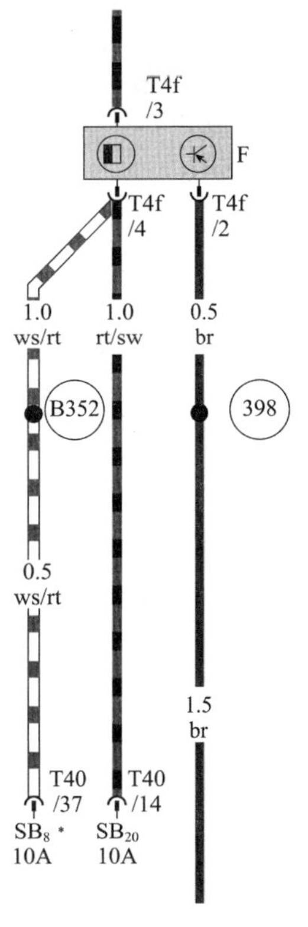

图12-13 制动开关电路图

4. 轮速传感器的检测与更换

轮速传感器信号是巡航控制系统正常工作的主要信号之一,轮速传感器可以反映车速信号,当该传感器工作异常时,将导致定速巡航系统不能工作,如果通过诊断仪测试能够读取相关故障码或异常的数据流,则应对其进行检修。检测方法如下:

(1)将诊断仪VAS6150的测试接头VAS5054连接到诊断座上,点火开关置于ON位置(不起动发动机),打开诊断仪。

(2)读取故障码。

(3)读取数据流,选择以下菜单项进行操作:首先选择自诊断功能,选择03-制动电控系统,从功能列表中选择测量值功能,选择001组,分别读取左前、右前、左后、右后四个轮速传感器的数据,测试条件为车辆正常行驶状态,如图12-14所示。

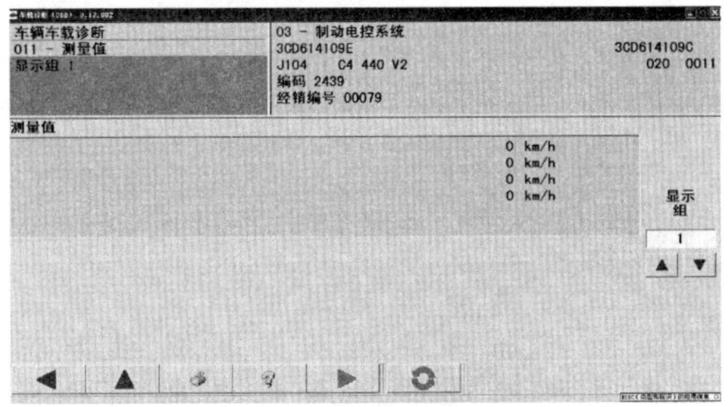

图12-14 数据流图

(4)测量轮速传感器电源电压。以迈腾B7L左前轮速传感器G47为例,控制电路如图12-15所示。该传感器为霍尔原理,也可以结合组示波器测量其信号波形,其波形频率应随车轮转速变化而变化。

测量左前轮速传感器G47的1号端子搭铁电压,标准值为12V左右。

(5)测量轮速传感器线束导通情况。用万用表电阻挡测量传感器端子1和2分别与ABS控制单元J104端子T38/27和T28/28之间的电阻,标准值为小于0.5Ω。

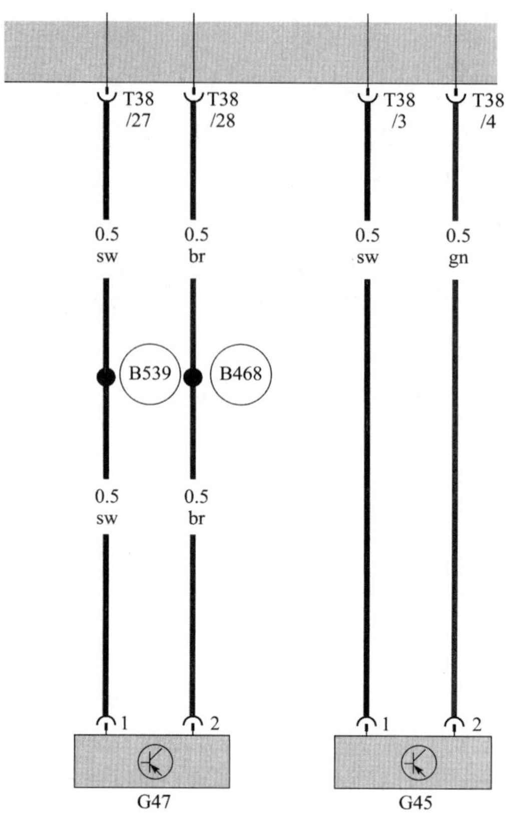

图 12-15　电路图

如果上述检查均正常,则应更换轮速传感器,如图 12-16 所示。更换方法如下:

(1)拔下左前轮轮速传感器 G47 插头 1。

(2)旋出左前车轮轴承座中的螺栓 2。

(3)取出车轮轴承罩中的 ABS 转速传感器 G47。

(4)更换新的轮速传感器,以倒序安装。

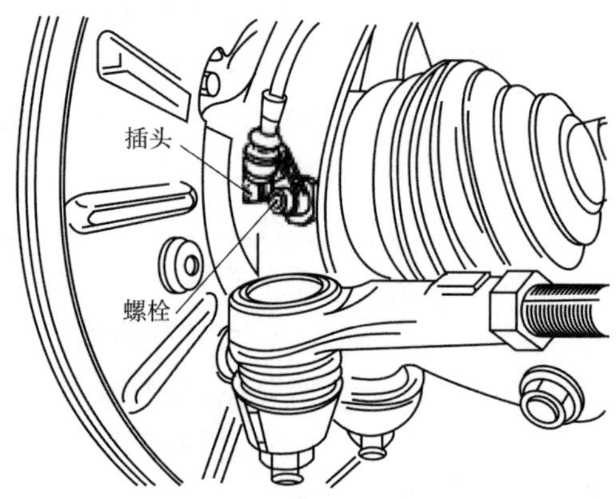

图 12-16　轮速传感器位置图

任务小结

(1)定速巡航控制系统缩写为CCS,又称为定速巡航行驶装置、速度控制系统、自动驾驶系统等。按驾驶人设定的速度,不用踩加速踏板就自动地保持车速,使车辆以固定的速度行驶。采用了这种装置,当在高速公路上长时间行车后,驾驶人就不用再去控制加速踏板,减轻了疲劳,同时减少了不必要的车速变化,可以节省燃料。

(2)目前车辆上普遍配备定速巡航控制系统,定速巡航控制系统主要由取消巡航开关、巡航操作开关、控制器以及巡航执行器等组成。

(3)定速巡航控制系统在日常使用过程中,故障率很低。一般维修项目包括:

①定速巡航控制系统的激活;

②定速巡航操作开关的检测更换;

③制动开关的检测与更换;

④轮速传感器的检测与更换。

任务2　自适应巡航控制系统的检修

任务描述

车主张先生反映,昨天在驾车时,操作自适应巡航控制系统操作开关,发现该功能不起作用,而且仪表上的巡航指示灯点亮。

现在需要你对自适应巡航控制系统进行进一步检测。

知识目标

(1)能说出自适应巡航控制系统的组成、结构与功用。

(2)能描述自适应巡航控制系统各部件的安装位置及作用。

(3)能够依据维修手册制定自适应巡航控制系统的检修流程。

技能目标

(1)能够运用所学知识和经验,为客户提供汽车自适应巡航控制系统日常维护的建议。

(2)能够通过查阅维修手册、电路图、技术标准等资料对自适应巡航控制系统进行故障诊断与排除。

(3)能够按照企业生产规范对自适应巡航控制系统部件进行检测、更换。

素质目标

(1)在任务实施过程中培养吃苦耐劳的劳动品质,树立工匠精神。

(2)能在对车辆进行维修过程中做到诚信为本。

建议学时:10学时。

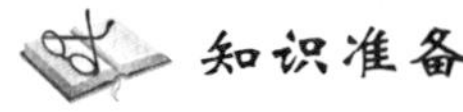

知识准备

一、自适应巡航控制系统的定义

自适应巡航控制系统(Adaptive Cruise Control,ACC)又称主动巡航系统。是一种智能化的自动控制系统,它是在早已存在的巡航控制技术的基础上发展而来的。在车辆行驶过程中,安装在车辆前部的车距传感器(雷达)持续扫描车辆前方道路,同时轮速传感器采集车速信号。当与前车之间的距离过小时,ACC控制单元可以通过与防抱死制动系统、发动机控制系统协调动作,使车轮适当制动,并使发动机的输出功率下降,以使车辆与前方车辆始终保持安全距离。自适应巡航控制系统在控制车辆制动时,通常会将制动减速度限制在不影响舒适的程度,当需要更大的减速度时,ACC控制单元会发出声光信号通知驾驶人主动采取制动操作。当与前车之间的距离增加到安全距离时,ACC控制单元控制车辆按照设定的车速行驶。

二、自适应巡航控制系统的功用

自适应巡航控制系统是一种驾驶辅助系统,与传统的车速控制系统相比,在功能上有很大扩展。其本质是保持驾驶人所设定的与前车的距离,是定速巡航系统的进一步发展。

(1)通过车距传感器的反馈信号,ACC控制单元可以根据靠近车辆物体的移动速度判断道路情况,并控制车辆的行驶状态;通过反馈式加速踏板感知的驾驶人施加在踏板上的力,ACC控制单元可以决定是否执行巡航控制,以减轻驾驶人的疲劳。

(2)自适应巡航控制系统一般在车速大于30 km/h时才会起作用,而当车速降低到30 km/h以下时,就需要驾驶人进行人工控制。通过系统软件的升级,自适应巡航控制系统可以实现“停车/起步”功能,以应对在城市中行驶时频繁的停车和起步情况。自适应巡航控制系统的这种扩展功能,可以使汽车在非常低的车速时也能与前车保持设定的距离。当前方车辆起步后,自适应巡航控制系统会提醒驾驶人,驾驶人通过踩加速踏板或按下按钮发出信号,车辆就可以起步行驶。

(3)自适应巡航控制系统使车辆的编队行驶更加轻松。ACC控制单元可以设定自动跟踪的车辆,当本车跟随前车行驶时,ACC控制单元可以将车速调整为与前车相同,同时保持稳定的车距,而且这个距离可以通过转向盘附近的控制杆上的设置按钮进行选择。

三、自适应巡航控制系统的工作条件

自适应巡航控制系统在工作时必须使用以下基本信息。

(1)与前车的距离,如图 12-17 所示。

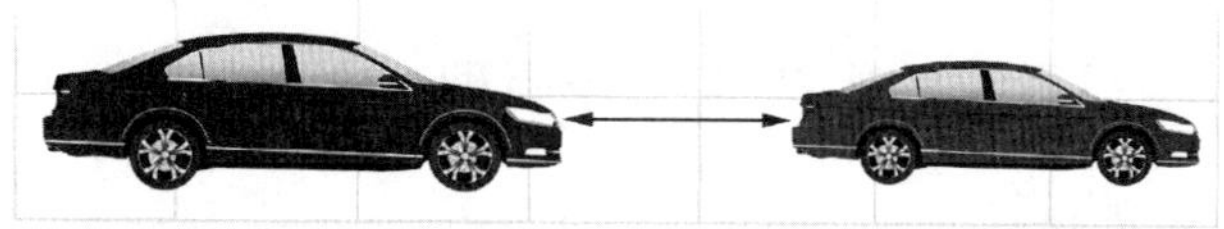

图 12-17　前车距离图

(2)前车的车速,如图 12-18 所示。

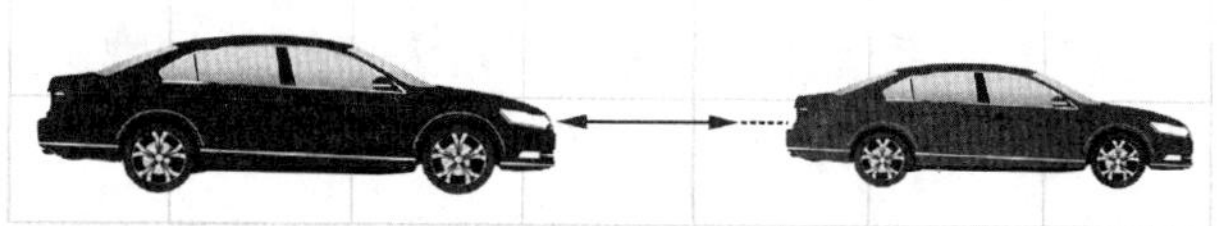

图 12-18　前车车速图

(3)前车的位置,如图 12-19 所示。

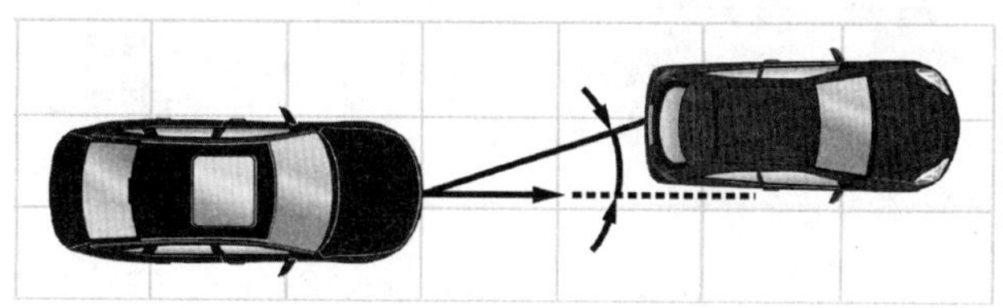

图 12-19　前车位置图

(4)同时有多辆车辆处于雷达感应器的探测范围时,选出一辆车辆为参照物实施控制,如图 12-20 所示。

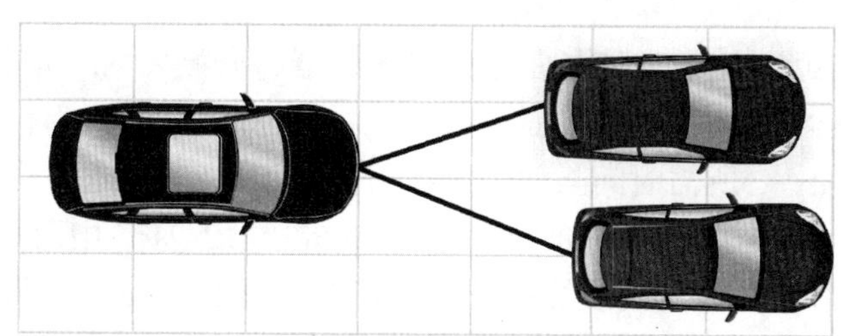

图 12-20　前车位置图

四、自适应巡航控制系统的局限性

(1)自适应巡航控制系统是一种驾驶人辅助系统,可以降低驾驶人的劳累程度,间接提高驾驶安全性。但绝不可以将其看成是主动安全系统,也不是全自动驾驶系统。

(2)自适应巡航控制系统的工作车速为 30～200km/h,不是在所有速度范围都可以工作的。

(3)当自适应巡航控制系统工作时,仅能对运动中的物体进行监测,对固定不动的目标无法做出反应。

(4)雨水、浮沫、雪泥水等会影响雷达的工作效果。

(5)在转弯半径很小时,由于雷达视野受到限制,所以会影响该系统的功能。

(6)当关闭驱动防滑控制系统(ASR)时,自适应巡航控制系统将同时自动关闭。

五、自适应巡航控制系统的组成与工作原理

1.雷达技术的基本原理

目前市场上常见的传感器有雷达传感器、红外光束以及视频摄像头等,其特点见表12-1。信号处理器负责将传感器接收到的信息进行数字处理,最后由控制模块处理收集到的信息进行控制。系统判断需要减速时,最终由ABS对车轮实施制动或者变速器采用降挡的办法,将车速降低。在自适应巡航控制系统中,雷达应用较为广泛。品牌、车型不同,其安装位置也不同,常见的安装位置有车标后、保险杠中间或两侧等。

传感器类型及特点 表12-1

常见传感器		
雷达	红外线	单一摄像头
需要规避众多波段(如军用、广播、电视)、区分垂直方向重叠物体较弱	对环境要求高,容易受到如雨、雪、沙尘等不良天气影响	探测视角相比另外两种有限、受制于摄像头硬件限制、对距离判断能力较弱

雷达是英文Radar的音译,源于Radio Detection and Ranging的缩写,意思为"无线电探测和测距",即用无线电的方法发现目标并测定其空间位置。因此,雷达也被称为"无线电定位"。

雷达是利用电磁波探测目标的电子设备。雷达发射电磁波对目标进行照射并接收其回波,由此获得目标至电磁波发射点的距离、距离变化率(径向速度)、方位、高度等信息。

1)车距测量

当自适应巡航控制系统被激活时,雷达信号发射器将开始发射一定频率的信号,当信号触及前方物体时,信号将返回雷达接收器,雷达发射信号和接收到反射信号所需要的时间取决于两个物体之间的距离,所需时间与两个物体间的距离成正比,通过该时间来判断前方的车距。如图12-21所示,图12-21a)中两车距离为50m,图12-21b)中两车距离为100m,那么图12-21b)中反射信号到达雷达接收器的所需时间就是图12-21a)的两倍。

但是在实际应用过程中,如果对该时间进行有效直接测量,难度较大,非常复杂。为此,在实际应用中采用了一种间接测量方法,称为调频连续(等幅)波法(FMCW)。这种方法是将连续发射的超高频振荡波作为发射信号,其频率变化速率为每毫秒200MHz,作为运输工具的载波信号频率为76.5GHz,通过这种方法就可以避免使用很复杂的直接测量时间的方式,只需简单的比较一下发射信号和接收(反射)信号的频率差就可以,如图12-22所示。

发射信号和接收信号的频率差取决于连个物体之间的距离,物体之间的距离越大,反射信号被接收前所运行的时间就越长,于是发射频率和接收频率之间的差就越大,如图12-23所示。

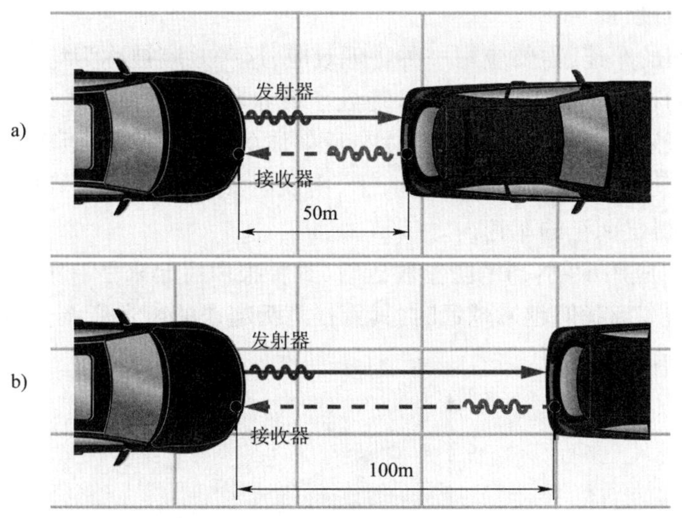

图 12-21 信号发射与接收图

雷达工作原理

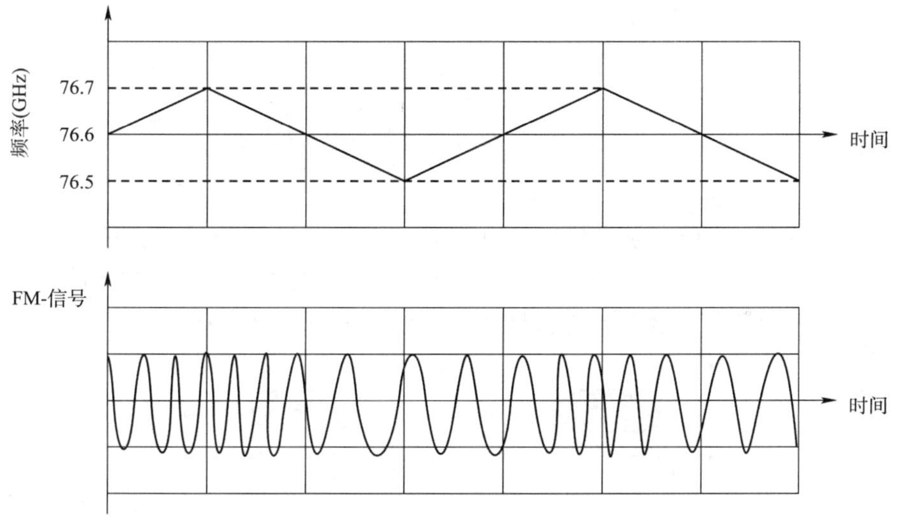

图 12-22 频率信号图

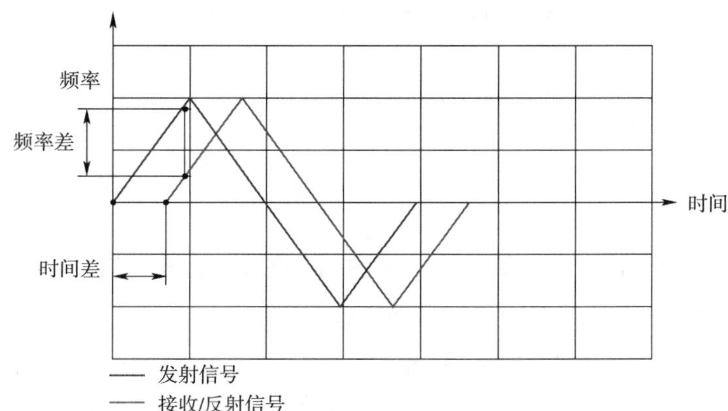

图 12-23 频率差图

2)确定前车速度

要想确定前车的车速,需要应用一种物理效应,这种效应被称为“多普勒效应”。对于反射发射出来的波的物体来说,该物体有可能处于静止状态,也有可能处于运动状态,其状态不同则有其本质区别。如果发射波的物体与反射波的物体之间的距离减小了,那么反射波的频率就会升高,反之,如果这个距离增大了,则反射波的频率就会降低。控制单元将根据这个频率的变化,得出前车的车速。

“多普勒效应”应用示例:当消防车驶近时,其警报声听起来是一种持续的高音调的高频率的声音。当消防车离我们越来越远时,其警报声听起来的声音音调变低了,其频率也下降了,如图12-24所示。

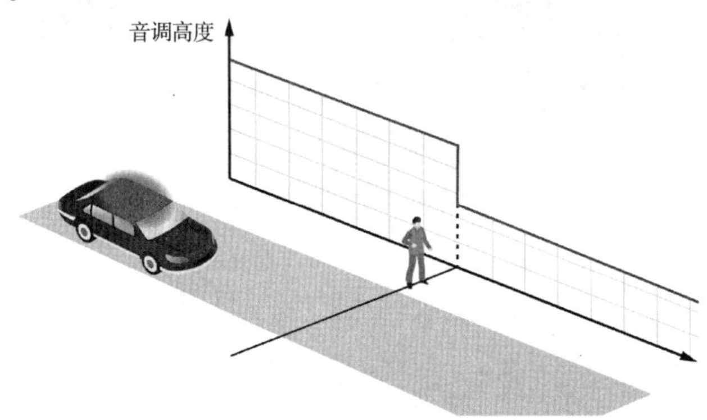

图12-24　应用示例图

如图12-25所示,当前车越走越快时,该车与后车距离越来越大,根据“多普勒效应”原理,接收反射的信号频率就会降低,由此就会导致在信号的上升沿 Δf_1 和下降沿 Δf_2 形成一个不同的差频,车距调节控制单元将根据此信号计算出前车的车速。

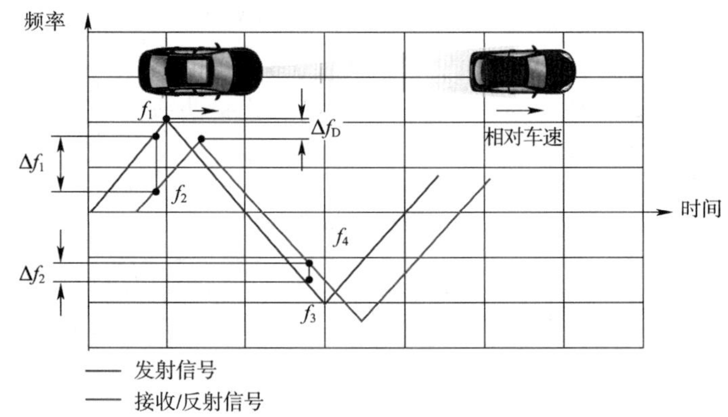

图12-25　测速原理图

3)确定前车位置

在车辆的前部安装有雷达,雷达信号呈叶片状向外扩散,其信号强度随着与信号发射器的距离增大而在纵向和横向降低,如图12-26所示。

如果想确定车辆位置,还需要一个信息,就是本车与前车的相对运动的角度,这个角度通过一个三束雷达信号获得。各个雷达束接收反射信号的信号强度即振幅比,则可以传递该角度信息,从而反应前车所在位置,如图12-27所示。

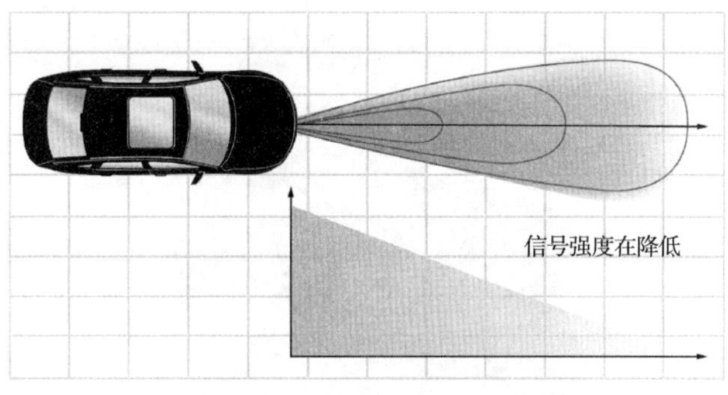

图 12-26 雷达信号图

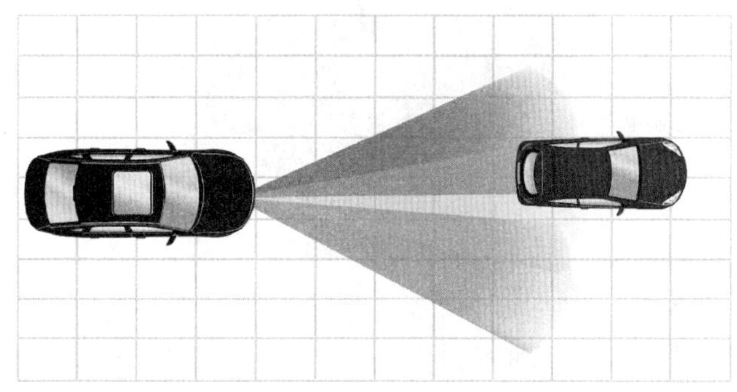

图 12-27 定位原理图

4)识别调节车辆

在实际行车中,不管在高速公路封闭路面行驶,还是在多车道路面,或者转弯道路上行驶,在雷达视野中将出现多个车辆。这是就需要准确地识别哪辆车与本车在同一车道上行驶,具体说就是本车应该与哪辆车保持驾驶人所设定的距离。这就需要车距调节控制单元来准确判断车道,这个过程是相当复杂的,还需要其他附加信号,如摆动传感器信号、轮速传感器信号、转向盘转角信号等。控制单元对这些信号进行综合分析即可得出本车在转弯时的相关信息。

应用示例:如图 12-28 所示,蓝车(后车)以按规定的车距跟着红车(前右车)行驶,当车辆进入弯路时,红车就会脱离雷达的信号发送接收区,而相邻车道一辆车就会进入雷达视野。虽然车距控制单元计算了车道的转弯情况,但还会出现短时的调节过程,该调节是由于另外一辆车引起的。

图 12-28 应用示例图

2. 车距调节控制单元

车距调节控制单元即含雷达发生器与信号处理等的雷达传感器总成部件,其作用是接收分析处理雷达信息,再通过车载网络系统将该信息传递给发动机控制单元、自动变速器控制单元、ABS 控制单元等,从而通过改变发动机功率,变速器挡位或施加制动以控制车距,如图 12-29 所示。

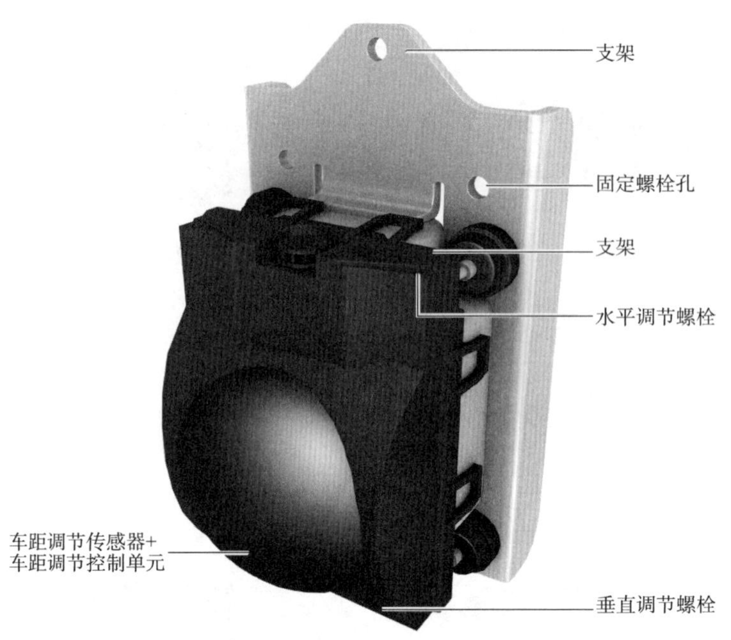

图 12-29　车距控制单元

3. ACC 的操作及显示

在实际使用过程中,驾驶人需要通过操作自适应巡航开关进行激活和相关设置,具体如下。

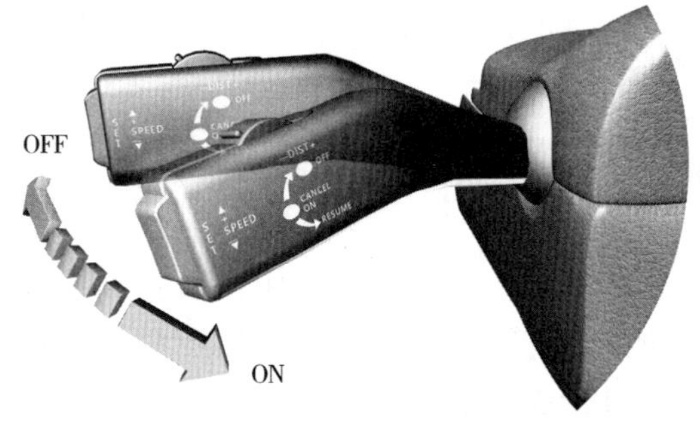

图 12-30　ACC 的关闭与打开

1)ACC 的关闭与打开

通过上下操作 ACC 开关,分别置于 OFF/ON 挡时,即为关闭或打开,如图 12-30 所示。

2)设定巡航速度

巡航车速就是在公路上行驶时,自适应巡航控制系统所能调节的最高车速。当驾驶人按下 SET 键时,就可以将当前的速度作为所要求的巡航速度存储起来,如图 12-31 所示。此时在车速表的指示环上,以暗红色 LED 显示即为当前设定的巡航速度。同时,自适应巡航系统工作的符号也显示在车速表上,如图 12-32 所示。

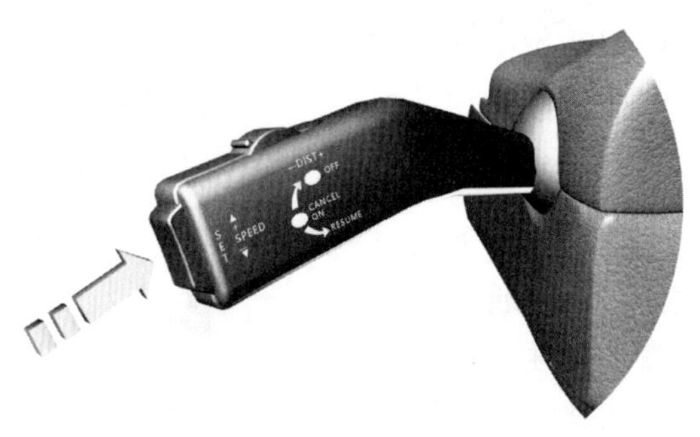

图 12-31　设定巡航速度

图 12-32　仪表显示

3)调节车速

在自适应巡航控制系统工作过程中,驾驶人可以调节或改变先前所设定的巡航速度。当车速在30~200km/h时,驾驶人向上推动操纵杆(增速)或向下推动操纵杆(减速)以改变设定的巡航速度。已经改变的巡航车速在车速表上以LED显示出来,每拨动一次操纵杆,巡航车速将改变1格,如图12-33所示。

4)设定巡航车距

本车与前车的车距可以由驾驶人设定为四个级别,自适应巡航控制系统设定的车距取决于本车的车速。随着车速的提高,车距也加大,当车辆以恒定车速行驶时,设定的车距应遵守交通法规的要求。图12-34所示操纵杆上的滑动开关就是用来设定巡航车距的,每推动一次该开关,车距就提高或降低一个挡位,所选定的巡航车距也就确定了车辆加速时的动力性能。四种模式见表12-2。

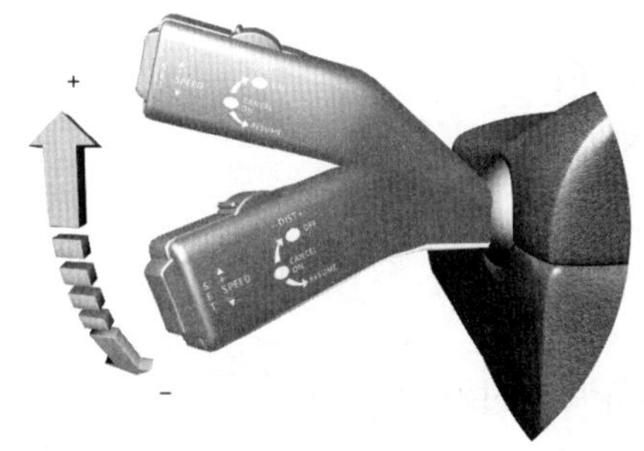

图12-33　调节车速

图12-34　设置车距图

四种模式　　表12-2

模式1	模式2	模式3	模式4
时间间隔 1.0s	时间间隔 1.3s	时间间隔 1.8s“半速”	时间间隔 2.3s
动力学特性: 运动型	动力学特性: 标准型	动力学特性: 标准型	动力学特性: 舒适型
适用于: 车辆呈密集队列 缓慢前进和急速起步	适用于: 车辆队列 自由移动和舒适跟行	适用于: 车辆队列 自由移动和舒适跟行	适用于: 乡村道路 带挂车模式

操作指引

1.组织方式

(1)场地设施:举升机一台,装有废气抽排系统和消防设施的场地。

(2)设备设施:一汽大众或奥迪轿车。

(3)工量具:常用工具1套、专用诊断仪VAS6150、万用表等。

(4)专用工具:ACC校准专用工具(大众VAS6430/1,VAS6430/2,VAG1995K)等。

(5)维修资料:相关车型维修手册1套。

(6)学习方式:学生自主学习与小组合作学习相结合,以小组为单位进行查阅维修资料制定工作计划并开展任务实施。

2. 操作要求

(1)穿着干净整齐的工作服。

(2)遵守场地安全规定,注意用电安全。

(3)正确使用万用表、诊断仪等工量具。

(4)在更换部件时,必须严格遵守维修手册规定。

任务实施

自适应巡航控制系统的校准。

1. 何时需要校准 ACC

当车辆出现下列情形时,需要对 ACC 进行校准:

(1)车距控制系统控制器或传感器已拆卸和安装过。

(2)前保险杠已拆卸和安装过。

(3)前保险杠已松开过或移动过。

(4)偏差角度大于 ±0.8°。

(5)在四轮定位过程中,对后桥前束或外倾角调整过。

(6)底盘改装过。

2. 校准 ACC

在对 ACC 进行校准前,必须注意以下事项:

(1)车辆悬架与转向系统状态正常,无损坏。

(2)同一轴轮胎花纹深度相差不超过 2mm。

(3)车辆处于整备质量状态,轮胎气压符合标准值,车辆空载,燃油箱加满,风窗清洗液、冷却液、制动液也要加到标准液位,备胎及随车工具安装到位。

(4)必须在四轮定位参数正确的前提下进行校准。

在上述条件满足的前提下,方可对 ACC 进行校准,方法如下:

(1)将车辆置于检测平台上,确保车辆前部与 VAS6430 之间有足够的距离。调整 ACC 传感器与 VAS6430/2 之间的距离为 1145mm ±5mm,如图 12-35 所示。

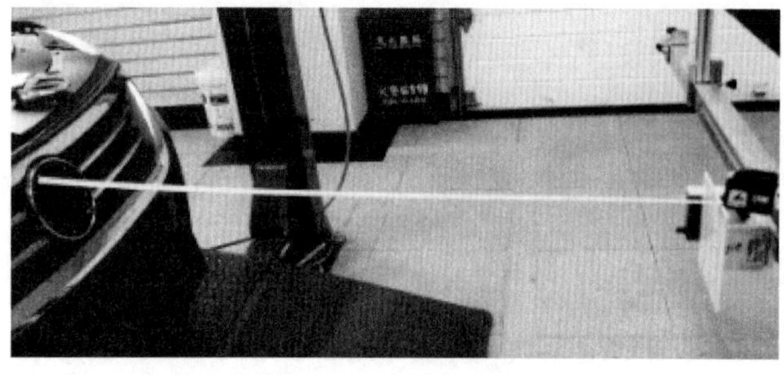

图 12-35 调整距离

(2)将卡具安装到后轮上,安装后轮传感器并调整水平。

(3)启动 VAG1995K 四轮定位程序,选择“快速上升”功能,选中“校准 ACC/ADR”。

(4)维护客户信息,选择车型和底盘类型。

(5)分别对左后和右后车轮做偏位补偿。

(6)校准 VAS6430,偏位补偿结束后,按前进键,进入“ACC/ADR 准备”画面,选择“选择校准装置 VAS6430”。

(7)拆下大众徽标,如图 12-36 所示。

(8)摆放 VAS6430,是 ACC 校准传感器到校准目标盘 VAS6430/2 之间的距离为 1145mm ± 5mm。

(9)调整 VAS6430/2 置水平,如图 12-37 所示。

图 12-36 拆卸大众徽标

图 12-37 调整水平

(10)将四轮定位仪的两个前轮传感器安装到 VAS6430 的两端,如图 12-38 所示。

(11)将四个传感器调至水平位置,并锁止。

(12)进入“调整杆定位”界面,通过调整旋钮调整至正常状态。

(13)开启目标盘上中间的激光发射器。

(14)调整 VASVAS6430/2 的位置,使激光点位于 ACC 传感器校准镜中央,如图 12-39 所示。

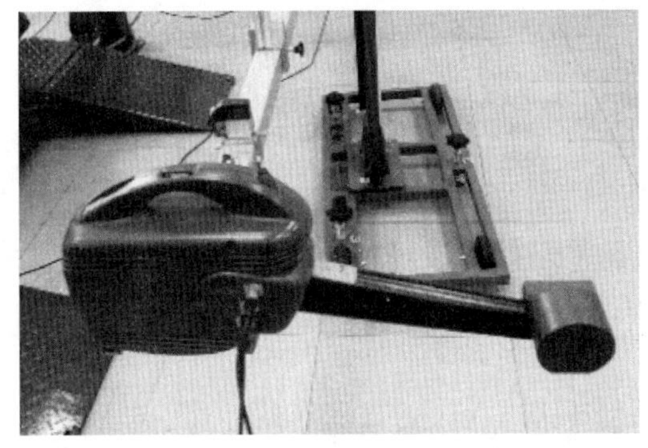

图 12-38 安装传感器

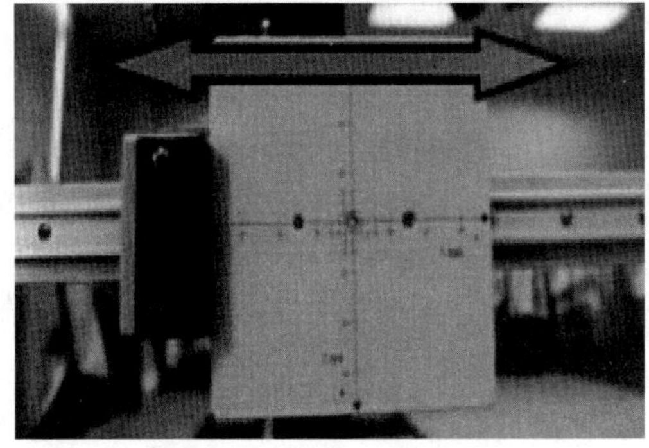

图 12-39 激光点位置

(15)进入“ACC/ADR 校准和检验”界面。

(16)连接并开启 VAS6150 诊断仪,选择引导性功能,选择“13 – 距离调节单元”。选择“适用于车桥标准状态调整的匹配”,如图 12-40 所示。

(17)按照提示依次选择“完成”,直至图 12-41 画面,记录数据。

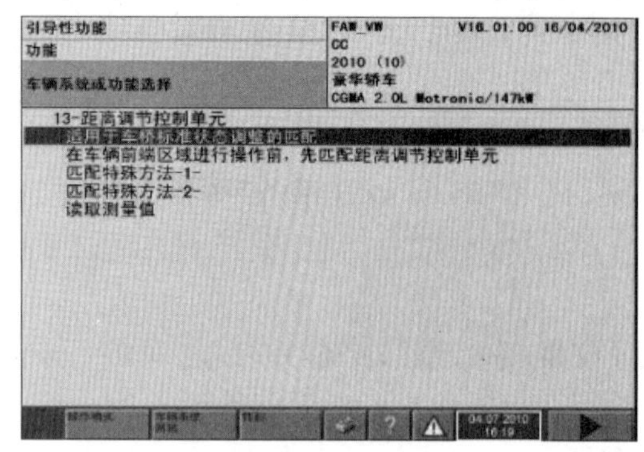

图 12-40 诊断界面

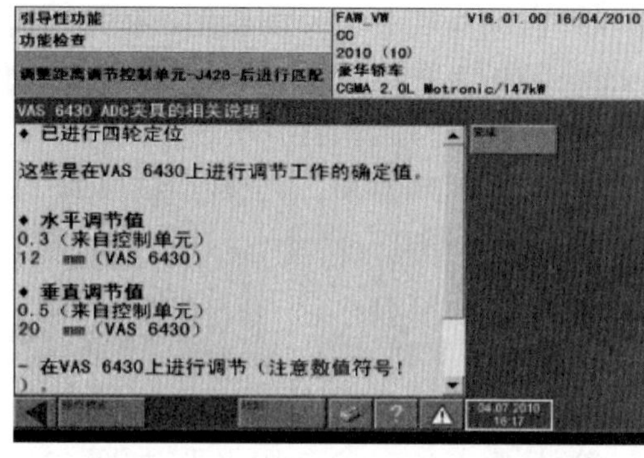

图 12-41 诊断界面

(18)使用 T20 调节水平及垂直至调节螺栓,将 VASVAS6430/2 目标盘上的激光反射点调整到诊断仪中所示坐标要求,如图 12-42 所示。

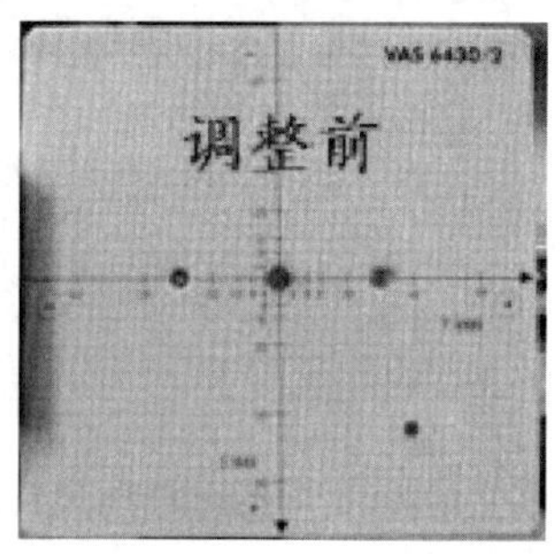

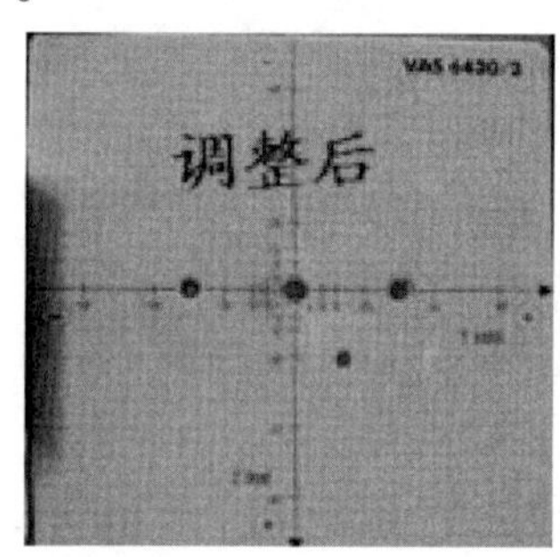

图 12-42 调整效果图

(19)按 VAS6150 诊断仪提示,进行点击“完成”操作,直至“结束测试”界面。

(20)安装大众徽标。

(21)设备仪器复位。

 任务小结

(1)自适应巡航控制系统(Adaptive Cruise Control,ACC)又称主动巡航系统。是一种智能化的自动控制系统,它是在早已存在的巡航控制技术的基础上发展而来的。在车辆行驶过程中,安装在车辆前部的车距传感器(雷达)持续扫描车辆前方道路,同时轮速传感器采集车速信号。当与前车之间的距离过小时,ACC 控制单元可以通过与防抱死制动系统、发动机控制系统协调动作,使车轮适当制动,并使发动机的输出功率下降,以使车辆与前方车辆始终保持安全距离。

(2)自适应巡航控制系统在工作时必须使用以下基本信息:与前车的距离、前车车速和前车位置。

(3)自适应巡航控制系统在日常使用过程中,故障率很低。与定速巡航相比,对自适应巡航控制系统的校准是一个重要维修项目,其他项目与定速巡航基本相同。

习题

一、判断题

1. 定速巡航控制系统缩写为 CCS，又称为定速巡航行驶装置、速度控制系统等。（　　）

2. 自适应巡航控制系统（Adaptive Cruise Control，简称 ACC）也叫主动巡航系统。（　　）

3. 自适应巡航控制系统在控制车辆制动时，不考虑舒适度，尽快降低制动减速度。（　　）

4. 定速巡航控制单元在有的车型中单独存在，有些车型集成在了发动机控制单元或 BCM 里。（　　）

5. 当汽车车速下降时，ECU 就会将节气门的开放角度减小，使发动机的功率变大，转矩增大，从而使车速达到设定的车速。（　　）

6. 当自适应巡航控制系统工作时，对所有物体都能进行监测，做出反应。（　　）

7. 定速巡航控制单元一般与发动机控制单元和自动变速器控制单元共同使用节气门位置传感器发出的信号。（　　）

8. 对于手动变速器的车型，当驾驶人踩下离合器踏板时，定速巡航控制单元将接收到离合器开关信号，定速巡航功能将自动取消。（　　）

9. 如果发射出波的物体与反射波的物体之间的距离减小了，那么反射波的频率就会降低。（　　）

10. 当与前车之间的距离增加到安全距离时，ACC 控制单元控制车辆按照安全车速行驶。（　　）

二、单选题

1. 车速传感器一般与（　　）共用，通过对车轮转速的速度检测计算出车速，安装在车轮内侧。

A. 发动机转速传感器　B. 轮速传感器　C. 流量传感器　D. 温度传感器

2. 安装在车辆（　　）的车距传感器（雷达）持续扫描道路，同时轮速传感器采集车速信号。

A. 后部　B. 左侧　C. 右侧　D. 前部

3. 当驾驶人踩下制动踏板时，（　　）会以信号的形式传递给定速巡航控制单元，定速巡航功能将自动取消。

A. 空挡起动开关　B. 制动开关　C. 驻车制动开关　D. 离合器开关

4. 对于自动变速器的车型，当驾驶人将挂挡手柄置于 P 或 N 挡时，定速巡航控制单元将接收到（　　）信号，定速巡航功能将自动取消。

A. 空挡起动开关　B. 制动开关　C. 驻车制动开关　D. 离合器开关

5. 自适应巡航控制系统一般在车速大于（　　）时才会起作用。

A. 30km/h　B. 40km/h　C. 50km/h　D. 60km/h

6. 自适应巡航控制系统在车辆行驶过程中，安装在车辆前部的（　　）传感器（雷达）持续扫描车辆前方道路,同时轮速传感器采集车速信号。

A. 路况　B. 车长　C. 车速　D. 车距

7. 巡航取消后,控制单元自动清除记忆车速的巡航取消号有(　　)。

A. 停车开关信号　B. 驻车制动开关信号

C. 离合器开关信号　D. 巡航主开关信号

8. 车速高于40km/h,控制单元保持记忆设定车速 V_j 的巡航暂时取消的信号有(　　)。

A. 低速自动取消信号　B. 自动保护取消信号

C. 巡航主开关信号　D. 离合器开关信号

9. 自适应巡航控制系统是一种驾驶人(　　)。

A. 安全系统　B. 主动安全系统　C. 辅助系统　D. 全自动驾驶系统

10. 定速巡航控制系统是根据目标(　　)维持汽车匀速性行驶。

A. 车速　B. 车距　C. 行驶方向　D. 路况

三、多选题

1. 传统机械式定速巡航控制系统的劣势在于(　　)。

A. 控制精确度低　B. 有机械故障卡位的可能

C. 安全性差　D. 可靠性差

2. 电子智能式定速巡航控制系统的劣势为(　　)。

A. 通用型差　B. 专车专用　C. 开发成本　D. 安全性差

3. 汽车在定速巡航行驶过程中,定速巡航控制单元将通过(　　)获得节气门开度和车辆行驶速度信号,从而进行车速稳定控制。

A. 节气门位置传感器　B. 压力传感器

C. 车速传感器　D. 爆燃传感器

4. 定速巡航控制系统在日常使用过程中,故障率很低,一般维修项目包括(　　)。

A. 定速巡航控制系统的激活　B. 定速巡航操作开关的检测更换

C. 制动开关的检测与更换　D. 轮速传感器的检测与更换

5. 采用定速巡航控制系统能够(　　)。

A. 减轻驾驶人疲劳　B. 减少不必要的车速变化

C. 节省燃料　D. 减少驾驶人注意力

6. 巡航操作开关通常分为(　　)。

A. 主开关　B. 副开关　C. 控制开关　D. 机械开关

7. ACC控制单元可以通过与(　　)协调动作,使车轮适当制动。

A. 制动防抱死系统　B. 发动机控制系统

C. 自动控制系统　D. 定速巡航控制系统

8. 当前方车辆起步后,自适应巡航控制系统会提醒驾驶人,驾驶人通过(　　),车辆就可以起步行驶。

A. 加速　B. 打转向盘

C. 按下按钮发出信号　D. 踩加速踏板

9. 当车辆出现下列情形时，需要对 ACC 进行校准(　　)。

A. 偏差角度大于 ±0.8　　B. 前保险杠已拆卸和安装过

C. 底盘改装过　　D. 前保险杠已松开过或移动过

10. 常见的传感器有(　　)等。

A. 雷达传感器　　B. 红外光束　　C. 视频摄像头　　D. 信号传感器

参 考 文 献

[1] 许炳照,张荣贵. 汽车底盘电控系统检修[M]. 北京:人民交通出版社股份有限公司,2017.

[2] 陈天殷. 车辆电子稳定程序控制系统 ESP[J]. 汽车电器,2015(2):15-18.

[3] 仇建华,张永辉,张俊溪,等. 基于横摆角速度的汽车 ESP 系统的仿真研究[J]. 上海汽车,2010(12):16-18.

[4] 王冬良,李松焱. 基于质心侧偏角修正的汽车 ESP 系统仿真研究[J]. 农业装备与车辆工程. 2015,53(01):47-51,59.

[5] 赵良红. 汽车底盘电控技术[M]. 北京:机械工业出版社. 2015.

[6] 沈沉. 刘宜. 汽车底盘电控系统原理与检修一体化教程[M]. 北京:机械工业出版社,2012.

[7] 李培军,孟淑娟,沈沉. 汽车底盘电控系统检测与修复[M]. 3 版. 北京:机械工业出版社,2024.

[8] 李春明. 汽车底盘电控技术[M]. 4 版. 北京:机械工业出版社,2019.

[9] 冯建新,李卓. 汽车底盘构造与维修[M]. 北京:机械工业出版社,2021.

[10] 王新,李晶华. 汽车底盘电控系统检测与维修[M]. 北京:机械工业出版社,2023.

[11] 刘果,杨俊伟. 汽车自动变速器结构原理与检测[M]. 北京:机械工业出版社,2022.

[12] 郁延建. 汽车自动变速器构造与维修[M]. 北京:机械工业出版社,2019.

[13] 赵计平. 张晋源. 自动变速器维护与维修[M]. 3 版. 北京:机械工业出版社,2021.